어두운
그리스

어두운 그리스

사유와 젠더, 민주정의 기원

김봉률 지음

경성대학교 출판부

이 책을 쓰는 데 천병희 선생님의 번역본들이 많은 도움이 되었습니다.
선생님께 감사드립니다.

저자서문

이 책은 2004년부터 다양한 영문학 학술지에 써오던 글들과 『녹색평론』, 『지중해지역연구』에 실린 글들을 수정 보완한 것이다. 고대 그리스를 전공하지 않은 필자가 그리스에 관심을 가지고 이 글들을 쓰게 된 첫 번째 계기는 자본주의의 위대함을 밝히고자 하는 것이었다. 개인의 탄생도, 아동의 탄생도, 낭만적 사랑도 모두 근대 자본주의에 와서 일어났고 소설도 근대자본주의에 와서 처음으로 탄생했다고 생각했다. 그래서 사랑과 소설이 자본주의에 와서 어떻게 발생, 결합하게 되었는가, 즉 이안 와트Ian Watt의 "소설의 근대영국발생론"에 천착하였다. 소설의 성격과 범주에 대한 세부적 기준이 제시된 '소설의 근대영국기원설' 은 동서양을 막론하고 무의식적으로 받아들이는 전제가 되었다. 한국(15세기)이나 일본(11세기)을 비롯하여 독자적인 문화를 일군 대부분의 나라들에서 소설의 발생이 엄연히 존재함에도 불구하고 이런 영국기원설을 다른 한편으로 믿는다는 것은 '18세기 중엽 근대영국에서 발생한 소설' 이 하나의 전범이기 때문에 여타의 소설들은 모두 부족한 것이라서 발생작으로 할 수 없다는 것이다. 이들 나라들의 (고대)소설들은 소설로 발전하지 못하고 영국의 모범적 소설의 영향을 받아야만 정식으로 소설이 새로이 발생되었다고 생각하는 것이다.

영국의 소설발생 이전에 서구문화에서 소설의 전신은 무엇인가를 추적하는 가운데 때로는 로망스라고도 불리는 그리스의 소설이 이미 존재했었다는 것을 알고는 지적 충격을 받았다. 이 그리스 소설 역시 사적 개인과 사랑의 서사가 중심구조를 이루는 근대소설의 주제와 다를 바가 없었다는 것을 알게 되어 자본주의가, 즉 서구의 근대가 얼마나 자기중심적으로 역사를 왜곡하여 스스로를 중심에 놓는 오만을 범하는지 알게 되었다. 그래서 초기에 의도했던 자본주의만의 위대함에 대한 연구는 고대로 확장되어 오히려 자본주의 중심적 사유를 깨는데 집중하였고 고대그리스의 다양한 문화적 변천에 많은 관심을 가지게 되었다.

그리하여 문제의식은 그리스에, 그리스의 소설 이전에 인간은 자신의 감정과 생활을 드러낼 수 있는 장르적 양식이 어떠했는가라는 의문에서 고대 그리스의 장르 발생과 변천에 대한 관심으로 확장되었다. 그런데 영문학에서 뿐만 아니라 문학계에서 장르에 대한 연구는 유행이 지난 낡은 것이었다. 하지만 부르노 스넬Bruno Snell의 『정신의 발견』을 통하여, 고대 그리스에서 신화에서 서사시로, 서사시에서 서정시로, 서정시에서 비극으로, 비극에서는 산문(한편으로는 철학으로 다른 한편으로는 소설로)으로 장르이행이 순차적으로 일어나고 그 장르에 따라 신화적 변용이 일어나는 것을 고찰한다는 것은 매우 흥미로웠다. 지금 이 시대에 현존하고 병존하는 다양한 장르들이 고대 그리스에서는 순차적으로 발생했다는 것은 기원의 관점에서 고대 그리스를 새롭게 돌아보는 계기가 되었다.

철학 뿐 아니라 현대사회의 다양한 문학적 장르들의 기원이 고대 그리스로 거슬러가고 민주주의 역시 고대 아테네에 기원하는 것이라면 현대 자본주의 세계의 문화적 기원은 고대 그리스가 된다. 더구나 인류 정신마저도 그 발견이 고대 그리스에 있었다는 스넬의 놀라운 주장은 신선한 지적 자극 만큼이나 비유럽적 문명권의 사람들에게 좌절감을 안겨주기에 충분한 것이었다. 지금 사회의 기원이 고대 그리스에 있다면 자연히 자본주의는 그리스를 문명의 기원으로 찬양할 수밖에 없다. 물론 각 나라 각 민족의 역사 역시 부분적으로 기원의 역사를 가지지만 그것들은 불완전한 것이고 그리스만큼 모범적인 기원을 가진 사회가 없는 것으로 여겨진다.

그런데 그동안 아테네가 서구문명의 모범적 기원이자 원류로 여겨지게 된 것은 한번 만에 이루어진 것이 아니라 몇 번의 역사적 계기를 통해서다. 우선, 르네상스와 19세기 인문주의 운동의 영향이 크다. 르네상스 시대에 기독교적 정신성에서 어느 정도 벗어나고자 하는 운동의 일환으로 그리스 철학은 새롭게 조명되었고 특히 그리스의 신들은 화가들의 손을 거쳐 오동통하고 하얀 우윳빛 살결을 지닌 부유한 백인들의 모습으로 되살아났다. 그리스에 관한 책이나 자료를 읽을 때마다 약 2-3000년의 역사적 과거는 르네상스 이후 자본주의 시대 화가들의 손을 거쳐 포장되어 제시된다. 플라톤과 아리스토텔레스의 모습은 라파엘의 「아테네 학당」의 그림으로, 아들을 살해하는 메데이아 역시 뽀얀 살결의 아름답고 가슴이 풍만한 여인으로 그려진 들라크루아의 그림을 통해 보게 된다. 특히 반라 상태의 올림포스 신들의 화사하고 풍요로운 모습은 그 그림 속의 존재만으로도 고대 아테네와 그리스를 미화하기에 충분했고 아시아인이나 아프리카인, 라틴 아메리카인들은 무의식적으로 자신의 역사적 과거를 표백시키고자 한다.

르네상스 시대에 이어 19세기에 고대 그리스문명을 다시 현대문명의 원류로 연결하게 된 것은 프랑스혁명 때문이라고 볼 수 있다. 프랑스 혁명을 받아들일 수도 없고 낡아빠진 기독교적 세계관을 고집할 수도 없었던 유럽의 지배층들이 들고 나온 것이 고대 그리스의 인문주의라는 것이다. 그런데 고대 그리스의 인문주의는 1,820년을 기점으로, 무수한 식민지를 거느리고 제국으로 발전하였던 유럽사회가 자신들을 인종의 중심에, 역사의 중심에 놓고자 하는 욕망에서 그리스의 독자문명설과 아리아인종의 영향설을 내세우면서 서구중심주의의 가장 견고한 형태를 취하게 된다.

특히 아리안족의 영향설은 19세기 당시 역사학계를 일구던 독일의 학자들에 의해 주도되었는데 '밝은 그리스'로 지칭된다. 알프레드 로젠베르크Alfred Rosenberg에 의하면, 인종적 가치를 다투는 최초의 전쟁이 그리스의 토양에서 이루어졌으며 이 전쟁의 승부는 북유럽의 특성에 유리하게 결정된 것이다. 이러한 관점에서 인간은 밝음으로부터 생활에 접근한다. 따라서 우리가 그리스 문화라고 칭하는 모든 것과 고대로부터 받은 우리의 위대한 유산은 빛과 하늘의 법칙으로부터 또한 아버지의 영혼의 본질로부터 기인한다고 본다. 더 나아가 이 '밝은 그리스'는 지중해의 밝은 햇살 뿐 아니라 하얀 피부를 가진 금발의 야수인 아리안족이 그리스 문명을 일군 것으로 흑인이나 황인종 뿐 아니라 유태인, 셈족 등도 모두 배제하는 인종주의를 만들어낸다. 이런 흐름이 나치와 히틀러의 반유태주의나 인종개조론으로 계승된다. 역시 미국 부시를 비롯한 네오콘의 사상적 스승이라 할 수 있는 레오 스트라우스Leo Strauss 역시 그리스를 '밝은 그리스'로 예찬하였다. 이 '밝은 그리스'가 근대 파시즘의 고향인 것이다.

마틴 버날Martin Bernal의 『블랙 아테나』*Black Athena*에 따르면, 그리스의 독자문명설은 이집트와 페니키아 들 그 이전의 문명적 흐름과 영향을 부정하는 것이다. 사실상 버날은 그리스를 비롯한 고대 지중해 문명권은 이집트의 식민지로서 시작했다는 것이다. 이집트 왕족 다나우스의 5대손이 헤라클레스이며 이집트의 또 다른 왕족 카드모스가 알파벳을 전하고 나라를 세운 것이 테베였다고 한다. 서구의 화가들이 하얀 얼굴, 통통한 하얀 몸매로 즐겨 그리는 사포 역시 백인이 아니라 그을린 듯한 얼굴의 소아시아인이었다.

이 책의 제목인 '어두운 그리스'는 버날의 '블랙 아테나'와 만나는 지점이 없다. '어두운 그리스'와 '블랙 아테나'의 거리는 아주 멀다. '블랙 아테나'는 아테나 여신은 백인으로 그려지는데 사실상 아테나 여신은 백인이 아니라 검은 피부라는 것이다. 하지만 '블랙 아테나'가 서 있는 지점은 현대문명을 낳은 이 훌륭한 그리스 문명을 세운 것은 백인만이 아니라 이집트와 페니키아인들과 같은 소아시아인들도 함께 했다는 것에 있다. 왜 현대 자본주의나 파시스트들이 그리스 문명을 일방적으로 찬양하는 것일까에 대한 의문은 없다.

앞서 설명했듯이 고대 그리스에 관심을 가지고 연구를 하게 되었던 것은 소설의 고향으로, 민주주의의 고향으로 이 시대의 여러 다양한 문화적 요소들의 기원으로 단지 올라가고 싶었기 때문이다. 하지만 처음에 의도했던 순수한 고향으로 돌아가고자 했던 이 '밝음'에의 경도는 고대 그리스가 가진 깊은 심연에 매료되어 실제로 보게 된 것은 그리스의 어두운 기원이었고 보아서는 안 될 그리스의 구멍이었다.

어떻게 보면, 이 책에 실린 모든 글들이 다 그런 것은 아니지만, '어두운 그리스'

는 이 '밝은 그리스' 로 추켜세운 파시스트의 정신성과 고대 그리스와의 연관성을 밝히는데 있고 따라서 그것은 '밝은' 것이 아니라 '어두운 것' 으로 지목하는데 있는지 모른다. 고대 아테네 특히 페리클레스 시대는 네오콘 뿐 아니라 많은 이들이 칭송하는 최대의 황금기이자 민주정의 절정이며 비극과 올림픽 경기, 문화가 가장 화려하게 꽃피었던 '밝음' 의 절정기이다. 이 책은 네오콘이나 히틀러 들에게 이론적 근거를 제시한 레오 스트라우스와 로젠베르크가 주장하는 이 '밝음' 의 절정을 이끌어낸 핵심은 전쟁이며 공격적 애국주의이며 여성과 아이, 노예와 같은 사회적 약자들을 봉쇄시키는 소수의 남성시민전사클럽에 있다고 본다. 곧 '밝음' 은 이 책에서 드러내고자 하는 파시스트적 어두움이 된다.

대부분 현재의 문제를 이야기하기 위해 고대 아테네로 올라간다. 특히 민주주의와 복지의 문제, 자유와 평등, 전쟁이나 국가 들 당대의 정치경제적 삶을 이론적으로 조직해내고자 하는 정치철학은 대부분 아테네를 준거하여 말한다. 서구화에 경도된 지 반세기가 갓 넘었다고 볼 수 있는 우리 역시 이 시대의 삶의 고난과 핍박을 논하기 위해 고대 아테네로 돌아간다. 그런데 과연 아테네는 그럴만한 가치가 있는 것일까? 아니면 우리가 보다 본질적인 문제를 보지 못하게 하는 고전적 가리개로 작용하는 것은 아닐까?

아테네가 현대 서구자본주의의 준거틀이라면, 거꾸로 현대의 가장 중요한 문제 역시 아테네에도 있다는 말이다. 아테네가 완벽한 모형이고 지금의 사회가 그에 대한 모사본이라고 보는 이런 이원적 시각 뒷면에는 지금 사회의 가장 심각한 문제가 아테네에 완벽하게 모범적으로 드러난다는 것이다. 이런 점에서 아테네는 기원의 신화를 가진 곳으로 인정할 수 있다. 하지만 그것은 '어두운' 것이다. 지금 한 시대의 패러다임의 몰락이 운위되고 있다. 몰락의 문제가 되는 것은 타자에 대한 지배력을 숭상하는 것이다. 남보다 뛰어난 것, 즉 그리스 말로 아레테는 남보다 위에, 보다 빨리, 보다 많이 가지고자 하는 것이며 남에 대한 지배력을 뜻한다. 아레테의 목적이자 결과인 '타자에 대한 지배력' 을 숭상하는 문화가 고대 그리스에서 왔다는 것이다. 그것은 자유와 아레테를 숭배하는 문화인 것이다. 자유와 아레테는 동전의 양면이다. 아레테를 가진 자만이 자유를 누릴 수 있는 이 문화는 뛰어난 자가 타자를 지배할 수 있는 자유를 준다.

고대 그리스 문명의 시원적 사건을 여는 『신통기』와 『일리어드』는 이것을 잘 보여준다. 그리스 신화가 최초로 체계적으로 서술된 『신통기』는 제우스를 정점으로 한 남성신이 여성신이나 여성을 제압하는 신화이다. 제우스는 헤라 뿐만 아니라 메티스, 테티스 등 다양한 여신들과 결혼하여 그들의 권능을 빼앗고 평범한 여신들이나 여성들과는 사랑을 통하여, 혹은 강간을 통하여 그 대가족의 계보를 확장해간다. 이들을 통해 낳은 자식들은 제우스의 능력과 위상을 폭넓게 높여주거나 확장해준다. 『일리어드』는 고귀한 아레테를 지닌 자들이 행하는, 다른 공동체나 다른 가족들에 대한 정복과 지배를 문명화된 언어로 보여준다. 전쟁과 살육, 강간을 행하는 남성전사들의 이야기를 미학적으로, 그리고 서사적으로 숭고하게 기록하고 있다. 제우스나 아테나 아폴론 들 신들마저 이들 고귀한 자의 편에 서서 그들의 만행적 자유를 부추기고 허용하고 추인한다. 『일리어드』는 인류의 영원한 고전이 아니라 '타자에 대한 지배력' 이 숭배되는 문화의 기원적 과거에 대한 기록인 것이다. 이들은, 마리아 짐부타스Marija Gimbutas가 말하듯이, '칼의 힘을 숭배하는 민족' 이었다. 즉 '타자에 대한 지배력을 이상화하는 체제' 라 할 수 있다. 남성이나 여성 둘 다 진정한 남성다움을 폭력성과 지배력과 동일시하도록 배우는 사회의 문명화된 기원이 고대 그리스 특히 아테네에 있는 것이다.

고대 그리스 아테네를 서구 문명화의 기점이라 본다면 타자를 배려하고 존중하는 모성적 원리와 남녀협동의 원리가 이루어지던 그 이전의 문화에 대해서 충분히 알아야 한다. 우리에게 전해져 내려오는 기록들이 하늘을 모시는 종족들이 번개창이나 삼지창을 들고 쳐들어 내려온 후의 이야기라면 그 이전의 삶은 어떠했을까? 리안 아이슬러Riane Eisler에 따르면, 신석기 시대는 칼이나 창 같은 무기가 발견되지 않았으며 그 예술에서도 "무장한 힘, 잔인함, 폭력에 대한 칭송"은 찾을 수 없으며 포로와 노예의 증거도 영웅적인 정복자도 없다고 한다. 이런 것들은 모두 바빌로니아, 그리스 로마의 것이라고 한다. 이에 대한 증거로 『바이블』은 아담에게 복종하라는 하나님의 음성이 들리기 전은 남녀가 동등한 낙원이었음을, 『도덕경』은 음의 원리가 양의 원리에 압도당하지 않고 모성적 지혜가 존중되던 시대를, 『신통기』는 '열등한 종족' 이 전쟁 신을 끌어 들여오기 전에 '평화로운 편안함' 속에서 땅을 갈던 '탁월한 종족' 에 대하여 이야기하고 있다.

따라서 이 책은 전쟁과 가부장제에 반대하는 관점을 기본적으로 깔고 있다. 이 두 관점을 통해서만 문명화 기원의 신화가 가진 허구를, 그리고 허구의 신화를 깨고 어두운 그리스를 볼 수 있다. 고대 그리스에서 장르의 변천과정은 기본적으로 가부장제가 정착하는 과정이고 아테네의 민주정은 현대의 제국주의나 파시즘적 체제와 거의 유사한 상태로 가는 과정이었다. 특히 미국 제국과 아테네 제국의 근사치는 현대의 지배세력이 찬양해마지 않는 서구 민주주의와 제국주의를 드러낸다. 미국 제국의 허구를 보듯이 아테네의 허구를 보아야 한다. 그것이 기원의 신화로 작동하는 한 과거라는 이유 때문에 양보를 해서는 안되는 것이다.

이 책은 전체적으로 3부로 이루어져있고 각 부마다 세 개의 논문이 들어있다. 제1부는 '사유와 사랑의 기원' 이고 제2부는 '젠더와 장르, 문화의 기원', 제3부는 '민주정과 국가주의의 기원' 이다. 제1부인 '사유와 사랑의 기원' 에 실린 세 편의 글들은 고대 그리스에서 최초로 인간의 정신이 발견되었다는 스넬의 주장에 자극을 받아쓰기 시작한 글이다. 이러한 스넬의 주장이 나오게 된 근거로 제시되는 것은 호메로스의 『일리어드』 첫 장면에서 분노하여 칼을 빼려는 아킬레스를 달래는 아테나 신의 존재이다. 아킬레스는 일종의 '고귀한 자동인형' 혹은 '그리스 좀비' 로 스스로의 의지나 결단이 결여된 것으로 나타나고 그 결여의 자리를 신이 채우게 된다. 많은 학자들이 이 문제를 풀기 위해 골몰하였다. 제1부에서는 그리스를 문명이나 인류의 의식의 기원으로 두고, 아이가 태어나 어른이 되듯, 인류가 유년기에서 어떻게 문명기로 이행하였는가라는 계통발생과 개체발생의 문제를 많이 다룬다.

첫째 논문인 「호메로스의 서사시에 나타난 양원적 정신과 의식의 기원: 줄리언 제인스의 이론을 중심으로」는 이 아킬레스적 인간 이전의 상태를 추론해서 쓴 책인 줄리언 제인스Julian Jaynes의 『양원적 정신의 붕괴에 나타난 의식의 기원』의 내용을 주로 풀어쓴다. 제인스는 현재의 인류처럼 "의식"을 지닌 인간과 달리 그 이전의 인간은 의식이 없는 양원적 뇌를 가졌다고 주장하였다. 우반구와 좌반구로 나뉘어진 뇌를 가진 양원적 인간은 우반구에서는 누군가의 목소리가 말해지고 좌반구에서는 그것을 언어적으로 해석하여 행동지침으로 삼았다. 이때 누군가의 목소리의 기원은 죽은 왕이나 조상, 추장 들이며 신의 목소리로 불리었다는 것이다. 이 신의 목소리를 듣는 최후의 인간들이 『일리어드』에 나오는 영웅들이며 오디세우스부터는 신의 목소리가 퇴장하기 시작하고 스스로 '의식' 하고자 하는 자각이 나타나기 시작한다는 것이다.

두 번째 논문 「장르변천에 따른 고대 그리스의 계통발생과정과 라깡의 주체형성과정 비교」는 의식이나 자아가 결여한 인간이 신으로부터 독립하고 의식을 가지게 되면서 새로운 문명의 기원이 되는 고대 그리스의 역사적 과정을, 개인이 태어나 상상계와 상징계를 거치는 주체형성과정에 관한 자끄 라깡Jacque Lacan의 이론과 쟝 삐아제Jean Piaget의 인지발달이론과 함께 비교하였다. 호메로스적 인간은 자신의 육체와 정신에 대해 총체적인 인식을 가지지 못하고 파편화된 인식을 하는 일종의 거울단계로 '정신의 은유와 몸의 환유' 로 나타난다. 호메로스적 인간이 라깡적 상상계에 해당된다고 볼 수 있다. 반면 헤시오도스의 『신통기』에서 보여지듯이 신의 계통과 함께 그 계통이 가부장제적으로 재편되었다는 것으로 미루어 호메로스적 인간 등장 이전에 라깡적 상징계가 형성되었음을 논증하였다. 삐아제의 인지발달이론은 라깡보다는 그리스의 문명화과정, 즉 계통발생과정과 그 맥락이 매우 유사하였다. 이 글은 라깡 자체를 해설하고 비평하는데 있다기보다 그리스적 사유의 발견을 설명하기 위해 라깡을 부분적으로 원용했다고 볼 수 있다.

세 번째 논문은 「사랑의 상처와 사유의 발생: 아르킬로코스와 사포의 서정시를 중심으로」이다. 호메로스적 인간이 의식 있는 인간, 즉 자아를 지닌 주체로 탄생하는 데는 서정시의 단계를 거쳐야 했다는 것이다. 죽음과 삶의 문제는 운명으로 돌릴 수 있지만 사랑의 상처는 개인의 문제이다. 비록 신이 사랑을 주는 것이지만 그 사랑이 실패했을 때의 고통은 개인이 느낀다. 아르킬로코스는 스파르타의 용병이었지만, 목숨을 아끼지 않는 영웅적 전사로서가 아니라 방패보다 자신의 몸을 귀하게 여기고 자신의 감정에 충실하였다. 현존하는 서구의 최초의 연애감정을, 가시처럼 찌르는 사랑의 고통을 최초로 노래하였다. 사포 역시 인간이 누리는 자연의 향유와 사랑의 정념을 파악하고 '괴롭고 달콤한' 에로스의 역설로 주체로 등장한다. 이런 주체의 등장은 행위의 발기자로까지 나아가지는 못하지만 사랑의 상처를 통한 사유의 발생을 보여준다.

또한 이 글에서 강조하고자 하는 것은, 사유의 발생은 그 당시의 남성적 원리인 약탈, 쾌락, 향연, 우정, 명예, 살해에서 일어나는 것이 아니라 여성적 원리로 폄하되었던 재생, 고통, 축제, 사랑, 슬픔 속에서 감성적 상처와 공동체적 축제 속에 너와 나의 만남으로 일어난다는 것이다. 그것은 서사시가 지닌 남성적 행위에서가 아니라 서정시적 감성에서 사유가 발생함을 의미한다. 이러한 주장을 설명하기 위해 이 글에서는 질 들뢰즈Gilles Deleuze의 비표상적 사유와 임마뉴엘 레비나스Immanuel Levinas의 향유이론을 원용하였다. 하지만 들뢰즈나 레비나스가 니체와 마찬가지로 여성적 사유를 어떻게 남성적 사유로 전유해왔는가도 약간의 논의 대상이 된다.

제2부 '장르와 젠더, 문화의 기원' 에서는 가부장제의 기원을 중심으로 다루되 장르의 변천과정에 따라 여성억압의 양상이 달라짐에 초점을 맞춘다. 첫째 글은 「장르비평으로 본 고대 그리스 서사시의 남성중심성」이다. 남성의 형식이라 할 정도로 서사시는 남성중심적이다. 신화에는 여신들이 남신들과 동등하지는 않지만 신적 지위를 보전하는데 비해 서사시에서 여신은 남성영웅들에게 쫓기는 연약한 신세다. 전체적으로 서사시는 여신의 패배를 기록하는데 여신들은 영웅의 첩이나 심지어 창녀로 전락하기도 한다. 『오디세이』은 온갖 여신들의 도움을 받아 남성주체로 우뚝 서는 것을 기록한 노래다. 한 남성을 키우기 위해 무수한 여성들이 이름 없이 사라진다. 이 과정은 신화적 몽매함에서 벗어나는 계몽적 과정이라 테오도르 아도르노Theodore Adorno가 『계몽의 변증법』에서 이름 붙였다. 계몽적 문명화과정은 여성의 사라짐을, 더 이상 신의 도움을 받지 않는 가부장 남성의 주체화과정인 것이다. 하지만 그리스 소설에 가면 이런 영웅들은 재난을 당하고 남녀 어느 정도 동등한

균형을 이룬다. 그리스 소설은 근대 서구의 소설이 결코 허용하지 않았던 균형적 사랑을 어느 정도 달성한다.

두 번째 글은 「신화의 세속화와 성의 정치학」인데, 신화 속의 내용, 특히 성적 정치학이 장르에 따라 달라지는 것을 고찰한다. 바흐친은 신화에서 서사시, 나아가 서정시를 거쳐 비극으로 변천되는 것을 신화의 세속화과정이라 했는데 이 세속화 과정에 드러나는 가부장제적 양상은 여성적 원리를 남성적으로 전유하는 과정이다. 신화에서 제우스는 결혼을 통해 여신의 권능과 위상을, 예를 들면, 지혜, 농업, 노래 들을 하나씩 뺏어간다. 또한 출산과 임신의 능력 역시 가져가는데 아프로디테, 헤라, 아테나 들 가장 중요한 세 여신은 여성을 통하지 않고 남성만으로 낳은 신들이다. 아프로디테는 우라노스의 정액만으로, 헤라는 크로노스의 뱃속에서 제우스가 토해지게 하고 아테나는 제우스의 허벅지에서 출산한다. 특히 아폴론의 대립자로서의 디오니소스의 등장은 동양의 음양적 원리처럼 남성적, 여성적 원리로 나뉘어 있던 것을 모두 남성적으로 전유한다. 비극에서는 모계적 계승의 대상이었던 딸이 아버지에게 귀속되고 어머니와 아들의 유대를 차단하기 위해 등장한 것이 오이디푸스 신화임을 밝힌다.

세 번째 글은 「남근지배: 고대 아테네 문화의 자기파멸적 미학」이다. 건축물인 파르테논 신전, 당시 유행했던 도자기, 신전이나 집 앞에 세워졌던 헤르메스 신상들에 대한 분석을 통해 아테네 민주정의 최절정기인 페리클레스 시대에 남근이 실질적인 문화적 구상체였음을 밝히고자 한다. 여기 새겨진 그림이나 조각들은 아마존 여성을 정복하는 무장한 남성이나 발기된 남근의 다양한 형상들이다. 남근의 공격성과 침략적 애국주의, 팽창적 제국주의, 그리고 여성에 대한 파괴가 어떻게 맞물리는가를 고찰한다. 신화에서 제우스가 여신으로부터 모든 권능을 빼앗고 사유의 영역에서도 여성을 배제했다면 민주정 시기의 아테네에서 남근지배는 여성에 대한 폭력적 문화의 재현물이다. 소수의 시민남성클럽이 민회, 재판, 군대, 행정 들 모든 국가기관을 장악하고 여성을 국가와 공동체의 적으로 삼는다. 따라서 여성과 남성은 상호대등한 정열의 주체가 아니라 패배시키고 정복하는 지배의 대상인 것이다. 기원전 415년 시실리 원정대가 출발하기 전날 밤에 일어난 헤르메스 신상 훼손사건은 절정에 달한 침략주의와 남근지배의 몰락의 서막을 알리는 것이었다. 헤르메스 신상의 어느 부위가 훼손되었으며 누구에 의해 훼손되었는가?

제3부 '민주정과 국가주의의 기원'은 아테네 민주정이 현대 민주주의의 기원일 뿐 아니라 국가주의의 그 기원이라는 것이다. 첫째 논문 「그리스 민주정과 추첨제」에서는 추첨제가 아테네에서 행한 역할에 초점을 맞춘다. 현재 답보상태인 민주주의를 개선 혹은 개혁하기 위한 매우 중요한 대안으로 제시되고 있는 추첨제가 당시 아테네에서 사실상 반민주적인 역할을 했다고 볼 수 있다. 참주인 페이시스트라토스가 빈민층의 지지를 얻어 토지를 나누어주고, 무토지 농민에게도 시민권을 부여하고, 상하수도 시설과 디오니소스 축제 등을 건설한 반면, 오히려 페리클레스는 혁명적 열기를 침략전쟁으로 전환시켰으며 이 와중에 추첨제는 일반 시민도 될 수 있게 한 민주적 기제일 뿐 아니라 정무관인 아르콘의 권한을 약화시키고 선출직인 장군의 권한을 강화시켜 아테네를 군국주의로 몰아가게 된 주요 기제였다고 본다.

둘째 논문 「국가와 희생: 페리클레스 추도연설을 중심으로」에서는 페리클레스의 추도연설이 지닌 국가주의 성격을 다룬다. 테미스토클레스 이후 단순한 도시국가가 아닌, 거의 중앙집권화된 국가에 가까운 당시 아테네가 델로스 동맹으로 제국을 건설하고 에게 해의 패권을 잡은 후, 아테네의 전쟁 대상은 페르시아가 아니라 이웃 그리스 도시국가가 된다. 그래서 페리클레스 이후 민주정은 페르시아의 압제로부터 자유를 얻기 위해서가 아니라 같은 언어, 같은 신화를 지닌 헬라스 도시국가의 자유를 빼앗기 위한 전쟁에 골몰한다. 침략적 전쟁에 자유의 이름으로 개인을 선동하는 페리클레스 추도연설은 대동아 전쟁 때 천황을 위해 사지로 몰아가는 일본 제국주의의 동원 수사학과 그리 다르지 않다. 페리클레스 추도연설은 자유와 민주주의의 가치를 수호하는 고전적인 연설로 알려진 것과 달리 개인의 희생과 전쟁을 정당화하는 군국주의 수사학이라 볼 수 있다.

세 번째 논문 「청년전사 입문식과 비극의 성-정치학」은 비극과 전쟁의 관계를 다룬다. 비극과 전쟁의 주요한 연결고리로 볼 수 있는 청년전사 입문식은 국가가 주도하는 디오니소스 축제에서 많은 시민들이 모인 가운데 시민전사로서 거듭나고 민회의 정식 구성원이 되기 위한 신고식이다. 18세가 된 청년전사들이 비극의 코러스를 맡고 기동훈련 시범을 보여준다. 기동훈련 시범이라 할 수 있는 이 tragôidoi 춤은 축제에서 군사주의를 재현하는 것이다. 청년전사 입문식이라 할 수 있는 디오니소스 축제에 살인과 강간, 폭력과 광기가 주제인 비극을 보여주는 이유에 대한 탐색이 이 글의 주된 핵심이다. 여기서 빌헬름 라이히Wilhelm Reich의 『파시즘의 대중심리』가 중요한 이론적 틀로 제시된다. 라이히는 "대중심리학의 관점에서 보면 군국주의의 효과는 근본적으로 리비도적인 메카니즘에 의존한다"고 본다. 가부장제적 가족제도에서 이루어지는 여성과 청년에 대한 성적 억압은 군사적 공격성으로, 여성에 대한 폭력으로 충분히 전화될 수 있다는 것이다.

신화와 서사시, 서정시 들은 고대 그리스 전체를 대상으로, 비극과 민주정에 대한 글들은 고대 아테네 중심으로 고찰하였다. 시대적으로는 미케아 문명의 몰락 이후 암흑기를 거쳐 침략한 도리아인과 이오니아인들이 정착하여 그리스 문명이 시작되는 시점부터 펠로폰네소스 전쟁으로 아테네가 패망할 때까지 다루었다. 사유와 젠더와 민주정에 대한 어두운 기원이라 할 수 있는 이 책은 물론 한쪽 면만을 본 것으로 균형을 잃은 것일 수 있다고 충분히 생각한다. 인류의 고전이나 문명 그 자체에 대해서 회의를 하고 어둡게 조망한다는 것은 인류가 살아온 귀중한 역사적 자원과 흔적을 부정하는 것이기도 하기 때문이다.

하지만 그리스에 대해 글을 쓰면서 보여주고 싶었던 것은, 아니 일정에 쫓겨 글을 마무리하면서 깨닫게 된 것은 고대 그리스 이후 현대 서구 자본주의에 이르기까지 인류가 살아온 사회와 다른 사회가 있을 수도 있다는 것이다. 인류의 사상적 원류로서 소크라테스나 부처, 공자 들의 철학과는 다른, 고대 이후 동서양을 막론하고 역사를 이끌어온 패러다임이 아닌 어떤 것이 있다는 것이다. 그것을 깨달았을 때 5-6년에 걸쳐 써왔던 이 글들이 지닌 불균형은 충분히 변호될 수 있다는 걸 알았다. 그것은 앞에서도 썼던 것처럼, '타자에 대한 지배력을 이상화하는 사회'에 대한 문명적 기원으로서 그리스의 어두운 면을 보여주고 싶었던 것이다. 리안 아이슬러는 사회의 패러다임을 둘로 나누었다. 공동협력사회인가 지배력을 이상화하는 사회인가?

책을 내면서 아쉬웠던 것은, 젠더와 민주정의 어두운 기원에 비해 사유의 기원에 대해서는 그 어두운 면을 부각시킨 글을 쓰지 못했다는 것이다. 특히 '아레테의 철학자' 소크라테스를 자본주의적 욕망의 철학과 연관시켜 쓰지 못한 것이다. 그런데 이것보다 더 아쉬운 것은 '지배력을 이상화하지 않는 사회'가 '칼의 힘과 지배력을 숭상하는 사회'보다 훨씬 더 오래, 그리고 더 기원적으로 있었으며 앞으로 올 것이라는 것을 쓰지 못한 것이다.

2011년 늦가을

김 봉 률

| 차 례 |

저자서문 _5

사유와 사랑의 기원

호메로스의 서사시에 나타난 양원적 정신과 의식의 기원:
줄리언 제인스의 이론을 중심으로

1. 의식의 기원 _25
2. 제인스의 의식개념 _27
3. 양원적 정신의 등장: 언어 발생과 신의 목소리 _32
4. 양원적 정신구조의 붕괴와 의식의 기원 _36
5. 양원적 인간에 대한 사례 연구 _45
6. 제인스 이론의 논쟁점과 과제 _60

장르변천에 따른 고대 그리스의 계통발생과정과
라깡의 주체형성과정 비교

1. 개체발생과 계통발생 _62
2. 소외로서의 신과 영혼의 탄생 _64
3. 상상계보다 앞서는 상징계의 등장 _73
4. 호메로스의 서사시적 인간관: 정신의 은유와 몸의 환유 _82
5. 서정시적 주체의 형성 _95

사랑의 상처와 사유의 발생:
아르킬로코스와 사포의 서정시를 중심으로

1. 여성적 형식으로서의 서정시 _99
2. 서사시에서 서정시에로의 장르이행의 역사철학적 조건 _102
3. 귀족적 외면성에서 내면적 자각으로 _109
4. 사랑의 상처와 사유의 발생 _117
5. 결단과 의지의 주체: 비극에로의 이행 _130

장르와 젠더, 문화의 기원

장르비평으로 본 고대 그리스 서사시의 남성중심성

1. 남성의 형식으로서의 서사시 _137
2. 서사시에서의 신화와 역사의 뒤엉킴과 분리 _140
3. 전사적 세계관과 팽창주의 _143
4. 남성중심주의와 가부장제의 완성 _150
5. 영웅의 몰락: 소설로의 이행 _168

신화의 세속화와 성의 정치학

1. 신화의 타락화와 성적 정치학 _170
2. 신화와 『신통기』에 나타난 여성적 원리의 남성적 전유 _172
3. 비극 시대 디오니소스 신 등장의 의미 _178
4. 서사시적 신화의 '비극'적 수용과 성적 정치학 _189
5. 저항과 봉쇄: 부덕과 정념의 딜레마 _204

남근지배: 고대 아테네 문화의 자기파멸적 미학

1. 문화적 구상체로서의 남근 _206
2. 초석적 폭력과 남근정치 _209
3. 남근연출과 국가주의 _217
4. 전쟁과 제국주의에서의 남근지배 _233
5. 폭력의 감염과 자기파멸 _244

민주정과 국가주의의 기원

그리스 민주정과 추첨제에 관하여

1. 추첨제는 민주주의의 맹목적 형식이다. _249
2. 고대 아테네 민주정과 추첨제, 그리고 전쟁 _251
3. 평등과 복지, 평화의 담론으로 _267

국가와 희생: 페리클레스 추도연설을 중심으로

1. 국가주의 추도연설 _269
2. 아테네 민주정과 국가의 폭력 _271
3. 침략적 전쟁과 개인 희생의 정당화 _283
4. 전쟁주의자, 페리클레스 _290

청년전사 입문식과 비극의 성-정치학

1. 비극과 전쟁 _292
2. 유사 파시즘과 아테네 민주정의 성-정치학 _295
3. 축제의 정치성과 청년전사의 입문식 _305
4. 에페베스와 비극의 성-정치학 _314
5. 아테네의 주요 긴장과 비극 _322

인용문헌 _325

찾아보기 _333

사유와 사랑의 기원

호메로스의 서사시에 나타난 양원적 정신과 의식의 기원: 줄리언 제인스의 이론을 중심으로

1. 의식의 기원

현대의 정신분석은 개체의 어린 시절, 나아가 기억할 수 없는 그 시절로 올라감으로써 개인의 의식과 무의식의 기원을 찾고자 한다면, 이 글은 인간 집단 자체의 어린 시절, 기록 뿐 아니라 고고학적 증거조차 희미한 그 옛 시절로 거슬러 올라감으로써 의식의 기원을 추적하고자 한다.

줄리안 제인스Julian Jaynes는 인간의 의식이 나타나는 "언어의 가장 오래된 사례들을 조사함으로써 의식의 발생이 문자가 생기기 이전인지 그 후인지를 확인하지 않으면 안 된다"(98)고 한다. 그래서 인류 최초의 기록에 나타난 정신구조mentality를 알아보는 일이 필요하다. 약 3,000년경에 진흙판에 최초로 글을 쓰기 시작했지만 우리가 해석할 수 있는 문헌 가운데 '의식'의 존재를 가늠할 수 있는 최초의 것은 기원전 8세기의 『일리어드』*Illiad*이다. 『일리어드』는 인간의 의식이나 행동양식, 주체의 존재양식이 그 어떤 이후의 시기보다 달랐던 때를 기록한다. 그 때 이후의 문헌들에는 인간 존재의 균질성이 어느 정도 존재하지만 그 이전에는 완전히 달랐던 그 때를 기록한 것이 고대 그리스 서사시 『일리어드』이다.

『일리어드』에서 인간은 스스로 판단하거나 행동하지 않고 신의 목소리에 따라 움직이고 행동한다. 사태의 진행을 주도하는 것은 신이다. 하지만 『오디세이』에서 신은 더 이상 사건의 주재자가 아니며 배경 저편으로 물러가 있다. 행동하고 사건을 주도하는 것은 인간인 오디세우스에 가깝다. 그런데『일리어드』의 또 다른 영웅 헥토르Hector에게는 의지의 결단이 나타나기도 한다.『일리어드』에는 의식이 없는 '고귀한 자동인간' noble automata이 주로 등장하지만 의식이 있는 주체적 결단의 주인공도 간혹 존재하는 모순된 측면이 있다. 그것은『일리어드』가 채록된 시기와 그 배경이 되는 시대의 간극 때문이다.『일리어드』는 기원전 700년 경에 채록된 것이나 그 배경은 약 1,200년을 전후한 그리스 미케네 왕국의 이야기인 것이다.

미케네 왕국의 멸망 이후 암흑시대를 거쳐 그리스 알카익기에 이르는 동안 '인간의 정신' 에 무슨 일이 일어난 것이다. 20세기 후반기에 많은 그리스 고전 문헌학자들은 이 문제에 골몰했고 부르노 스넬Bruno Snell은 이를 "정신의 발견"이라하고 F. M. 콘포드F. M. Conford는 "종교에서 철학으로"라고 하였으며 M. 호크하이머M. Horkheimer와 Th. W. 아도르노Th. W. Adorno는『계몽의 변증법』에서 "주체 형성의 원역사가『오디세이』"(119)라고 하였다. 또한 칼 야스퍼스Karl Theodor Jaspers가 말한 추축시대Achsenzeit도 이에 해당된다.

이 글은 스넬이나 콘포드, 에릭 도즈Eric Dodds 들 그리스 고전문헌학자들이『일리어드』나『오디세이』들의 작품에서 문헌학적으로 증명한 "정신"에 일어난 어떤 일을 가장 잘 설명할 수 있는 이론적 틀로서 제인스의 "양원적 인간" 가설을 받아들여 논의를 전개하고자 한다. 제인스는 자신의 유명한 저서『양원적 정신의 붕괴에 나타난 의식의 기원』*The Origin of Consciousness in the Breakdown of the Bicameral Mind*(이하『의식의 기원』으로 약칭)에서 현재의 인류처럼 "의식"을 지닌 인간과 달리 그 이전의 인간은 의식이 없는 양원적 뇌를 가졌다고 주장하였다(그림 1).

우반구와 좌반구로 나뉘어진 뇌를 가진 양원적 인간은 우반구에서는 누군가의 목소리가 말해지고 좌반구에서는 그것을 언어적으로 해석하여 행동지침으로 삼았다. 이때 누군가의 목소리의 기원은 죽은 왕이나 조상, 추장 들이며 신의 목소리로 불리었다.『일리어드』의 유명한 첫 장면에서 아가멤논의 일방적 결정에 분노하여 칼을 빼려는 아킬레스를 달래는 아테네의 목소리는 그에게만 들리는 신의 목소리이고 아킬레스는 신의 목소리에 복종하는 무-의식, 무-의식적non-conscious인 양원적

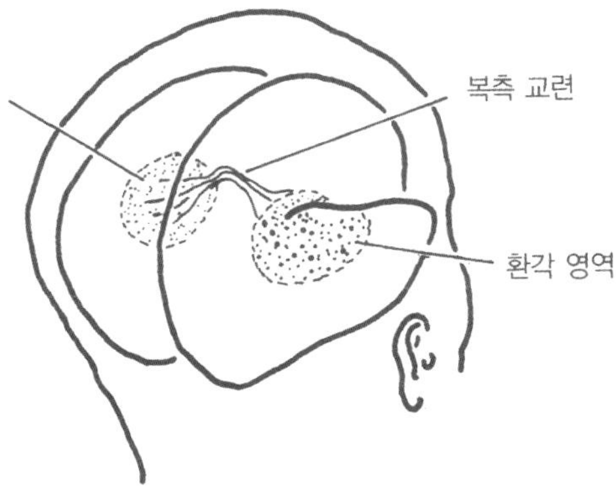

그림 1.
고대에는 우반구의 베르니케에 해당하는 부분이 훈계적 경험을 구성했을 것이며, 그것은 우세한 반구인 좌반구가 복측 교련을 건너오는 '목소리'로 '들은' 것을 암호화하였을 것이다(제인스 138).

인간이라는 것이다.

제인스의 이러한 가설은 비록 심리학이나 정신분석학 들에서 중심적인 조류를 형성하지 못하지만 많은 시사점을 제공한다. 그의 가설은 심리학, 인지고고학, 고생물학, 심리치료, 신경심리학, 종교학 들에 폭넓은 영향을 미치고 있다. 특히 끊임없이 환청을 경험하는 대다수 정신분열증 환자는, 그에 의하면, "양원적 인간"의 현대적 잔존물이라 할 수 있다.

이 글은 논쟁적이라기보다 제인스의 가설을 소개하고 그 가설의 설득력을 높이는 방향으로 논의를 전개하고자 한다. 그것은 무엇보다 제인스의 이론이 본격적으로 소개되는 것은 이 논문이 국내에서는 처음이기 때문이고 또한 그리스 서사시의 분석에서는 매우 유용하고 흥미로운 방법론이기 때문이다.

2. 제인스의 의식개념

제인스는 의식을 하나의 사회적 구성물이라 본다(Block 1994, 217). 즉, 의식은 생물학적 필요에 의한 것이 아니라 문화적 필요에 따라 생겨난 것이다. 원숭이와 인간의 차이는 크다. 진화한 모든 생명체들과 달리 인간의 정신은 일정한 시점에 이르러 전혀 다른 방향으로 비약적인 진화를 이룬 것 같다. 제인스는 "자연도태로는 설명되지 않는, 인간의 진화에는 단지 물질이나 우연이나 생존의 문제 이상의 무엇이 있지 않으면 안된다"(30)고 한다.

수많은 연상 작용, 고민, 행복, 욕망, 지식 들 내성의 대상인 이들 주관적 경험은 어디서 생기는가? 어떻게 단순한 물질에서 이러한 내면세계가 만들어졌을까? 의식은 20세기 사유의 중심에 놓여있는 문제다. 제인스는 『의식의 기원』에서 거의 100쪽에 이르는 장대한 분량을 의식에 할애하고 있다. 그가 제시하는 양원적 정신구조란 의식에 대한 개념이 분명히 먼저 정의되어야만 그 실체를 분명히 살필 수 있기 때문이다. 양원적 정신구조에서 의식의 정신구조로 이행되었다는 제인스의 가설은 양원적 시대에는 의식이 없었다는 것이다. 의식이 없는 인간은 혼수상태로 존재한다는 의미는 아닐 것이다.

제인스가 의식을 다루는 것은 크게 두 부분으로 나뉜다. 첫 부분은 의식에 관한 기존 관념이 지닌 오류에 대한 비판이고 다른 부분은 제인스가 스스로 정의하는 의식 개념이다. 우선 그는 이성은 우리가 의식하는 것보다 훨씬 더 작은 부분의 정신활동일 뿐이라고 하고 그 이유는 우리가 의식하지 못하는 것은 의식할 수 없기 때문이라고 주장한다(47). 의식은 의식의 신경학적 기반으로 추정되는 망상체계 reticular formation와도 무관하며(40) 사유에 꼭 필요한 것도 아니다. 사유는 자동적으로 일어나며 무엇을 생각하기로 되어 있는지 알기도 전에 자신의 사유를 수행하고 있다(65). 특히 제인스는 호모 사피엔스는 의식이 이성의 거처라는 우아한 가설에 근거하고 있다는 것을 비판한다(67). "이성과 의식을 억지로 함께 묶어두었기 때문에 진리라는 개념과, 우리가 어떻게 추리해야 하는지를 알려주는 논리의 개념이 뒤섞이게 되었다"(67)는 것이다.[1] 또한 두뇌는 의식의 처소가 아니다(73). 따라서 그가 보기에 우리는 의식이 어디에서 일어나는지 상상할 수 있지만 실제로 그런 장소는

1) 추리는 일상세계에서 일어나는 모든 영역에서 자연적 사유과정을 의미한다. 논리는 객관

존재하지 않는다(73). 제인스의 이러한 주장은 의식은 행동에 그리 큰 영향을 주지 않는다는 것이다. 그는 "말하고 판단하고 추리하고 문제를 푸는 등 우리가 하는 일 대부분을 수행하면서도 전혀 의식하지 못하는 인종이 있을 수 있다"(74)는 결론을 내린다. 즉 의식 없는 문명이 가능하다는 것이다.

이러한 제인스의 주장은 의식과 무-의식non-consciousness을 나누고 무-의식의 상태를 양원적 정신구조라 지칭하는 바탕이 된다. 의식은 없다가 생겨난 것이다. 그는 의식이 생겨난 근본적 원인이 언어에 있다고 본다. 특히 언어가 지닌 은유적 성격에 의해 의식이 발생했다는 것이다. 은유는 대상의 표현을 유사성이 있는 다른 대상을 기술하는 데 사용된다. 그래서 그가 보기에 "주관적이고 의식적인 정신은 이른바 실제 세계라는 것의 유사다. 그것은 온통 물리세계 내에서 일어나는 작용에 대한 은유와 유사들을 구사하며 이루어지는 어휘와 어휘들이 이루어지는 장으로 구성"(83)되어 있다.[2)]

이렇게 발생된 의식의 특성을 제인스는 공간화, 발췌, 이야기 엮기, 은유로서의 '나' me, 유사 '나' 로 열거하는데(89) 그 가운데 가장 중요한 것은 공간화 즉 정신-공간과 유사 '나' 이다(Sleutels 180). 정신-공간은 의식의 일차적이며 가장 원초적인 면모이며 우리가 만들어내는 거의 모든 정신적 은유가 지니고 있는 피석의체(피은유체)이며 우리가 그것이 거처하는 곳으로 여기는 정신-공간이다(88). 제인스는 내성할 때(이것은 무언가의 속을 들여다본다는 은유다) 각각의 새로운 사물들과 관계가 의식화되면서 지속적으로 갱신하고 확장하게 되는데 이때 통시성은 공시성으로 변하고 발췌된다고 한다. 과거의 일을 회상하고 즐거워하거나 고통스러워하며

적 진리에 도달하려 할 때 우리가 따라야 할 사고방식이다. 추리는 신경계의 구조이지 결코 의식의 구조가 아니다. 우리 마음은 의식이 채 따라잡기 어려울 만큼 빨리 작동한다. (제인스 68-69)

2) to be 같은 동사도 은유에서 생겨나온 것. 이 말은 '성장하다, 자라다' 를 의미하는 산스크리트어 'bhu' 에서 나온 것이며 영어의 어형인 'am' 과 'is' 는 숨쉬다를 의미하는 산스크리스트어 'asmi' 와 동일한 어근에서 진화해온 것이다. 존재개념이 이처럼 성장, 호흡에 관한 은유에서 생성되어왔다. (제인스 79)

미래에 대해 불안해하는 이 모든 의식의 주관적인 면은 정신–공간에서 일어난다.

그 다음으로 중요한 의식의 측면은 자신에 대한 은유인 유사 '나' analog 'I' 이다(92). 제인스의 표현대로, 이 유사 '나' 는 실제로 하지 않는 것을 '하고' '상상' 속에서 우리를 대신하여 '돌아다닌다'. 우리는 이런저런 일을 '하고 있는' 자신을 상상한다. 그리하여 상상의 세계에서 행동하고 있는 상상의 '자아' 가 없었더라면 불가능했을 상상의 '결과' 에 근거하여 결심을 내리게 된다. 즉 "유사 '나' 가 있는 유사 공간을 구성하며 작용하는데, 유사 '나' 는 그 공간을 바라볼 수도 있고 그 안에서 비유적으로 움직일 수도 있는"(95) 것이다. 양원적 인간의 청각적 환각과 비교하여 그는 이를 "자기관찰적 환각"autoscopic illusions(338)이라 한다.

이야기 엮기 역시 의식의 한 특성인데, 제인스에 따르면(93), 의식에서 우리는 우리를 대신하는 자아가 항상 우리 삶의 이야기의 주인공으로 등장하는 것을 본다. 우리 행동에 원인을 부여하거나 왜 우리가 특정한 일을 행했는지 말하는 것도 이야기 엮기의 일부분이다. 유사 '나' 를 동원하여 의식 속에서 우리는 항상 행동의 목적과 원인을 생각하며 서술적 줄거리를 엮는다. 언어가 내러티브 구조를 이루듯이 언어에 의해 추동된 의식 역시 내러티브 구조를 이루고 있다고 볼 수 있다. 의식의 등장과 서사시의 등장이 거의 같은 시기에 일어났다는 것 또한 이야기 엮기가 의식의 주요한 특성이라는 것을 반영한다. 의식 등장 이전의 인간기록은 함무라비 법전의 일부에서 보여지듯이 객관적인 정보 중심의 무미건조한 나열이지 이야기식 서술은 아니었다(240–243).

이러한 제인스의 의식 개념에 대해 가장 강하게 반대를 한 사람은 네드 블락Ned Block이다. 블락은 제인스의 책이 출판된 지 얼마 안 된 1981년 서평을 통해 '의식의 개념이 생기기 이전에도 인간은 의식하고 있었다' 고 비판한다. 뉴튼의 만유인력법칙이 생기기 전에도 중력이 존재했던 것과 마찬가지라는 것이다. 블락은 그의 후기 저서들에서 제인스가 인간이 의식을 발명invention한 시간까지 못 박은 것에 대해서 비판한다. 의식과 무–의식의 차이가 아니라 다양한 인지적 기능을 가진 다양한 종류의 의식 내의 차이로 보아야 한다고 주장하였다. 그는 의식을 '현상적 의식' Pconsciousness과 '정보접근적 의식' A-consciousness으로 나눈다(1995, 238). 블락이 보기에 제인스가 주장하는 양원적 인간들은 정보접근적 의식만 있는 경우이고 그리스인들에 의해 발명되었을 것 같은 의식은 현상적 의식이라는 것이다. 하지만 블락은, 현상적 의식이 비록 인지적 기능적 개념과는 다른 것이라 하더라도 기본적으로 생물학적 특징이라고 본다.

이에 비해 잰 슬로이텔즈Jan Sleutels는 『일리어드』에 나오는 양원적 인간을 의식을 결여한 "그리스 좀비"Greek Zombies라고 부르며 적극 논쟁적 가치를 부여한다. 슬로이텔즈가 보기에 블락 역시 제인스와 마찬가지로 '의식이 등장하는 역사'를 인정한다(183). 슬로이텔즈는 의식은 문화적 구성물이기 때문에, 야구를 하지 않고서는 야구라는 개념은 없듯이, 결코 의식은 의식 개념보다 먼저 생긴 것일 수 없다고 말한다(184). 즉 의식에 대한 개념이 등장한 이후에, 혹은 그 등장과 함께 의식이 발생했다는 것이다. 비록 블락이 의식을 생물학적인 것으로 보았지만 의식을 둘로 나누어 하나(현상적 의식)가 나중에 생겼다는 것은 현상적 의식을 역사적 산물로 본 것이라 해석할 수 있다. 슬로이텔즈는 과거의 문화적 현상이 보여주는 여러 증거들을 해석해 보았을 때 그것은 대부분이 추론하는 방식과도 일치하며 제인스가 수집한 경험적 증거들과도 일치한다고 한다. 즉 제인스가 상상한 종류의 그리스 좀비는 "실제 세계와 실제 역사에 대한 우리의 현재 지식과 일치한다"(178)는 것이다.

「"양원적 인간" 30년사: 쥴리안 제인스에 대한 비판적 재평가」"The Bicameral Mind 30 years on: A Critical Reappraisal of Julian Jaynes Hypothesis" 에서 저자인 A. E. 캐버너Cavanna 외 3인은 『의식의 기원』 출간 이후 30년간의 논쟁점을 소개한다. 의식이 언어에 추동된 은유에 의존한다는 제인스의 가정은 의식적인 사유에서의 언어의 역할에 대해 끊임없는 철학적 논쟁을 포함하고 있다. 그런데 의식이 궁극적으로 내면적 언어 기술에 달려있다는 제인스의 주장과 반대로 대부분의 학자들은 "언어는 어떠한 종류의 의식 경험에 대한 본질적 전제라기보다 단지 의식의 보다 고차적인 기능에만 기여했다"(13)고 가정한다. 이러한 비판에도 불구하고, "그리스 좀비", "고귀한 자동인형"으로 표현되는 의식이 없는 인간이 『일리어드』에 나오는 것은 사실이다. 의식이 없는 인간이 존재했다는 사실은 의식을 정신이나 이성의 대용어로 볼 수 없다는 것이다. 하지만 주관적인 내성을 결여한, "어떤 종류의 자기모니터링하는 부속기능을 결여한 것"(Cavanna 13)임에는 틀림없다. 의식에 대한 제인스의 개념은 철학적 논쟁으로 주어졌다기보다 그의 가장 기본주장인 "양원적 정신구조"를 위한 전제로 주어졌다. 따라서 의식에 대한 더 깊은 논의보다 다음 장에서 전개될 "양원적 정신구조"에 초점을 맞추는 것이 필요하다.

3. 양원적 정신의 등장: 언어 발생과 신의 목소리

제인스는 양원적 정신은 "사회적 통제양식으로 이는 인류에게 소규모 수렵-채취 집단에서부터 대단위 농경공동체로 이행하게 한 사회통제양식"이며 "자체 내에 자신을 통제하는 신을 갖고 있던 양원정신은 진화하여 최종단계의 언어진화에 이른다"(159)고 설명한다. 제인스의 이러한 주장은 양원정신을 사회집단의 진화의 산물이자 자연도태의 결과로 보면서 신들의 기원과 언어의 발생을 양원정신 등장의 가장 중요한 핵심 전제로 설정하고 있다.

양원적 인간과 신은 어떤 상황에서 등장했을까? 의식의 기원, 정신의 탄생에 대한 제인스의 문제의식은 다른 여러 학자들과 달리 독특하면서도 흥미롭다. 우선, 언어의 간극, 즉 말과 글의 간극에서 출발한다. 말은 생겼으나 아직 글이 생기지 않았던 시대에 언어적 환각이 "자연도태에 따라 행동통제 수단"(168)으로 등장하였던 것이다.

포유류가 다양한 형태의 사회적 무리를 이루어 살듯이 인간 역시 집단을 이루고 산다. 인간집단의 자연적 크기는, 고고학적 증거에 따르면, 30명 정도[3]의 크기다. 대부분의 종에 있어서 집단의 크기를 제한하는 요소는 의사소통체계이다. 따라서

3) 이 크기는 오늘날의 사냥꾼 부족이 이동할 때와 비슷한 숫자다.

언어의 발생과 사회 집단의 진화는 밀접한 관계를 가질 수밖에 없다. 동굴입구에 살면서 사냥으로 연명하던 20여명 단위의 유목부족이 적어도 200여명 이상의 인구로 된 마을town을 형성하였을 때를 생각해보자(174 참조). 한 명의 추장이 200-300명의 주민을 지배하는 것이 불가능하지는 않다. 그러나 이러한 지배가 엄격한 위계질서를 유지하는 영장류 집단에서 이루어지는 것처럼 개개인의 얼굴을 일일이 맞대는 과정에서 반복적으로 이루어져야 한다면 보통 어려운 일이 아니다. 사회집단의 규모가 하나의 통제수단으로서 양원적 정신을 필요로 하는 순간이다.

제인스는 "신들이 문제를 해결하기 위해 진화의 역사 속에 들어온다면"(162) 집단의 크기가 달라져야 하고 따라서 "먼저 언어의 진화를 신들이 존재하기 위한 필수조건"으로 간주해야 한다고 한다. 언어는 7만년에서 기원전 8,000년에 이르는 후기 홍적기에 발생했는데 제인스는 수식어에서 명령어가 만들어지고 나서 명사가 등장하였다고 한다. 명사의 등장은 우선 동물명사가 먼저 등장하고(동물을 그린 시기와 일치) 나중에 사물명사(도자기, 걸게, 갈고리 달린 작살 들이 발명된 시기와 일치)가 등장한다.

어떻게 언어적 환각이 행동통제 수단으로 쓰였는지를 제인스의 표현을 통해 상상해보자. 가령 어떤 사람이 우두머리한테 자기네 주거지에서 멀리 떨어진 상류에 어살을 설치하라는 명령을 받았다고 하자. 만일 그가 "의식이 없고 이 상황을 이야기로 엮어낼 수도 없고 자신의 유사 '나'를 상상된 결과와 함께 공간화된 시간 속에 완전히 붙잡아 둘 수도 없다면"(168) 그는 어떤 방식으로 이 일을 수행할까? 오후 내내 그가 이 일에 매달릴 수 있게 하는 것은 오직 "언어"뿐이라고 생각한다(168). 하지만 말이라는 것은 발화의 순간에만 존재하지 그 순간이 끝나면 사라져 버린다. 글쓰기가 아직 생기기 전에 인간이 할 수 있는 것은 끊임없이 반복하여 들려주는 것이다. 영어회화 배우듯이 테이프나 녹음기도 없는 상황에서 인간은 본능적 행동이 아니라 학습된 행동을 반복하기 위해서는 언어를 효과적으로 써야 했고, 따라서 그에게 무엇을 해야 한다고 계속 말해주는 '내적인 음성적 환각의 방식'이 등장했다고 볼 수 있다.

이러한 청각적 환각이 등장하는 역사적 시점에서 제인스는 "과제를 지속해야 하는 자연도태의 압력을 받자 소리 언어가 뇌의 한 반구로 몰리기 시작했고 다른 반구는 그런 행동을 유지할 수 있게 하는 환각적 음성을 들을 수 있는 여지를 제공했다"(169)는 것이다. 곧 양원적 정신구조가 형성되기 시작한 것이다.

그 다음 단계는 한 쪽에서 들리는 환각적 목소리를 어떻게 신의 목소리로 생각하게 되었는가에 관한 것이다. 이에 대해 제인스는 "이름을 만들어내는 단계"(169)에서 신이 생겼기 때문이라고 한다. 앞서 언어의 발생이후 명사가 생겼으나 동물과 사물의 명사에 멈추었는데 좀 더 사회적 규모가 커지고 관계가 안정화되면서 사람들의 식별이 어렵게 되자 개인에 대해 이름을 붙일 필요성이 대두하게 된다. 제인스는 이름이 생기면서 그 사람에 대한 기억이 생기고 무덤도 특별한 의미를 띄게 되었다고 한다. 그때까지의 "청각적 환각들은 우연적이고 익명적이었으나 어떤 환각이 이름과 함께 특정인에게서 나온 목소리로 인지되자 의미심장한 변화"(171)가 발생되었다. 그 환각은 이제 한 개인의 행동 속에서 엄청난 역할을 하는 사회적 상호작용이 된다.

제인스는 청각적 환각이 발생하는 것은, 현대인처럼 스트레스를 받기 때문이라고 결론을 내린다. "누군가가 죽음으로 받는 스트레스야말로 환각적 목소리를 듣게 하는 확실한 계기"가 된다는 것이다(175). 죽어서 가장 스트레스를 많이 받게 되는 사람은 부모이거나 추장이나 왕이다. 프로이트가 『토템과 터부』에서 죽은(죽인) 아버지가 돌아와 법이 되었다고 하지만 제인스에게 이들은 죽어 신의 목소리가 되었다. 살아있을 때에도 환각으로 지배하던 목소리의 주인공은 죽어서 목소리로 환생한다. 죽어서도 집단 전체의 결속에 영향을 주는 목소리의 주인공이 잠들어 있는 곳은 이리하여 신의 집이 되고 피라미드나 지구라트가 되고 사원이 된다.[4] 죽은 자들이 신의 기원이라는 주장의 근거는 추후에 문자로 된 이들 양원적 문명의 기록물

4) 양원적 문화를 보이는 최초의 유적은 기원전 9천년경의 것으로 추정되는 아이난 지역의 왕릉이다. 무덤은 모든 집들처럼 지름이 4.8미터인 원형이고 내부에는 중앙에 두 구의 완벽한 해골이 등뼈가 연결된 채로 놓여있었고 다리는 죽은 후에 분리되어 다른 곳으로

에서 발견된다고 한다. 즉 고대인은 죽은 자는 신이 된 것이라 했고 또는 신이 된 자라고 말함으로서 그가 죽었음을 뜻하기도 했다는 것이다. 의식의 시대에도 신들은 바로 이전 시대의 죽은 사람들이라는 전통이 있었다. 헤시오도스Hesiodos는 『노동과 나날』*Works and Days*에서 자기 앞 세대의 죽은 조상들을 황금의 종족이라 부르며 "이 일족은 죽어 대지가 그들을 땅 아래로 받아들인 이후에도 위대한 제우스 신의 뜻대로 지상의 선한 정령"(126)이 되었다고 말한다.[5)]

이어서 제인스는 문명이 처음으로 시작되는 곳이면 언제나, 어디서나 실제로 양원정신 구조가 존재했다는 것을 세계 도처의 증거들을 통해 입증하고 있다. 그는 옛 문명 안의 그 통치자를 오늘날의 군주와 같은 사람으로 보는 것은 잘못이라고 본다. 그는 환각 속의 존재였기 때문에 사람들이 헌물을 바치던 탁자 옆에 하나의 조상으로 대부분 서 있다. 제인스는 주택도 아니고 실제로 창고나 곳간으로 사용되는 것도 아니면서 특별히 인간의 모습을 한 인형이 들어 있는 건물이 있는 마을이나 도시설계가 이루어진 곳이면 으레 양원적 문화라고 본다(183-214 참조).[6)] 제인스는 양원적 세계에서 조상들이나 우상들은 "마치 흰개미둥지나 꿀벌통의 여왕처럼, 페르몬 유인 물질 대신 청각적 환각을 사용할 뿐, 세심하게 받들어 모시는 사회적 통제의 중심"(178)이었다고 본다.

이러한 양원적 정신은 기원전 9,000년경에서 3,000년경까지 이어지는데 이 양

옮겨져 있었다. 돌베개 위에 지탱된 채로 있는 그 죽은 왕은 여전히 명령을 내리며 백성의 환각 속에 살아 있으며 붉게 채색된 난간과 화로의 꼭대기 층은 부패를 막기 위한 것이다. 적어도 얼마동안은 사방 200m 밖에서도 보이도록 솟아올랐던 성화의 연기조차 마치 에게 해의 안개가 아켈레우스에게 그랬던 것처럼 환각의 발원지였으며 중석기 시대 아이난들을 통제하던 명령의 발원지일거라고 제인스는 주장한다(176-177 참조).

5) 플라톤도 『국가』에서 영웅들은 죽은 후 사람들에게 할 바를 지시하는 신령이 되었다고 한다(469A).

6) 기원전 7000년대로 추정하는 에리코의 큰 신전에 있는 왕들의 것으로 보이는 열 개의 인간 두개골은 회반죽으로 실감이 날 만큼 본을 떠 흰 조가비로 눈을 해 박은 것들이었는데 이들은 모두 환각을 발생시키는 기능을 했다(185). 아나톨리아의 하실라Hacila 역시 인간 두개골을 마루 위에 안치해두었는데 이것은 식량생산과 자체 방어를 위해 주민들을 한데 묶어두기 위한 양원적 통제기능을 담당한다(186).

원적 정신이 가장 화려하게 꽃핌과 동시에 몰락을 향해 나아가게 되는 계기가 되는 것은 기원전 3,000년무렵에 등장한 글쓰기이다. 이로부터 정확히 1,000년 무렵에서 기원전 2,000년 무렵까지를 양원적 정신구조와 그 찬란한 문명이 붕괴하기 시작한 시점으로 제인스는 보고 있다.

4. 양원적 정신구조의 붕괴와 의식의 기원

1) 글쓰기와 양원적 정신구조

기원전 3,000년 경에 돌이나 진흙, 파피루스에 작은 표식으로 인간이 언어를 기록하기 시작하였다. 의식은 다른 종에게는 나타나지 않고 인간에게만 나타나는 것이라 할 때 의식의 발달과 언어발달은 밀접한 연관을 가지고 있다. 언어 가운데도 말이 아닌 글이 등장해야 기록을 통해 과거와 미래를 붙잡아둘 수 있고 현재를 현재로 인식할 수 있다. 통시성은 의식의 주요 특징인 정신-공간에 공시적으로 배열되고 공시적으로 배열된 나의 여러 모습들을 유사 '나'가 볼 수 있으므로 의식이 탄생된다고 볼 수 있다.

글쓰기는 시각적 사건을 그림으로 나타낸 것pictures of visual events과 음성적 사건을 상징으로 나타낸 것symbols of phonetic events으로 나뉠 수 있는데 제인스가 보기에 전자에 가까이 갈수록 독자가 이미 알고 있는 정보를 끌어내기 위한 기억장치에 가깝다(215). 글쓰기는 들리는 것이 아니라 보는 것으로 바꿈으로써 청각문명에서 시각문명으로의 이행의 실마리가 된다.

이런 글쓰기는 청각적 환각의 문명인 양원적 정신구조를 "대신하는 하나의 사회통제방식"(제인스 240)으로 등장한다. 하지만 글쓰기는 처음 생겼을 때 양원적 문화를 붕괴시키지 않고 오히려 강화하는 계기가 되었다. 양원시대의 신정정치는 두 가지 형태로 하나는 관리인-왕 신정정치steward-king theocracy인데 미케네 같은 양원시

그림 2.
기원전 1,250년 경의 야질리카야에 있는 바위 양각. 샤루마Sharruma 신이 그의 관리인 격인 왕 투드할리이스Tudhaliys를 자신의 품에 붙들고 있다. 신성을 의미하는 프레첼 과자처럼 생긴 상형문자가 왼쪽 위편에 머리 대신 신의 표의문자로 그려져 있으며, 동시에 신의 관에도 반복해서 그려져 있다. 이것은 또한 오른쪽 위로 왕의 표의문자에도 나타나는데, 제인스 생각에는 이것은 왕 역시 자신의 신하들에게 환각으로 들리고 있음을 가리키고 있는 듯 하다(제인스 188).

대의 많은 메소포타미아의 도시국가들과 인도, 중국, 중앙아메리카도 이에 해당된다고 제인스는 분류하고 있다. 다른 하나는 왕 자신이 신인 신-왕 신정정치god-king theocracy로 이집트가 대표적이라 할 수 있고 안데스 왕국과 일본의 초기 왕국이 이에 해당된다(217)(그림 2).

함무라비 법전과 잉카제국의 몰락을 통해서 양원적 문명을 좀 더 파악해보자(제인스 240-43 참조). 제인스는 문자기록 시대의 양원적 신정정치의 대표적인 형태로 함무라비 왕(기원전 1,792-1,750)을 지목한다. 바빌론의 신 마르둑의 관리인으로 함무라비는 기원전 1,750년까지 계속되었던 그의 오랜 재위 기간 동안에 바빌론 마르둑 신의 장악권 내에 메소포타미아의 거의 모든 도시국가들을 끌여들였다. 이러한 정복과 영향력 행사가 성공할 수 있었던 것은 이전에 일찍이 없었던 방대한 양의 문자와 석비들 때문이었다. 함무라비는 최초로 글을 읽을 수 있고 서기를 따로 둘 필요가 없는 왕이었다. 이집트가 '신의 글씨'로 알려진 상형문자를 극소수의 사제층만이 쓸 수 있었던 데 비해 메소포타미아는 일찍부터 문자가 민간에 통용되

그림 3.
판결문이 기록되어 있는 석비의 상단에 새겨져 있는 대로, 자신의 신 마르둑(또는 샤마시)에게서 오는 판결을 환각하고 있는 함무라비. 기원전 1750년경(제인스 241).

었다. 문자는 민간에 대한 하나의 새로운 지시방법이었다. 이것이 없었다면 메소포타미아의 통일 같은 사건은 일어나지 않았을 것이다.

여기서 제인스는 함무라비 법전이라고 알려진 석비의 글을 통해서 함무라비 왕의 양원적 정신구조를 잘 설명하고 있다. 함무라비 법전은 함무라비 통치 말기에 아마도 자신의 인형이나 조상 곁에 두었던 20센티미터의 검은 현무암 석비였다. 그 석비의 상단에 그 판결을 하달하는 장면이 조각되어 있다(그림 3).

신은 산을 상징하는 단에 올라 앉아 있다. 신은 오른 손에 권력의 상징을 들고 있다. 신은 자신의 관리인 함무라비의 왼쪽 팔꿈치를 이 상징물들로 건드리는 것이다. 이 장면이 담고 있는 한 가지 놀라운 일은, 신과 그의 관리인-왕이 무감각한 채로 당당히 서서 서로를 열심히 바라보며 왕의 오른손은 관찰하는 우리와의 사이를 가로막은 채로 대화를 나누는 장면 속에 나타나는 "최면적 확신"hypnotic assurance(241)이다.

신과 관리인으로서의 왕의 관계는 사실상 신은 뇌 우반구에서 들리는 청각적 환각의 목소리이고 왕은 그 목소리를 언어적으로 해석하는 좌반구의 뇌이다. 이런 관계는 함무라비 법전의 구조에서 뚜렷이 나타난다. 이는 "함무라비의 신경체계가 두 개의 분리된 통합구조"(242)임을 의미한다. 법전은 두 부분으로 나뉘어져 있다. 하나는 함무라비 자신이 쓴 도입부와 발문인데 허세와 격정으로 자신의 행적과 힘에 대해 적고 있으며 마르둑과의 친밀성을 뽐내며 마르둑을 위해 그가 이룬 정복과 비석을 세운 이유에 대해 기술하고 있다. 나아가 자신의 이름에 흠집을 낼 자에게는 불행을 예고하기도 한다. 다른 하나의 부분은 마르둑이 판결한 282가지의 판결이다. 여기서 그 유명한 '눈에서 눈, 이에서 이' 라는 보복의 법칙이 나오는 데 주로 객관적이고 구체적인 정보에 대해 언급하고 있다. 다른 업종의 사람들 사이의 상품 배분문제, 사유 노예나 도둑이나 제멋대로 구는 자식을 어떻게 벌해야 되는지라든지, 죽음, 선물, 결혼, 하인 들에 관한 것이 적혀있고 앞서의 호전성과 허세가 보이는 서문과 발문과는 대조적으로 냉정한 어조를 띄고 있다.

이에 대해 제인스는 법전에 이런 "양원성이 기록되었다는 사실과 좀더 일반적으로 말해서 의사소통을 위해 시각적 기록이 광범위하게 사용되었다는 사실은, 양원적 정신의 청각적 환각에 따른 통제가 감소되고 있음을 나타내준다"(243)고 본다.

양원성의 전성시대라 할 수 있는 함무라비 왕의 시대와 달리 잉카제국은 양원성의 쇠퇴기에 주관적 의식의 문명과 조우하는 과정에서 여지없이 무너진 것이다. 제인스는 잉카제국을 관리인-왕 신정정치와 신-왕 신정정치의 혼합으로 본다. 기원후 13세기경에 잉카제국은 자신들의 앞에 있던 여러 왕국들을 정복해버렸다. 함무라비 왕의 경우 메소포타미아 도시국가들을 수없이 정복해도 석비나 문서를 통해 통일성을 유지할 수 있었다. 하지만 잉카제국은 거대한 왕국을 양원적인 힘만으로는 통제가 어려웠으며 양원적인 힘의 쇠약을 보충할 글쓰기를 거의 갖지 못했다. 그래서 급격히 쇠퇴할 수도 있는 위기는 상존하고 있었다.

피사로가 정복한 시대의 잉카제국은 아마도 양원적인 것과 초기-주관적인 것의 결합이었을 것이라고 제인스는 추측한다. 따라서 피사로가 끌고 간 부대와 잉카의 충돌은 양원정신과 주관적 정신이라는 두 정신구조의 충돌이라고 볼 수 있다. 왕은

그림 4.
마야의 신. 혼두라스의 코판에서 나온 약 3.6m 길이의 석판. 이것은 대략 기원후 700년 경에 새겨진 것이다(제인스 210).

신성한 자로서 태양의 후예이며 육지, 지구, 사람, 태양의 땀인 금 들을 창조한 신이다. 그 앞에서는 최상위 대신들조차도 경의심에 가득 차 사지가 흔들릴 만큼 떨게 된다. 이 경외심은 현대의 심리학으로는 이해불가능하다(194). 잉카를 포함하여 상층계급들이 그들의 귀에 달고 다녔던 황금과 보석으로 만든 실패 같은 것 위에 태양의 이미지를 그리기도 했는데 이는 동일한 귀들이 태양의 목소리를 들었음을 의미한다(195)(그림 4).

1,532년 150명의 에스파냐인에 의해 십만의 정예부대가 순식간에 패배하고 왕은 사로잡힌다. 이들 방대한 제국인 잉카의 왕과 신하, 백성들은 정복자들에게 왜 그

렇게 나약하게 항복했을까? 이들은 피사로를 위시한 정복자들을 신으로 착각하였다. 그들은 우윳빛 피부의 거친 사람들, 한번도 본적이 없는 기이한 짐승을 타고 금속으로 된 갑옷을 입고 있는 자들을 신으로 착각한 것이다. 그런데 "무엇보다 태양에서도 눈부신 탑 속의 쿠스코 황금상에서도 아무런 양원적 목소리가 들리지 않았다. 주관적 의식이 불가능할 뿐 아니라 타인의 기만을 서술해낼 수 없었던 잉카인들과 그 군주들은 그저 무력한 자동인형처럼 함락당하고 말았던 것"(196)이다.

2) 양원정신의 붕괴와 의식의 기원

글쓰기가 양원적 정신구조를 대신하는 하나의 사회적 통제방식으로 나타났다면 양원정신구조의 붕괴를 가속화시켜 새로운 문명이 등장하게 되는 사회적 변화의 직접적인 계기는 무엇이었을까? 제인스에 따르면, 글쓰기에 시발되어 BC 2,000년경에 있었던 자연의 대재앙과 그에 따른 이주, 정복에 의해서 양원적 정신구조는 그 효력이 다하고 주관적 정신인 의식이 등장하였다. 사회가 안정적이고 위계적 조직에 의해 잘 가동될 때는 신의 목소리들은 언제나 옳았다. 인간에 대한 신의 명령은 자유재량이 허용되지 않는 의식에 꽁꽁 묶여 있었으며 큰 사회적 혼란에도 영향받지 않았다. 그러나 기원전 2,000년대에는 전쟁과 재앙과 민족 이동이 모든 사회의 중심적인 문제가 되었고 이런 격변 속에서 인간의 "행동과 그것을 야기시킨 신 사이에 어두운 그림자"(246)가 드리웠다.

제인스는 양원적 정신구조의 신정정치가 전제적이라고 하는 것은 오늘날의 의미와는 다르다고 한다. 그가 보기에 군국주의나 경찰에 의한 공포의 지배는 "희망과 증오와 같은 다양한 사적 상태로 갈려 정체성 위기를 겪으면서 안절부절 못하는 주관적으로 된 의식적인 민중을 통제하기 위해 사용된 필사적인 조치"(247)이다. 양원적 시대에는 공포나 억압이나 법이 필요 없었으며 양원적 정신 차체가 사회적 통제였다. 모든 주도권은 신에게 있었던 것이다.

그런데 서로 다른 문명이 만났을 때는 상황이 다르다. 지금 사회에서도 다른 지역의 사람을 만나면 자신이 양육 받던 방식이나 가치에 따라 갈등과 대립이 있을 수도 있으나 신의 목소리로 절대 복종하던 시대에 다른 신들을 모시는 사람들과의 갈등은 훨씬 더 해결하기 어려울 수도 있다. 그런데 서로 평화적이고 안정된 사회에서 온 양원적 인간들은 평화적으로 해결하려고 할 것이다. 하지만 서로 위협받고 적대적인 곳에서 온 사람이라면 상대방을 죽여버리라는 호전적인 환각의 목소리에 따라 잔인한 전쟁기계가 될 것이다.

양원적 통제는 도시나 문명의 규모가 커지는 경우, 격변이나 위기 상황에서 상당히 약화되거나 심지어 붕괴할 수도 있다. 집단의 규모가 커지면 다양한 신들의 다양한 목소리들이 생기고 그 목소리들을 분별해내고 그것들을 인정해주는 사제들의 위계체계가 굉장히 중요해진다. 다양한 신의 목소리 가운데 누구의 명령을 우선시해야 하며 어떤 목소리를 비중있게 다루어야 하는지는 사제들의 판단력에 달려있기 때문이다. 그래서 제인스에 따르면, 인간과 환각적 권위 간의 균형에 작은 충돌만 생겨도 어떤 알려진 외적 원인 없이 붕괴할 수도 있다(250).

그런데 무엇보다 결정적인 위기를 가져온 것은 신들이 상황에 적절하게 대응하지 못했다는 것이다. 이에 대해 제인스는 "양원정신의 몰락을 가져온 직접적인 원인, 그리고 신과 인간, 환각적 목소리와 자동적 행동 간에 의식이라는 분열이 생긴 원인은 바로 사회적 혼돈 속에서 신들이 인간을 향해 무엇을 하라고 하지 못했다"(251)는 것이라고 말한다. 기원전 2,000년 무렵 사회적 혼돈을 야기한 가장 중요한 사건으로 제인스가 주목하는 것은 앗시리아의 발흥과 테라Thera 지역의 화산폭발[7]로 지중해 동부 전역에서 일어난 대규모 인구유입과 대단위 민족이동이다.

앗시리아의 발흥에서 주목되는 것은 앗시리아 상인들이 1,120km나 떨어진 곳까지 서로 다른 신을 모시고 다른 목소리를 내는 양원적 인간들과 교역을 하면서 "원시주관적 의식" 같은 것이 생기지 않았을까라고 생각할 수 있고, 또 하나는 앗시리

7) 에게해 지역에 살던 상당부분이 바다 밑으로 가라앉음으로써 가속화되었다. 아틀란티스는 크레타와 함께 미노아 제국을 형성했다. 크레타 일부와 함께 대부분 수심 300m 아래로 가라앉고 테라의 남은 대부분은 45m나 되는 화산재와 부석더미로 덮혔다.

아가 세계를 정복해가는 과정에서 보인 문명사에서 최초라 할 수 있는 정도를 뛰어넘는 잔인함[8] 은 이전의 사회통제 방식이 완전히 무너졌기 때문이라고 제인스는 평가한다. 주관적 의식이 막 생겨난 때 겁을 주어 통치하려는 시도에서 이 잔인함이 행사되었다고 본 것이다(257).

테라지역의 화산폭발은 엄청난 지리적 재앙을 야기했고 전 세계 인구의 절반이 난민이 되었고 산발적으로 일던 전쟁이 급박하고 맹렬하게 자주 닥쳤다. 이런 폐허 속에서 신들이 무엇을 말할 수 있겠는가? 신들보다 굶주림과 죽음이 더 긴박하게 다가오고 서로 낯선 사람들끼리 신뢰할 수 없는 험악한 상황에서, 그리고 알아들을 수 없는 이상한 말이 넘치는 상황에서 신들이 무엇을 말할 수 있겠는가?

이 시대는 기원전 13세기 끝 무렵으로 그리스의 혼돈은 도리아인의 침공으로 생긴 암흑기로 알려져 있다. 기원전 12세기 말 미케네는 더 이상 존재하지 않았다. 호메로스의 『일리어드』는 양원적 정신이 아직은 살아남아 있었던 이 시대의 신들과 영웅들을 노래하였다. 제인스는 바로 이 시대에 인간 정신구조에 엄청난 비약이 발생했다고 본다. "인간이 자신과 세계를 의식하게 된 것"(259)이다. 그는 교역의 발생, 지리적 재앙과 암흑시대와 이동, 정복 외에도 의식이 탄생되기 위한 조건들로 자연도태, 차이에 대한 관찰, 이야기 엮기, 기만과 배반 들을 제시한다. 이 혼돈의 시대 이후 다시 양원적 정신의 시대로 돌아가지 못한 이유는 "양원적 정신이란 것도 언어습득에서 온 한가지 파생물"(259)이라는데 있다. 언어는 그 이전보다 어휘가 더 풍부해지고 다양해지기 때문에 과거로 돌아가는 것은 불가능했으며 알파벳의 보급 속도가 빨라지면서 등장한 문자문화는 양원적 정신구조를 돌이킬 수 없는 방향으로 몰고 갔던 것이다. 양원적 정신구조의 붕괴는 문명화과정의 자연도태인 것이다.

그의 주장은 바이블에 나오는 바벨탑의 이야기에 넣을 수도 있다. 바벨탑 이야기

8) 앗시리아의 가장 잔인한 왕 티그라트 필레세르 1세(BC1,115-1,077)의 공포의 정치. 앗시리아인은 순진한 마을 주민들에게 백정행세를 했고 모든 난민을 노예로 삼았으며 수천명을 살육했다. 예를 들어 가랑이에서 어깨로 산채로 말뚝에 꿰어놓기도 하였다(257).

는 신에게 거역한 죄로 서로 언어가 달라서 서로 싸우고 죽였던 시대의 이야기다. 신들과 권위가 붕괴함에 따라 인간들이 갖게 되는 공황과 당혹은 상상을 초월한다. 같은 민족들, 동일한 신들에 속한 인간은 거의 유사한 의견과 행동을 소유했다. 그러나 다른 민족들, 다른 신들에게서 온 사람들과 얽히면서 "다른 사람들의 내부에는 무언가 상이한 것이 있으리라"(260)라 가정할 수 있다. 그리하여 개인은 내부적 자아를 가지기 전에 먼저 무의식적으로 타인들 속에, 특히 갈등을 빚고 있는 낯선 사람들 속에, 타인들에게 상이하고 당혹하게 하는 행동을 유발하는 어떤 것이 있다고 상정한다. 차이를 발견하는 것이다. 나와는 다른 사람이 있다는 것을. 이 차이에 대한 발견이 의식의 기원의 하나가 된다.

양원적 인간에 대한 문제의식의 출발점이 된 그리스 서사시를 가능하게 한 '이야기 엮기'가 역시 의식이 탄생하기 위한 중요한 요건이다. 그런데 흥미로운 것은 신이 먼저 이야기를 엮었고 신이 먼저 서사시를 지었다는 것이다. 제인스는 "일생, 역사, 과거와 미래 들과 같이 좀더 광범위한 패턴을 만들어가면서 주로 좌반구의 지배를 받는 사람들이 우반구로부터 새로운 종류의 기능을 배웠을 것"(261)이라고 한다. 이 새로운 기능이 바로 이야기 엮기며 이것은 이미 역사의 특정 기간에 신들이 학습했던 것이다. 함무라비 법전에서나 메소포타미아의 많은 진흙판에서 알 수 있듯이 이때까지 문자쓰기는 기본적으로 계산목록방식, 즉 재고품의 기록과 상품교환의 기록방법이었다. 그렇지만 이제는 신이 명령한 것을 기록하는 방법이 되었으며 사건이 발생한 후 이를 음송하던 것이 서사시의 이야기로 엮이게 되었다. 낭독이란 "설형문자에서 온 환각이었을 것이므로 우측 측두엽의 한 기능이었을지도 모른다. 설형문자들은 과거의 기록이었기 때문에 우반구야말로 적어도 신들을 회고하는 장소인 셈"(262)이라고 제인스는 주장한다.

배반은 오랜 기간동안의 기만이라고 제인스는 말한다(263 참조). 동물들이나 양원적 인간은 일시적으로 도구적 기만을 할 수 있으나 배반할 수는 없다. 장기간 기만하려면 자기 동료가 보기에 자신이 실제의 모습이나 행동과 전혀 다른 무언가로 존재하거나 행동할 수 있는 "유사 자아"를 창출해내야 한다. 혼돈과 전쟁, 정복이

난무하는 시대에 살아남기 위해서는 이런 자기 기만에 가까운 감정이 매우 중요하다. 자신의 부인이 겁탈당하는 것을 보고 있어야 하는 경우 불가피한 것을 수용하는 마스크의 뒤편에서 증오와 복수를 품을 수 있어야 살아남는다. 몇 개의 유사자아가 있어서 내면에서는 이런 사람도 되고 외면에서는 저런 사람도 되어야 하는 것이다. 이런 기만적이고 속임수에 능한 최초의 인간을 우리는 호메로스의 서사시 『오디세이』에서 만나게 된다.

이런 과정을 거쳐 양원적 정신은 도태되고 주관적 의식의 인간이 역사에 등장한다. 양원적 정신은 언어의 산물이었으나 언어의 진화가 글쓰기로 완성되자 사라지게 된 것이다. 말의 탄생과 글의 탄생의 간극 속의 산물이었던 것이다. 그런데 이러한 이행이 평화적으로, 일시적으로 이루어지지는 않았다. 신의 목소리를 상실한 양원적 인간들은 자연의 대재앙과 전쟁의 와중에서 어찌할 바를 몰랐으며 안정된 사회와 위계체계의 붕괴 속에서 가련한 신세가 되었다. 어떤 이들은 호전적인 신의 목소리에 따라 보다 잔인하기도 했지만 대부분의 양원적 인간들은 보다 기만적이고 주관적인 의식의 인간에게 패배하였다고 할 수 있다.

5. 양원적 인간에 대한 사례 연구

양원적 정신구조를 가늠하게 하는 최초의 자료는 함무라비 법전이지만 양원적 인간의 행동과 이행과정이 서사적으로 엮인 인류 최초의 문헌은 『일리어드』와 『구약』이다. 제인스에 따르면, 『의식의 기원』 제6장 「카비루의 도덕적 의식」에서 『구약』의 「출애굽기」는 양원성이 붕괴되고, 특히 양원적이었던 사람들이 유목민이 되어 살게 될 때, 양원적 목소리들은 사람마다 다른 것을 의미하기 시작했고 권위의 문제가 심각하게 대두되는 상황을 기록한 것으로 볼 수 있다. 사람들은 아론, 모세 중 누가 가장 진실한 신의 목소리를 들은 것인지를 확신할 수 없었다고 한다. 특히 「창세기」에서 모든 창조의 원인자를 신의 목소리에 돌리는 것은 전형적인 양원적 문명의 산물이라 볼 수 있다. 인간이 이름을 부르면서 비로소 사물과 동물들, 그리고 개체로서의 인간들이 존재하게 된다. 이름을 부르고 짓는 것은 언어의 기능이다. 특히 언어 진화의 과도기적 산물인 우반구의 신의 목소리라 할 수 있다. 이 장에서는『구약』에 관한 부분은 다루지 않고『일리어드』를 중심으로 다루고자 한다.

현대의 정신분열증은 현대적 양원성의 가장 대표적인 경우이다. 정신분열증의 가장 큰 특징은 환각을 경험하고 환각 중에서도 가장 흔하고 지속적인 것이 환청의 형식이다. 정신분열증자의 60-90% 정도가 환청을 경험한다고 한다(김혜영 외, 156). 이러한 정신분열증은 신과 함께 현대에까지 남아있는 양원적 정신구조의 잔재라 할 수 있다.

1) 문헌학적 연구: 호메로스의『일리어드』

제인스의 "양원적 인간" 가설은 폭넓은 고고학적 지식에 토대를 두고 있지만 "양원적 뇌"에 대한 실제적인 고고학적 증거는 없다. 인간의 뇌수는 이미 썩어 없어지고 두개골만 남았기 때문이다. 그런데『일리어드』는 오히려 살아 숨쉬는 생생한 양원적 인간의 모습을 기록하고 있다(그림 5).

제인스의 이론을 부정하고 싶어하는 학자들도『일리어드』의 자료를 해석하는 문제에 들어가면 난관에 부딪힌다. 그것은『일리어드』의 영웅들은 대부분 신의 목소리를 듣고 그에 따라 행동하기 때문이다. 신의 목소리를 듣는다는 것은 다른 사람들에게는 들리지 않고 자신만 듣는다는 것이고 자기 자신만이 듣는다는 것은 자기 내부의 목소리라는 것이다. 이들은 제인스가 말하는 우반구의 뇌에서 울리는 신의 목소리이며 그것을 좌반구의 뇌로 해석하여 행동의 지침으로 삼는 양원적 인간들이라 할 수 있다. 이렇게 보면 이들은 자신의 의지나 주관을 결여한 "고귀한 자동기계"들이자 "그리스 좀비들"이며 "정신을 결여한" 존재들이다.

『일리어드』의 첫 장면으로 유명한 것은 아가멤논과 아킬레스의 다툼이다. 이 서사시의 사실상의 주인공이자 트로이 함락의 일등공신인 아킬레스의 분노와 전투,

그림 5.
호메로스가 눈 먼 장님이었다는 것은 이 글의 주제와 관련하여 꽤 시사적이다. 이다Ida 산에서 호메로스와 그를 인도하는 염소치기 글라우크스Glaucus, 윌리엄 아돌프 부궤로William-Adolphe Bouguereau(1825–1905)가 그린 〈호메로스와 그의 안내인〉, 1874년.

죽음이 전개되는 기본적 서사적 구성을 이루는 것도 이 다툼이다. 이 다툼에서 실제로 행동하는 것은 아가멤논과 아킬레스이지만, 상황을 판단하고 갈등하며 이들의 행동을 추동해나가는 것은 역병을 보내 아가멤논의 결정을 돌리려는 아폴론과 조용히 아킬레스를 제지하는 아테나이다.[9)]

다툼 이후 아가멤논이 어여쁜 브리세이스를 전령들을 시켜 데려가자 아킬레스는 검푸른 바다로 나가 홀로 망망대해를 바라보며 슬프게 통곡한다. 깊은 바다 속에 앉아있던 어머니이자 여신인 테티스가 안개처럼 날래게 솟아올라 아들을 어루만지며 위로한다. 아킬레스가 테티스에게 이야기하는 데서도 신은 개입되어 있다. 아가멤논이 아폴론 신의 말에 거역하였기 때문에 신이 노하여 무서운 화살로 진영을 공격하였고 이에 겁이 난 아가멤논이 사제의 딸을 돌려주는 대신 자신의 브리세이스를 빼앗었다는 것이다. 그러니 제우스신에게 간청하여 사태를 다시 되돌리라고 부탁한다.

이처럼 아킬레스는 『일리어드』에서 주인공임에도 불구하고 사태의 발단이나 전

---

9) 이에 대한 자세한 내용은 83쪽 이하 참조. 이 책의 두 번째 글 「장르변천에 따른 고대 그리스의 계통발생과정과 라깡의 주체형성과정 비교」의 '4장, 호메로스의 서사시적 인간관: 정신의 은유와 몸의 환유' 와 함께 읽는다면 훨씬 더 이해하기 쉽다.

개, 결정을 추동해나가는 것은 신으로 보여진다. 더구나 신의 목소리는 그리스의 영웅의 행동을 지시하고 규정하며 사건을 주도하는 것에만 머무르지 않는다. 제인스는 "심지어 시 자체도 오늘날의 의미로 인간이 쓴 것이 아니다"(104)라고 말한다. 『일리어드』의 첫 세 단어는 "오, 여신이여 분노를 노래하라"Menin aedie Thea이다. 뒤를 잇는 시 전체는 여신의 노래로 황홀경에 도취한 시인들이 이를 듣고 아가멤논 세계의 폐허더미 속에 앉아 있는 옛 청중을 향해 읊조리는 것으로 보아야 한다는 것이다.

그렇다면 시인에게 자동반복기처럼 그 입술로 시를 읊어대게 하는 이 신들은 누구였단 말인가? 그들은 목소리였다고 제인스는 말한다. 뮤즈 신의 영감을 받아야 시인들은 노래를 할 수 있었다(그림 6).[10] 시인은, 뇌 우반구의 목소리가 먼저 반응하여 우반구가 시를 읊으면 좌반구로 그 노래를 불러서 청중들이 듣게 하는 사람이다. 마치 현대의 수학문제를 풀 때 좌반구의 뇌가 먼저 반응하고 좌반구의 뇌가 수학문제를 풀듯이 말이다. 제인스는 이 "신들을 중추신경계의 조직"(105)으로 본다. 앞서 말했듯이 "좌반구의 지배를 받는 사람이 우반구로부터 새로운 종류의 기능" 즉 서사시를 배웠다는 것이다.

그런데 신에 의해, 신의 소리를 듣고 그 명령을 옮긴다하더라도 아가멤논이나 아킬레스 들이 꼭두각시이거나 환청을 듣고 행동을 옮기는 정신분열자들은 아니다. 그들은 지극히 그 당시에는 정상적인 인간들임에도 불구하고 이들은 자신의 행동이 자신의 의지나 정신, 의식의 산물이 아니라 신의 소리에 그 일차적인 원인을 돌리는 이유가 무엇일까?

---

10) 『오디세이』 22권 347행에서도 호메로스는 "나 자신의 생각으로부터 깊은 노래의 풍부한 흐름"을 그에게 주도록 뮤즈 여신에게 간청한다. 헤시오도스 역시 『신통기』*Theogonia*에서 "내가 미래와 과거의 일을 찬미할 수 있도록 입김으로 나에게 신의 노래를 불어넣어 주었다"(20)고 말한다. 채드윅은 『문학의 발달』*Growth of Literature* Ⅲ권(182)에서 키르기스 음유 시인이 "나는 신이 내 가슴에 이와 같은 노래의 선율을 심어주었으므로 어떠한 노래라도 부를 수 있소, 신은 내가 노랫말들을 찾지 않아도 혀 위에 그것들을 가져다준다네"(도즈 245 재인용)라고 노래하였다고 한다.

그림 6.
뮤즈 여신의 영감을 받아야만 시인은 노래를 할 수 있다. 아폴론 신을 둘러싸고 있는 9명의 뮤즈 여신들. 라파엘(1483-1520)의 〈파르나소스〉 가운데 일부.

오늘날 그리스어에서 의식적 기능을 맡고 있는 것이 『오디세이』에서는 좀 더 구체적이고 신체적인 지칭대상이 된다. 의식이나 정신을 가리키는 단일한 어휘 대신에 호메로스는 티모스thymos, 프쉬케psyche, 프레네스phrenes, 누스noos, 크라디kradie 같은 단어들을 사용하였다. 나중에는 의식적 기능 같은 것을 의미하게 될 이 정신-단어를 제인스는 선의식적 원질preconscious hypostases라고 한다(307). 선의식적 원질인 이들 감각 기관들은 양원정신의 붕괴가 시작될 무렵에는 점점 들려오지 않게 되는 신의 목소리를 대신하여 신적 기능을 떠맡게 된다. 제인스에 따르면, 양원적 인간이든 오늘날의 정신분열증 환자든 환각적 목소리의 생리학적 촉발인은 갈등이나 어떤 결정을 내려야 하는데서 오는 스트레스이다(306). 신들의 목소리가 이런 사회적 혼란 속에서 점점 부적절해지고 억압된 만큼 환각적 목소리를 유발시키는데 필수적인 스트레스의 양이 더욱 높아졌을 것이라고 상정할 수 있다. 이처럼 증대된 스트레스는 혈관의 변화에서 오는 강렬한 감각, 호흡의 격변, 가슴의 두근거림이나 떨림 들 『일리어드』에서 각각 티모스, 프레네스, 크라디 들로 불리는 다양한 생리학적 수반현상을 동반했을 것이다. 분노의 즉각적인 내적 감각인 자신의 티모스에 복종하여 그 선취권을 쥔 왕을 살해할 것인가, 아닌가 하는 갈림길에 서게 되는 것이다. 아킬레스가 그의 장대한 칼을 뽑아들 무렵, 차오르는 복부의 감각과 끓어오르는 피 사이를 오락가락하는 시간의 틈이 있은 후에야 비로소 그 스트레스는 무시무시한 빛을 발하는 여신 아테나를 환각하기에 충분할 만큼 차오른다고 제인스는 설명한다.

아가멤논의 넋두리[11]처럼 호메로스적 인간들은 자신이 자신의 정신의 주재자로서 스스로 생각하고 결단을 내리며 행위한다는 의식을 갖지 못했던 것이다. 이것은 자신의 정신적 행위를 일괄 관장하는 통일된 형태의 자아ego나, 자신oneself이라는 용어가 없다는 걸 의미한다. 따라서 정신생활을 나타내는 어휘는 추상적이지 않고 구체적인 것이다. 예를 들어, 지금 정신이라 할 수 있는 용어인 psyche는 breath를 뜻하는 추상적이지 않은 것으로 창으로 찔러 상처가 나면 몸을 떠나게 되는 아주 구체적인 어휘였다. 정신적 삶에 대해서도 perception, sensation, cognition이나 memory 같은 범주로 조직하지 않고 정신의 부분적인 기능으로서 recognizing, reminiscing, exhorting 같은 구체적 기능을 나타내는 어휘들로 이루어져있다고 베넷 사이몬Bennett Simon은 말한다(60). 이와 마찬가지로 to see로 번역될 수 있는 단어는 없고 '보다'라는 행위는 to stare나 to glare at, 그리고 to notice 들을 뜻하는 어휘라고 한다.

정신적 삶의 통일을 나타내는 단어가 없는 만큼 전체적으로 육체를 의미하는 단어 역시 없다. 소마soma는 시체로 psyche가 떠난 의미이지 육체는 아니다. 그리고 demas는 물리적인 형태나 모습을 지칭한다. 모습이 예쁘다거나 빈약한 몸의 형태를 갖고 있다는 들의 의미에서 쓰인다.

그래서 정신이나 자아를 나타내는 단어는 티모스, 크라디, 프레네스, 누스 들의

---

11) 『일리어드』의 후반부에 파트로클로스가 헥토르에게 죽임을 당하자 아킬레스는 아가멤논과의 불화를 끝내기로 마음을 먹고 아가멤논에게 지난 일을 잊겠다고 말한다. 이때 병사들이 "모두가 그대의 실책!"이라고 비난하는 소리가 들리지만 아가멤논은 자신의 잘못이 아니라 제우스와 운명의 여신, 복수의 신이 자신의 가슴에 눈먼 광증을 묻었기 때문이라고 한다(19권 85-92).

집합이다. 부분들을 나타내는 어휘만 있지 이들의 통합된 단어는 없는 것이다. 육체의 경우도 사지, 근육, 사지의 관절, 뼈 들의 어휘는 있지 현대의 body에 해당하는 어휘는 없다.

그래서 이 집합 통합적 기능을 수행하는 것은 외부로부터 온다. 제인스 역시 묻는다. 일리어드인들에게 주관적인 의식도 정신도 혼도 의지도 없다면 도대체 무엇이 행동을 유발하는 것일까(102)? 영웅들은 무엇을 할 것인지 곰곰이 생각하는 법이 없다. 제인스의 말대로, "신들이 의식의 자리를 대신"(103)하였던 것이다.

어떤 경로를 거쳐 생명을 나타내던 옛 개념이 요즈음의 "정신"으로 바뀌게 되었을까? 우선, 프쉬케는 죽은 다음에도 존재하는 어떤 것에 적용된다. 제인스는, 양원정신의 시대에는 특정한 권위직에 있던 사람에 대한 환각은 그의 사후에도 일상적인 일로 계속된다고 보았다. 매장할 때 생활 집기를 함께 묻거나 제사를 지내는 것도 마찬가지다. 신체는 없어졌으나 남아있는 무언가가 된 것이다. 스넬에 따르면, 『오디세이』에서 프쉬케가 인간에게만 적용되고 동물이 죽을 때 떠나는 것은 티모스였다(35). 인간을 동물과 구별하게 된 것이다. 프쉬케는 이집트와 피타고라스의 윤회설의 영향으로 한 물체에서 다른 물체에로 이전해가는 어떤 것, 즉 한 몸에서 다른 몸으로 이주해 들어갈 수 있는 확실히 분리 가능한 혼을 의미하게 된다. 소마라는 말 역시 마찬가지다. 생명을 나타내던 프쉬케가 혼이 되자 시체나 죽음을 뜻하던 소마가 그 반대인 신체가 된 것이다. 이리하여 서구 지성사에 특징적인 심신이원론이 성립하였다.[12)]

에너지, 힘, 용기 역시 종종 신으로부터 주입받은 것으로 자주 등장한다. 『일리어드』 13권에서 포세이돈은 정박한 배에 공격하는 트로이에 맞서 싸우라고 낙담한 아케아인들을 부추기러 내려온다. 포세이돈은 두 영웅, 하나는 오일레우스Oileus의 아들 아이아스Ajax 텔라몬Telamon의 아들 아이아스Ajax에게로 내려와서 구경꾼 칼카스kalchas로 변장하고 있다. 포세이돈은 의지가 강한 이들을 한껏 싸우라고 부추긴다.

---

12) 동아시아 철학에서는 몸을 닦는다修身는 마음을 닦는다修心와 같다. 심신일원론이다.

… 대지를 떠받치며 대지를 흔드는 신은
두 사람을 지팡이로 쳐서 굳건한 용기로 채워 주고
그들의 사지를 손도 발도 모두 가볍게 해주었다.
그리고 나서 마치 깍아지른 듯한 높은 절벽 위를 맴돌던
날랜 날개의 매가 갑자기 날아올라 들 판 위로
다른 새를 좇으려고 쏜살같이 내닫는 것처럼
꼭 그처럼 대지를 흔드는 포세이돈은 … (13권 60-65)

열심히 싸우겠다는 두 영웅의 확고한 결의로 조망될 수 있는 것은 사실상 외부의 유발자, 포세이돈에 의한 것이라는 것이다. 영웅과 변장한 신 사이의 대화에서 신은 그들을 고무시킨다.

신의 목소리는 인간을 통해서만이 아니라 말과 같은 동물의 형상을 빌릴 때도 있다. 생생한 사례는 아킬레스가 파트로클로스의 죽음에 복수하기 위해 전장으로 자신의 전차를 몰고갈 때 보여진다. 아킬레스는 자신의 말 크산토스xanthos와 발리오스Balios에게 자신을 산 채로 데려오고 전쟁에서 파트로클로스의 경우처럼 죽은 채 내버려두지 말라고 말한다. 헤라가 불어넣은 숨결로 말을 할 수 있는 크산토스는 아킬레스에게 그가 목숨을 부지할 거라고, 하지만 그렇게 오랫동안은 아니라고 말한다. 자신들이 아킬레스를 구할 수 없는데 그 이유는 아킬레스 당신이 죽는 것이 신성의 의지이기 때문이다. 이에 아킬레스도 자신이 죽을 운명이라는 걸 알고는 있으나 트로이 전쟁에서 충분한 전투를 하기 전에는 죽지 않을 거라고 대답한다(19권 4).

신의 목소리를 빌린 말과의 대화는 어쩌면 영웅 자신의 내면의 대화로 한편으로는 강력한 시적 장치로 볼 수도 있지만 영웅이 자신의 주관으로 나가는 하나의 길목이 될 수도 있다. 사실 『일리어드』에 신의 목소리에 반응하는 "고귀한 자동기계"인 그리스 영웅만 나오는 것은 아니다. 헥토르가 아킬레스와 싸우러 나갈 때 그의 생명을 건 싸움이라는 것을 직감하고 말리는 아내 안드로마케에게 싸울 수밖에 없는 의지의 결단에 대해 이야기한다. 부분적으로 『오디세이』에 나오는 주체들의 이

야기가 중첩된 것이다. 차츰 신의 세계는 물러난다. 『일리어드』에서 말하는 자는 신이었다. 하지만 오디세우스가 좌초당하여 광포한 바다에 던져졌을 때, 파멸시키겠다는 경고도 그의 크라디(['심장' cardiac]을 의미)나 방망이질하는 심장에서 '들려온다' (5권 389행). 구혼자들의 몰락을 계획하는 것은 그의 떨리는 심장 또는 아마도 그의 떨리는 손, 즉 그의 케르ker[13]인 것이다(18권 344).

『오디세이』 20권 첫머리에서 오디세우스는 구혼자들과 그들과 놀아난 하녀들에 대한 처단을 다짐하는데 "자신의 힘없는 새끼를 보호하려고 낯모르는 사람에게 으르렁대면서 싸울 태세를 갖추는 용감한 어미개처럼"(20권 29-30) 화가 치밀지만 참고자 스스로를 다독이는 장면은 더 이상 신의 목소리에 의해 추동되지 않는다.

> 참아라 나의 가슴이여, 무지막지한 키클롭스가 나의 용감한 동료들을 잡아먹었던 그날 더 어려운 일도 참지 않았느냐, 죽음의 공포가 어른거리던 동굴로부터 꾀를 내어 빠져나올 때까지 너는 홀로 참지 않았느냐. 이런 말로써 그는 끓어오르는 가슴을 나무라는 것이다. 곧 그의 마음은 진정되어 더 이상 흔들리지 않지만 그래도 이리저리 뒤척거리면서 잠을 못 이룬다. (20권 32-40)

오디세우스는 자신의 의지로 자신을 다스리기보다 "자기의 가슴"을 자신과 분리된 객관적인 존재로 설정하고 있다. 그의 가슴은 자신의 의지와 반대로, 자아의 통제에서 벗어나 분노하고 있다. 이에 대해 호크하이머는 아직 오디세우스가 주체로서의 개인의 성립에 필수적인 "의연한 자기확신과 자기동일성을 얻지 못하고 있다"(83)고 하지만 신의 목소리에서 벗어나 있는 것만은 확실하다.

제인스는 바로 이 시대에, 『일리어드』와 『오디세이』가 씌어지는 배경이 되는 시대의 간극에, 인간 정신구조에 엄청난 비약이 발생했다고 본다. "인간이 자신과 세계를 의식하게 된 것"(259)이다. 교역의 발생, 지리적 재앙과 암흑시대와 이동, 정

---

13) 'ker' 는 떨리는 손과 사지 같은 것으로 육체화된 것이기도 하지만 '크라디' 에서 온 것이기도 하다. 항상 슬픔의 기관으로 언급되었다.

복 들의 혼돈 시대 이후 다시 양원적 정신의 시대로 돌아가지 못한 이유는 "양원적 정신이란 것도 언어습득에서 온 한 가지 파생물"(259)이라는데 있다. 언어는 그 이전보다 어휘가 더 풍부해지고 다양해지기 때문에 과거로 돌아가는 것은 불가능했으며 알파벳의 보급 속도가 빨라지면서 등장한 문자문화는 양원적 정신구조를 돌이킬 수 없는 방향으로 몰고 갔던 것이다. 양원적 정신구조의 붕괴는 문명화과정의 자연도태인 것이다.

아직 오디세우스는 주체로서 우뚝 서지 못하지만 신의 목소리가 물러간 자리에 주관적 의식이 자리 잡는다. 신화적 형상들이 발하는 변경불가능한 운명으로 이루어진 표상의 세계는 말과 대상간의 차이를 알지 못한다(호크하이머 98). 오디세우스는 위기에 직면했을 때 동일한 단어가 다른 의미를 가질 수 있다는 것을 알게 되고 아직 신화적 형상의 세계에 머무르고 있는 외눈박이 괴물 키클롭스가 사는 폴리페모스의 동굴에서 "아무도 아니다"nobody[14]라고 주장하여 그를 우롱하고 위기에서 벗어난다. 이와 같은 단어의 이중성에 대한 인식은 내면이 분열될 때만이 가능하다. 정신이 공간적 은유로서 등장하고 그 정신의 공간을 바라보는 의식 즉 유사 '나'가 있을 때 가능하다. 자신의 내면과 그 내면을 바라보는 유사 '나'의 분열은 기만과 배반 즉 속임수와 교활을 중요한 능력으로 강조한다.

오디세우스는 신의 목소리에 흔들리지 않는 정도를 넘어 아테나를 속이기도 하고 교활하게 생각을 굴리며 여신을 쳐다보기도 한다. 그런데 신은 이에 분노하기보다 교활한 오디세우스를 오히려 변호하고 심지어 자랑스럽게 여긴다. 아테나는 그가 교활하고 영특한 게 틀림없다고 말하며, 웃고, 손으로 그를 어루만진다. 신의 목소리에 우직하게 복종하던 영웅이 아니다. 용기와 지략을 제외한다면 오디세우스의 "부정직함은 그를 영웅으로 만든 핵심적인 특성"(레너드 쉴레인 119)이다.

---

14) 시몬은 오디세우스가 스스로를 "no man" 즉 "nobody"로 자신을 공언한다고 한다(65). 그는 변장하거나 거짓 신분을 말하고 진실된 자신을 보여주지 않고 억누른다. 파에에아키아Phaeacia 해변에 실려 떠내려와서 벌거벗은 채 굶주리며 죽음의 위협을 받고 거의 망각의 존재가 된다.

이처럼 『일리어드』에 나오는 아킬레스와 『오디세이』의 오디세우스의 차이는 인간 정신구조에 일어난 도약에 대해 알려준다. 아킬레스가 양원적 정신을 나타낸다면 오디세우스는 의식의 기원이 된다. 오디세우스는 테라 지역의 화산폭발 및 뮈케네의 몰락, 도리아인의 침공 들로 참담하게 피폐해진 그리스 지방에서 살아남은 피정복민들의 경배의 대상이었다. 고고학적 증거에 따르면 기원전 1,000년 이후 어간에, 정확하게는 기원전 800년 이전에는 오디세우스에 대하여 중요한 봉헌이 행해졌다고 한다.[15] 신이 떠나고 난 황폐한 시기에 등장한 오디세우스는 인간 주관적 정신의 승리의 주체라 할 수 있다. 그는 기나긴 험난한 여행 동안 한갓 괴물스런 자연신으로 전락한 신들의 시험과 유혹을 이겨내고 자신의 여정을 완수한다. 이에 제인스는 『오디세이』는 "양원정신의 붕괴 속에서 창조되는 자아를 향한 항해의 이야기며, 정체성의 이야기"(326)라고 한다.

양원적 정신에서는 역설과 모순을 몰랐으나 사포는 서정시에서 최초로 에로스는 "달콤하고 괴로운"Eros sweet and bitter(Davenpot no. 100)이라는 사랑의 역설적 감정을 표현하였다. 오디세우스는 신의 목소리에 현혹되지 않고 자신이 할 바를 분별해내고 행위를 주도하려고 했으나 역시 의지의 결단이나 고뇌에 찬 인간의 모습은 거의 보이지 않는다. 스넬은 주체적 결단, 고뇌에 찬 의지가 등장하는 것은 고대 그리스 비극 때부터이며 고뇌에 찬 도덕적 감정을 최초로 표현한 인물은 메데이아라고 보고 있다.

2) 현대의 양원적 인간: 정신분열증

제인스는 우리가 반성적reflexive 의식을 얻기 전에 모두 문자 그대로 정신분열적이었으리라고 가정한다. 일리어스에는 광기가 없다. 양원적 정신에서 주관적 의식의 정신으로 이행한 초기라 할 수 있는 BC 400년 경부터 광기가 등장한다. 플라톤이 광기를 『파이드로스』에서 "신의 선물이요, 인간에게 주어진 가장 고귀한 축복의 근

15) S. Benton. *From Mycenae to Homer*. London: Methuen, 1958. 138.

원"(244A)이라 한데서 알 수 있듯이 이때 광기는 아직 신적인 성격을 띠고 있었다. 그는 네 유형의 광기를 말하고 있는데 아폴론에서 비롯되는 예언자적 광기, 디오니소스의 의식儀式적 광기, 서정시를 포함한 모든 사상을 일깨우는 뮤즈에게 신들린 사람들이 보이는 시적 광기와, 에로스와 아프로디테의 정열적 광기가 그것들이다. 하지만 플라톤의 후기에 들어오면 네 가지 신적 광기들은 점진적으로 현명한 사람의 시와 보통사람들의 미신을 지칭하는 두 영역으로 변화되었다. 광기의 부정적 측면이 비로소 언급되기 시작한 것이다.

신의 목소리를 들었던 양원적 정신을 전제하지 않고서는 정신분열증이 신의 선물이라는 생각을 이해하기 어렵다. 제인스가 정의하는 정신분열증은 의식의 주된 특징은 결여하고 양원적 정신의 구조의 특징을 가지고 있다. 정신분열증의 주된 증상은 청각적 환각증세, 의식의 쇠퇴로 나뉘어지고, 의식의 쇠퇴는 유사 '나'의 상실, 정신-공간의 소멸, 그리고 이야기를 엮는 능력의 상실로 나타난다(474).

「정신분열병환자의 환청 경험」에서 김혜영은 가장 중요한 증상을 청각적 환청으로 본다. 8년간의 정신병동 간호사의 경험을 통해 설문과 인터뷰를 통한 그의 연구에서 청각적 환각은 대부분 환자에게 절대자나 하나님의 목소리로 인식된다고 한다(158). 이것은 옛날 사람들과 그들의 신에 대한 관계와 유사하다. 슈레버 판사의 사례는 어떻게 신의 목소리를 듣게 되었는지 잘 설명하고 있다. "환각상태에서 자기 집 벽이 갈라지는 소리를 듣고 불안에 휩싸이면서 병이 시작되었다. 어느 날 저녁 그 소리는 목소리로 변했는데 그는 그 소리가 바로 신의 말씀인 줄 알게 되었다"(225)고 한다. 또한 그가 서서히 회복되면서 그의 신의 말의 속도가 점점 느려지고 구별할 수 없는 소리로 변해갔다는 사실에 대해 제인스는 "정복당한 뒤의 잉카 우상들이 잉카인에게 어떻게 들렸는지 생각"나게 한다고 한다.

그런데 이 신의 목소리는 누구인가? 인간은 어린 시절의 개별적 경험이나 사회적 배경, 교육 들에 의해서 많은 부분이 영향을 받게 된다. 유난히 종교 교육이 심한 지역에서 정신분열증은 주로 종교와 관련된 환청을 경험할 것이고 가부장제에 의한 억압이 심한 곳에서는 훈계하는 아버지가 신의 목소리가 될 수도 있다. 이에 대해 제인스는 "목소리의 주인공은 환자의 훈계적 경험과 그의 문화적 기대에 따라 신경계가 만든 권위의 인물"(478)로 본다.

그런데 대부분 항정신성 약물을 복용함에도 불구하고 김혜영은 정신분열증 환자들이 지속적인 환청을 경험한다고 한다(156). 특히 명령하는 환청은 모든 치료적 접근에도 불구하고 강도만 줄어들 뿐 지속적으로 들리면서 재발을 일으키고 자신을 해치거나 타인을 해치기도 하는 심각한 상황을 초래하기도 한다고 한다. H. Y. 리H. Y. Lee는 정신분열병 환자들이 원하는 정신치료는 증상의 유무나 경감보다는 "병을 갖고 어떻게 살아갈 것이냐"에 대해 더 관심이 있다고 보고한다. 이것은 정신분열증에서 환청은 약물로 약화될 수는 있으나 치료를 통해서 근절되기 어렵다는 것을 뜻한다. 이에 대해 제인스는 두뇌 속에는 바로 그런 "환각이 존재하기 위한 소질구조들"이 있는데 이 소질구조들이 "비정상적인 생화학적 작용에 따라 자신들의 정상적인 억제에서 풀려나"(483) 정신분열증이 된다고 보고 있다.

정신분열증이 이처럼 완치가 어려운 이유가 소질구조에 기반하고 있다는 추측이 있다. 양원적 정신구조로의 퇴행으로 볼 수도 있으며, 혹은 양원적인 가능성이 많은 유전자가 다양한 여러 요인에 의해 발병되었다고 볼 수도 있다는 것이다. 그렇다면 정신분열증에서 환청을 유발시키는 요인과 양원적 정신구조에서 신의 목소리를 유발시키는 이유가 비슷할 수밖에 없다. 제인스는 신의 목소리가 우반구에서 들리게 된 가장 큰 원인은 스트레스에 의한 것이며 주된 스트레스원은 부모나 추장, 신뢰하는 사람들의 죽음이라고 하였다.[16]

양원적 인간에게서나 정신분열을 앓는 환자 모두에게 "분명한 점은 스트레스에 대한 극단적으로 다른 반응의 기저에는 유전적으로 계승된 생화학적 기반이 있다"(제인스 493)는 것이다. 정신분열증은 전 세계 모든 문명에 존재하는 병이라 할 때 인류 유전자에게 어느 정도 잠재적으로 존재하는 것이라 할 수 있다. 정신분열증의

---

16) K. S. 최K. S. Choe는 정신분열증을 유발한 기본 원인을 외로움으로 보고 있다. 대인관계에서의 갈등과 좌절에서 누군가의 도움을 찾는 과정에서 느끼는 외로움이 가장 큰 원인인 것이다.

신경학에 대해 제인스는 "신경학적 모형에 일치하는 신경적 변화"(495)를 발견할 수 있다고 한다. 양원적 정신의 경우 환각 상태에서 들리는 목소리는, 우측 측두엽에 조직화되어 있는 축적된 훈계적 경험의 혼합이 전두엽 교련과 뇌량을 통해 좌반구나 주도적인 반구로 전달된다. 게다가 의식의 출현이 우측 측두엽 피질에서 비롯되는 이들 청각적 환각을 억제하게 되었다고 할 수 있다.

정신분열증 환자에게 청각적 환각이 제어되지 않고 지속되는 또 다른 하나의 이유는 의식의 쇠퇴에 의한 것이라 할 수 있다. 의식의 주된 특징인 유사 '나'의 상실, 정신-공간의 소멸, 그리고 이야기를 엮는 능력의 상실로 인해서 의식이 쇠퇴함으로써 양원적 모드가 강화된 것이라 볼 수도 있는 것이다. 은유적 정신-공간에서 유사 '나'는 어떤 상황에 직면했을 때 일어날 수 있는 다양한 가능성을 생각해보고 그에 따라 다양한 유사 '나'를 설정하여 가능성을 이야기로 엮어낸다. 하지만 의식이 쇠퇴하여 유사 '나'가 작동하지 않고 유사 '나'가 존재하는 정신-공간이 무너지기 시작하면서 이야기 엮는 능력의 상실과 함께 행동은 습관적으로 하거나 환각의 지시에 따른다. 남아있는 자아의 일부분은 명령을 받은 자동기계처럼 움직인다. 블로일러에 따르면, "의식적인 느낌들은 성격에서 분리된 심적 특성인 자동화를 거의 동반하지 않는다. 환자들은 행복하지 않아도 춤추고 웃을 수 있다. 미워하지 않고도 사람을 죽일 수 있으며 삶에 실망하지 않아도 자살할 수 있다. … 환자들은 자기가 자기의 삶의 주인이 아니라는 것을 알고 있다"(204). 더 이상 자신이 주인이 아니게 된다.

정신분열증이 양원적 정신구조와 연관되어 있다고 해서 바로 그것이라 할 수는 없다. 정신분열증에 걸린 사람들의 경우 "우리 문화 속의 엄청난 불안, 그리고 우리 내적 자아의 가장 중요한 부분이자 의식적 결정의 성소에 해당하는 것의 공포스런 소멸을 막아보려는 시도"(487)에 대해 제인스는 언급한다. 목소리를 듣는다는 것만으로는 정신분열적으로 되지 않는다. 그 이유에 대해 H. 윌키슨H. Wilkinson은 목소리 자체는 현재 근본적인 '내가 생각한다' 과정에 영향을 미치지 않는다고 본다. 오히려 '나 됨 being me'의 감각 상실이 본질이고 '나'를 구성하고 있는 것을 상실할

지도 모른다는 두려움의 문제라는 것이다(57).

주관적 의식의 정신구조가 지배적인 상황에서 양원성으로의 퇴행은 자연 주관적 의식의 강력한 저항을 받지 않을 수 없다. 결국 윌키슨의 말대로 정신분열적 사유과정은 양원적인 것으로 돌아가는 것이 아니라 "양원적인 사유와 의식적인 사유의 창조적 타협의 산물"(58)로 보아야 한다고 한다. 현대에는 프란시스 베이컨을 비롯하여 정신분열증을 앓는 예술가들의 창조성과 독창성 들을 높이 산다. 그런데 양원적 정신구조가 주관적 의식에 비해 높은 창조성과 독창성을 지닌 것은 아니다. 오히려 양원적 정신은 함무라비 법전을 통해 제인스가 보여주었던 것처럼 건조하고 현학적이고 문자연하다. 앞에서 보았듯이 양원적 정신은 개미나 벌이 페르몬을 따르는 것처럼 신의 목소리에 따르는 자들이라 할 때 양원적 정신이 현대적 의미에서 창조적이지는 않다. 윌키슨은 "단순화하자면 그것은 프로이트에서 출발하는, 2차 사고과정과 기본사고과정 사이의 타협의 산물이다. 양원적 사유와 의식적 사유의 창조적 타협은 정신분열적 사유과정과 언어의 기묘함의 원천"(58)으로 본다.

정신분열증 환자들의 치료과정도 이를 잘 보여준다. 환자들은 환청 자체를 없애려고 하기보다 환청과 함께 지내며 자신의 목소리와 환청을 구분하려 하고 환청가운데도 좋은 목소리와 해가 되는 목소리를 구별하려고 한다. 그리고 관심을 다른 데로 돌려 환청 자체가 내리는 명령을 별 볼 일 없는 것으로 약화시키게 된다. 이것은 의식이 완전히 무너진 상태가 아니라 의식이 양원적 정신과 공존함으로써 자신의 역할을 찾은 것이라 할 수 있다. 많은 목소리들이 들려온다면 어떻게 그것들을 분류하는가 하는 문제가 발생하게 된다. 이에 대해 기록한 정신분열증 환자의 자서전적 기록물들에 관한 세심한 연구를 통해 제인스는 중석기인들에 대해 보다 더 잘 이해하게 되리라고 본다(171).

제인스는 정신분열증에 그치지 않고 많은 양원정신의 현대적 흔적을 제시하고 있다. 아킬레스나 오디세우스 이후 그리스에서 이루어진 수많은 신탁 역시 신의 목소리를 듣기 위한 것이었듯이 현대의 많은 점술과 굿, 무당의 신내림 들도 양원성의 한 예다. 양원적 시대에 의식의 인간이 이방인이었듯이 의식의 시대에 양원적 인간들을 흡수하는 것은 정신병원만은 아니다. 윌키슨은 분열증을 지닌 사람들의 상당한 비율이 종교사회나 종교공동체로 참여함으로써 심리적 혼란보다는 많은 공감을 얻음으로써 정신적 안정을 찾는다고 보고 있다(57). 제인스는 이외 최면이나 마약 복용을 통한 환각상태 들도 양원성으로 돌아가고자 하는 것으로 본다.

6. 제인스 이론의 논쟁점과 과제

양원적 정신구조가 무너지고 의식이 발생했다는 제인스의 흥미로운 주장을 고찰하였다. 사실상 신경학적 과정이 모든 형태의 의식에 토대가 됨에도 불구하고 많은 사회학자들이 의식과 사회조직간의 관계를 탐색했지만 대부분 뇌의 조직이나 생리적인 기능을 생각하지 못했다(Doyle 53). 제인스는 양원성이라는 신경생리학적 패러다임을 가지고 기존의 고고학, 심리학, 사회학 들 다양한 학제간의 연구물들을 종합하여 하나의 매혹적인 구축물을 만들어내었다. 리차드 도킨스가 『만들어진 신』에서 제인스는 신이 아니면 바보라고 할 정도로 기존의 학문적 토대를 훌쩍 뛰어넘어버렸다.

제인스 이론을 둘러싼 논쟁점이나 그 이론의 난제들을 짧게 언급하면서 마무리하고자 한다. 제인스는 양원성, 의식, 연대의 문제, '양원적 뇌의 문제' localization 들 4가지의 기본전제를 제시하는데 앞의 세 개는 밀접하게 상호 관련되어 있다. 앞의 세 개는 『일리어드』의 영웅들의 행동 속에서 문헌적으로 증명되지만 마지막의 '양원적 뇌의 문제' 는 역사적 방법과 현상학과는 대립되는 실증과학이나 자연과학의 방법에 따라 쉽게 수정될 수 있다. 현재는 신경생리학에서 이루어지는 연구들이 제인스의 주장을 강화하기도 하고 약화시키도 한다. 이런 측면에서 윌킨슨의 말대로 "무엇이든지 어떤 증거의 유일한 타당한 형식으로서, 지적 권위 부여의 유일하게 타당한 형식으로서 아주 많은 사람들이 실증적 자연과학을 간주하기 때문"(52)에 제인스가 왜 그렇게 무시되었는가에 대해 부분적으로 설명해줄 수도 있다. 제인스적인 용어로 생각하면, 실증적이고 유물론적이라 생각되는 과학도 현대의 의문의 여지없는 착각hallucination이다.

제인스가 말하는 '의식'은 문화적 구성물이며 일종의 소프트웨어에 가깝다. 『일리어드』에 나오는 양원적 인간이 일시적인 것인지 아니면 그 이전부터 지속적으로 계속 존재하다가 BC 3,000년부터 BC 1,000년 사이에 의식의 인간으로 이행한 것인지는 해부학적으로 알 수 없다. 제인스의 주장은 상당한 설득력과 논거들을 제시하지만 그에 대한 구체적인 증거가 없다는데서 난관에 부딪힌다. 제인스가 제시하는 신경생리학적 변화는 고고학에서 흔적을 남기지 않기 때문이다. 하드웨어라기보다 문화적인, 소프트웨어에 가깝고 연성 고고학soft archeology이라 할 수 있다. 간질의 발병경우에만 착각경험의 유발자로서 우반구를 지목하는 연구(Cavanna 12)가 이루어졌지만 이것을 계통 발달론적으로 확대하기도 힘들다. 또한 고작 몇 천년의 시간(기원전 3,000년경부터 기원전 1,000년 정도의 기간)에 과연 양원적 정신구조에서 의식으로 변할 수 있는가의 문제도 제기된다.

현재 제인스의 이론의 타당성 여부는 '의식'을 어떻게 규정하느냐에 따라서 많이 정해진다고 할 수 있다. 역사적으로 인간이 의식이 없는 시대를 지나왔다는 제인스의 주장은 개체의 발생과정에서 의식이 없는 시기들이 있다는 것과도 많은 연관성을 지니고 있다. 데이비슨은 개인의 개체발생론에서 뿐 아니라 인종의 계통발생학에서도 "생각이 없는 단계 이후에 일정한 시간의 공백 후에 그 다음 시간에 생각"이 있으며 "이 중간 단계를 기술할 수 있는 만족할 만한 어휘를 결여하고 있다"(11)고 말했다. 태아들이 자궁에 있을 때, 6개월 이전의 아주 어린 유아의 시절에 대한 연구에 많은 시사점을 줄 수도 있고 비언어 동물의 심리학이나 인지고고학 들의 연구와 많은 관련을 맺고 있다.

제인스의 이론은 현재 지배적인 이론은 아니지만 의식이 없던 시기와 의식이 생겨난 시기 그 사이에 대한 연구로 굉장히 중요한 업적임에는 틀림없다. 특히 고대 그리스 문학의 일부를 연구하는 필자에게 매우 매혹적이고 거대한 이론임에 더더욱 틀림없다.

장르변천에 따른 고대 그리스의 계통발생과정과 라깡의 주체형성과정 비교

1. 개체발생과 계통발생

이 글은 고대 그리스에서 일어난 신화에서 서사시, 서사시에서 서정시에로의 장르이행에 대한 호기심을 확장하여 라깡의 개체발생과정과 비교하고 라깡의 주장을 논박하면서 고대 그리스의 계통발생과정 즉 문명화과정에 나타난 주체의 형성과정을 고찰하는데 그 목적이 있다. 알카익 기의 서정시 시대에 와서 인간은 하나의 개체로서 자아가 형성되고 정신이 발견되었다는 부르노 스넬Bruno Snell의 가설[1]을 인정한다면 신화와 서사시의 시대에서부터 인간의 주체형성은 어떤 발달단계를 거쳐왔는가? 이것은 개체발생에서 주체형성을 다루는 현대의 이론가인 라깡의 삼계론과 어떻게 다른가? '자아의 발견' 으로 일컬어지는 고대 그리스 서정시 세계로의 이행은 사유의 발생의 도정인 동시에 인류 역사에서 주체형성과정을 보여준다는 점에서 매우 흥미롭다.

주체형성과정은 대개 개체의 발생과정으로 정신분석학이나 아동심리학의 대상이었다. 고대 그리스 서사시에서 서정시에로의 장르 이행의 역사가 주체형성과정을 보여준다는 것은 계통적인 주체발생의 문제이다. 그러면 개체발생과 계통발생

1) 스넬의 『정신의 발견』은 그리스인들이 서정시 시대에 정신을 발견했다는 주장을 장르 별로 문제를 추적하여 논증한 책이다.

의 관계는 어떻게 되는가? "J. 헉슬리Huxley, 와딩톤Waddington 들의 '종합적 이론' 유형에 속한 현대 생물학은 계통발생을 부분적으로 개체발생에 근거를 두도록 유도하며 그 역은 차단한다"라고 한다(삐아제 1990, 74). 그것은 개체발생에 대해서는 실험, 관찰, 검증 가능한데 비해 계통발생의 과정에 대해서는 실험을 통한 검증이 불가능하기 때문이다. 그래서 이때까지 이루어진 주체 발생에 관한 일반적 연구는 개체발생을 통해 계통발생을 설명하는 것이었다. 이런 방법론적 확장은 삐아제에게서보다 프로이트의『토템과 터부』에서 가장 분명하게 이루어진다.

이 글은 개체발생을 통해서 계통발생에 접근하는 것이 아니라 계통발생을 통해서 개체발생을 설명하면서 나타나는 공통점과 차이점을 통해 라깡의 주체형성이론이 지닌 부분적 허점을 고찰하고자 한다. 계통발생과정에 대한 연구를 통해 개체발생과정을 비교, 대조할 수 있는 아주 드문 역사의 시점이 호메로스의 서사시적 세계를 전후로 하여 나타났다. 역사는 무한한 파동이 아니어서 아주 역사적으로 새로운 시점이 일어나는 지점은 드물다. 고대 그리스 서정시의 세계는 '자아의 발견', '정신의 발견'이라 불리는 역사의 시점인데 비해 호메로스의 서사시적 세계에서 신은 정신의 은유로 나타나고 사지는 몸의 환유로 나타나는 분열되고 파편화된, '정신의 발견' 이전의 세계이다. 이 호메로스의 서사시적 세계는 라깡의 주체가 형성되기 이전의 상상계에 해당된다. 상상계의 대타자는 신이 되어 파편화되고 조각난 인간의 정신과 육체를 가상으로 통일하고 있다. 이 때 신은 인간 '자신이면서 자신이 아닌' 거울 속의 이미지와 유비될 수 있다.

라깡의 삼계이론은 실재계, 상상계, 상징계로 구성된다. 라깡은 이들 세 단계가 발생학적으로는 순차적이나 먼저 발생한 상상계는 사라지지 않고 상징계의 발생 후에도 함께 구조를 이룬다고 본다. 그리고 상징계에서는 끊임없이 실재계에 대한 갈망과 되돌아가고자 하는 욕망이 있다고 본다. 여기서 고찰하고자 하는 인간의 계통발생과정도 이와 유사한다. 라깡의 삼계이론과 거칠게 비교하자면, 라깡의 실재계는 원시적 주술의 시대이며 상상계는 호메로스의 서사시적 세계이다. 그리고 '아버지의 법'으로 나타나는 상징계는 전사적 세계관과 가부장제의 형성을 통해 이루어진다. 라깡에게서 상상계가 상징계보다 먼저 나타나는데 비해 이 계통발생과정에서는 상징계가 상상계를 약간 앞서 발생하는 것으로 보여진다.

그런데 계통발생과정에서는 대타자인 신에서 벗어나 자신의 내면의 통일성을 찾는 서정시적 주체의 발생을 경험하지만 라깡의 이론에서 주체는 더욱 더 타자의 욕망에 종속되어 소외되는 것은 어떤 이유에서일까? 그것은 라깡이 정신분석학자로서 정신분석의 대상이 되는 신경증자나 정신분열자 들 병리학적인 인물을 모델링한 것이기 때문에 온다. 그리하여 라깡의 주체는 중심이 없고 분열될 수 밖에 없으며 허구적이어서 실제로 존재하지 않는 것이 된다. 단순히 임상 치료나 정신분석학 이론을 넘어 보편적 형이상학적인 야심을 드러내는 라깡주의의 흐름에서 '비정상'이 '정상'의 본질을 보여줄 수 없는 한계를 지적하고 장 삐아제Jean Piaget의 인간발달단계와 비교하여 라깡 이론이 지닌 불균형을 추적해보기로 한다.

이 글은 우선, 원시주술시대인 그리스 상고시대를 통하여 신과 영혼의 발생과정을 다루고 라깡의 실재계와 대비한다. 다음에는 계통발생과정에서 상상계보다 상징계가 먼저 등장하게 된 이유를 살피는데 라깡 이론 역시 상징계를 먼저 등장시켜야 이론적 일치를 볼 수 있기 때문에 후성설을 통해서 비판한다. 그리고 이 글에서 가장 중요한 부분이라 할 호메로스의 서사시적 세계를 라깡의 상상계를 통하여 해석하고 라깡의 상상계에서부터 이루어지는 몸자아의 형성이 타자에게 예속화된다는 관점을 삐아제의 이론을 중심으로 하여 비판한다. 마지막 마무리에서 신적 세계를 해체하면서, 신에게서 분리되어 소외를 극복한 이후에 서정시에 와서 자아가 형성되는 과정을 라깡의 윤리학과 연관시켜 개괄적이나마 다룬다.

2. 소외로서의 신과 영혼의 탄생

인간은 처음부터 일정한 집단에서 출발한다. 인간의 영혼이나 의식 또한 집단영혼이나 집단의식에서 출발한다고 볼 수 있다. 이 시기는 인류역사의 여명기 혹은 인간 역사의 유년기로 불리는 원시적 주술의 시대이다. 신이나 육체와 분리된 '영혼' 의 관념은 어떻게 유래하는가? 신이나 영혼이 발생하게 되는 과정은 원시 시대 토템체계[2]에서 집단영혼, 집단의식으로 표상되던 것이 소외(외화)되는 과정과 개인의 영혼으로 분리되는 과정으로 나뉜다. 집단 영혼이 소외(외화)된 것은 다이몬이 되었다가 신으로 표상되고, 다른 한편으로는 신에게서 분리되어 각자의 내부에 깃들게 되면서 비로소 개별 영혼, 즉 '정신' 이 된다. 이러한 소외와 분리의 변증법은 라깡적 주체가 탄생하는 과정에서도 일어난다. 소외와 분리는 '주체의 생성' 을 야기하는 두 단계의 근본적 절차인 것이다(김상환 158). 라깡이 "역사상 처음으로 주체의 변증법을 구성하는 것으로 간주된 것은 데카르트적 행보 안"(Seminar ⅩⅠ 201-202, 김상환 159 재인용)이라고 한 것은 수정되어야 한다. 역사상의 소외는 원시주술시대 이후 신의 발생과 호메로스의 서사시적 인간관에서, 분리는 서정시적 주체의 형성에서 일어남을 보게 된다.

토템 씨족의 구성원들은 자신들을 토템종과 동일시한다. 한 집단의 자연 또는 본질은 이 집단의 구성원 모두가 소유하지만 토템 씨족의 구성원이 아닌 자는 전혀 별개의 종으로 인식된다. F. M. 콘포드F. M. Conford에 따르면, "순수한 토테미즘의 체계에서 인간 아닌 회원과 인간 회원은 구분되지 않고 이들은 동일한 존재로 파악된다"(92)는 것이다. 나가자와 신이치의 『인류 최고의 철학, 신화』에는 사냥하러 나갔다 산중에서 어여쁜 여인을 만나 그 여인의 집에 가니 염소가족들이 살고 있었다는 옛 신화가 나온다. 이들은 밖에서는 염소이나 동굴에서는 사람들과 마찬가지로 말을 하고 가족 생활을 영위한다. 이 여인과 동침하여 많은 염소를 낳고는 다시 마을로 돌아온다. 그리하여 후손들은 염소들이 자신들의 형제, 자매일 수 있기 때문에 염소를 잡아도 꼭 필요한 양만 잡지 더 이상 잡지 않았다. 꼭 필요한 양은 그들이 형

2) 엘리아데는 토템체계가 보편적으로 존재하지 않았기 때문에 토템사회를 보편적으로 설정하고 있는 프로이트를 비판하지만(197) 이 글에서는 지금 서구정신의 원형이라 할 수 있는 고대 그리스의 원시사회를 다루기 때문에 여러 가지 자료에 근거하여 토템사회를 설정하고 출발한다.

제 자매로서 선물로 준다고 생각했다고 한다. 인간과 동물은 친인척관계로 그 연속성을 강조하는 신화를 통해 인간은 지구상에서 특권을 가진 생물이 아니었다(29).

이처럼 자연과 인간이 미분화된 세계일 뿐 아니라 토템씨족은 역시 망자의 세계와 산 자의 세계가 미분리된 집단이다. 산 자의 세계와 망자의 세계가 연결되고 왕래를 하는 한 개체의 죽음은 공포의 대상이 아니다. 이 두 세계의 연결은 꿈 속에서 이루어지거나 집단무를 통한 집단환각 상태에서 일어난다. 에릭 R. 도즈Eric R. Dodds는 "인간은 두 세계의 시민이라는 기묘한 특권을 다른 몇몇 고등 동물과 나누어 갖는다. 그는 매일 번갈아가며 서로 다른 두 경험 그리스인들이 불렀던 것처럼 휘파르(깨어있는 상태)와 오나르(꿈꾸는 상태) 을 누린다. 그것들 각각은 자신만의 논리와 자신만의 한계들을 가진다"고 한다(83). 그에 의하면, 깨어있을 때의 세계가 견고하고 지속적이기는 하지만 꿈의 세계는 망자의 세계를 방문하기도 하고 깨어있을 때 만날 수 없는 많은 사람들을 만나기 때문에 사교의 기회는 깨어있을 때보다 훨씬 넓다. 그래서 인간이 두 세계 가운데 하나에 '실재'를 한정시키고 다른 세계를 가상으로 치부하는데는 상당한 시간이 걸렸다고 한다.

원시주술시대에서 미분화되었다는 것은 집단 자체가 우주이며 개인의 실재가 되어 자아와 타자의 구별이 없다는 것이다. 삐아제는 베르넬 이넬데와 함께 쓴 『아동심리학』에서 생후 2세 이후의 아동이 인과성에 대해 느끼는 것은 주술 현상론적 magio-phéoméniste이라 한다. 그것은 가끔 이전에 관찰되어진 여러 가지 관계에 따라서, 어떤 것에서 무엇이든 낳게 할 수 있기에 현상론적이고, 또 공간적 접촉의 유무와는 관계없이 인과성은 주체의 활동에 중심화되어 있기 때문에 '주술적' 이다(25). 프로이트 역시 『토템과 터부』 제3장에서 '관념의 만능' 이란 개념을 발전시킨다. 이 개념이 지시하는 것은 자기가 떠올리는 대로 모든 것이 이루어진다는 믿음인데 사유는 과대평가되고 사물은 후퇴한다. 관념에서 일어나는 일은 사물에도 일어나야 한다는 것이다. 이 관념의 만능은 주술행위에서 명백히 드러나고 애니미니즘적 사고를 지배하는 원리이다. 프로이트는 강박신경증 환자와 원시인이 모두 관념의 만능성을 믿는다는 점에서 공통성을 갖는다고 한다(143). 유아기를 토템으로의 회귀로 놓아 그는 원시인과 유아, 강박신경증 환자를 동렬로 세운다.

프로이트는 "성숙한 성인에서 유아기의 초기 형태까지 개인의 리비도 경향의 발전과정을 거슬러 추적하면… 성적 충동의 표시가 처음부터 그 주체에 의해 인식되는 것은 아니지만 그렇다고 외부의 대상을 향하고 있는 것도 아닌… 성욕이 지니는 개개의 충동인자가 서로 독립적으로 쾌락의 획득을 겨냥하고 자기 육체를 통해 만족을 얻으려고 한다. 이 단계를 '자기성애autoeroticism"라 한다(147). 프로이트에로의 충실한 회귀를 주장하는 라깡의 실재계 역시 자기성애적, 자기몰입적, 자폐적인 개체의 위치에 있으며 그의 성적 본능은 타인을 향하고 있지 않으며 자신의 몸으로부터 만족을 얻고 있는 상태에 있다고 볼 수 있다(어도선 71). 라깡의 이 시기는 유아가 타자와의 무의식적 동일화라는 변증법 속에서 욕망의 대상이 되기 전에, 그리고 언어가 그를 언어객체로서 그의 기능을 되살리기 전에 최초의 형태로 존재한다(*Ecrits* 2). 즉 상상계로 넘어가면서 주객으로 분리되기 이전인 이 단계는 계통발생에서 미분화된 자기충족적이고 자폐적인 토템씨족의 단계와 유비가 가능하다.

관념의 만능성이 유아기 때의 특징만이 아니라 과학적 사고에서도 남아있기 마련이듯이 현대적 삶 속에서 원초적 상태의 욕구는 언제나 남아있다. 그러면 현대적 삶에서 원초적 상태에 대한 욕망은 어떻게 충족되는가? 미르치아 엘리아데Mircea Eliade는 "오늘날의 서양인처럼 역사적으로 조건지어진 존재에게 자신의 비역사적인 부분이 밀려들어올 때(이런 일은 생각보다 훨씬 자주, 훨씬 근본적으로 일어난다), 이것이 반드시 인류의 동물적 단계로 역행하기 위한 것, 유기적 생명의 가장 깊숙한 근원으로 되내려가기 위한 것은 아니다"라고 한다(16). 원초적 상태로의 욕망은 이미지와 상징에 의해, 즉 꿈, 백일몽, 노스탈지어 욕망, 열광의 이미지들을 통해 충족되는데 이들은 "역사적으로 조건지어진 인간 존재를 그의 역사적 순간의 폐쇄된 세계보다 훨씬 풍부한 정신 세계로 이끌어가는 힘"이다(16).

이에 비해 라깡이나 슬라보예 지젝Slavoje Zizek은 유아적 원초쾌락의 상태로 돌아가고자 하는 욕망으로 충동을 설정한다. 라깡에게 실재계는 "상징계적 언어행위의 영속적 결과물"(*Ecrits* viii, x)로서의 언어로 표현된 요구에 의해 남겨진 '제거할 수 없는 잔존물' 또는 '기표가 소유 권리를 거부당한 요소'이다. 따라서 라깡의 실재 the real는 "상징화에 절대적으로 저항하는"(*Seminar* I 66), 영원히 담론 밖에 존재하는 그 어떤 것이라고 정의된다. 실재계에 대한 이 부정적 정의는 '실재계'란 실제하지 않을 뿐 아니라 정의할 수도 없는, 불가능하다는 것에서 비롯된다. 즉 라깡에게 실재계는 언어화되기 이전, 아버지의 법으로 사회 상징이 짜여지기 이전의 원시 주술체계와 평행하는 것이라 할 수 있다.

사실 상징계의 거세는, 즉 유아기 원초적 성충동을 담고 있는 몸에 아버지의 법칙[3]인 '남근 기표 사슬'이 간섭하는 것은 충동에 관한 논의를 불러 일으킨다. 왜냐하면 이러한 육체적 흥분은 몸의 자기 성애적 욕구와 이러한 욕구가 언어로 표현된 요구의 상징계 구조간의 근원적 갈등에 의해서 형성되기 때문이다(어도선 86). 지젝의 설명은 다음과 같다.

> 기표는 몸을 해체한다. … 기표는 몸으로부터 유아기의 원초적 성쾌락을 퇴거시키는데 이 퇴거는 완전히 이루어지지 않는다. 상징계 타자라는 사막주위로 흩어진 채로 그 몸에는 언제나 잔존물들이 있는데 이것들이 바로 원초적 쾌락의 오아시스인 소위 성감대, 즉 원초적 쾌락이 가득 스며있는 몸의 파편들인 것이다 그리고 프로이트적 충동이 연계되어 있는 것은 바로 이러한 잔존물인 것이다. (지젝 123)

지젝은 원초적 잔존물은 성감대에 남아 있고 이 성감대는 원초적 쾌락이 가득 스며있는 몸의 파편이다. 몸의 파편에 대한 구체적인 내용은 라깡에게 잘 나타난다. 라깡에게 충동은 마치 야생동물 보호구역처럼 원초적 쾌락이 여전히 존재할 수 있는, 사회화된 몸 안에서 특정하고 한정된 영역(구강, 항문, 요도, 남근 들)을 포함한다(*Ecrits* 314). 충동을 만족시키는 일은 어떤 변화를 요구하는데, 이것은 충동의 "자연스런" 목적이 실재계의 욕구를 상징계의 요구로 치환시킴으로써 생기는 충동

---

3) 라깡은 기표와 부권parternity 간의 연관성을 강조하기 위해 상징계 타자를 "아버지의 이름"이라 칭한다. 따라서 대타자의 욕망은 바로 아버지가 표상하는 사회-기표적 법칙과 같다.

의 대상을 통해서 또는 그 안에서만 달성될 수 있기 때문이다(Samuels 109). 이런 대치로 발생된 충동의 대상들은 “유방, 배설, 남근(상상계의 욕망 대상물), 오줌싸기… 음소, 응시, 음성”이다(*Ecrits* 314).

라깡의 성감대는 인간이 유기체로서 삶을 유지하는 최소한의 조건 속에 존재한다. ‘먹고 마시고 싸고 빨고’라는 신생아적인 본능상태에서 삶의 유지기능과 삶의 쾌락기능이 미분화된 원초적 욕망을 보았던 것이다. 대개의 정신분석학자들이 그렇듯이 인간의 원초적 욕망은 성적으로 해석되어 원초적 쾌락의 성감대에 집중된다. 이들은 계통발생적으로 유전적 풀이 투영된 정신세계, 즉 상징, 꿈, 욕망 들 우주적이고 다양한 정신세계의 풍부함에서 원초적 상태의 욕망을 충족시키지 아니하고 모나드적 개체의 자기성애적 상태의 흔적을 지닌 성감대를 배회하는 병리적 상태로 충족시킨다. 정신병적인, 비정상적인 것에서 인간의 가장 원초적 본질성을 추구하나 이런 무의식적 배경은 언어를 통해 다시 파악됨으로 왜곡되어 영원히 돌아갈 수 없는 비극적인 것이 된다.

그런데 원시 주술적 단계에서 실제로 체험되는 바는 몸의 자기성애가 에로티시즘이 아니라 공감 혹은 집단적 정서나 욕구이다. 콘포드는 이 원시적 집단에서 이루어지는 제의나 춤을 집단의 정서 자체가 표현되는 집단 자체의 행위로 본다.

> 정서는 행위로 표현되고 이 행위는 필연적으로 협동적이므로 관습적이고 의식적인 것으로서 리듬감 있는 무용과 판토마임으로 구성되어 있으며 이러한 동작은 감정을 고양시키고 이를 표출시킨다. 그리고 욕구 대상을 표상함으로써 충족된다. 토템씨족이 그들 특유의 무도를 하며 씨족 구성원들 모두의 공통적 삶의 맥박을 느끼게 될 때 원시인들이 가질법한 타고난 개인의식은 상호 혼융되어 상실된다. 그들의 의식은 공감적 행위의 느낌으로 가득 찬다. 집단 전체는 이제 하나의 영혼으로 느끼고 행위하며 이의 전체적인 힘은 이 집단의 어느 한 개인이 독자적으로 구사할 수 있는 힘을 훨씬 능가한다. (94)

이처럼 원시적 주술시대에서 개인의 의식은 미미하고 집단과 분리되어 있지 않다. 제의적 체험은 전염적 열광상태에서 이루어지며 나 자신의 힘은 나 자신의 힘을 능가한다. 이처럼 나 자신의 힘이 집단의 힘과 구분되지 않기 때문에 “집단과 대조되는 나 자신의 심상, 관념, 개념 또는 나와 다른 집단의 심상, 관념 개념이 따로 존재하지 않는다”(콘포드 95).

이런 공감적 행위 속에서 원시적 주술은 표상을 필요로 하지 않는다. 이 주술관념은 여하한 종류의 신도 필요로 하지 않는 자기충족적이며 완결된 것이다. 집단의 힘 밖에 신이 존재할 필요도 없으며 이 힘 내부에 신을 위한 여지도 없다. 신이 등장하기 위해선, 라깡식의 대타자가 등장하기 위해서 유아 자신이면서 자신이 아닌 ‘거울에 비친 상이나 어머니’가 필요하듯이, ‘우리 자신이면서 우리 자신이 아닌’ 힘에 대한 표상이 있어야 한다. 라깡식으로 하면 ‘초재적이면서 내재적인’ 것이 있어야 한다.

집단영혼이 표상을 얻어 신으로 외화되거나 개체가 집단에서 분리되려면 유사성의 원리에 의해 이루어지는 원시적 주술체계가 와해되어야 한다. 이 와해는 차이에 대한 인식으로 이루어진다. 우선 토템이 되는 동물과 우리가 종적으로 다르다는 인식에서 출발한다. 사회의 하부조직으로 자연의 일부를 포섭시킨 주술체계에서 자연종들 사이의 차이를 막연히 의식하고 ‘곰’의 본성과 행위가 ‘곰’ 인간의 본성과 어느 정도 다르며 독립적임이 부각되기 시작할 때 비로소 주술로부터 종교에로의 이행이 시작된다. “주술적 연속체가 인간외적인 힘과 인간적인 힘이라는 두 개의 저수지로 분리됨과 동시에 토템적 유형을 지닌 모든 사회구조는 와해되기 마련이다”(콘포드 111).

그 다음에는 집단적 주술체계가 숭배자와 신이나 정령으로 구분되어야 한다. 토템은 신도, 개인도 아닌 종이다. 종으로서의 동일성이 와해되면서 집단은 숭배자들과 이 숭배자들과 힘에서나 특성상 다른 존재인 정령이나 신으로 나뉜다. 이리하여 숭배자들은 신을 조종하고 영향을 주며 설득하고 숭배하고 신에게 희생물을 바치고 그 대가로 무엇을 요구한다. 집단적 동일성에 대한 의문을 통하여, 즉 회의와 비판을 통하여 신이 등장한다(콘포드 97).

세번째는 나와 나 아닌 것으로서의 사회의식의 구분이 시작되면서 종교적 또는 도덕적이라고 부를 수 있는 희미한 표상이 생기기 시작한다. 콘포드는 "사회의 힘, 즉 개인보다 우월한 것이며 우주에 있는 도덕적 힘으로서 알려진 유일한 힘이 자신의 힘과는 다른 것으로서 인지되게 될 때, 그것은 필연적으로 나 자신의 행위에 대해 일정한 통제를 외부로부터 가하는 제약적 존재로 인지된다"고 한다(99). 이제 자신의 힘이면서 자신보다 우월적인 이 힘 역시 자기 외부와 내부로 나뉜다. 즉 신과 영혼으로 나뉘는데 그 가운데 부정적인 힘은 필연이나 운명으로 표현된다.

이런 과정 역시 프로이트나 심리학자들이 주장하는 후성설과 무관하지 않다. 프로이트의 후성설은 어떤 자극이 주어졌을 때 적절한 표상을 찾지 못하면 비표상적인 상태에서 잠복한다. 이것은 상처가 되어 외상적 징후를 가지는데 그후 비슷한 자극이 주어지면 잠복해있던 비표상적인 것이 표상화되고 개념화되어 사유의 체계를 가진다는 것이다(서동욱 93-109). 반면에 심리학의 인지발달에서 "정신발생학적 여로는 모태발생학을 연장하는 정신적 개체발생이 운동감각의 정합을 수리 논리적 정합으로 이끌어가는 구성적 후성설을 함의하고 있는지 충분히 보여준다"(삐아제 1990, 73). 즉 후성설이란 반사적 운동감각 단계가 수리 논리적 정합으로 인지가 발달하는 과정을 보여준다는 점에서 프로이트의 후성설과 동일하다. 다만 프로이트가 부정적 트라우마에 초점을 맞춘 반면 개체의 인지발달을 다루는 심리학에서는 외부의 모든 자극에 대한 주체의 반사적 운동감각이 몇 년의 잠복기를 거쳐 나중에 추상적 사고와 조작적 사고를 할 수 있게 한다고 본다.[4]

이것을 계통발생에 적응할 경우에도 마찬가지이다. 개인의 정의情意적 측면이 집단적 행위로서만 드러나는 원시적 제의에서 행위를 통하여, 즉 운동감각을 통하여

4) 삐아제는 활동에서 조작에로 이행하는데 5년 내지 6년이 걸린다고 한다. 4-5세의 아이들이 매일 집에서 유치원까지의 10분간의 통학코스를 혼자서 왕복하지만 그 지형적 관계를 재구성하지 못한다. 그들이 상기하는 것은 말하자면 운동적인 것으로, 그것을 넘어서 전체를 동시에 재구성하지 못한다. 조작에 대한 제일 큰 장애는 활동의 측면에서 습득한 것을 표상이라는 새로운 측면에서 재구성하지 않으면 안된다는 점이다(1980, 98).

집단을 표상하고 욕망을 실현하고자 했던 것은 이제 차츰 어떤 표상의 필요를 가지게 된다. 오랜 반복적 행위는, 계통발생과정에 대입해보면, 집단영혼의 행위로 주로 이루어지던 반사적 감각 운동단계인 원시주술체계에서 집단영혼이 신이라는 추상적 표상으로 전화되는 것으로 볼 수 있다.

집단영혼에서, 신적 표상을 거치든 안 거치든, 개인의 영혼은 어떻게 분리되는가? 집단의 영혼은 초개인적, 초인간적인 것으로 '신적인 것' 즉 신의 개념을 발생시킨다. 그 표상을 이런 식으로 조명할 때, '신' 은 '영혼' 의 자식이다(콘포드 109). 영혼과 구분된 신의 개념은 분화에 의해서 발생한다. '우리 자신이 아닌 것' 으로 인식되어 초인적이며 신적인 것이 될수록 이와 대조적으로 인간의 개인성은 점차 강화되고 굳어지며 윤곽을 찾아간다. 콘포드에 의하면, 집단영혼이 외화된 다이몬은 첫째로 씨족이나 혈족의 수호신, 둘째는 지역 관장적인 선한 다이몬, 셋째는 주술적 형제조합의 다이몬, 그리고 마지막으로는 자연화된 초자연적 마나 들 4가지 유형으로 나뉜다. 이 네 유형의 다이몬들로부터, 어떤 조정을 거쳐 네 유형의 개인성을 지니는 신적 존재들 왕, 영웅, 신비 신, 올림피아 신이 부상한다(콘포드 122). 왕이나 영웅, 추장은 그리스 역사상 최초의 개인인 것이다.

이처럼 집단영혼이 최초의 개인으로 전화되는 가운데 영혼이 '개인의 것' 이라는 생각은 잠잘 때나 깨어있을 때나 찾아오는 '꿈과 환영' 의 존재에서 비롯된 것이기도 하다. '신이 보낸 객관적인 전령들이 꿈과 환영을 통해 인간과 소통한다는 믿음과 함께, 이러한 경험들은 인간 안에 있는 신비한 힘과 연결시키는 새로운 믿음' 이 나타났다(도즈 107). 춤은 함께 추고 밥은 함께 먹더라도 꿈과 환영은 지극히 개인적인 사건인 것이다. 이 지극히 개인적인 사건에서 개인에 내재하는 영혼의 존재를 보았던 것이다. 특히 이러한 내재적 영혼의 존재 가능성은 "디오니소스적인 집단적 엑스타시스에 더 이상 완전히 만족할 수 없었던 시기에 그것은 성장하는 개인주의에 호소"함으로써 영혼과 육체의 관계에 대한 새로운 사상들이 형성되었다(도즈 115). 이처럼 개인적 영혼의 가능성은 충분히 존재하나 개인적인 자기 의식은 아주 후기의 산물이다. 특히 개인의 영혼이 집단의 영혼에서 분리할 수 있게 된 것은 오랜 투쟁이 있은 후의 일이다.

그런데 왕이나 영웅이 집단의 최초의 개인이라면 가장은 가족 가운데 최초의 개인이다. 왕이나 영웅은 외부적으로는 전쟁 사령관이지만 가족 내부에서는 모든 사법권私法權을 장악한다. 이들은 가족이나 혈족집단, 씨족이나 민족을 상징하는 상징계의 법이다. 순수혈연에 기초한 모계모권적인 자연권에 기초한 관계가 아니라 국가와 법의 통치가 이루어지는 아버지의 법, 질서의 법, 문화의 법인 것이다. 헤시오도스의 『신통기』는 제우스가 아버지의 법과 질서의 법이게 하고, 아들 오레스테스에 의한 클뤼템네스트라 살해는 어머니의 법이 몰락하고 아버지의 법이 등장하는 상고시대의 어느 부분을 보여준다. 대타자로서 신의 탄생은 곧 가장의 탄생이고 그것은 라깡적 상징계의 등장인 것이다. 그것은 상상계로 볼 수 있는 호메로스의 서사시적 세계보다 앞서는 것이다.

3. 상상계보다 앞서는 상징계의 등장

계통발생적으로 상징계[5]는 상상계보다 앞선다. 상상계는 호메로스의 서사시적 세계이다. 이 세계는 파편화된 육체와 조각난 정신들을 지니고 올림포스의 신들은 거울 속의 타자가 된다. 호메로스의 서사시들에 비해 약 50년의 간극을 두고 헤시오도스의 『신통기』가 출현하지만 이 책이 서술하는 우주적 기원과 신화적 계보는 분명 트로이 전쟁의 귀족과 전사들의 세계보다 분명 훨씬 앞선다.

그런데 최고의 신성에 대한 헤시오도스의 생각은 호메로스에 비해 더욱 가부장제가 강화된 것은 사실이다. 호메로스의 경우 힘은 여러 상이한 신들에게 분배되었다. 특히 제우스, 바다의 지배자 포세이돈, 죽은 자의 나라의 지배자 하데스 이들

5) 상징계는 가부장제만이 아니라 계급발생, 문자의 발생 들을 포함한다. 여기서는 정신분석학자들이 주로 오이디푸스 콤플렉스에 기대고 있기 때문에 가부장제에 초점을 맞춘다.

삼형제에게는 각각 세계의 1/3씩 주어졌던 것이다. 이 경계를 지키는 것은 모이라이고 개개의 신성들은 각각 그 자신의 영예와 직무를 가진다. 이에 비해 헤시오도스에게서 처음으로 제우스가 "만물을 신들에게 할당했으며" 완전한 의미로 "하늘을 지배하는 왕"이었던 것이다(스넬 88). 하지만 호메로스시대는 이미 가부장제의 수립을 보여주고 씨족제가 유지되기는 하지만 귀족제를 통한 계급분화를 통해 이미 라깡적 상징계가 형성되었다고 볼 수 있다.

제우스가 우라노스에서 크로노스를 거쳐 올림포스 신들의 세계를 평정한 것은 헤시오도스에게 질서와 문화의 이름으로 이루어졌다. 이 과정은 부친살해를 통해 아들이 권력을 잡는 과정으로 '오이디푸스적' 사건인 것이다. 정신분석학의 창시자인 프로이트는 다윈의 가설을 최초로 인정한 전제에서 출발한다. "집단은 무리 안에 성년 남자가 하나만 있으면 족하다는데 동의한다. 젊은이들이 성년이 되면 지배권을 두고 싸움이 벌어지고 그 중에서 가장 힘센 성년 남자 하나가 나머지를 모두 죽이거나 몰아냄으로써 혼자 그 모듬살이의 우두머리가 된다"[6](『토템과 터부』 194 재인용). 모권제에서의 오이디푸스 콤플렉스에 대해 의문을 가진 말리노프스키B. K. Malinowski는 프로이트가 구별의 선(유인원에게서 발견될 수 있는 가족과 조직된 인간 가족사이의 구별)을 보지 못하고 가설상 문화가 존재할 수 없는 조건 속에다 문화를 놓아둠으로써 프로이트가 다윈의 가설을 본질적으로 수정하였다고 한다(109). 또한 다윈은 무리의 지도자가 거느리고 있는 아내에 대하여 언급하였을 뿐 다른 암컷들에 대해서는 언급하지 않았으며 추방당한 어린 수컷들이 마침내 제 짝을 찾는데 성공하여 그들 부모의 가족에 대하여 더 이상 괴로움을 주지 않는다고 하였던 것이다.

프로이트에게 문화의 시원적 사건은 우리를 영원히 불안케 할 상상적인 범죄인 부친살해이다. 그것은 가설적인 것만큼이나 소름끼치는 모습으로 우리 눈앞에 나

6) 고릴라 연구를 통한 다윈의 가설을 인간 사회에 그대로 적용한 보스톤 자연사 학회지 제 5권에 실려 있는 새비지 박사의 논문

타나게 되며 그것은 비록 인류의 역사에서는 별로 중요하지 않을는지 모르나 정신분석학의 역사에서는 가장 중요한 사건이다(말리노프스키 110). 왜냐하면 프로이트는 미래의 모든 문명이 그것으로부터 생성되도록 되어 있다고 보기 때문이다. “여자들을 독점하고 자식들을 모두 무리에서 쫓아내 버리는 질투심 많은 폭력적인 아버지”(프로이트 215)에 의해 어느날 추방당한 형제들은 힘을 합하여 아버지를 살해한 다음 먹어버렸다. “아마 인류 최초의 제사였을 토템 향연은 이 기억할 만한 범죄행위의 반복이며 기념 축제였던 것이다. 그리고 이 범죄행위로부터 사회조직, 도덕적 제약, 종교 같은 것들이 비롯되었을 것이다”(프로이트 215).

그런데 부친 살해는 프로이트가 말하는 것처럼 가장 힘센 아들이 혼자서, 아니면 아버지의 여성독점에 대한 반발로 남자 형제들과 함께 벌인 사건이 아니다. 부친살해는 어머니와 자각된 아들의 합작품이다. 가부장에 대한 반발과 반란이 단지 부계제만을 반영하는 것이 아니라 모권의 패퇴 속에서 어머니들이 자신의 지위를 지키기 위한 것이기도 하였던 것이다.

『신통기』에서 가이아는 우라노스의 전횡에 대해 아들들을 부추겨 맞서 싸우게 한다.

> 우라노스는 자식들이 태어나자마자 그들을 모두 대지의 자궁 속에 가두어 빛을 보지 못하게 하였고 자신의 만행을 즐겼다. … 그녀의 가슴에 원한이 사무쳤기 때문이다. “너희들, 극악무도한 아비의 자식들아, 너희들이 내 말을 따르면, 너희 아비의 범죄에 복수할 수 있을 것이다. 먼저 부끄러운 짓을 할 생각을 품은 자는 너희 아비이기 때문이다.” (33-4)

모두들 공포에 사로잡혀 입을 열지 못했지만 크로노스는 어머니의 제안에 ‘이름값도 못하는 아버지’, ‘제 배만 채우는 아버지’를 가이아가 준 ‘회색 빛 철의 원료로 만든’ 낫으로 거세한다. 임신 출산으로 지친 가이아가 자신의 자녀에 대한 권리를 유지하기 위해 남편을 거세시키고자 했고 아들 역시 어머니의 말을 듣는다. 프로이트가 아버지의 여자 독점에 반발한 형제들의 단결이라고 한 것과는 완전히 다른 이야기다. 가이아로부터 우라노스가 "분리"된 것은 애초에는 하나였던 땅과 하늘이 물리적으로 분리되었다는 상상을 신화화한 것으로 생각되었다.

가이아는 우라노스를 거세할 때 크로노스를 도운 것처럼 역시 크로노스의 아내인 레아와 함께 제우스를 도와 크로노스를 왕위에 물러나게 한다. 여기서 가이아는 오래 씨족제를 관장했던 대모였다. 자식을 삼킨 크로노스는 가이아의 영리한 제안에 속고 제우스의 꾀와 힘에 눌려 자식들을 토해내 되살렸다(신통기 57-9). 여기서도 역시 여자 독점이나 근친상간 금지가 아니라 아버지의 폭압에 맞선 어머니와 아들의 연대투쟁이었음을 보여준다. 이 부친살해를 추동해나가는 것은 아들이 아니라 어머니이다. 『오디세이』에 가면 어머니와 아들의 연대는 아버지와 아들의 연대라는 남남유대의 형태를 띠고 비극 『아가멤논』에 가면 아들에 의해 어머니가 살해된다. 『오이디푸스 왕』에서는 아들과 어머니의 근친상간이 단죄되는 것으로 보아 이제 어머니와 아들의 친밀한 유대는 성적인 것으로 해석되어 천인공노할 범죄로 다루어진다. 근친상간 금지는 실제로 모자간에 상간이 문제가 될 정도로 있었다는 것이 아니라 모자 유대를 막기 위한 가부장의 전략일 뿐이다.

우라노스와 크로노스 신화는 모권이 강력한 가운데 프레이저James George Frazer의 『황금가지』에 나오는 '살해되는 신'을 반영한다. 이 시기가 지나면 신들의 권한이 막강해지듯이 아버지의 권한은 막강해지고 제우스는 모이라까지도 능가하는 최대의 신이 된다. 확실한 것은 고전기에 크로노스 이야기는 불효에 대한 선례로서 꽤 흥미를 끌었다는 점이다(도즈 261). 오늘날 가족이 처한 상황처럼 고대 그리스에서 가족이 처한 상황도 유아기적인 갈등들을 낳았고 그 메아리가 성인의 무의식에 좀처럼 사라지지 않았다고 결론지어도 무방하다. 가족은 상고 시대의 사회구조를 이해하는 시금석이며 최초의 유기적 단위이자 최초로 법이 시행된 구역이었다(도즈 52). 가정의 우두머리는 곧 그 조직의 왕, 오이코이오 아낙스(가장)였고 가장의 지위는 아리스토텔레스에 의해서도 왕의 지위에 유비해서 묘사되었다.

강력한 가부장의 사법권은 제우스가 헤파이토스를 자기 어머니와 결탁했다는 이유로 올림포스 산에서 던져버린 것에서나 자신을 배반할 것이라는 신탁을 듣고 아들을 갖다버리는 라이오스 왕 들의 예에서도 잘 나타나 있다. 하지만 이것은 아버지 역시 이런 음모나 아들의 반란에서 자유로울 수 없다는 것과 무의식 깊이 이를 두려워하는 모습을 보여준다. 『신통기』에 크로노스에 의한 아버지 성기 절단 사건이나, 제우스에 의한 크로노스의 살해가 기록된다는 것 자체는 가부장에 대한 가족 구성원의 반발이 심각한 수준에 도달했거나 아니면 무의식의 수준에서 이미 팽배해있어 그런 신화적 사건을 통하여 일반적 무의식의 위기감을 달래지 않으면 안되는 상황을 반영하는 것이기도 하다.[7)]

그러나 가족을 묶고 있던 끈이 풀리고 또 개인의 권리와 책임을 요구하는 목소리가 점점 커지면서 서양사회에서 상당히 오랫동안 가족생활의 특징이 되어 온 내적인 긴장들이 발전해나왔다. 실제로 이러한 긴장들은 기원전 6세기에 표면화되기 시작했으며 이는 솔론이 행한 사법적 중재로부터 미루어 짐작할 수 있다. 소피스트 운동이 발생함에 따라서 이 갈등들은 많은 가정에서 명료하게 자각되었다. 젊은이들은 아버지에게 복종하지 않아도 될 "자연권"을 가진다고 주장하기 시작했다. 가부장에 대한 반발은 개체가 미분화된 집단에서 벗어나는 것인 동시에 자아와 타자를 구별하게 되는 과정과 동전의 양면이다. 호메로스의 서사시적 세계 속에서는 '아버지의 법' 인 상징계를 대리하는 대타자인 신을 통해 최초로 분열적이고 파편적이나마 자신의 자아를 찾아가는 여정인 상상계가 계통발생적으로 형성되고 있음을 보게 된다.

이처럼 계통발생과정에서 상상계보다 상징계가 앞서 등장했음을 통하여 개체발생과정에서도 상상계 이전에 이미 '아버지의 법' 인 상징계가 등장했음을 추론할 수 있다. 즉, 라깡의 상상계에서 남근이 무엇인지 그리고 존재하는지에 대해서도

7) 비의도적이긴 하지만 아버지를 살해한 오이디푸스는 결국 영웅으로 받아들여진다. 아리스토파네스는 소망이 실현되는 꿈의 나라인 클라우드쿠쿠랜드에서 누리는 인생의 즐거움을 묘사하면서 전형적인 한 예를 보여준다. 만일 그대가 느닷없이 아버지를 때린다면 사람들은 그대가 한 일을 칭찬하리라는 것이다. 다시 말해 그 일은 아이스크론(수치스러운 일)이 아니라 칼론(훌륭한 일)이라고.

잘 알지 못하는 유아가 어머니를 남근인줄 착각한다는 것은 이미 상징계가 포위하고 있는 가운데 상상계가 형성된다고 볼 수도 있다. 박찬부는 알튀세르Louis Althusser의 이데올로기 개념에 이미 이 문제가 내포되어 있다고 본다. "라깡이 일반적으로 상상질서 상징질서의 순으로 설명하고 있는 인간의 발달과정을 알튀세르의 이데올로기에서 역전시키고 있는 과정을 어떻게 설명할 수 있느냐가 문제다"(74). 알튀세르는 『레닌과 철학 및 에세이들』에서 이데올로기의 상상계적 성격에 대해서 말하고 있다.

> 모든 이데올로기는 그것의 필연적인 상상적 왜곡 속에 생산의 실존하는 관계(그리고 그로부터 유래한 다른 관계들)가 아니라, 특히 생산단계에 대한 개인들의 (상상적) 관계와 그로부터 유래한 다른 관계들을 재현한다. 그러므로 이데올로기 속에 재현된 것은 개인들의 존재를 지배하는 실제 관계의 조직이 아니라 그들이 살고 있는 실제 관계에 대한 개인들의 상상적 관계이다. (165)

알튀세르에게 이데올로기는 '개인들의 상상적 관계로' 거울단계의 특징을 지닌 상상계적인 산물이다. 그런데 이런 상상계적 이데올로기가 '실제 관계에 대한 것'이라는 데서 역시 상징계적 관계 속에 이미 설정되어 있음을 보여준다. 이데올로기가 상상의 형태로 기존하는 어떤 것을 반영하고 있다면 그 기존하는 어떤 질서는 이미 기표화된, 상징화된 것이어야 한다. 그렇지 않다고 말하는 것은 인간이 상징계의 매개없이 직접 살아간다는 말과 같다(박찬부 68). 즉 이데올로기의 문제는, 알튀세르의 "개인"이 이데올로기의 "언어적 부름(호명)"을 통해 주체로 탄생하는 예에서 볼 수 있듯이 언어와 기호의 세계인 상징질서로부터 자유로울 수 없는 것이다(알튀세르 173).

원시주술체계가 와해된다는 것은 사유재산과 계급의 발생이 시작되었다는 것이고 가장과 계급에 의한 상징구조가 시작되었다는 것이다. 알튀세르에 대해 폴 리쾨르Paul Ricoeur는 "존재조건에 대한 관계라는 것이 이미 해석된 것, 상징적으로 매개된 어떤 것이 아니고서 무엇이겠는가? 세계에 대한 우리의 관계를 말한다는 것은 상징적 구조를 필요로 한다. 그러므로 나의 주된 논지는 만약 우리가 처음부터 우리의 존재에 대한 상징적 구조를 갖고 있지 않다면 아무것도 왜곡될 것이 없다는 것이다"(60). 이러한 리쾨르의 언급은 인간이 사회적 집단적 조건에서 먼저 출발하면서 그 조건에 대한 반영, 모방으로서 심상과 표상을 갖게 되었다는 것과 일치한다.

계통발생과정에서 상징계가 상상계보다 먼저 나타나는 이유를 두 가지 근거를 통해 추론할 수 있다. 언어의 측면, 집단과 개인과의 관계 들의 측면에서 살펴보기로 한다. 우선 첫 번째는 언어의 측면이다. '소리' 로서의 언어이긴 하나 언어 발생은 현생 인류의 출현과 함께 단박에 이루어지는 데 비해 우주와 세계, 인간 자신에 대한 지식은 천천히 발전하기 때문이다. 이러한 간극에 대해 줄리아 크리스테바Julia Kristeva는 " '인간정신' 의 진행은 오로지 어떤 식으로 단번에 결정적으로 구성된 '시니피앙의 온전함' 을 재흡수하여 그에 대응하는 시니피에들을 찾아내는 것을 배울 수 있는가" 물으면서(82) 그는 레비-스트로스Claude Levi-Strauss의 글을 인용한다.

> '우주' 전체가 단번에 의미를 지닌 것이 된 순간에, 비록 언어의 출현이 지식을 증대시키는 리듬을 가속화시킬 수밖에 없었던 것이 사실이라고 해도, 그렇다고 해서 우주가 더 잘 알려지게 된 것은 아니었다. 따라서 인간 정신의 역사에서 비연속성의 성질을 제공하는 상징체계와 연속성으로 특징지어진 지식 사이에는 근본적인 대립이 존재한다. 그 결과는 무엇일까? 그것은 시니피앙과 시니피에라는 두 카테고리는 마치 서로 보충적인 두 가지 부품처럼 동시에 그리고 연대적으로 형성되어 있지만, 그러나 지식, 다시 말해서 시니피앙의 어떤 면과 시니피에의 어떤 면을 서로 확인하게 해주는 지적 과정은 … 단지 아주 느리게만 그 궤도를 달린다는 것이다.[8] (크리스테바 82-3 재인용)

이러한 견해는 계통적인 주체형성과정에서 언어가 먼저 발생함을 보여주지만 이

8) 「모스의 저작에 대한 서론」 Introduction à l'oeuvre de M. Mauss in Mauss, *Sociologie et Anthropologie* PUF,. p.XLVXLⅦ

러한 언어의 본질은 현실에 대한 지식과의 간극을 통해 기의에서 끊임없는 미끄러지는 기표이다. 세계와 우주와의 관계에서 인간의 지식은 느리게 발전하기 때문에, 인간이 세계에 대해 개체적 자각을 하기 시작하는 상상계는 상징계보다 약간 늦게 나타날 수밖에 없다. 이러한 미끄럼은 언어에 대한 이데올로기적 통제를 용이하게 하기도 하는데 끝없이 주술적 체계에 구성원을 매어두려는 씨족제 내에서 분화된 귀족층과 사제층, 그리고 남자성인들의 조작과 공모가 가능하게 된다. 따라서 개체가 집단에서 분화되어 가는 과정에 필요한 자각은 늦어지고 따라서 상상계의 등장은 상징계보다 서서히 그리고 늦게 나타난다.

둘째로, 사회와 가족의 조직원리로 작동하는 상징계와 집단과의 관계에서 개인이 분화, 분리되어 나오는 과정 속에 이루어지는 상상계는 그 발생 토대가 다르기 때문이다. 라깡에게서 개체의 주체 발생과정은 모나드적 개체를 단위로 설정한 반면[9] 계통발생은 집단이나 사회적 수준의 계통발생과정을 다룬다. 인간이 사회적 동물이라 함은 동물에서 사회성을 가진 인간으로 발전했다거나 개체수준의 발달에서 사회적 조직체로 나아갔다는 뜻은 아니다. 인간의 사회성은 이성의 고안물이 아니라 그 자체가 인간의 유전적 본성으로 프로그램화된 것이기 때문이다(리들리 17). 즉 인간은 산호나 개미, 벌 들처럼 그 동물적 본성상 군체동물이며 개체의 분화와 분리가 아무리 탁월하게 진행된다하더라도 기본적으로 집단을 벗어날 수 없다는 것이다. 그러므로 라깡이 이론적 전제로 모나드적 인간 개체로서 비사회적이고 자족적인 유기체를 들고, 상징계로 가면 타자와의 관계맺음을 소외로 보고 욕망의 본질을 예속적으로 본 것 자체는 군체적 동물로서의 인간의 종적 특질을 간과한 것이다. 모나드적 존재의 가설은 사회와 집단이 억압기제로서 개인에게 행하는 부당한 권위와 억압에 대한 대항서사로 설정될 수 있지만 그것은 원초적으로 비극적 서사가 될 수밖에 없다. 사회적으로 구성된 상징계의 주체가 아무리 원초적인 모나드적

9) 라깡에 대한 들뢰즈의 일부 비판도 이와 비슷한 맥락에서 이루어지는데 라깡이 개인환상 차원에서 '주체 I'를 설정한 것을 비판하여 집단환상 차원에서 '욕망하는 기계'로 볼 것을 주장한다(들뢰즈 100).

존재로 돌아가려고 해도 돌아갈 수 없기 때문이다.

계통발생과정에서 상징계가 상상계보다 더 먼저 나타나는 것처럼 후성설의 시각에서 라깡을 해석하게 되면 라깡의 이론 역시 상상계보다 상징계가 먼저 등장하게 된다. 『라깡 읽기』*Reading Lacan*에서 제인 갤럽Jane Gallop은 거울단계를 미래완료형으로 접근할 것을 제안하고 있다(72-92). 라캉이 「거울단계」에서 언급한 것처럼 거울단계를 생후 6-18개월 사이에 구체적으로 정해 놓을 것이 아니라 나중에 일어난 일들을 통해 회고적으로 발생하는 사후적 사건으로 보자는 것이다. 이러한 사후성의 논리를 받아들이면 라캉의 상상적 동일시가 과연 사회와 문화의 문제와 동떨어져서 언어의 밖에서 일어나는 시각적 이미지만을 설명하는 것이냐의 난문제를 해결할 수 있는 실마리를 잡게 된다. 사후작용의 결과로 드러난 거울 단계는 라캉이 말하는 일차적 동일시가 언어와 상징, 사회와 문화의 관점에서 시간적으로 후에 발생한 사건의 재구성이며 따라서 이차적 동일시가 일차적 동일시에 선행한다는 역논리를 창출한다. 이러한 설명은 알뛰세르의 이데올로기론에 상상적 차원이 상징적 차원을 함축하고 있다는 것을 말하는데 유효하다(박찬부 79). 또 이러한 설명의 강점은, 카자 실버맨Kaja Silberman이 지적하고 있듯이 거울단계를 통해서 탄생한 자아를 상징질서에의 진입을 통해 드러난 주체의 결핍과 상실의 반대편에 위치시킬 수 있다는 것이다. 이 경우, 자아는 "결핍, 혹은 존재에의 결핍에 대한 상상적 보상으로서, 마치 환타지와 같이 주체가 언어를 통해 야기된 구멍을 메우려는 시도를 보장하는 어떤 구조로서"(21) 드러난다.

그런데 후성설의 시각에서 라깡의 거울단계를 읽는 것은 삐아제의 '심상과 사고의 관계'에 대한 설명을 통해 더욱 개연성을 획득한다.

> 사고와 심상과의 관계에 대해서 말한다면, 비네는 뷜츠부르크 학파의 독일 심리학자들과 같이 그들이 무심상사고라고 불렀던 것이 실제로 존재한다는 것을 증명하였다. 즉 어떤 대상물을 생각할 수는 있지만 그것이 존재한다는 것을 긍정하거나 부정하거나 하는 판단이나 조작은 그 자체가 심상화되는 것이 아니다. … 심상은, 사고의 한 요소가

아니고 언어와 상보적인 상징적 보조물로서의 역할을 맡게 되는 것이다. (1980, 75)

삐아제는 심상없이는 사고가 가능할 수는 있어도 언어없이 심상은 있을 수 없다고 한다. 이러한 삐아제의 주장을 통해서 보면 상상적 동일시의 원형인 거울 단계를 사후성의 논리에 의해서 설명하는 것은 이 단계를 언어 습득 이전과 이후로 나누어 생각하는 관점과 일치한다. 라깡의 두 가지 나르시시즘은 동물의 세계에 해당하는 "순수한 상상계"와 말하는 존재인 인간에게만 고유한 "왜곡된 상상계" (Brousse 121)에서 나타나는데 제2의 나르시시즘이나 왜곡된 상상질서가 다같이 말하는 존재가 언어와의 관계 속에서 형성하는 현상이므로 그것은 언어 세계의 본령인 상징질서와 어떤 관련성을 갖지 않을 수 없다. 즉 이미지인 심상은 상징질서의 산물이며 상징적 기능에 의해 규제를 받는다고 볼 수 있다. 따라서 상상계는 상징계보다 절대 앞서 발생할 수는 없다고 볼 수 있다.

계통발생과 개체발생이 동일한 비교선상에서 평행선을 긋는 것이 아님은 분명하다. 그리고 헉슬리들의 생물학자들이 개체발생을 통해 계통발생에 접근할 수 있는 방법은 가능하나 그 역은 불가능하다는 주장 역시 수정되어야 한다. 인간의 역사나 인간의 주체형성과정은 실증주의적 접근만으로 이루어지는 것이 아니기 때문이다. 사실, 라깡의 유아가 거울 속의 심상을 보고 자신의 몸 자아를 인식하고 타자의 욕망에 예속된다는 것 자체가 상징계적 상징 구조 속에 이루어지는 유아의 자아인식이 아니고 무엇이겠는가? 계통발생과정을 통한 인간 주체의 문제는 라깡의 주체형성의 이론적 불균형을 지적함으로써 개체로부터 출발하는 주체형성과정에 대한 균형추를 제시하고 있다.

4. 호메로스의 서사시적 인간관: 정신의 은유와 몸의 환유

호메로스의 서사시에 나타난 인간은 통일된 몸과 정신을 지니지 못했다. 호메로스적 인간은 서사시의 구조가 천상과 지상으로 나뉘어지듯이 영혼과 육체는 서로 분리되어 있었다. 영혼 또는 정신은 인간 내면에 깃들지 못하고 신적으로 은유되었고 인간의 육체는 팔, 다리로 사지로 환유되었던 것이다. 호메로스의 서사시에서 한 사건이 새로운 국면전환을 하는 경우에는 언제라도 신들이 개입한다. 『일리어드』 도입부에서 아폴론 신이 역병을 보내자 아가멤논은 그 분노를 가라앉히기 위하여 아폴론 신관의 딸 크리세이스를 되돌려주고 교환을 위해서 아킬레스의 포로인 브리세이스를 데려가자 아킬레스의 분노를 사고 말았다. 이 때문에 아킬레스는 아가멤논을 향하여 칼을 뽑아야 할지 망설인다. 바로 그 순간에 아테나가 나타나 다음과 같이 아킬레스의 마음에 권고한다.

> 나는 당신의 분노를 달래기 위해 하늘에서 왔소. 양쪽 모두를 걱정하고 염려하는 흰 팔의 여신 헤라께서 나를 보내셨소. 만일 그대가 내 말을 따를 작정이라면 다툼을 멈추고 칼을 빼지 마시오. 말로 꾸짖고 당신이 하려고 하는 의미를 그에게 전하시오. 여기 당신을 위한 예언이 있소. 이 거만한 행위를 보상받고도 세 곱이나 넘는 굉장한 선물을 받을 날이 올 것이오. 그러니 용서해주고 우리의 권고를 들으시오. (1권 204-15)

여기서 아테네가 그를 제지하면서 지금은 그가 물러서는 것이 결국은 자신을 위한 것이라고 경고한다. 사실 이 구절에서 '신적 장치'를 굳이 할 필요가 없다. 아킬레스가 칼을 뽑아야 할지 갈등하다가 자신을 억제하고 마음의 결단을 내렸다고 표현하면 된다. 하지만 단순히 마음에 경고하는 것보다 이처럼 구상적으로 표현하는 것이 얼마나 더 생생한가? 그러나 그는 아킬레스의 눈에만 보였다. 도즈는 "일반적으로 마음 속의 경고, 갑자기 닥쳐온 형언할 수 없는 힘에 대한 느낌, 혹은 설명하기 힘든 갑작스런 판단 상실이 신을 동원한 처리장치가 발전하게 된 맹아"라고 주장한다(28).

스넬은 심리적 기원을 그럴듯하게 설명하는 개연성에서 출발하지 않고 "호메로스에게서 인간은 아직 그 스스로 결단의 발기자라는 자각을 가지고 있지 못하다"며 호메로스 시대의 인간관을 근본적으로 추론해낸다(63).

> 호메로스의 경우에 인간은 자기 스스로 자발적으로 그 자신의 정신에서 생각하거나 혹은 행동할 수 있다는 의식을 가지고 있지 못했다. 인간의 마음에 '문득 떠오르기' 도 하고 '문득 생각나기' 도 하는 일은 외부로부터 주어진 것이다. 그리고 눈으로 볼 수 없는 외부적인 동기가 인간을 좌우하는 경우에 인간은 어떤 신이 그의 곁에 서서 선의에서든 악의에서든 자신에게 조언하고 있다고 생각한다. (212)

이처럼 호메로스적 인간들은 자신이 자신의 정신의 주재자로서 스스로 생각하고 결단을 내리며 행위한다는 의식을 갖지 못했다. 즉 정신이나 혼, 인격이라고 하는 것에 대해 통일된 관념을 갖지 못했던 것이다. 그런데 호메로스적 인간들이 어떠한 정신이나 영혼도 가지고 있지 않다고 해서 호메로스적 인간들이 기뻐한다거나 혹은 무엇인가를 생각하는 것조차 아직 할 수 없었다는 것을 의미하지는 않는다. 단지 그것은 "기쁨이나 사고 들의 사항이 결코 정신이나 영혼의 활동 작용으로서 해석될 수 없다는 것일 뿐이다. 이러한 의미에서라면 아직 정신도 영혼도 존재하지 않았다"(스넬 12).

우리가 통상 알고 있는 영혼, 즉 프쉬케는 호메로스시대에 비물질적인 추상적인 것이 아니라 '氣' 나 '숨' 이라는 물질적인 것이며 구체적인 것이었다. 따라서 인간이 죽은 후에만 혹은 기절하거나 죽어가고 있을 때나 죽음의 위협을 받고 있을 때에만 그 존재가 설명의 대상이 되는 것이었다. 살아있는 인간과 관련해서 글로 전해진 유일한 프쉬케의 기능은 인간을 떠나는 것이다(도즈 30). 소마soma 또한 살아있는 육체가 아니라 시체를 의미했다.

오늘날 티모스라는 어휘는 사라지고 프쉬케가 정신을 나타내는 대표적인 말이 되었지만 호메로스시대에는 정신작용이나 감정작용과 관련되어 티모스가 훨씬 더 사용 빈도가 높았다. 프쉬케가 머리에 위치해있다고 생각하는 것과 달리 티모스는 살아있는 사람의 폐나 가슴에, 구체적으로는 횡경막에 위치해있다고 생각되었다.

일반적으로 티모스는 감정과 운동의 원천이라 말할 수 있다(스넬 30)[10]. 그것은 사람들에게 무언가를 불러일으키거나 고취시키는 것이다. 가령 아킬레스가 자신의 용감한 티모스에 고무되어 아이네이아스Aineias와 맞서 싸우러 나왔다는 표현에도 나타난다(20권 174, 175). 또한, 싸우기를 열망하는 자는 아이아스 자신이 아니라 그의 티모스고 기뻐하는 자는 신이 아니라면 바로 이 티모스다(Jaynes 310).

하지만 도즈는 프쉬케와 마찬가지로 티모스 역시 자아나 영혼을 지칭하는 말이 아님을 설명한다.

> 호메로스에게 티모스는 결코 혼이 아니다. 감정의 기관이다. 그러나 "유기체"나 "유기적 통일성"이라는 후대의 개념에 영향을 받은 우리에게, 티모스는 "기관"이라는 낱말로는 도무지 알 수 없는 독자적인 성격을 가지고 있다. 인간의 티모스는 인간에게 지금 그가 먹거나 마셔야 한다고 말하며 또한 적을 암살해야 한다고 말한다. 또 인간의 티모스는 그가 행위하는 도중에 그에게 경고를 하기도 하며 그의 입속으로 낱말들을 집어넣기도 한다. 즉 그는 "티모스가 명한다", 혹은 "티모스가 나에게 명령을 내린다"라고 말한다. 인간은 거의 인간끼리 대화를 나누듯이 티모스, 즉 자기 "가슴"이나 "배"와 대화를 나눌 수 있다. 이따금 인간은 이 독립된 존재들을 꾸짖기도 한다. … 호메로스의 인간에게 티모스는 대체로 자아의 부분으로 여겨지지 않는다(30).

도즈의 위의 인용문에서 보다시피, 유기체나 유기적 통일성이라는 후대의 개념에 영향을 받은 우리에게 "정서적 충동들을 대상화하고 이 충동들을 자아가 아닌 것으로 여기는" 티모스는 "기관"이라는 말로는 도무지 알 수 없는 독자적인 성격을 가지고 있으며 자아의 부분으로 여겨지지도 않았음을 알 수 있다.

그러나 『일리어드』에서 메넬라오스가 궁지에 몰려 헥토르의 공격을 받게 되었을 때 파트로클로스의 시신을 지킬 것인가 도망갈 것인가를 고민하면서 "왜 나의 티모

---

10) 현대의 정신의 영역에 포함되는 일부인 지성의 영역은 호메로스시대에 누스noos가 맡고 있다 생각되었다.

스는 이러한 생각을 하는 것일까"(17가 97)라고 할 때나, 파리스의 화살을 발에 맞은 디오메데스Diomedes가 마음 속으로 달아나면 수치스런 것이고 그렇다고 혼자 붙잡히면 낭패라고 생각하다가 "그런데 왜 내 티모스는 나와 이러한 대화를 하는 것일까"라고 말할 때는, 티모스가 능동적으로 사용되어 자의식의 단초로서 해석될 수도 있으며 감정 뿐 아니라 지적인 상태와 연관되어 사용되고 있음을 알 수 있다(장영란 67 참조).

하지만 『일리어드』에 티모스는 단순히 몸의 기관일 뿐이고 '나' 라는 통일된 관념이 없으므로 기관들은 독립되어 파편화되어 있다. 이처럼 호메로스에게는 유기적인 전체로서 살아있는 인격을 나타내는 말은 존재하지 않았다. 나의 정신은 프쉬케, 누스, 티모스 3개의 실재물로 나뉘어져 있으며 조각나 있다. 이 분리된, 조각난 정신은 집단 영혼에서 발전한 '신' 이라는 초월적, 외재적, 통일적 표상을 통해서만 인간 정신의 통일성을 얻을 수 있다. 레싱은 호메로스가 상황기술(정적인 장면의 기술)을 피하고 모든 것을 동적인 사태의 서술로 치환하는 것을 호메로스의 예술감각으로 돌리고 있지만 스넬은 '호메로스가 인간과 삶, 세계를 바라보는 방식' 에 달려있으며 그것은 '인간의 행위와 감정은 신적인 힘들에 의해 규정되며 이 신적인 힘에 대한 육체기관의 반응일 뿐이기 때문' 이라고 본다(93). 이것은 『일리어드』에서 가장 두드러지게 나타난다(그림 1).

그러면 호메로스시대에서는 왜 분열되고 조각난 마음을 가지고 있으며 정신은 신의 은유를 통해서만 자신의 통일성을 발휘할 수 있는가? 어디까지나 추론적 가설이지만 몇 가지 근거를 제시할 수는 있다. 우선, 줄리안 제인스[11]는 의식의 초기 단계와 그 이후 단계로의 전환을 이원적인 정신 내의 신경생리학적인 변화에 관련시킨다. 제인스는 의식의 원초적인 단계에서 뇌의 구조는 강고하게 '양원적 bicameral' 이었다고 한다. 뇌의 우반구가 통제 불능의 목소리를 산출하고 그 '목소리'

11) Jaynes, Julian. *The Origin of the Consciousness in the Breakdown of the Bicameral Mind*. Boston: Houghton Mifflin, 1977.

그림 1.
이 도자기 그림은 아킬레스가 헥토르의 시체를 끌고 다니는 것을 아테나 여신이 지휘하는 것처럼 보인다.

는 신들에게 귀속되며 그리고 뇌의 좌반구가 그러한 신들을 말로 나타낸다고 하였다. 『일리어드』는 제인스에게 자의식의 손상을 입지 않은 뇌의 이원성을 실례로 제공한다. '목소리'는 기원전 1,500년 무렵 알파벳의 발명과 보급으로 그 유효성을 잃기 시작했는데 이러한 변화를 구술성의 문화에서 문자문화로의 이행에서 찾을 수 있다(옹 50). 『오디세이』는 『일리어드』보다 100년 뒤에 나타났다고 보고 재주가 뛰어난 오디세우스는 이미 목소리의 지배에 굴복하지 않고 자의식을 가진 근대적인 정신으로 비약적인 전개를 이룩했다고 그는 믿고 있다. 문자에 익숙한 정신의 견지에서 보면 서사시적 세계에 나타나는 '양원적인' 정신의 특성은 내성이나 의지, 분석적인 능력을 결여하고 과거와 미래와의 차이에 대한 감각을 결여한 것이라 볼 수 있다(옹 51).

두번째는 '신이 내린 유혹' 인 아테ate와 관련하여 전사적 세계관이 필연적으로 귀결되는 수치문화의 성격을 들 수 있다. 아테는 미망迷妄으로 아가멤논이 아킬레스의 여자를 빼앗은 것을 후회하며 자신의 판단을 이 '아테' 에게 돌리고 책임은 제우스와 에리뉘스에게 있다는 것이다.

> 나는 아니오. 내가 이런 짓을 한 탓은 나에게 있지 않고 제우스와 나의 운명과 어둠 속을 헤매는 에리뉘에스에게 있소이다. 내가 아킬레스에게서 명예의 선물을 손수 빼앗던 그 날, 바로 그들이 회의장에서 내 마음 속에 사나운 아테를 보냈기 때문이오. 신이 모든 일을 이루어놓으셨는데 난들 어찌 하겠소? (19권 85-92)

아가멤논이 이렇게 말한 것은 법적인 의미에서 보아도 확실히 책임회피는 아니다. 자신이 많은 보상금을 내놓겠다고 했기 때문이다. 이처럼 호메로스의 인간들은 신들의 물리적 심리적 개입을 정당화할 뿐 아니라 '제정신에서 하지 않은 행동' 에 대해서도 신들의 탓으로 돌린다. 도즈는 호메로스의 인간에게 가장 좋은 것은 평온한 양심을 구가하는 것이 아니라 티메tyme, 곧 공적인 명예를 누리는 것이라 본다. 아테의 관념이 해결책이 되었던 상황은 호메로스의 인간이 지닌 충동적 기질에서 생겨난 것이 아니라 개인의 충동과 수치문화를 특징으로 가진 사회에 순응하도록 강요받는 것 사이의 긴장에서 생겨났다(32).

3개의 실재물로 나뉘어진 조각난 정신에 몸은 팔, 다리, 관절 들 조각난 육체로 대응된다. 정신에 대한 통일된 관념이 없다면 육체에 대한 통일된 관념도 존재하지 않는다. 정신과 육체는 서로 대립되는 관념이기 때문이다. 정신이 자기인식이 없으면 존재하지 않는 것처럼 육체도 통일된 형태로 파악되어야만 존재한다고 할 수 있다. 스넬은 호메로스시대에서는 통일된 신체를 가지고 있지 않았다고 한다.

> 호메로스의 인간들도 후대의 그리스 인과 마찬가지로 신체를 가지고 있었다. 그러나 그들은 신체를 '신체 자체로' 서 알고 있었던 것은 아니라 사지의 총체로서 알고 있었

그림 2.
어린이들이 일반적으로 묘사하는 인간의 모습(스넬 26).

그림 3.
기하학적 시기의 그리스 자기에 묘사되어 있는 인간의 모습(스넬 26).

> 던 데 지나지 않는다. 따라서 이 점을 간결하게 말하자면 호메로스적인 그리스 인들은 아직 신체를 가지고 있지 않았다고 말할 수 있다. 신체라는 의미로서의 soma라는 말은 근육melea이나 관절guia로서 다시 말해 '사지'로서 파악되는 것에 대한 후대의 해석이다. (27)

이처럼 사지의 총체로서 신체를 지니고 있다는 것은 실체적인 신체가 통일체가 아니라 집합체로 파악되고 있다는 것이다. 이 점에 관련해서 누구보다 앞서 게르하르트 크라머가 지적했던 것처럼 그 이전 시대에 신체라는 것은 실제로 독립된 개개의 부분이 모여서 조합된 것에 불과하다(스넬 25).[12)]

기하학적 시기의 그리스적 자기(화분 혹은 통과 같은 생김새의 그릇)에 묘사되어 있는 인간에는 중심 부분으로 몸통부분이 빠져 있다. 스넬에 의하면, "이 기하학적 형태들이 바로 근육melea와 관절guia이다. 즉 관절을 지니면서 운동을 할 수 있는 강한 근육이 사지일 뿐이다. 이 두 가지를 서로 간에 뚜렷하게 구별해주는 바는 한쪽이 각 관절을 드러냄으로써 마른 형태의 몸을 보여준다"(26)(그림2, 3)(그림 4).

---

12) G. Krahmer, *Figure und Raum in der Ägyptischen unt Griechisch-Archaischen Kunst* Hallisches Winkkelmannsprogramm. 1931, 28쪽

그림 4 그림 3의 모습이 자기에 나타난 그림. 전사들의 팔다리와 관절을 강조하여 역동성을 살리고 있다.

위. 목이 있는 바티칸 309 스타일의 포도주 잔. 바티칸 박물관.
아래. 에우필레토스 화가the Euphiletos Painter가 그린 범아테네적 포도주 항아리. 뮌헨 박물관.

기원전 5세기의 예술에 이르러서야 비로소 각 부분이 서로에게 관련을 맺고 있는 유기적이며 통일적인 신체로 묘사되고 있음을 찾아볼 수 있다.

이처럼 호메로스시대의 인간은 조각난 몸과 조각난 정신을 가지고 있다. 그들은 신적 표상을 통해서, 즉 신이라는 통일된 형태를 거울을 통해서 보게 된다. 신을 통해서 통일된 정체성을 가지나 이것은 가짜 정체성일 뿐이다. 신을 통해서 통일성을 반사적으로 지니게 되지만 이것 역시 개체발생적으로 보았을 때 삐아제의 2세 전후의 감각운동단계이다. 라깡의 상상계에서 유아 역시 조각난 몸을 지니고 자신의 조각난 몸을 통일할 인격을 결여하고 있다. 호메로스의 서사시적 세계에 나타난 인간의 계통발생단계는 라깡의 상상계에서의 주체형성단계와 평행한다고 볼 수 있다.

> 파편화된 신체는 개별 주체 속에서 공격성을 띠고 분열된 형태를 취하고 있으며 항상 꿈 속에서 스스로를 드러낸다. 그것은 다시 절단된 사지의 형태로 또는 외골격을 관찰할 때 드러나는 기관의 모습으로 나타난다. (라깡 1997, 44)

> 허상 속에서 주체가 자신의 성숙함을 기대할 수 있도록 해주는 것은 신체의 통일적 형태이다. 통일적 형태는 이미 완성된 것이 아니라 완성을 향해가고 있는 외면적 형태이다. 거울 속에서 드러나는 통일적 형태는 생기를 불러일으키는 아이의 혼란스러운 동작과는 대조적으로, 고정된 이미지로 그리고 전도된 대칭적 형태로 아이(주체)에게 다가온다. (라깡 1997, 41)

이 두 인용문에서 보다시피 상상계는 파편화된 자기 인식의 아이에게 거울에 맺힌 허상을 통해 신체의 통일된 형태로 다가온다. 이것은 허구성이며 외재성을 특징으로 하는데 그것이 상상계의 타자로서 어머니이지만 호메로스에게서는 신적인 표상인 것이다. 이 때 주체가 자기 자신에 대해서 갖는 하나의 상으로서의 자아는 본질적으로 타자의 시각에 의해 구성된다. 라깡에게서 주체와 자아의 동일시는 언제나 자기 자신으로부터의 소외를 구성하는데, 왜냐하면 주체가 자신과 동일시하는 자아는 사실상 타자에 의해 구성된 것이기 때문이다.

그런데 계통발생과정에서는 대타자인 신에서 벗어나 자신의 내면의 통일성을 찾는 서정시적 주체의 발생을 경험하지만 라깡의 이론에서 주체는 더욱 더 타자의 욕망에 종속되어 소외되는 것은 어떤 이유에서일까? 라깡이론 내의 모순을 통해서 그의 한계를 지적하고 삐아제의 인간발달단계와 비교하여 라깡 이론이 지닌 불균형을 추적해보기로 한다.

라깡은 모나드적 개체가 거울 속의 자신의 상이나 엄마의 통일된 형태를 보고 몸 자아의 정체성을 지니게 된다고 주장하면서 그 근거를 게슈탈트 이론과 '종적 연관성'을 제시한다. 게슈탈트 이론이란 '지각적으로 형태는 전체로 경험되며 이 전체는 국부적인 감각들의 합, 즉 부분들의 합과는 다르다. 형태지각이란 전경의 부분들이 변하여도 일정하게 남아있는 성분들 간의 특정관계를 지각하는 것이다' (클레이트맨 188). 이러한 이론은 '체제화가 모든 정신활동의 기본이고 학습된 것이 아니며 대뇌의 기능을 반영한다' 고 믿는데서 온다(클레이트맨 185). 이러한 게슈탈트 이론을 라깡의 상상계에 적용했을 경우, 문제는 유아의 대뇌기능이 어른의 기능처럼 형태지각에서 완성된 것으로 볼 수 있느냐는 것이고 또한 지각과 심상이 바로 연결되는 것은 아니라는 것이다. 즉 "발생학적으로 보면, 만일 심상이 지각에서만 생겨난다고 한다면 사람이 태어나자 곧 심상이 태어나야 할 터이지만 그와 같은 심상의 유무는 감각 운동시기를 통해서 아무것도 관찰할 수 없으며 기호적 기능의 출현과 함께 생겨나는 듯이 보일 뿐"(삐아제 1980, 74)이라고 한다. 심상은 바로 스크린처럼 지각을 반영하는 것이 아니라 표상적, 기표적 상징적 기능과 함께 가능하거나 그 이후에 이루어진다. 감각 운동적인 정의의 대상은 직접 접촉이 있는 대상에 국한되어 있고 이 대상은 짧은 순간 분리되어 있을 때에는 찾아낼 수 있지만 이 분리 동안에는 상기할 수가 없다. 그러나 심상이나 재생기억이나 상징놀이나, 언어가 있다면, 정의(타자와의 동일시)의 대상은, 설혹 물리적으로 존재하지 않더라도 언제나 상기할 수 있으며 작용할 수 있다(삐아제 1980, 118).

이렇게 게슈탈트 이론이 부정되더라도 18개월 전후의 유아가 거울에 비친 자신의 통일된 몸을 보고 환희하는 것이나 암비둘기의 생식선이 성에 상관없이 같은 종류의 비둘기를 '바라볼 때' 성숙하게 된다(라깡 1997, 42)는 것은 실험으로 검증되었다. 그런데 사실 자신의 신체도 파편화된 것으로 인식하는 유아가 상대방의 형태를 '바라본다'는 것만으로, 그리고 사물의 구상적 형태가 시각에 먼저 들어온다 하더라도 그것이 자기의 것인지 알기 어렵다. 이렇게 보면 라깡이 조심스럽게 제시한 종적 연관성과 관련시키는 것이 옳지 않을까?

> 외재성과 고정된 영상을 특징으로 하는 통일적인 형태는(비록 이러한 형태가 어떻게 그 영향력을 행사하는지 아직 완전히 알 수 없지만 통일적인 형태가 갖고 있는 함축성은 종種들과 깊은 연관을 갖고 있는 것으로 간주되어야 한다) 정신적 측면에서 거울단계의 '나'가 계속된다는 것을 보여주고 동시에 그것이 소외를 불러일으킨다는 것을 예시해준다. (1997, 41)

라깡이 단정적으로 말하지는 않지만 '종적 연관성'은 모나드적 개체에게 유전적으로 프로그램화된 것이다. 비둘기가 서로 마주 볼 때 행복하고 유아가 거울 속에서 자신의 이미지를, 생활에서 어머니의 모습을 알아차리고 환희한다는 것은 종적 연관성에서 비롯되어 함께 할 때가 혼자일 때보다 훨씬 더 행복함을 말해준다. 그런데 위의 글에서 라깡은 종적 이미지로 보편성을 지닌 자신의 모습에 대해 모나드적 개체라는 자신인식과의 틈을 설정하고 본질적으로 소외된 것으로서 비극적으로 보고 있다. 이러한 라깡의 모순은 선험적 이론 전제인 모나드적 개체의 설정에서 비롯되는 근본적인 것이지만 현대 자본주의 사회를 보는 시각과 무관하지 않다.

그런데 라깡은 종적 연관성을 조심스럽게 제시하면서도 종적 연관성 속에서 보편성을 확인한 것을 왜 '자아가 지닌 오인의 구조'에서 비롯되었다고 하는가(47)? 삐아제에 의하면, 아동이 성장하는 진보의 메카니즘은 동화assimilation에 의해서 성립된다. 이 경우 도식 사용성schématisme이나 기존 구조를 통해 주체가 조직화하는 활동은 외부의 자극 속에 존재하는 여러 가지 관계에 못지않게 중요하다. 왜냐하면 주체가 외부적 자극을 감지할 수 있는 것은 이미 구성되어진 구조에 그 자극을 동화시킬 수 있는 한에서만 가능하기 때문이고 또한 그런 한도내에서만 자극은 새로이, 동화되어짐에 따라 이미 구성되어져 있는 구조를 수정하고 풍부하게 해나가기 때문이다(1980, 13).

주체의 구성은 모방을 통한 능동적 구성이다. 자아의 형성에 있어서 모방이 담당하는 역할의 강조는 자아와 타자의 형성의 상호적 연대성, 상보성을 의미한다. 단순한 수동적 반영이 아니라 삐아제는 '모방'의 행위가 감각 운동적 수준과 표상적인 여러 행동의 사이를 지나가는 이행항이라 본다(1980, 60). 거울 속의 이미지나 어머니를 통한 시각적 지각이 유아의 내면에 심상으로 존재하려면 이 모방활동에 의해서 이루어져야 한다. 설사 감각 운동단계에서 일시적인 오인이 일어났다고 하더라도 주체의 적극적인 활동에 의해 재인식이 이루어진다. 예를 들면, 얼굴은 자신이 볼 수 없는 부분이기 때문에 어머니의 표정이나 거울 속의 자신을 보더라도 그대로 모방할 수 없다. 이때는 시각적 단서와 촉 운동적 단서와의 대응을 통해 주체적으로 구성해야 한다.

> 얼굴에 관계된 모델(눈을 떴다 감았다하거나 입을 벌렸다 오무렸다하는 것)의 경우에는 자기 자신의 얼굴은 촉각적으로만 알 수 있고 다른 사람의 얼굴은 시각적으로만 알 수 있다는 것이 난점이기는 하나 자기의 신체 속에 있는 눈으로 볼 수 없는 부분에도 모방을 넓혀가려고 아이들이 시각적 단서와 촉 운동적 단서와의 대응을 구성해가는 이 수준에서는, 흥미롭게도 다른 사람의 얼굴을 촉각적으로 탐색해본다는 보기 드문 일을 관찰할 수 있다. 시視와 觸의 이같은 대응이 없다면 안면운동의 모방은 불가능하거나 우연한 것이 되어버리고 만다. (1980, 61)

빠아제의 이러한 주장은 모방한다는 행위가 타자에 동화되는 것이 아니라 능동적 활동을 통해 자아에로 동화시키는 것을 보여준다. 또한 이런 촉각적인 것과 시각적인 것의 대응 뿐 아니라 음성적인 것을 통해서도 대응이 일어나는데 하품의 경우 음성적인 것과 시지각적인 것 사이에도 일단 대응이 구성되면 모방은 일반화되고 이 수준 이후에는 다른 사람의 신체와의 유비를 통해 자기 몸에 대해서 알기 위한 도구로써 모방이 작용하게 된다는 것이다(61).

이처럼 라깡의 "타자에 일방적으로 예속된 주체"는 삐아제의 인지발달과정에 비추어보면 주체의 능동적 활동성을 상실하고 지극히 수동적인 존재이다. 이것은 앞서도 말했듯이 주체가 자신의 중심을 상실하고 병리화된 정신분석의 대상을 모델링함으로써 라깡의 정신분석학이 이루어졌기 때문이다. 역시 프로이트의 『토템과 터부』 마찬가지다. 이런 정신분석학의 "비정상"이 "정상"을 과도하게 침범하여 사회 전체를, 인간 본질 자체를 병리학적으로 본다는 것은 문제가 있다고 본다.

다음 장에서는 호메로스의 서사시적 세계가 신적 세계를 해체하고 자아를 세우는 남성 오디세우스를 거쳐서 아르킬로코스나 사포의 서정시에 이르면 몸과 마음의 내면에 이르러 주체의 형성 단초를 보게 된다. 계통발생과정에서 소외를 극복하고 분리로 나가는 과정을 살펴보기로 한다.

5. 서정시적 주체의 형성[13]

앞에서 삐아제의 인지발달 이론의 도움을 받아, 고대 그리스 계통발생과정에서 특히 신화에서 서사시에로 이행하는 장르변천의 과정에서 드러난 주체의 형성과정이 라깡의 삼계론과 많이 다름을 보았다. 그 핵심은 계통발생에서든 개체발생에서든 상징계가 상상계보다 먼저 와야 된다는 것이었다. 그 중요한 고리로서 호메로스의 서사시가 분석되었다.[14]

---

13) 서정시 특히 아르킬로코스와 사포의 서정시에 대해서는 이 책에서 별도의 글을 통해 주체의 형성과 사유의 발생을 다룬다.

14) 이러한 분석은 다른 역사적 과정이나 다른 역사적 시점의 개체발생과정에 그대로 적용할 수 없는 제한된 가설적 구조임은 분명하다. 또한 계통발생과정에 견주어 드러난 라깡의 개체발생적 차이를 그대로 오류라고 할 수는 없다. 그것은 고대 그리스의 문명화과정

그런데 이 글의 목적은 이러한 차이를 라깡의 오류라 보고 비판하는데 있지 않고 고대 그리스의 장르발생과정을 라깡의 이론을 빌려 좀 재미나게 설명하고자 하는 데 있기 때문에 서정시적 주체의 탄생 역시 예외가 아니다. 호메로스의 조각난 정신과 몸의 세계가 서정시적 주체의 형성으로 나아가는 것은 라깡의 '소외와 분리'의 변증법과 동일하게 이루어진다. 이것은 정신분석학적 병리학에 내재적이면서도 초월적이고자 하는 라깡의 윤리학과의 만남이다. 오디세우스는 신적 소외를 뚫고 신적 세계를 해체한다.

> 자연 앞에서 무한히 초라한 존재에 불과하지만 바다의 모든 부분을 알고 있는 주인공은 그러한 자신의 '무기력한 능력'으로 신화적 힘을 무력화시킨다. … 그는 바다에도 육지에도 마귀란 없다는 것을 알게 되면서 마귀이야기는 전승되어온 민간 종교의 속임수에 불과하다는 것을 발견한다. 성숙한 눈에는 그러한 속임수에 넘어가지 않고, 즉 귀신한테 홀리지 않고 고향과 확고한 '소유'로의 귀환이라는 '자기 유지'의 목표가 절대적으로 중요하게 여겨진다. (호크하이머와 아도르노 82)

가상의 통일을 누리던 정신의 은유인 신은 제인스가 지적했듯이 영리한 오디세우스에 의해 정확하게 파악된다. 호크하이머와 아도르노는 이런 과정을 계몽의 변증법으로 자아를 세우는 과정으로 본다. 사회가 점차 열리고 다른 부족의 세계관과 접촉하게 되면서 집단에서 분리된 개인들에 의해 신적 세계가 지닌 이데올로기성이 폭로된다. 소외가 균열된 주체를 낳는다면 분리는 그 균열된 주체가 대타자 안에서 어떤 간극과 균열을 발견할 때, 다시 말해서 대타자의 욕망을 발견할 때 일어난다.

그러면 주체는 어디서 대타자의 결여를 발견하는가? 그것은 "상징계가 어렵게

의 배경이 되는 역사적 시대와 달리 라깡의 개체발생과정은 현대자본주의 사회에서 이루어진 것이기 때문이다. 프로이트나 라깡을 비롯한 정신분석학자들이 오이디푸스 콤플렉스를 인간 발달과정의 필연적 과정으로 놓지만 가정에서 사적 노동으로 아이를 키우는 어머니와 밤이면 나타나는 훈육과 징벌의 아버지라는 자본주의의 핵가족을 배경으로 한 현상일 뿐이다(말리노프스키 35).

이어지는 곳, 이어지다가 끊기는 곳, 대타자가 더듬는 곳이다. 그곳이 대타자의 욕망이 드러나는 간극이다"(김상환 164). 이런 간극을 비집고 들어가 분리가 일어날 수 있는 것은 대타자의 욕망인 '아버지가 표상하는 사회-기표적 법칙'의 가장 약한 고리를 꿰뚫는 것이다. 이것은 신적 세계에서 분리되는 오디세우스에서 뿐만 아니라 호메로스적인 맹목적 명예심에서 벗어나는 용병이었던 아르킬로코스의 독설, 그리고 가부장제와 남성동성애에 대한 대항문화로서 여성공동체를 세운 사포에게서 드러난다. "자신이 굴복했던 기표를 자신이 취하는 것" "주체를 굴복시켰던 기표를 자기의 것으로 만드는 것", 즉 주체화작업을 의미한다(홍준기 129).

고대 그리스 서정시에 이르면 호메로스 시대의 조각난 정신과 파편화된 몸은 일시적으로 통일된다. 자아의 발견과 주체의 형성이 일시적으로 이루어진 것이다. 이 과정은 자신의 몸에 대한 자각과 함께 신적이었던 에로스가 인간 내면에 존재하던 것을 깨닫게 되는, 사랑의 고통을 통해 이루어진다. 우선 몸에 대한 자각은 호메로스적 인간의 이상이었던 용감함을 조롱하는 아르킬로코스의 시에서 잘 나타난다. 목숨을 구하기 위해 방패를 버리고 온 것을 당연하게 여기는 그의 시에서 방패란 다시 사면 되는 사물일 뿐이고 목숨은 더할 나위 없이 귀중한 것이다. 스파르타의 용병이었던 아르킬로코스는 몸에 대한 자각에 이어 욕망의 주체로서 절규한다. 그의 시에는 이루어지지 못한 사랑과 욕망으로 뼈마디가 가시에 찔린 듯 괴로워하는 내용들이 여럿 포함되어 있다. 이루지 못한 사랑에 대한 그의 고통스런 시는, 사랑은 아직 신의 은총이나 그 사랑이 이루어지지 못했을 경우 고통 받는 것은 인간 개인이라는 것을 통해 정신의 내면성으로 가는 문을 열고 있다.

이제 사랑은, 호메로스의 경우와 달리, 더 이상 쾌활한 인생의 즐거움이 아니고 그 반대로 죽음의 감정으로 바뀌고 만다(스넬 114). 육체의 고통은 알았으나 영혼의 고통을 알지 못했던 호메로스 시대에서 이제 내면적 고통의 존재로서 인간의 자각이 이루어진다. 사포 역시 슬픈 사랑의 고통으로 "온몸은 불꽃이 이는 듯 떨려오고/ … / 풀잎보다 더 창백해져 온 몸이/ 정수리에서 발끝까지 온통 전율하고" (Davenpot no. 85) 죽은 듯 산 듯 비명을 지른다. 사포에게 사랑은 단지 고통이 아니라 죽은 듯 산 듯 혼란스런 역설의 공간이자 시간이 되며 내면에 깊은 혼돈과 상처를 남긴다. 이러한 감성은, 언어로는 도저히 재현할 수 없는 이 감성은 상징계의 쥬이쌍스적 체험이 되는데 라깡은 이것을 윤리학적이며 숭엄적이라 본다.

그런데 이러한 감정의 혼란상태를 통해 주체의 변증법이 다시 일어난다. 자신은 감정의 주인이며 타자와의 별리가 가져다주는 고통을 통해 타자와의 관계가 소외적인 것이 아니라 친밀함의 관계였다는 것을 깨닫게 되는 것이다. 즉 타자와의 극복할 수 없는 거리에 의해 보장되는 타자의 절대성은 타자 속에 함몰되지 않는 주체의 윤리성을 확증해준다. 타자는 극복할 수 없는 외상을 주체에 남기지만 바로 그 외상 속에서 주체는 자신이 생존할 수 있는 최소한의 거리를 확보한다. 여기서 서정시는 주체의 탄생으로 등장한다.

김상봉은 좁은 의미에서 정신의 주체성을 개별적 자아의 자기의식에 존립한다고 보았을 때 호메로스의 서사시는 그런 주체성을 알지 못했다고 본다. 그리하여 서정시에 이르러서야 그리스 정신은 세계와 불화 속에 빠지면서 자기를 고유한 자기로서 의식하기 시작한 것이다(206-7). 그런데 이런 서정시적 자각은 내면의 발견을 통해 정신이 신적 대타자에서 분리되어 개인에 영혼을 깃들게 하는 반면 행위로서의 주체의식은 아직 자각되어 있지 않다.

사포에게나 아르킬로코스에게 사랑의 고통은 자신을 주체가 되게 만들지만 내면세계의 갈등과 분열은 삶을 비극적으로 만든다. 그래서 서정시의 자아는 절망의 장소가 된다. 서정시적 주체는 이 고통을 통하여 자신을 반성하고 자신의 자아를 발견하기는 하지만 행위의 주체가 되지 못하며 자신의 비극적 상황을 바꿀 수는 없다. 정신이 형식의 보편성을 획득했으나 육체와의 통일된 행위와 의지의 주체로서 성립되지 않았기 때문이다. 자신의 숙고와 결단, 행위의 발기자라는 자각은 비극에서 처음으로 나타난다(스넬 63). 라깡의 윤리학은 수행적으로 부단히 반복해야 하지만 대타자와의 관계에서 이루어지는 행위의 대립이나 집단의 갈등을 통한 해결의 능력은 결여한다. 대타자의 욕망이 개인의 비극성 뒤를 배회하고 있다. 그의 윤리학은 비극이 아니라 비극적인 것일 뿐이다.

사랑의 상처와 사유의 발생:
아르킬로코스와 사포의 서정시를 중심으로

1. 여성적 형식으로서의 서정시

고대 그리스 서사시가 역사 이래 가장 탁월한 남성적 형식이라면[1] 고대 그리스의 서정시[2]는 그 남성의 형식을 균열시키고 해체하는 여성적 형식이다. 여기서 여성적 형식이라 함이 리타 펠스키Rita Felsky가 말하는 "젠더를 문제 범주로 설정하고 비판적으로 인식한다"는 의미를 지닌 것은 아니다(14). 장르 이행과 변천이 가장 모범적으로 일어난 고대 그리스에서 서사시에서 서정시에로의 장르이행과정은 남녀의 대립과 여성의 지위변화 들을 보여주지만 호메로스의 서사시적 세계관의 해체에 머무르지 않고 '사유의 발생'을 보여준다는 점에서 장르역사성을 넘어 역사철학적 문제를 내포한다. 고대 그리스의 아르킬로코스Archilochos나 사포Sappho의 합창시와

---

1) 고대 그리스 서사시가 남성적 형식이라는 주장에 대해서는 이 책에 실린 「장르비평에서 본 고대 그리스 서사시의 남성중심성」을 참조할 것.

2) 기원전 7세기말에서 5세기 중엽 무렵까지 알크만Alcman으로부터 스테시코로스Stesichoros, 이비코스Ibykos, 시모니데스Semonides를 거쳐서 바큐리데스Bakurides 및 그 중 가장 위대한 시인인 핀다로스Pindaros에 이르기까지 거의 모든 합창의 서정시는 봉축시에 속한다. 여기서 다루는 서정시들은 찬가와 송가들과 더불어 같은 세기에 다른 서정시에 비해서 조금 일찍 생겨났다가 사라진 것이다. 이 독송의 서정시들은 시인의 중요한 임무로서 찬양하는 태도 외에도 자기 자신에 대해서 이야기하는 새로운 태도가 합창의 노래보다 훨씬 강하게 나타나고 있다. 이 시들은 피리로 반주된 낭송된 시였으며 시형식은 이암보스Iambos와 이중시행Distichon(6각운의 시형과 5각운의 시형을 거듭한 형태)이다. 아르킬로코스는 기원전 7세기 전반기에 사포는 기원전 600년경에 활동했다(브루노 스넬 99-103).

개인적인 서정시personal lyrics는 사랑의 상처를 통한 내면의 분열과 사유의 발생을 기록하고 있다. 곧 서사시에서 서정시에로의 이행에서 나타나는 장르 역사적 과정은 남성적 원리에 대한 여성적 원리의 응전인 동시에 여성적 원리에 의한 사유의 발생을 보여주는 것이다.

삶과 사유에 대한 철학적 반성이 그동안 남성의 전유물이었고 여성들은 철학의 대상에도 포함되지 못하는 사유의 바깥이었다. 현대철학은 이 사유의 바깥을 확대하려는 노력을 부단히 해왔다. 마르틴 하이데거Martin Heidegger 이후 사유는 외부로부터 오는 선물[3]이거나 상처입음에 의한 사후적 발생물[4]이며 고통 속에서 발생하며 "사유 안에서 행사된 폭력의 결과 (질 들뢰즈Gilles Deleuze 2004a, 40)이다. 이러한 생각들은 대체적으로 사유를 개념을 매개하지 않은 비표상적 사유로 인식하는 것이다. 이것은 개념과 표상을 철학적 작업의 중심에 놓았던 사유의 전통에서 사유의 바깥이나 이항대립적 사유의 열등항을 사유에 포함하여 그 외연을 확대하려는 현대철학의 반성작업의 결과이다.

현대철학의 사유에 대한 이러한 반성작업은 근대성 담론이 지닌 이항 대립을 전복함으로써 이루어진 것이다. 근대성 담론의 이원성은 감성에 대한 이성의 우위, 육체에 대한 정신의 우위, 자연에 대한 문명의 우위, 타자에 대한 주체의 우위와 독립성 들로 특징지어지는데 이것들은 모두 여성에 대한 남성의 우위로 치환될 수 있는 것이다. 곧 여성은 감성이자 육체이며 자연이자 타자이고, 남성은 이성이자 정신이며 문명이자 주체인 것이다.[5]

이러한 근대성 담론의 이원성을 해체시키고 전복시킨 현대철학은 남녀의 이원성을 해체하고 전복시켰다기보다 근대성 담론의 열등항을 차지했던 감성, 육체, 자연

---

3) 서동욱 101 참조
4) 프로이트의 '엠마'의 경우는 상처입음에 의한 사후적 사유발생 연구의 전형적인 특성을 보여주고 있다.
5) 철학 자체는 이항대립의 형식이다. 아리스토텔레스가 형상과 질료로 나누어 형상을 남성적인 것으로 질료를 여성적인 것으로 보았듯이 철학의 틀을 이루는 이항대립의 형식은 항상 남성 대 여성의 대립의 형식과 동일시되었다.

들을 전유함으로써 남성적 사유의 외연을 확대한 것에 지나지 않을 수도 있다는 것이다. 이것은 서구의 근대성 담론에서 열등한 동양적 사고로 치부되어 버린 것을 해체함으로써 서구의 사고가 동양적 사유의 그 특징까지도 포괄하고 전유하고자 하는 것과 동일한 맥락이다.

그러면 이러한 이항대립의 형식 틀을 벗어날 수 있는 사유란 무엇이며 사유의 여성적 원리는 설정될 수 있는가? 들뢰즈는 철학의 임의성과 대립해서 사유의 발생을 제시한다. 그는 철학이란 개념적, 논리적 사유로 하나의 가능한 논리일 뿐이기 때문에 진리의 임의성이 아닌 사유의 발생을 철학사의 한 흐름으로 제시한다. 진리는 임의적으로 미리 전제된 "선의지의 산물이 아니라"(2004a, 41) "비자발적인 기호들로부터 누설되는 것"(2004a, 40)이다. 따라서 진리를 찾기 위해서는 개념이나 논리가 아니라 상처와 감성의 폭력의 기호들을 해독해야 된다.

들뢰즈가 『프루스트와 기호들』*Proust and its Signs*(2004a)을 통해 내놓은 이런 진리개념은 사랑의 기호들에 내재해 있다. "사랑의 기호들은 기호해독을 하면서 점점 더 깊이 파고들면서 생기는 고통을 불러일으키기 때문"이다(2004a, 32). 이것은 줄리아 크리스테바Julia Kristeva 식의 기호계의 폭발과 유사하고 더욱 알랭 바디유Alain Badiou의 진리의 공정으로서의 사랑의 사건과 일치한다. 바디유는 진리의 공정으로서 사랑의 사건이 일어난 것을 사포와 플라톤을 읽으면 안다고 하였지만((35) 사포의 서정시에서의 사랑과 진리의 발생은 언급하지 아니하고 『향연』*The Symposium*과 『파이돈』*Phaidon*만(37) 언급하고 있다.[6] 들뢰즈는 사랑의 상처에 의한 사유의 발생을 유태의 혈통을 반쯤 이어받은 남성인 프루스트에게서 보고 있지만 이 글은 이러한 사유발생의 원리는 애초 여성적 사유의 원리로 설정된 것이었으며 그 역사적 사

---

6) 『향연』에서 사랑은 인간 정신의 큰 영역으로서 여성이 하나의 주체가 되는 남녀 간의 사랑에서가 아니라 남성 동성애에 의해 전유된다. 플라톤은 "육체적으로 생식력이 있는 사람은 여자에게 애욕을 불태워 자식을 낳는다. 그러나 정신적으로 생식력이 강한 사람은 아름다운 소년을 찾아 정신이 잉태하고 출산하기에 적합한 것, 곧 지혜와 온갖 덕을 수태시켜야 한다."(209a)고 했는데 플라톤 이후 많은 사람들은 이런 남성동성애를 사랑의 모범으로 삼아왔다.

례가 최초로 고대 그리스 서정시에서 드러났음을 보이고자 하는 것이다.

이 논문은 사유의 발생학이 고대 그리스 서정시인들에 의해 역사적으로 이루어졌음을 아르킬로코스와 사포를 중심으로 고찰하고자 한다. 이들 그리스 서정시인들에 의한 사유발생은 남성중심적인 호메로스의 전사적 세계관을 해체시켰을 뿐만 아니라 신화의 시대에서 주체의 발생과 개체화의 물꼬를 텄던 것이다. 이것은 호메로스적 세계관에서는 경멸받고 폄하되던 여성적 사유의 원리에 의한 새로운 시대를 연 것이라 할 수 있다. 제2장에서는 서사시에서 서정시에로의 장르이행의 역사철학적 조건을 다루고, 제 3장에서는 귀족적 외면성이 강조되는 호메로스의 서사시에서 내면성이 중요시되는 서정시적 자각에 대하여 고찰하여 사유발생의 조건을 분명히 한다.

마지막으로 4장에서는 사랑과 상처에 의한 사유발생의 문제를 아르킬로코스와 사포의 서정시를 통해서 고찰하고자 한다. 이 과정은 자신의 몸에 대한 자각과 함께 신적이었던 에로스가 인간 내면에 존재하던 것을 깨닫게 되는, 사랑의 고통을 통해 이루어진다. 사유의 발생은 자아의 발견과 주체의 형성과 함께 일어나는 것이다. 사유의 발생은 그 당시의 남성적 원리인 약탈, 쾌락, 향연, 우정, 명예, 살해에서 일어나는 것이 아니라 여성적 원리로 폄하되었던 재생, 고통, 축제, 사랑, 슬픔 속에서 감성적 상처와 공동체적 축제 속에 너와 나의 만남으로 일어나는 것이다.

2. 서사시에서 서정시에로의 장르이행의 역사철학적 조건

고대 그리스의 서정시는 서사시적 경향이 쇠했을 때 등장했다. 이 시대는 청동기 말기로 아르킬로코스는 호메로스와 약 50년의 간격을 두고 등장했으며 알크만Alcman, 사포, 아나크레온Anacreon에 이르기까지 기원전 7세기 말에서 5세기 말에 이르기까지 약 200여년의 세월에 걸쳐있다.

서정시가 등장한 기원전 7-6세기는 당시에 강화되어가던 가부장제적 사회규범으로서는 납득할 수 없는, 극히 혼란스런 혼돈이 질서와 규제와 아버지의 법이라는 상징계의 억누름을 뚫고 솟아나고 있었다. 줄리아 크리스테바Julia Kristeva식으로 말하자면, 상징계가 기호과정을 통제하지만 어떤 역사, 언어심리학적으로 중요한 순간에 그 통제의 끈이 약화되어 끊어버리는 일이 있다. 그 순간은 상징계가 기호계의 압력을 받아 붕괴하는 순간이다. 기호계의 압력인 그 혼돈은 호메로스 서사시들이 지닌 가부장제와 집단성, 신적 소외를 뚫고 솟아난 인간 주체의 등장으로 나타났다. 영혼은 육체와 다르며 분리되어 있다는 관념의 탄생과 사랑의 고통을 통한 사유의 발생은 그 당시까지 이해할 수 없고 말하지 못했던 현상의 노출인데 이는 사회적 규범으로 다스려지기 이전의 기호계의 폭발이며 가부장제와 전사적 세계관이 지닌 상징적 일관성에 대한 위반적 파기이다.[7]

역사에서 상징계가 기호계의 압력을 받아 붕괴하는 순간은 언제인가? 남남동맹의 가부장제와 전사적 세계관으로 대변되던 호메로스의 서사시에서 개인의 내면성과 자아의 각성이라는 서정시 시대로의 장르이행은 어떤 역사철학적 조건을 내포하고 있는 것일까? 호메로스풍의 서사시들은 민족의 형성기에 일어난 수많은 전쟁을 독려하고 정복 전쟁 승리 이후 가부장제의 수립을 예찬한다. 이러한 서사시적 경향이 다했음은 이제 이민족과의 전쟁이 아니라 그리스 민족 집단 내부의 문제로 초점이 옮겨짐을 뜻한다. 서사시에서 서정시에로의 장르이행은 특정한 역사적 조건을 필요로 함과 동시에 주체로서의 인간 탄생이라는 철학적 문제를 내포함을 헤겔은 다음과 같이 말하고 있다.

> 원래의 서사시가 번성하던 시대에는 아직 발전되지 못하고 범속한 현실로서도 아직 성숙되지 않은 민족 상태가 전적으로 요구되었다면, 그와 반대로 서정시에는 이미 얼마간 완성된 삶의 질서를 띠고 있는 시대가 더 유리하다. 그러한 시대에 비로소 인간

7) 크리스테바는 이런 파기, 붕괴가 일어나는 세 가지 사례를 지목했는데 그것은 광기와 신성, 그리고 '시'이다. 그에 따르면 이들을 매체로 어떤 특수한 순간에 기호계sémiotique가 상징계symbolique의 경계를 범람한다. 고대 그리스 서정시 시대는 세 가지 사례 가운데 '시'

> 은 개인으로서 이 외부세계에 맞서 자신 속에 자아를 반영하며, 다시 거기에서 나와 자기 내면 속에서 느끼고 표상하는 것을 독자적인 총체성으로 완성시키는데, 왜냐하면 서정시에서 형식과 내용을 제공하는 것은 바로 객관적인 전체성이나 개개인의 행위가 아니라 주체로서의 인간이기 때문이다. (헤겔 3권『미학』. 603)

헤겔의 주장은 서정시에로의 이행조건이 어느 정도 완성된 삶의 질서를 띠고 있는 시대여야 된다는 것이다. 타민족에 대한 정복이 완성되어 민족의 영토적, 체제적 조건이 성숙하고 동시에 외부에 대해 단결하던 공동체가 해체, 붕괴되고 나면 민족 내부의 계급분열이 가속화되어 주체 발생의 역사적 조건이 발생한다는 것이다.

귀족제 및 그것의 뿌리인 씨족제의 철저한 분화와 와해를 초래한 것은 그리스 인의 사유재산제와 상품경제의 발전이 매우 신속하고 상당히 보편적으로 발전했기 때문이다(양적 165). 그리스 본토에서 상고 시대는 개인들이 극도로 불안전한 시기였다. 많은 인구를 가진 소규모 국가들은 도리아족의 침공으로 그들이 처했던 불행과 곤궁에서 이제 막 벗어나려고 몸부림치기 시작했다. 그때 새로운 곤경이 발생했다. 에릭 R. 도즈Eric R. Dodds는 기원전 7세기의 커다란 경제적 위기로 인해서 계층 전체가 파멸의 위기에 처했고 뒤이어 기원전 6세기에는 커다란 정치적 갈등이 일어났으며 이 갈등은 경제적 위기를 살인적인 계급전쟁의 시기로 전환시켰다고 한다(53). 그 결과 사회계층 구조가 전복되었으며 그나마 보호받던 씨족제의 울타리는 완전히 제거되고 씨족원들 가운데 최빈자들이 채무노예로 되거나 광산 들에서 노예노동에 맞먹는 일을 하였다. 벌거벗은 탐욕의 형태로 영토의 확장을 통해서 부유하고 힘을 지니게 된 귀족들도 그들을 다른 동료귀족들보다 뛰어나게 해주는 권력의 지위를 얻으려고 애를 썼다. 예부터 행사되어온, "언제나 첫째이며 다른 사람들과 구분되고자 하는"『일리어드』가운데 제 1인자의 지위 유지에 국한되어 있었던 이 귀족적 노력은 확장되는 개인주의의 시대에 들어서 다른 사람 위에 군림하는

에 의한 상징계의 경계 범람이라 할 수 있다. 시가 언어의 논리와 국가의 원리에 맞서게 되는 것에 대해서는 91-93 참조.

주인공, 자신의 공동체에 군림하는 지배자가 되고자 하는 탐욕으로 변했다(기벨 마리옹 47). 이 시대가 바로 참주 시대로 서정시의 시대이다.

씨족제의 와해와 분화는 '정의의 신' 이라는 인격화의 형태로 씨족제 시대에 옹호되고, 일반 백성의 마음 속에 깊은 뿌리를 가지고 있던 고루한 인륜 속의 평등과, 자유에 관련된 도덕 관념인 '정의' 와 결합하여 영혼 개념을 발생시킨다(양적 165). 이 영혼 개념은 영혼과 육체의 분리를 설정한 것으로 이후 서구 정신사를 지배하게 된다.[8] 양적은 조지 톰슨George Thomson의 『고대 철학자』(고대 그리스 사회연구 제 2권)의 도움을 받아 당시 영혼 관념의 탄생은 "현실생활과 삶의 분열에서 발생된 결과가 인간의 생각에 표현된 것으로 사회 최하층의 빈곤한 사람들은 거의 절망적인 현실에서 인간되는 권리를 위해 투쟁해서 획득한 최초의 자아의식의 각성"(양적 168)에서 이루어진 것으로 보고 있다.

유물사관에 의한 이런 접근은 삶의 참혹함을 뛰어넘는 존재론적 측면에서, 종교 발생의 측면에서 하나의 타당한 설명은 될 수 있지만 초월하고 싶은 참혹한 삶과 불평등은 어디서나 있어왔다는 점에서 일면적 진실일 뿐이다. 그리고 사회적 불평등과 계급적 차이에 대한 인식이 일어나기 위해서는 더 이상 실체를 지니지 못하는 씨족제적 평등의 관념이 아닌, 사회적 가치에 의한 동일성이 전제되어야 한다. 그것은 보편적으로 유통되었던 화폐가 지닌 가치의 동일성에 의해서 설정되는 인격간의 평등과 개체의 독립에서 이루어지는 평등에 대한 인식이다.[9]

---

8) 일반적으로 이루어지는 철학적 서술은 육체와 서로 분리된 서양인들의 영혼관념이 최초로 발원한 것은 기원전 6세기 그리스 민간의 신비적 오르페우스 교로 소급할 수 있다고 한다(양적 164; 도즈 53). 솔론과 거의 같은 시기에 트라키아에서 기원하여 이후 그리스의 각지에 전파된 민간 종교운동인 오르페우스 교파는 육체와 분리된 영혼관념을 발명하여 이 영혼을 통해 정의를 언급하였다. 그들은 인간의 육체와 현실생활은 모두 죄악으로 충만되어 있기 때문에 육체는 영혼의 무덤에 불과하므로 오로지 죽음을 통해서만 영혼은 비로소 구원받을 수 있으며 그때 사람들의 영혼은 정의의 신 앞에서 심판을 받는다고 한다(양적 166).

9) 마르크스도 『자본론』에서 "화폐에서는 온갖 상품의 질적 차이가 없어지고 있듯이 화폐 자체도 철저한 평등주의자로서 일체의 차이를 제거해버린다"고 말한다(164).

빈부 갈등과 계급투쟁의 측면에서가 아니라 화폐의 측면에서 『자본론』을 다시 읽고자 했던 가라타니 고진 역시 『마르크스 그 가능성의 중심』에서 화폐와 평등 관념의 관계를 다음과 같이 말하고 있다.

> 마르크스는 가치표현의 비밀이 인간의 동등성이라는 개념이 이미 국민의 선입관으로서 고정성을 획득하는 그때라야 해명될 수 있다고 말한다. 그러나 두말할 나위도 없이 마르크스가 말한 것은 '인간은 똑같다' 는 사고는 선험적인 진리가 아니라 그 자체가 '상품형태가 노동생산물의 일반적인 형태인 사회' 에서 비로소 가능하다는 것이다. 결국 동질의 인간노동이란 처음부터 있었던 것이 아니라 화폐경제의 확대 속에서 나타난 것이다. (48)

위와 같은 견해 속에서 가라타니 고진은 '상품 가치의 형태에서는 모든 노동이 동등한 인간노동으로서, 따라서 동등한 질을 지니는 것으로서 표현된다' 는 마르크스의 주장의 본질은 상품에서가 아니라 화폐 속에 있다고 본다. 그리스 사회가 노예노동에 기초하고 있어서 인간과 인간 노동력의 부등가성을 자연적 토대로 삼고 있었기 때문에 인간의 동등성이라는 개념이 그 당시의 모든 사람에게 적용된 것은 아니지만 호메로스의 시대와는 비교할 수 없을 정도로 이루어졌던 화폐의 통용이 인간 평등의 관념을 불러일으킨 것은 사실이다.

상품과의 교환으로 화폐를 받는 아테네인들은 관념적 사고의 단계로 도약할 것을 강요당했다. 그것은 더 높은 수준의 추상관념을 향한 일종의 대수적 도약이었다(쉴레인 234). 이런 상황에서 기원전 7-8세기부터 보급되기 시작한 알파벳 문화는 구체적, 물질적인 것에서 추상적 비물질적인 형태로 정신이 자기 형식을 전개할 수 있게 하였다. 선형적 시간에 대한 명확한 의식이 화폐제도의 전제조건인 것처럼 정신의 선형적 형식이 알파벳과 함께 탄생한 것이다.

화폐의 유통으로 인한 인간의 동등성과 신분적 차이에 대한 인식, 문자문화를 통한 추상적, 관념적 능력의 확장은 인간이 공동체에서 자신을 분리시켜 개체로서의 자각을 가져오게 했다. 서정시 시대는 개체(인격체)들이 다양한 역할을 지닌 채 유럽 역사의 무대에 등장한다. 당파의 지도자, 율법가 그리고 참주, 종교적 사상가, 조금 뒤에는 철학적 사상가, 조형 예술가 들이 그들의 작품과 제작물에 자신의 이름을 기록하기 시작한 것이었다. 부르노 스넬Bruno Snell은 이 과정의 정신적 의미를 "다른 모든 문학의 영역에서보다 바로 서정시에서 한층 더 확실하게 인식할 수 있다. 그것은 이 서정시에서만 정신적인 것을 명확히 알릴 수 있고 새로운 것이 언어적 표현을 통해서 표명될 수 있기 때문이다"(100)고 보고 있다.

육체와 분리된 영혼관념이 영혼의 윤회설을 설파한 피타고라스 학파를 거쳐 종교적으로 발전한 반면 서정시에 나타난 사유발생은 철학의 시대를 열기 위한 전제조건이 된다. 많은 서양의 고대철학사가들이 인정하듯이 자연철학과 소피스트, 소크라테스 이후의 철학들은 서정시의 시대를 거쳐야만 존재할 수 있었던 것이다. 들뢰즈는 『프루스트와 기호들』에서 그리스 철학을 개념과 표상, 동일성의 철학으로 정형화시켜 비판하며 그에 대응되는 유태적 사유를 제시한다. 하지만 들뢰즈의 논리대로 하자면 유태적 사유가 그리스적 사유의 선행적 사건이 아닌 한 그리스의 개념과 표상의 철학이 있기 위해서는 감성의 상처에 의한 사유의 발생학이 선행되어야 한다. 고대 그리스 서정시는 소크라테스 이래의 표상과 개념, 동일성의 그리스 철학에 선행하는 비표상적 사유의 발생학적 사건이다.

들뢰즈나 임마뉴엘 레비나스Immanuel Levinas가 비표상적 사유의 발생에 대해서 감성적 상처를 말하고 있듯이 서정시 시대의 사유발생은 상징계적 질서의 중심이 아닌, 감성적 상처를 가장 많이 받을 수 있는 주변적으로 소외된 기호계적 타자에 의해 일어난다. 호메로스의 오디세우스나 아킬레스, 아가멤논처럼 당시 질서의 중심이었던 귀족적 전사에서가 아니라 배고픔을 이기기 위해, 빵을 얻기 위해 전쟁터의 신산한 삶을 고수해야 했던 용병이었던 파로스 섬의 아르킬로코스에게서나, 가부장제 역사의 유년기에 깊은 트라우마에 깊이 노출될 수밖에 없었던 타자인 여성시인 사포에게서 최고의 사유발생의 과정을 볼 수 있다.

당시 남남동맹을 통한 지배적 원리가 살해, 약탈, 향연, 파괴, 쾌락, 우정, 명예

그림 1.
아르킬로코스

그림 2.
사포

들이었다면 주변부적 여성적 영역은 재생과 탄생, 고통, 축제, 좌절, 사랑, 향유 들이라 할 수 있다. 아르킬로코스의 아버지는 오랜 전통의 왕족 출신이었으나 그의 어머니는 노예였다(그림 1). 불평등한 혈족 태생은 아르킬로코스에게는 축복이자 저주였다. 이러한 태생은 부적합한, "사회적으로 붙임성이 없는 그의 실존을 그에게 판정해 주기도 했지만 한편으로는 국외자로서의 날카로운 안목과 열정적인 성품을 부여"했던 것이다(마리옹 42). 그는 호메로스의 영향에서 벗어나 스파르타와 아테네의 전사적 세계관을 비판하고 조롱하고, 인생의 부침에 대한 통찰과 함께 사랑의 열병을 불타는 증오 그리고 야비한 외설로부터 감미롭고 비탄에 찬 음조에 이르는 표현의 풍부함을 통해서 서정시적 사유발생의 모든 것을 응축해놓았다(마리옹 42).

그을린 듯한 약간 검은 얼굴의 사포는 전통적으로 트로이지역이었던 레스보스 섬 출신으로 귀족출신이었으나 참주가 되고자 하는 다른 귀족의 정치적 박해를 받아 가족을 따라 젊은 시절을 망명지에 보내야 했던 여성시인이다(그림 2). 중년기에 레스보스 섬으로 다시 돌아온 사포는 에올리아 방언으로 시를 쓴 최초의 시인이었으며 여성들끼리의 감성적 교환을 통해 일군 풍부하고 세련된 문화는 당시 유행하던 귀족들의 남성 동성애에 대한 대항문화이자 여성적 사유원리를 통한 최고의 사유발생의 경지를 보여준다는 점에서 고대 그리스 서정시의 최절정이라 할 수 있다.[10]

3. 귀족적 외면성에서 내면적 자각으로

서정시에서 사유의 발생을 추적한다는 것은 서정시 이전의 시대에는 정신이 존재하지 않았다는 것이다. 인간은 어떤 시대, 어떤 상황에서도 생각하고 감정을 느낌에도 불구하고 왜 서정시 이전의 시대에는 정신이 존재하지 않았다는 것일까? 이런 의문에 대해 스넬은 서사시 시대에는 지금처럼 통합적이고 유기적인 의미로 쓰이는 정신이란 개념은 존재하지 않았으며 서정시 이후에야 정신의 자발성이란 것이 겨우 발견되기 시작했다고 말하고 있다(145).

호메로스는 정신적 상태의 기원을 인간 외부에 있는 어떤 힘이나 작인agency의 탓으로 돌리는 뚜렷한 경향을 가진다. 어떤 사람이 노래할 수 있다면 그것은 신이 그에게 노래와 리라를 주었기 때문이다. 아킬레스가 칼을 빼야 될지 아닐지, 사태가 불리해서 철군을 해야할지 말아야 할지 아주 중요한 결정과 판단도 스스로 하지 않고 신의 힘을 빌린다. 심지어 트로이 진영에서 쏘아올린, 날으는 화살의 방향을 슬쩍 바꿔 아테나는 아킬레스의 목숨을 보호하기도 한다. 외부의 작인들은 대부분 신적인 것이나 가끔 다른 사람, 약, 심지어 강력한 감정일수도 있다. 에너지나 힘, 용기도 종종 신으로부터 주입받은 것처럼 자주 등장한다.

---

10) 가이 데이븐포트Guy Davenport는 "아르킬로코스에게서 우리가 최초로 본 시작詩作은 2600년동안 서구의 상상력의 기술이 되었고 진부화되거나 약화되지 않았다. 커밍스Cummings, 브레히트Brecht, 조나단 윌리엄스Jonathan Williams 들에서 그리스 풍자의 단면을 볼 수 있다. 그러나 사포의 시작 예술은 훨씬 더 희소하다. 그것은 문화적 봄날이나 부흥기에 속한다"고 한다(5).

외부로부터 감정이나 의지, 생각 들이 오는 것이라면 인간의 내부는 그것을 담는 그릇에 불과하고 중요한 것이 아니게 된다. 중요한 것은 외면이다. 서사시적 세계는 천상의 세계와 지상의 세계로 나뉜다. 다른 글에서 고찰하였듯이[11] 정신은 신으로 은유되어 천상에 거주하고 육체는 사지로 환유되어 지상의 세계에서 행동한다. 보이지 않는 신들의 세계는 구체적이고 실제적인 사물들의 세계를 관장하고 지배하는 듯 보이지만 두드러지게 나타나는 것은 외면적 세계와 행위에 대한 서술이다. 신화적 치장은 벗겨지고 신들은 인간의 행위의 인과성을 서술하는 연결고리일 뿐 자연과 사물의 보조물로 전락한다.

『일리어드』 도입부에서 아테나가 아킬레스에게 "나는 당신의 분노를 달래기 위하여 하늘에서 내려왔다. 만일 당신이 내 말에 따를 작정이라면"라고 했는데 스넬은 이와 같은 표현은 귀족적 사회 형태를 전제하고 있다고 보고 있다(65). 얼마나 고귀한 호의가 이 말 속에 들어있는 것인가? 여기서 아테나는 기사도다운 정중함으로 아킬레스를 높이고 자신의 주장을 억누른다. 호메로스의 경우 신들에게 가장 가까이 있는 것들은 불쌍한 자들과 약자들이 아니라 반대로 강력하고 부유하며 유력한 자의 편일 뿐이다. 인간이 기꺼이 가담하지 않으려는 모든 일들은 역시 신들도 포기한 행위이며 맹목적이고 어리석은 일이다(스넬 65).

보이지 않는 신들의 세계까지도 귀족적 전사의 행위를 돋보이게 하는 장치가 되었다. 귀족들의 세계는 내면성이 아니라 행위와 외면을 통하여 찬양받는다. 제우스가 명예와 영광을 부여한 것도 헥토르의 보이지 않는 내면이 아니라 전장에서의 용감한 행위이다(15권 605-612행). 『일리어드』에서 스파르타의 왕 메넬라오스가 부상 입은 장면에 대한 다음과 같은 묘사는 외면적 화려함이 보강하는 귀족적 고귀함을 잘 표현하고 있다.

11) 앞의 글 「장르변천에 따른 고대 그리스의 계통발생과정과 라깡의 주체형성과정 비교」 '4. 호메로스의 서사시적 인간관: 정신의 은유와 몸의 환유' 참조

> 마치 뛰어난 기술의 카라아나 혹은 마이오니아의 여인이 말에 씌울 얼굴장식을 만들어 상아에 올리는 주사朱砂와 같았다. 보물창고에 쌓아놓은 주사들을 보시라! 많은 기수들이 그것을 써보고 싶어하지만 이 보물은 대권을 가진 왕자王者를 기리고 그의 말을 빛나게 하고 기수를 자랑되게 하고자 안치된 것이다. 그와 같은 피가 메넬라오스의 허벅지 위로 흘러내렸다. (4권 141-146행. 재인용. 헤겔 『미학』. 2권. 186)

부상당한 메넬라오스의 허벅지 위에 흘러내리는 피조차 붉은 고귀함을 내뿜는다. 귀족의 외면적 화려함과 혈통의 우수함을 묘사하기 위해 사용된 '보물창고에 쌓아놓은 주사와 같은 붉은 피' 라는 표현은 호메로스의 서사시적 직유의 대표적인 예라 할 수 있다. 헤겔은 호메로스에 나타나는 서사시적 직유는 "주인공들이 처한 상황이나 행위와 관련된 실제 호기심이나 기대, 희망, 공포나 인과관계로부터 벗어나게" 청자의 주의를 돌려서 "고요하고 조형적이며 마치 조각 작품같은 형상 쪽으로 끌려고 노력하는 것"이라 한다(헤겔 『미학』. 2권 184).

서사시와 서정시의 구분 경계점에 위치하는 헤시오도스[12]를 한 단계 뛰어넘어 아르킬로코스는 의식적으로 그리고 철저하게 직접적인 것(현실)으로 회귀했던 맨 처음의 시인이었다. 그도 역시 호메로스적 영웅 서사시의 문학적 전통 안에 서 있으

---

12) 헤시오도스는 비오티아Böotien 지방의 아스크라에서 기원전 700년 경에 교훈시들을 썼다. 여전히 서사적인 율격을 가지고 썼지만 그 내용은 전혀 다른 새로운 정신으로 채워져 있다. 헤시오도스는 그의 『노동과 나날』Erga Kai Hermerai*에서 신과 영웅의 세계는 완전히 퇴장한, 농부들의 일상생활을 묘사하고 있는 교훈시를 통해서 서사시적 세계로부터의 이탈과 귀족을 위한 직업시인이라는 위치로부터의 해방을 완성하고 있다(마리옹 34-35). 아직은 육각운이라는 운율과 서사적인 형태 언어를 벗어나지 못하고 있지만 새로운 시대의 모티브들을 끌어들이고 있다. 부유한 자들이나 권력을 쥔 자들 위에 드리워진 불운이 이 시기의 시인들에게 극히 일반적인 주제가 되었다. 신의 정의를 설파한 최초의 그리스 인이 헤시오도스였던 것은 우연한 일이 아니다. A. T. 머레이(A. T. Murray) 교수가 주목했듯이 이는 부자들이 특히 탁월한 자가 될 소지가 있었던 호메로스와는 극히 대조적이다(도즈 53).

* 이 작품은 시인이 묘사하고 있는 대로 자신의 동생 페르세스와의 유산상속 싸움이라는 실제 동기에서 창작된 것이다. 노동을 싫어하는 동생은 재판 동안 심판관을 매수했었다. 그러한 권리 침해에 대한 괴로움과 정의에 대한 갈망이 헤시오도스로 하여금 동생에게 농부로서의 영예로운 삶을 권장하려는 마음을 먹게 해준다. 그는 동생에게 농부들의 생활 질서를 명료하게 해주면서 농경기술과 노동의 신성함을 제시해주고 있다.

며 호메로스적 언어로 호메로스적 주제인 전쟁을 이야기하고 있다.

하지만 아르킬로코스는 율격이나 시의 내용에서 호메로스와 날카롭게 단절하여 호메로스적 서사시를 탈피하였다. 우선, 그는 구술문화의 산물인 호메로스의 육각운에서 탈피하여 이암보스iambos 형식을 최초로 만들었다. 이암보스는 일종의 사설시구로서 실제와의 유사성을 제시하고 직접적인 표현을 가능케 해 주는 형태이다. 이에 비해, 서사시인들은 그 정형구를 조립하는 노동자에 가깝다고 할 수 있다. 그것은, 호메로스 서사시의 육각운 시행은 단지 단어 단위가 아니라 정형구 단위, 즉 전통적인 재료를 다루기 위해서 한 묶음으로 뭉뚱그려진 단위로 이루어져 있기 때문이다. 그래서 호메로스는 그러한 육각운에 맞는 구절로 정확한 운율에 따르는 시행을 무한으로 만들어낼 수 있었다고 볼 수 있다. 호메로스 시의 육각운의 특징을 좀 더 구체적으로 살펴보면, "예컨대 오디세우스, 헥토르, 아테나, 아폴론 혹은 그 밖의 등장인물 중의 누군가가 무엇인가를 말하는 장면에서 그들의 이름을 부르지 않으면 안될 때 시인은 운율 속에 그 이름을 딱 들어맞도록 하는 형용구나 동사를 가지고 있었던 것이다. 예를 들면, 그 서사시들에는, 메테페 폴리메티스 오디세우스(*Metephe polymetis Odysseus*: 지모가 풍부한 오디세우스는 목소리를 올려서 말하다)라든가 '프로세페 폴리메티스 오디세우스'(prosephe polymetis Odysseus: 지모가 풍부한 오딧세우스는 소리질러 말하다)와 같은 구절이 72회 나온다(Milman Perry 1971, 51). 오디세우스가 폴리메티스하다는 표현은 그가 그러한 인물이기 때문만이 아니라 포리메티스라는 형용사가 없으면 오디세우스가 운율에 딱 들어맞지 않기 때문이기도 하다(월터 옹 93-4).

그리스 서정시의 율격은 서사시와 같은 특별한 율격이 없는, 시인이 운율에 의해 자기의 감회를 술회한 작품이라고 할 정도의 의미로서, 대부분의 경우 피리나 퉁소 또는 하프의 반주를 수반하였다. 서사시를 약간 변형시킨 시킨 2행 1연聯의 형식을 이루는 엘레게이아에 비해, 이암보스는 이오니아에서 생겨난 것으로 단장短長의 운각韻脚을 6각脚에 포함하는 1행 단위의 시형이다. 이암보스의 운율은 평상시의 일상언어에 가깝다고 말할 정도로 그 내용도 엘레게이아에 비하면 훨씬 스스럼 없는 것으로서, 개인 공격 또는 울적한 세상에 대한 불만을 풍자 및 매도로써 발산하였다.

서사적인 율격으로부터의 결별을 통해서 아르킬로코스는 귀족적 사회의 인습적인 가치체계와의 결별을 감행했을 뿐 아니라 시적 내용 역시 귀족과 영웅과 전장의 세계를 탈피하였다. 그는 서사시적인 웅대한 전쟁의 모습을 모두 벗겨버리고 전쟁을 강력한 현실의 삶으로 받아들였다. 전장은 참담한 것이고 냉혹한 것이다. 특히 용병으로서 그는 서사시에서 서술되고 있는 것을 현실 생활에서 어떤 환영도 가지고 있지 않은 것으로 다시 발견했다(스넬 112). 그에게 외면성과 내면성은 일치하지 않는 것이었다. 그는 오히려 외면적 초라함과 왜소함이 내면적 가치를 돋보이게 함을 알아챈 최초의 시인이었다.

나는 경멸하네. 키가 크고
곱슬거리는 수염을 지닌
뽐내며 오만한 태도로 걷는 장군의 모습을

키가 작고 굽은 다리를 지니고 있다하더라도
자신의 두 발로 굳건하게 설 수 있다면야
그런 무관이 나으리라.
(Davenpot no. 282)

호메로스에게서 외면의 가치와 내면의 가치는 이 정도로까지 분리되지 않았다. 늙고 초라한 걸인의 모습으로 분장하고 돌아온 오디세우스에게서도 외관과 가치가 상반되고 있지만, 이 초라함은 가면에 불과하고 아테나가 영웅임을 드러나게 하고 있다. 스넬에 따르면, 이 시에서 아르킬로코스가 말하고자 하는 것은 외면과 내면의 불일치를 넘어선다는 것이다. 오히려 외면이 초라해야 내면이 살아난다는 것이다. 즉 아르킬로코스의 장군은 세련되지 않아야만 훌륭하다. 외견상의 겉 모습이 내면의 가치를 파괴하고 있다는 역설적인 생각을 가지기 시작한 것은 아르킬로코스가 처음이다(스넬 109).

이러한 외면적 가치와 내면적 가치의 분열은 서사시적 공동체의 붕괴를 뜻한다.

루카치가 찬양하는 영혼의 분열을 알지 못했던 서사시적 총체성(30)이란 공동체와 개인의 분리가 일어나지 않았다는 것을 의미한다. 왕이나 귀족이 씨족 공동체를 대표하던 시대였고 그들의 운명에 씨족 성원의 운명이 좌우되었다. 왕이나 귀족 전사를 신들이 옹호한다는 것은 그 공동체를 대표하던 왕이나 귀족을 찬양한다는 것을 의미한다. "신들은 가장 명민한 자도 어리석게 만들 수 있고 느슨한 정신의 소유자도 지혜롭게 만들 수 있다"(『오디세이』 23권 11행 이하)고 한 것에서 보듯이 개성이란 존재하지 않았다. 제우스가 "아카이아인들의 마음에 마법을 걸었고"(『일리어드』 12권 254행) 그래서 그들이 사악한 싸움을 일삼는다고 서술된 것을 보면, 이때는 개인의 의지나 주체성이 조금도 고려되고 있지 않다는 것을 알게 된다.

개성이 존재하기 위해선 공동체의 운명과 개인의 운명이 다르다는 자각이 일어나야 했다. 타민족과의 전쟁에서 다져진 집단적 공동체적 단결은 무너지고 전사 집단 내부에, 인간 관계 내부의 갈등과 대립이 첨예해진다. 서정시적 인간은 자신의 느낌, 자신의 삶에 대해 천착한다. 이것은 동지애, 전우애의 찬양에서 자신을 배반한 친구를 저주하는 아르킬로코스의 시에서 잘 나타난다. 친구가 풍랑을 만나 개처럼 이를 떨면서 해변에 누워있기를 소망하는 아르킬로코스의 시는 세계의 부당함에 대해 느끼는 그의 절망을 표현하고 있다. 전장에서의 동지애로 뭉쳐진 것은 없고 각자는 홀로서기를 해야 한다. 세계와의 불화이자 개인과 개인의 대립과 갈등이 첨예화되면 될 수록 개인의 자각과 자기의식은 강해진다. 홀로서기를 통해 자아가 형성된다. 그래서 서정시는 과거의 영광을 돌아보지 않고 현실에 대한 고뇌와 고통에 몰입한다.[13]

홀로서기는 곧 자신의 내면의 척도를 따라야 한다는 것이다. 아르킬로코스가 저

13) 이에 비해, 바흐친에 의하면, 서사시의 세계는 민족의 영웅적 과거다. "여기서 중요한 것은 과거가 서사시의 내용을 구성한다는 것이 아니다. 하나의 장르로서의 서사시의 형식적 구성적 특징은 오히려 재현된 세계를 과거로 아동시키는 데에 또 이 세계가 과거 속에 참여하는 정도에 있다. 서사시는 결코 현재에 관한, 당대에 관한 시가 아니었다. 오직 후세인들을 위해서 쓴 과거에 대한 시가 되었던 것이다"(30).

주와 증오, 외로움과 갈망, 고통과 좌절에서 쓰고자 했던 시는 여성적으로 되지 않으려는 몸부림이고 남성적 가치에서 떨어져 나와 주변화되어 있는 자신에 대한 모멸감의 표현이다. 아르킬로코스의 홀로서기는 패배자적 감성들 속에서 느끼는 슬픔, 즉 여성적 슬픔을 이겨내는 것이다. 흐느끼는 사람들은 모두 여성인 것이다.

페리클레스여, 신들은 강건한 인내를 명하시는구려
이 고통을 이겨내기 위해. 행운과 불운;
이 반복 속에서 불운을 겪는 모양이오. 슬퍼하지 말고 이를 갈구려
우리 모두가 여자가 될 필요는 없구려.
(Davenpot, no. 121)

아르킬로코스는 고통과 외로움 속에서 괴로워할 때, 그 감정들을 이기지 못할 때 느끼게 되는 마음의 상태를 여성적인 것으로 생각한다. 전장에서 파괴하고 정복하면서 느끼는 기쁨이나 향연에서 술 퍼마시고 육체의 쾌락을 즐길 때 느끼는 감정이 남성적이라면 그 반대의 정서인 패배, 증오, 갈망, 외로움, 고통, 좌절 들은 여성적인 것이다. 그는 자신이 그 여성적 슬픔에 빠져 있다는 생각에서 스스로 모멸감을 느낀다.

하지만 사포에게서 우리는 소외된 여성적인 감성이 오히려 주체적이고 당당하며 아름다운 확신에 차있는 것을 발견한다. 그것은 그런 부정적 감정을 이겨낸 여성적 승리이다. 이리하여 사포에 의해 아르킬로스적 외면의 상처는 치유되고 외면의 대비를 넘어서서 가장 안정된 심리상태로 주관적으로 가장 사랑스런 것이 가장 아름다운 것이 된다.

어떤 이는 이 어두운 대지 위에서 기병이나 보병이
다른 이들은 해군 함대들이 가장 아름답다고 말하네.
하지만, 오히려 나에게는 내가 사랑하는 것이야말로 가장 아름다운 것이네

…

완전히 무장을 한
리디아에서 싸우는 군대의 전차와 전차병들보다도
나는 그녀의 사랑스런 걸음과
미소 지으며 밝게 빛나는 그녀의 눈을 보고 싶구나.
(Davenpot, no. 25)

사포의 시는 전통적 가치를 의문시하고 자신의 주관을 척도로 삼아 전차나 보병보다도 사랑하는 이의 발걸음과 눈에서 아름다움을 예찬한다. 호메로스의 전사적 가치는 쇠퇴하고 여성적 가치가 빛을 발한다. 여기서 사포는 자신의 미적 판단을 다른 사람들이 아름답다고 생각하는 것과 대비시키기 위해서 통속적인 형식인 서가序歌, Praeteritio를 사용하고 있다. 그래서 그녀는 전통과 결합되어 있는 사회의 관례적인 축제의 노래인 찬가를 변형했다(스넬 106). 사포는 남성전사들의 결속 매개인 소년애와 향연이 아니라 전통적인 민속의 축제와 여성적 가치를 결합하고 있다.

아르킬로코스가 호메로스적 화려함에 대비해서 소외되고 주변화된 개인적 내면적 가치를 내세워 서사시적 세계관의 해체를 보여주었다면 사포는 내면적 가치를 의문의 여지없이 월등하게 우월한 것으로 확신한다. 기벨 마리옹Gibel Marion은 "시적인 자기발언의 유효한 수단을 추구하는 과정에 곧이어 나타난 그러면서도 종국적인 단계에서 서사적인 치장은 벗기어지고 만다"고 한다(36). 즉 독립된 시가가 등장하는 것이다. 축제적이며 긴 시편들이 연결되어 있는 육각운 대신에 좀 더 짧고 교차적인 시행과 시련 형태가 이용된다. 문학적인 전통보다는 고대의 토속적인 형태로 되돌아가게 되었다. 즉 윤무가, 노동가, 제가祭歌와 같은 것이 서정시의 근원에 해당한다는 말이다. 이렇게 해서 말과 운으로써 문학의 개성적인 표현을 가능케 해주었고 직접적인 체험의 형성에 공헌할 수 있었던 일종의 유연한 도구가 만들어진 것이다.

4. 사랑의 상처와 사유의 발생

1) 육체의 발견과 향유

사유의 발생은 정신과 육체에 대한 자각을 전제한다. 정신의 발견이 사랑의 고통 속에서 출발한다면 육체의 발견은 자기보존의 욕망에 의해 일어난다. 호메로스 시대에 목숨은 중요한 것이 아니었다. 목숨보다 중요한 것은 용맹함과 명예였다. 목숨을 잃는 것에 대해 두려움을 몰랐던 몸은 파편화되어 실재하지 않았기 때문이다. 자신의 생명, 목숨에 대한 자각은 호메로스적 인간의 이상이었던 용감함을 조롱하는 아르킬로코스의 시에서 잘 나타난다.

> 트라키아의 어떤 산지인이 내 방패를 주워들고 으쓱대구나
> 나는 그것을 숲 속에 던져버리고 달아났는데
> 싸움이 가장 치열할 때, 생명이 무엇보다 더 귀중해보였기 때문에.
> 그것은 멋진 방패였으나, 나는 다른 것을 어디서 사야할지 알고 있네.
> 정확히 그와 같은 것을, 그 둥근 것을.
> (Davenpot, no. 79)

내가 살기 위해서는 방패를 버릴 수 있다. 방패를 가지고 돌아오거나 다치더라도 방패에 실려 돌아오라는 스파르타의 전사로서의 명예는 아르킬로코스의 입장에서 보면 헛된 자기 기만일 뿐이다(데이븐포트 4). 아무런 수치심없이 자기가 전쟁터에서 방패를 잃고 목숨을 부지한 것을 회상하고 있다. 서사시에서 그리도 높이 칭송되었던 전쟁터의 용기는 이제 자기 보존에 비하면 부차적인 가치가 된다.

남성성의 이상도 달라진다. 서사시적 세계에서 이상적인 남성상은 전투적이며 마초적인 근육질의 헤라클레스였다면(그림 3), 사포의 세계에서 남성들은 더 이상 그런 모습으로 등장하지 않는다. 사포는 당당하게 주장한다.

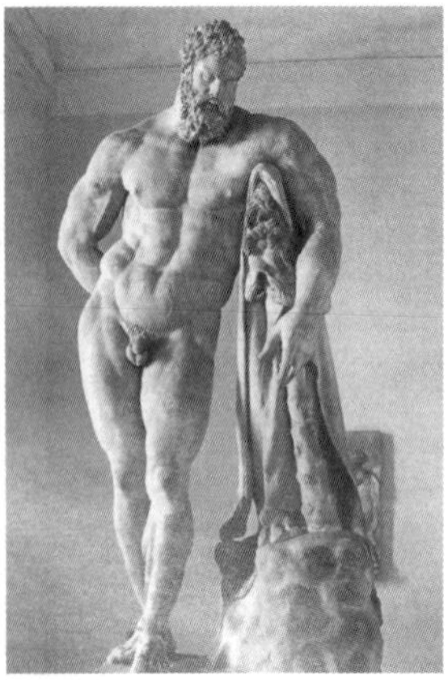

그림 3.
사자와 싸워 이긴 후 사자의 가죽을 들고 서 있는 헤라클레스

그림 4.
여성들에게 리라를 키고 노래를 불러주는 남성.

그는 마치 신과도 같았네,
그대와 마주 앉아, 가까이 그대에게 기대어
웃으며, 주의깊게, 그리고 반가이
그대 사랑스런 말소리에 귀를 기울이는 그 남자는
(Davenpot, no. 20)

사포에게 신은 더 이상 번개창을 던지는 제우스나 삼지창을 든 포세이돈, 여자들을 쫓아가 강간하는 신들이 아닌 것이다. 신들은 여성에게 친밀하고 상냥하며 무엇보다 여성의 말에 귀를 기울여 들을 줄 아는 감성적인 남성들인 것이다(그림 4).

자신의 몸을 신의 의지에 기탁하여, 자신의 집단의 대표로서 목숨을 초개같이 버리던 서사시적 전사의 세계에서 아르킬로코스가 구해논 몸은 사포의 시에 가면 향유적 존재로 바뀐다. 서정시에서 반성되고 있는 것은 다른 무엇보다도 개인으로서의 시인 자신의 삶과 체험 그리고 내밀한 욕망과 동경이다(김상봉 209). 시인 자신의 실제적 삶에 충실했던 아르킬로코스와 달리 사포에게는 내밀한 욕망과 동경이 중심이 된다. 귀신이 득실거리는 위험한 바다나 헬리오스의 은총이던 한낮의 햇빛처럼 모든 것이 신의 예비였던 자연의 세계는 이제 인간의 몸이 향유하는 레비나스적 의미의 요소가 되어•내밀한 인간 욕망을 자극하고 동경한다.

크레타로부터 오라
나를 찾아 이 거룩하고 성스런 신전으로
붉게 익은 사과나무 숲이 펼쳐져 있는
너의 작은 숲 속으로
제단에는
향 연기가 피어오르는 곳.
그곳은 너의 자랑이리.

너울거리는 잎새들이
유리처럼 빛나고
사과나무 아래 차가운 물이 흘러가는 곳
땅거미가 잎새 위로
춤추듯 내려오면
장미넝쿨과 그늘로,
이곳에서, 감미롭게 잠들라.

…
여기서 큐프리스는 [ ]
우리는 춤과 인간의 술로
고조된 기분 속에서 우아하게
황금의 잔에 신주를 쏟아붓는구나
(Davenpot, no. 2)

아프로디테를 제사하는 축제의 제의시 일부인 위의 시구들은 자연의 은총을 감미롭게 묘사하고 있다. 이 시에서 자연은 더 이상 위협적이지 않고 레비나스적 향유가 된다. 그는 향유의 관점에서 볼 때 사물은 우리의 생존을 위한 수단이기보다 존재의 원천이고 만족으로 체험된다고 본다. 그에게 향유는 주변 세계를 삶의 요소 혹은 삶의 환경으로 체험하는 것이다(Levinas 110-15 참조).

이제 신의 의지에 반응하는 소외된 인간이 아니라, 대타자의 욕망에 예속되어 전쟁에 기꺼이 동원되던 인간이 아니라 "자아가 세계를 소유함으로써 자아가 원기를 회복하는" 향유를 누리는 존재가 된다(콜린 데이비스 85). 남성적 원리로서 쾌락이 아닌 여성적 원리로서의 향유는 정신과 육체의 합일, 정신성과 물질성의 합일이다.

> 사포에게 정신은 물질에서 빛난다. 하나는 두 가지 모두 분리할 수 없이 포함한다. 세계는 사랑받을 만한 것이다. 세계는 매혹적이고 우리는 그 세계를 좇고 소유한다. … 번식의 계절에 충절과 상호 신뢰, 동물적 욕망을 이렇게 밝게 틀지우는 것들은 인간의 역사에서 보다 외경적인 형식을 취했다. 여기서 동물성은 완전히 길들여지고 문명화된 부드러움 속에서 빛을 발휘한다. (Davenpot 9)

이러한 데이븐포트의 언급은 쾌락이 아닌 향유가 물질성과 정신성을 어떻게 잘 결합시키는가를 보여준다. 높은 명예와 자존심을 지녔던 호메로스적 세계는 정신을 결여한 벌거벗은 물질성이지만 사포에게 동물성과 물질성은 문명화된 부드러움 속에서 정신과 결합되어 사랑받을 만한 것으로 바뀐다.

이미지는 개념적 표상이나 논리성과 비교해 항상 주변화된 것으로 여성적 원리로 치부되었다.[14] 이런 여성적 원리의 이미지는 유클리드적 간결함과 사랑하는 사람의 만남들, 흘러내리는 머릿결, 유쾌한 몸, 꽃들에 비친 달빛에 매혹된 얼빠진 사

---

14) 19세기는 낭만주의 시대로 이성보다는 감성, 표상보다는 이미지, 논리력보다는 직관력을 우위에 두었으나 여성은 감성과 이미지, 직관력의 남성적 대상화되었지 감성이나 이미지, 직관력의 주체로 된 것은 아니었다. 들뢰즈에 와서 감성적 자극이나 상처에 의한

포의 눈 들에서 흘러나왔다. 전사적 세계와 사포적 세계로 대비되는 고대 그리스의 이원화된 세계에 대해 데이븐포트는 "고대 그리스 인들은 청춘기의 이중적인 전념을 간파하고 절박하게 이상주의적이고 팽팽한 에로틱한 문제들에서 그 의무들을 보다 더 통렬하게 조절하였다"고 한다(9). 병영생활, 체육단련이 오래전부터 군사적 카스트에서 남성들 사이에서 단단한 우정을 만들어내었듯이 사포의 여성들과의 관계 역시 그러했다. 남녀의 원리로 나뉘어진 이원성의 구조를 넘어 타이루스Tyre의 막시무스Maximus는 사포의 공동체comitatus에서 소크라테스가 철학적 명료성으로 정련한 정신cohering spirit의 시작을 보았다.[15)]

2) 사랑의 상처와 사유의 발생

호메로스 시대에까지 사랑은 존재하지 않았다. 사랑은 서정시에 와서야 존재하게 된다. 동물적 본능은 원래 감정을 동반한 것은 아니었다. 남과 여의 성교가 상호적인 관계이기는 하지만 성교가 곧 사랑은 아니었다. 전사들의 전장에서의 동지애는 우정이었다. 이 우정의 가장 세련된 형태가 그리스 남성 동성애에서 보여진다. 호메로스시대에 사랑은 고통이나 연민이 아니라 술이나 잠처럼 쾌락적인 것이었다. 감각적인 욕망 이상의 사랑을 표현하고자 할 때는 사랑eros을 우정philotetos과 결

비자발적 기억을 통한 사유의 발생을 문제삼을 때도 여성들은 사유 발생의 주체가 아니라 남성의 감성을 자극시키고 남성의 비자발적 기억의 매개물로 작용하는 대상일 뿐이다. 여성적 원리나 사유로 매도당했던 부분들이 중심부 담론에 포함될 때는 항상 이런 식으로 자신들이 여성적인 것이라 매도했던 부분들을 남성적으로 전유하였다.

15) J. M. 에드먼드J. M. Edmond가 편집한 『그리스 서정시 유고』*Lyra Graeca: Being Remains of all the Greek Lyric Poets*(1952)는 다음과 같이 적고 있다. "그들 둘 다 나에게는 똑같은 종류의 우정을 실천했던 것처럼 보인다. 그는 남성들의 우정을, 그녀는 여성들의 우정을, 둘 다 아름다운 모든 것에 사로잡혔기 때문에 많은 사람들을 사랑한다는 것을 분명히 했다. 알키비아데스Alcibiades, 카리미데스Charmides, 파이드루스Phaedros와 그의 관계는 기리노Gyrinno, 아티스Attis, 아나크토리아Anaktoria 들이 그녀와 맺는 관계와 같았다. 그리고 소크라테스의 경쟁자인 장인들, 프로디쿠스Procudis, 고르기아스Gorgias, 트라시마코스Thrasymachos와 프로타고라스Protagoras와 소크라테스의 관계는 고르고Gorgo와 안드로메다Andromeda와 사포의 관계와 같았다"고 적고 있다(35)

부시키고 있다. 『오디세이』 제 10권 334행에서는 오디세우스가 그를 해치려고 하던 키르케와 서로 신뢰한다는 것을 보여주기 위해서 "우정을 나누려고 침상에 들고 있다" migente eune philoteti는 표현을 하고 있다.

감각적 욕망 이상을 표현하는 사랑이란 '정신' 이나 '영혼' 이란 개념과 마찬가지로 인간 내면에 바로 깃들지 못하고 신적 소외의 과정을 거쳤다. 에로스의 화살이나 아프로디테가 눈 멀게 한다는 표현들은 이런 사랑의 신적 소외를 나타내는 것이었다.[16] 사랑은 인간의 내면에서 생겨나 그의 뜻을 거슬러서 그를 미망에 빠뜨리는 비이성적인 충동들이다. 이런 비이성적 충동에 대해 호메로스시대의 사람들은 어떻게 이해했는지 알기 위해서는 다음과 같은 도즈의 설명이 필요하다.

> 테오그니스가 희망과 공포를 "위험한 다이몬"이라 일컫고 소포클레스가 에로스를 "올바른 정신을 망쳐버리는 힘"이라고 한 말을 두고 단순히 "의인화"로 치부해서는 안된다. 그들이 그렇게 말한 배후에는 오래된 호메로스적인 감정이 놓여있다. 즉 희망과 공포, 사랑과 같은 것들은 인간이 의식적으로 통제할 수 있는 범위 안에 있지 않은 까닭에 참으로 자아의 일부가 아니라는 것이다. 또 그것들은 그것들에만 고유한 생명과 힘을 지닌 까닭에 흡사 외부의 힘이 강제하듯 인간을 강제해서 자기에게 낯선 행동을 하게 만든다. (48)

인간 내면에 대한 자각을 결여하고 아직 자아에 대한 의식이 희미했던 호메로스 시대에 사랑 역시 인간을 미망에 빠뜨리는 비이성적 충동에 불과하다. 도즈는 인간의 격정들을 이와 같이 해석하는 강한 흔적이 에우리피데스나 플라톤과 같은 저자들에게마저 남아있다고 한다. 호메로스 시대의 이런 사랑에 대한 인식은 감각적 욕망 이상의 남녀의 사랑을 제한하고 우정의 문제로 해결하려고 했던 흔적이기도 하

16) 헤시오도스는 『신통기』(2003)에서 이렇게 말하고 있다. "불사하는 신들 가운데 가장 아름다운 에로스, 사지를 이완시키는 것, 그러나 에로스는 모든 신들과 인간의 마음 속에 있는 사려와 분별있는 방책을 굴복시킨다"(120행). 사람을 무기력하게 하고 분별력을 잃게 하는 것, 그것은 인간을 유혹하는 사랑이다.

다. 이런 외부로부터 강제되는 듯한 낯선 행동이 내면에서 솟아나는 사랑이라는 것을 깨닫게 되기까지는 앞서 화폐가 전일화됨으로써 생긴 변화[17]와 더불어 고통과 좌절에 대한 인간적 인식이 첨예화되어야 했다.

사랑에 대한 갈망과 그 좌절에 의한 고통을 최초로 인식했던 이는 아르킬로코스이다. 몸에 대한 자각이 전장에서의 체험을 서사시적, 영웅적으로 해석하지 아니하고 자기보존의 가치를 더 중요시함으로써 발생했다면 정신은 사랑의 고통 속에서 자기 존재를 확인한다. 호메로스는 사랑을 생의 즐거운 일 가운데 하나로 알고 있었으며 사랑을 춤, 잠, 술과 함께 언급하고 있다. 실연에 대해서는 결코 말하지 않았다. 아르킬로코스가 사랑을 말하는 경우에 그것은 반드시 불행한 사랑(실연)이었다. 고통에 찬, 자기 자신 이외의 힘에 대한 집착의 주제로서 사랑의 테마는, 서구 서정시의 주요한 주제의 하나가 된 것이지만 역시 아르킬로코스에게서 처음 나타났던 것이다(마리옹 45).

아르킬로코스는 뤼캄베스Lykambes의 딸 네오불레Neobulae와 약혼했고 그 계기로 전장에서 물러나 정착해서 살려고 한 적이 있다. 독설과 조롱의 대가인 이 사나이의 "오! 네오불레의 손 한번 잡아봤으면!"O that I might but touch Neobulae's hand(232)이라는 시구에는 애욕에 의해 감미롭게 부드러워진 그의 감성이 잘 드러나 있다. 이 시구는 미이라를 쌌던 파피루스에서 파편으로만 남아있던 것인데 그리스 연애 서정시에서 현존하는 것 가운데 가장 오래된 것이다(그림 5). 그러나 뤼캄베스는 자신의 말을 철회하고 결혼은 취소되었다. 많은 그리스 인들은 뤼캄베스가 미쳐서, 굶어서, 공포에 질려 죽기를 바랬던 그의 쓰라린 시들을 보게 되었다. 그리고 뤼캄베스란 말이 명예를 깨뜨린다는 것과 동의어가 되었다.[18]

---

17) 17세기 이후 자본주의 시대에 사랑은 하나의 세속 종교가 되었다(헤겔 『미학』 2권 374). 17세기 이후에 화폐의 가치동일성이 전면화되고 남남관계가 이해관계로 바뀜에 따라 이해관계를 떠난 감성적 배출과 세련된 정서들은 남녀관계를 둘러싸고 형성되기 시작했다. 이와 유사한 관계가 서정시 시대에 발생학적으로 등장했다.

18) 뤼캄베스의 파혼은 더 좋은 구혼자를 택하기 위한 행위였을 거라고 추측된다. 이런 파혼에 대해 아르킬로코스는 신랄하고 화해할 길 없는 원한으로 비방과 경멸어린 시구를 통

그림 5.
아르킬로코스의 시가 적힌 파피루스. 기원 후 2 세기경의 것으로 추정됨.

이 배신감보다 더 그의 내면을 후벼 팠던 것은 사랑에 의한 고통이었다. 다음 시구는 네오불레와의 실연에 의한 사랑의 고통과 좌절이 정말 뼛속까지 느껴지는 구절이다.

> 사랑의 열정으로 수심에 차 누워 있노라. 넋을 잃고
> 신들이 보낸 엄청난 괴로움으로
> 나의 뼛속까지 깊이 사무치도다.
> 가시처럼 날카롭게.
> (Davenpot, no. 29)

그가 전장에서 버리고 온 방패를 회상할 때도, 친구의 배신에 전율할 때도 그의 시구는 이처럼 고통스럽지 않았다. "성욕은 재현될 수 없는 잉여물이며 충동을 통해서만 드러난다. … 충동은 언어적 명령이 아니라 육체에 침투해서 상처를 남기는 감성인 것이다"(민승기 327)라는 말은 사랑이 어떻게 성욕의 좌절로 인해 육체에

해 뤼캄베스와 그의 전체 가문을 심하게 다루었다. 전설에 따르면 뤼캄베스와 그의 딸들은 모멸감에 대한 고통 때문에 자살했다고도 한다(마리옹 44 참조).

상처를 남기는 감성인지를 잘 말하고 있다. 아르킬로코스의 이 시에는 대타자인 신의 뜻은 물러나고 육체에 침투해 상처를 남긴 사랑의 고통만 남았다.

호메로스의 경우와 달리 사랑은 더 이상 쾌활한 인생의 즐거움이 아니고 그 반대로 죽음의 감정으로 바뀌고 만다(스넬 114). 육체의 고통은 알았으나 영혼의 고통을 알지 못했던 호메로스 시대에서 이제 내면적 고통의 존재로서 인간의 자각이 이루어진다. 이 시에는 아직 사랑을 신이 내리는 은총으로 외부적인 힘으로 보는 인식의 한계가 남아있지만 그 사랑이 어긋났을 경우에 고통 받는 것은 개인이라는 자각이 있다. 이러한 자각은 서정시인들의 자기체험에 의한 자기인식을 드러내면서 정신의 내면성으로 가는 여로의 출발점이 되고 있다.

> 성벽을 부수는 망치와 달라붙은 오디세우스처럼
> 그대는 연인에 달라붙어있구려
> 그대의 가슴 속에
> 휘감겨 있는 사랑의 갈망은
> 그대 눈앞에
> 겹겹한 안개를 쏟아내어
> 아무 것도 보지 못하는 맹목의 심장과 맹목의 가슴만 남았구려.
> (Davenpot, no. 11)

고통을 겪는 내면의 주인으로서 뼈아픈 자기인식은 아르킬로코스에게 인식론적 혼란이다. 사랑은 분별력과 지혜를 흐리게 하고 감성적 상처는 인식론적 혼란에 빠져 비이성적인 상태로 만들어버린다. 호메로스에게 피어오르는 연기는 고향을 생각나게 하는 매개물이긴 하지만 안개는 하나의 자연현상일 뿐이었다. 이 안개가 아르킬로코스에 오면 인식이나 생각의 혼란스러움을 나타내는 서정시적 은유가 된다.

사포의 시들은 아르킬로코스의 고통과 좌절, 신랄함의 세계보다는 훨씬 더 밝고 감미롭지만 아르킬로코스의 이 고통의 세계를 뛰어넘는다. 사포는 "달콤하고 괴로운 에로스"Eros sweet and bitter라고 표현하는데서(Davenpot, no. 100) 사유의 충격을 통한 인식론적 역설의 경지로 나아간다. 이 모순형용의 시구는 사랑의 일부 경험을 형성하는, 대립하는 모순적인 사고들과 감정들을 기술한다. 서구 지성사에서 최초의 역설적 표현인 이 시구는 흔히 삶의 모순들이 드러나는 비유적 불가능성에 대한 표현인 것이다. 모순형용에 대해 레이먼드 깁스Raymond W. Gibbs. Jr.는 "인생은 상황들이 존재하고 또한 존재하지 아니하고, 존재할 수 있고 또한 존재할 리 없고 그리고 존재해야 하고 또한 존재해서는 안된다는 궁극적으로 좌절감을 주는 신념을 생성한다는 우리의 이해를 반영한다"고 한다(519).[19] 아나크레온Anacreon 역시 "나는 다시 사랑하고 사랑하지 않는다. 미치면서도 미치지 않는다"라는 시구 속에서 실연한 남자가 자신이 빠져있는 절망하는 분열된 상태를, 같은 일을 긍정하고 부정한다는 역설적인 표현으로 묘사하고 있다(스넬 128).

감정의 이와 같은 갈등, 이와 같은 내적 긴장을 서사시는 아직 알지 못했다. 사포의 "고통스럽고 달콤한"이라는 역설은 영혼의 영역은 육체의 영역과는 근본적으로 다른 것이라고 이해하고 표현한 것일 뿐 아니라(스넬 128) 모순된 성질이 바로 영혼을 자극하고 그 모순에 대해 사유하도록 강요하는 것이다. 들뢰즈는 『차이와 반복』에서 사물의 역설적 현존이 사유를 강요하여 발생시키는 것임을 다음과 같이 말하고 있다.

> 세상에는 사유하도록 강요하는 어떤 사태가 있다. 이 사태는 어떤 근본적인 마주침의 대상이지 결코 어떤 재인의 대상이 아니다. 이 마주침의 대상은 소크라테스일 수도, 신전이나 다이몬일 수도 있다. 이것은 감탄, 사랑, 증오, 고통 들 여러 가지 정서적 음조들을 통해 파악될 수 있다. … 모든 재인과 구별되어야 하는 대상을 "동시적으로 일어나는 어떤 상반적인 감각작용"의 대상으로 규정한다. … 그러므로 기호를 구성하거나 사유를 강제하는 것의 출발점을 구성하는 것은 바로 역설적인 것들[20]의 공존이자 어떤

---

19) 깁스는 바로 이런 이유 때문에 "모순어법은 비유적 표현들 사이에서 가장 화려한 것이고 마음의 시학을 구성하는 비유적 과정들에 대한 가장 좋은 증거"라고 한다(519).

20) 원래 번역은 '상반된 것'으로 되어 있다. 이 글에서는 상반된 것과 역설적인 것을 서로

무제한의 질적 생성 안에서 엿볼 수 있는 더한 것과 덜한 것의 공존이다. (311-15)

사유를 강요하는 것은 '동시적으로 발생하는 상반된 감각들' 이다. 들뢰즈는 플라톤의 『국가론』에서 "감각이 동일한 사물을 딱딱하기도 하고 또 부드러운 것으로서 보고해온다면 이 경우 이 사물이 가진 딱딱함의 감각이 의미하는 바가 무엇인지에 대해 영혼은 당황하여 어찌할 바를 모를 것"이다(524b)라는 감각의 역설을 취해서 사유의 발생을 강조한다. 이런 경우 한 대상 안의 모순된 감각들은 우리 감성을 자극하고 감성은 그것을 해석하기 위해 지성에게 사유하도록 강요한다.

사포는 진실한 체험으로 깨달은 사랑이 "괴롭고 달콤하다"는 역설적 공존을 통해 영혼은 육체와는 다르다는 이해에 도달할 뿐 아니라 죽음과 같은 사랑이라는 표현을 통해 영혼의 극도의 긴장상태를 육체의 죽음과는 다른 경지에서 이해, 표현하고 있다. 들뢰즈의 말대로 사유는 "미리 준비된 능력들의 조화로운 사용"이 아니라 자극을 통해 서로 협력하는 능력들(자극을 받은 감성과 이 감성의 요구에 따라 그 자극에 대해 사유하는 지성)의 활동의 소산이라면 이러한 트라우마의 체험은 플라톤에서뿐만 아니라 칸트의 숭고에 관해서도 말해질 수 있다(서동욱 103 참조).

칸트에게 숭고란 자연의 무형, 혹은 기형이 감성에 끼치는 폭력으로부터 시작되는 느낌, 쾌보다는 불쾌에 해당하는 느낌 곧 트라우마의 체험이다. 사포의 숭고함이 잘 드러난 다음의 시는 칸트의 숭고, 즉 사랑이 감성에 끼친 폭력으로부터 시작하는 트라우마의 체험이다. 이것은 타자에 대한 깊은 몰입이 주체를 언어 이전의 육체의 언어로 몰아감을 보여준다. 인식론적 혼란, 인식론적 역설은 숭고의 경지까지 단박에 올라간다.

나의 혀는 메마른 입술에 말라버리고
온 살갗은 불꽃이 이는 듯 떨려오고

치환할 수 있는 것으로 사용했다.

내 눈은 볼 수 없고 내 귀는 고통으로 미로 속에서 깊이 천둥치네.
서늘한 땀이 온 몸을 적셔 내리며
풀잎보다 더 창백해져 나는
좁디 좁은 마디의 틈새마다 온몸이 전율하고
죽은 듯 산 듯 비명을 지르는구려.
이겨내리라, 이 슬픈 사랑의 고통을.
(Davenpot, no. 20)

사포는 사랑의 고통으로 내면이 완전히 혼란된다. 타자는 내면 깊숙이 다가와 상처를 내고 달아난다. 철저히 자기에 대한 반성의 형식을 띠고 나타나지만 타자의 외상 속에서 괴로워한다. 이러한 감정의 혼란상태는 자신이 감정의 주인이며 타자와의 별리가 가져다주는 고통을 통해 타자와의 관계가 소외적인 것이 아니라 친밀함의 관계였다는 것을 깨닫게 되는 아이러니를 제공한다. 주체는 외상 속에서 스스로를 능가하고 타자와의 거리를 유지하는데(Bernet 178) 여기서 서정시는 주체의 탄생으로 등장한다. 주체를 탄생시키는 이러한 감성의 상처는 아직 개념이나 표상을 가지지 못한 비표상적 사유로 들뢰즈가 강조하는 사유의 발생학이 된다. 이러한 감성은 개념화할 수 없는 감성이다. 이러한 감성은, 언어로는 도저히 재현할 수 없는 이 감성은 상징계의 쥬이쌍스적 체험이 되는데 라깡은 이것을 윤리학적이며 숭엄적이라 본다. 롱기노스가 말하는 전쟁터에서 벌어지는 숭엄미가 아니라 내면을 폭풍우처럼 몰아치는 여성적 숭엄미라고 손현은 말하고 있다(19).[21]

사포의 시는 에로스에 의한 감성적 상처와 그 고통을 잘 보여주고 있다. 대체로 여성은 남성이든 여성이든 인간관계에서 남성들에 비해 전체적인 관계를 맺고자

21) 손현은 미학론으로서 숭엄이 갖는 성의 기표를 라깡의 정신분석이론을 빌어 이해함으로써 숭엄이 성 담론으로 정착하는데 개입한 무의식적 동기를 추적하고자 한다. 그리하여 기존의 남성중심적 숭엄론이 성을 왜곡하는 방식을 드러내고 이를 통해 숭엄을 성 권력이 충돌하는 심리적 국면으로 다시 자리매김하여 숭엄이란 사실상 여성적 경험이며 오히려 여성주의 비평의 주요개념으로 자리잡아야 한다고 주장한다.

하는 것만큼 에로스나 사랑에 대한 상처가 크다. 남성에 의한 관제예술에 가까운 서사시나 비극과 달리 남녀를 불문하고 주변부적인 인간들의 자발적이고 여성적 형식인 서정시나 소설이 사랑의 상처와 그 고통을 노래하고 서사로 엮음은 우연이 아니다.

그 사랑의 노래와 서사가 여성들에게는 파르마콘(약이면서 독이 되는 것)이다. 메타 윤리학자인 레비나스가 타자와의 노출에서 오는 상처받을 가능성에 주목하여 에로스로 인한 상처받음에 몰입했던 초기 저작에서 에로스를 여성적이고 동물적인 것으로 폄하하는 후기 저작에 이르는 사상적 궤적을 그린 것 역시 사랑과 에로스의 파르마콘이 지닌 독은 여성에게 주고 약은 남성적으로 전유한 것이라 할 수 있다. 사포에게 나타나는 에로스적 사랑, 애무, 향유 들은 레비나스에게 모두 언어 이전의 육체, 재현될 수 없는 물질성을 지시한다. 레비나스는 이것을 육체입음 또는 "언어의 체현incarnation of language"이라고 부른다. 그러나 사포의 시에서 나타나는 것처럼 단순히 언어 이전의 감성만을 뜻하지 않고 언어를 초월하기도 하는 육체는 반전을 거쳐 동물적이고 무책임한 것으로 간주된다.

> 언어 속에서 언어를 초월하는 육체는 승화되지 못한 물질성, 말할 수 없는 육체로 전락한다. 승화될 수 없는 감성인 에로스적 사랑은 혼돈과 무의미로 배제되고 신과의 관계를 드러내는 고통만이 허용될 수 있는 감성으로 남는다. 더욱이 육체에 관한 논의는 성차와 관련되어 있다. 에로스적 사랑과 애무가 갖는 타자성이 비인격성과 익명성으로 묘사됨에 따라 여성은 말할 수 없는 동물적 육체, 의미 없고 무책임한 육체로 간주된다. (259)

레비나스의 이러한 반전은 절대 타자인 신과의 관계를 설정함으로써 자신의 "상처받을 가능성에 의한 윤리적 주체의 탄생"을 남성적으로 전유하는 결과를 초래한다. 남성은 승화된 감성인 고통 속에서 윤리적 주체로 태어나지만(Ziarek 2001, 59) 여성은 다시 타자화된다. 남성/여성이라는 대립구조는 이미 재현될 수 없는 성차에 대한 상징적 방어이다. 레비나스는 여성들을 익명적이고 비인격적인 실재계의 동물적 육체로 폄하하여 재현 불가능한 실재계적인 성차를 남성과 여성이라는 상징적 차이로 환원시킴으로써 실재계의 애무로부터 벗어나고자 한다(민승기 310).

이처럼 현대철학은 에로스의 상처받을 가능성조차도 신과의 관계로 인한 고통으로 전이시켜 남성적으로 전유하지만 아르킬로코스에서 이루어진 사랑의 고통을 통한 내면의 분열과 자기인식은 사포에게 와서 사유의 발생학이 된다. 주변부 타자의 원리로 배척받던 여성적 원리는 여성에 의해서, 여성과의 만남에 의해서 생기는 고통과 좌절 속에 사유의 발생학이 된 것이다.

5. 결단과 의지의 주체: 비극에로의 이행

그리스 철학의 선행적 사건으로 일어났다고 볼 수 있는 고대 그리스 서정시 시대의 시인 아르킬로코스와 사포의 작품을 중심으로 비표상적 사유의 발생이 서구 역사상 최초로 일어났음을 고찰하였다. 아르킬로코스에서 사포에 이르는 서정시의 행렬은 철학의 발생학이며 진리 공정의 사건이다. 그런데 이러한 타자화된 여성들과 주변부에 의한 사유의 발생학이 철학과 역사의 시대를 가져왔지만 축제, 고통, 사랑, 열망, 슬픔과 같은 여성적 원리로 치부되던 것은 기원전 5세기 무렵에 본격적으로 등장한 남성신 디오니소스의 속성으로 되어 남성적으로 전유된다. 디오니소스의 지배하에 들어간 여성들이 디오니소스의 부추김 아래 미치거나 자살하거나 살해되는 것은 여성적 원리의 극단을 광포하게 하여 사유의 바깥으로 내몰려는 것이다.

바디유가 사포에 대해 한번 언급하기는 했지만 진리의 공정으로서 사랑의 사건이 플라톤의 향연에서 일어났다고 한 것은 사랑이 아니라 우정(동성애)에서, 축제가 아니라 향연에서, 고통이 아니라 쾌락에서 진리가 일어났다는 것이다. 또한 들뢰즈도 감성적 상처에 의한 사유발생이 유태 남성인 '나'(『잃어버린 시간을 찾아서』의 주인공)에 의해 일어나기 때문에 그것을 아테네의 철학에 비견되거나 발생학으로 볼 수 있는 예루살렘의 사유라고 하였다. 그리고 유태남성이 받는 사랑의 상처는 애인의 기호인 거짓말을 해독함으로써 진리에 이른다고 한다. 니체가 여성적 정념으로 호색과 거짓에 속아 넘어가기 쉬움을 들었듯이 들뢰즈 역시 이 애인은 동성애를 즐기는 호색적이고 거짓에 찬 기호를 발산하는 기호일 뿐 기호해독의 주체이지 못하다.[22] 여성적 원리로 비난받고 소외되던 것이 남성에 의해 전유되면 여성들은 한낱 사랑의 대상이 되어 여성적 원리를 남성이 깨닫게 되는 매개물로 전락한다. 사포의 서정시에서 보여지는 자아의 각성, 주체의 등장, 여성적 원리에 의한 사유발생은 여성인 사포가 주체가 되어 만들어가는 것이지 남성적 자각의 대상이거나 매개물로 작용하는 것은 아니다.

인간 사유의 이원적 구조를 남성들만의 사유로 전유해가는 역사적 전개에도 불구하고 현대철학에서 이루어지고 있는 역동적인 사유와 철학의 전개는 비록 여성을 끊임없이 사유의 바깥으로 내몰려는 남성 사상가들의 의도적, 비의도적 기획에도 불구하고 여성적 원리로 폄하되던 것의 승리임으로 보여준다. 이것은 한편으로는 이데올로기적으로 열등항에 여성과 주변적 남성들을 배치했던 중심담론의 허구성을 보여주기도 하지만 현대에서는 태초의 출발점과 달리 인간 정신의 이원성이 남녀의 이원성으로 대체할 수 없다는 것을 나타내는 것이기도 하다. 즉 이성중심주의와 문자문화 중심의 근대성에 대한 반성의 작업으로 나온 이러한 사유의 원리는 여성적 원리를 포함하여 남성들만이 사유를 전유하는 것으로 보거나 여성적 원리로만 현대적 사유가 진행된다고 일괄할 수는 없고 인간정신의 불균형을 치유하려

22) 소설에서 형상화된 "나"와 알베르틴의 이런 특정한 지적 불평등의 관계를 넘어 프루스트와 들뢰즈는 여성일반과 남성의 관계로 확장한다. 들뢰즈는 "한 여성이 한계가 많을수록, … 그녀가 하는 거짓말을 탄로나게 하는 기호들, 지적인 판단을 하지 못하고 조리있는 생각도 못하는 그녀의 무능력을 드러내주는 기호들로 인해 그 여자는 [그녀를 사랑하는 사람에게] 더 많은 보상을 해준다"(48)고 하고, 프루스트는 "지적인 사람이 한 여자를 사랑할 때 사람들은 그 여자가 너무도 평범하여 놀라곤 한다. 하지만 이 평범한 여자는 지적인 여성이 했던 것보다 더 사랑하는 사람의 세계를 풍족하게 해준다"[『알베르틴』 Ⅲ, 616. (재인용. 들뢰즈 2004a, 48)]고 한다.

는 보편적 인간 일반의 정신적 노력으로 보아야 한다는 것이다.[23)]

고대 그리스 서정시에서 살펴본 정신의 발견이란 "영혼의 분열과 정신적인 것에서의 공유 의식이 발견되고 있지만 아직 정신의 자발성을 비교적 좁은 감각 영역 안에서 겨우 찾아내고 있는데 지나지 않는다"라는 스넬의 말에서 보듯이 사유의 발생이란 것도 인간 사유의 한 축으로 감성과 감각의 중요성을 말하는 것이고 사유를 발생적으로 제시한 것일 뿐이다. 또한 고대 그리스 서정시가 보여지는 사유의 발생은 고독한 개인의 절망에 의한 실존적 인식이란 측면에서 비극적이다. 서정시에서는 사랑의 고통으로 자신이 주체가 되었지만 내면세계의 갈등과 분열은 삶을 비극적으로 만든다. 그래서 서정시의 자아는 절망의 장소가 된다. 이루어질 수 없는 사랑, 믿을 수 없는 친구의 배신이 주는 고통, 사랑 자체가 제공하는 역설적 현존 들은 자신의 감성적 충격을 띄어넘는 새로운 결단과 의지가 필요하다는 점에서 비극으로의 이행이 필수적이다. 세계와 불화 속에 빠지면서 자기를 고유한 자기로서 의식하기 시작한(206-7) 이런 서정시적 자각은 내면의 발견을 통해 정신이 신적 대타자에서 분리되어 개인에 영혼을 깃들게 하는 반면 행위로서의 주체의식은 아직 자각되어 있지 않다. 자신의 숙고와 결단, 행위의 발기자라는 자각은 비극에서 처음으로 나타난다(스넬 63).

서정시에서 일어난 사유의 발생은 비극을 거치는 동안 결단과 행위의 발기자라는 주체의 자각으로 역사적 전개를 했지만 이것은 남성 시민에게 해당될 뿐 여성들은 정치적으로나 예술적으로나 공적 무대에서 사라지면서 주체임이 부인되었다. 고대 헬레니즘 시대에 발흥한 그리스 소설에서는 전쟁의 신 아테나는 사라지고 사랑과 출산의 신 아프로디테가 등장한다. 그리스 소설 『카이레아스와 칼리로에』 *Chaereas and Callirrhoe*에서는 여성인물이 주인공으로 등장하고 여성 주인공은 재혼하여 다른 남자와 사는데 비해 남자 주인공은 페르시아 공주의 요청에도 목숨 걸고 정절

23) 들뢰즈는 사유의 발생학을 주장하며 진리에의 선의지를 공리로 삼는 그리스 철학을 비판하고 유태적 사유를 한 축으로 내세우지만 이것 역시 동서양과 남녀를 불문하고 인간 사유의 한 부분으로 보아야 한다.

을 지킨다. 남성적 형식인 서사시에 이어 등장한 여성적 형식으로서의 서정시, 다시 남성적 형식인 비극에 이어 등장한 여성적 형식인 소설 장르의 등장이라는 순차적 장르의 발생과 변천은 남여의 원리라 일컬어지던 것의 교대적인 반복, 즉 인간 정신의 불균형을 치유하려는 노력의 형식적 발현이라 볼 수 있다.

장르와 젠더, 문화의 기원

장르비평으로 본 고대 그리스 서사시의 남성중심성

1. 남성의 형식으로서의 서사시

서사시는 남성의 형식이다. 그 가운데 고대 그리스 서사시는 가장 탁월한 남성적 형식이다. 여성의 관점에서 장르의 발생이나 문학의 탄생을 논한다는 것은 매혹적인 만큼이나 위험한 작업이다. 남성에 의한 여성 지배의 역사나, 한 계급에 의한 다른 계급 지배의 역사에서 볼 때 어느 한 계급의 입장에서 장르나 문학발생을 논하는 것이 위험한 만큼 하나의 성의 관점에서만 본다는 것 역시 위험하다. 그런데 이때까지 서사시, 소설, 비극 들 장르비평은 주로 남성의 관점에서만 이루어졌다. 여성의 자기 경험이나 자기인식이 거의 배제된 채 남성중심의 장르비평이 이루어진 것이다. 비록 그 속에서 여성의 억압이나 남성지배의 허위의식을 부분적으로 밝혀내기는 했지만 그것은 어디까지나 부수적인 것이었다.

리타 펠스키Rita Felski는 『페미니즘 미학을 넘어』*Beyond the Feminist Aesthetics*에서 페미니즘 문학을 아주 폭넓게 정의한다. 그에 따르면 페미니즘 문학은 "여성의 종속적 지위에 대해 비판적으로 인식하고 젠더를 문제적 범주로 비판적으로 자각하는 모든 텍스트를 포함하는 것"(14)이다. 페미니즘 문학에 대한 이러한 정의를 최소한의 전제로 받아들인다면, 우리는 남성적 문학을 거꾸로 추정해서 최소한의 전제 역시 제시할 수 있다. 그런데 여성의 종속과 억압을 정당화시키는 모든 문학을 남성적 문학이라고 한다면 역사 이래 대다수 문학이 이에 포함될 것이다. 그래서 여기서 주장하는 남성적 형식이란 조금 수식어를 덧붙여 '당대의 상황보다 더 나쁘게 여성의 종속과 억압을 정당화시켜서 자연스럽게 받아들이게 하거나 미화시키는, 가부장제 이데올로기에서 앞서가는 모든 텍스트를 포함한다' 고 할 수 있다. 이런 의미에서 보면 고대 그리스 서사시는 가장 남성적인 형식일 수밖에 없다.

현재 서구에서 문학의 장르들은 병존하고 있지만 그것들은 역사의 어느 시기에 순차적으로 발생했다. 고대 그리스 시대를 무대로 하여 신화에서 서사시로 그리고 서정시에서 비극으로[1] 비극에서 소설로[2] 장르가 순차적으로 발생했던 것이다. 따라서 장르의 발생과 변천을 여성적으로 본다는 것은 여성의 지위변화와 밀접한 관계 속에서 이루어졌음을 본다는 것이다. 고대 그리스는 장르의 발생과정이 모범적으로 이루어진 만큼이나[3] 모계모권 사회에서 부계부권 사회로의 이행이 장르의 형식 속에서 고스란히 드러나는 전형을 보이고 있다.

장르와 사회적 변화의 관계에 대해 마이클 매키온Michael McKeon은 "장르는 다루기 힘든 문제들을 중재하고 그런 문제들을 이해할만한 것으로 만드는 방법에 대한 개념적 틀을 제공한다. 모든 개념적 범주의 경우처럼 장르의 이데올로기적 지위는 설명적이고 문제해결적인 능력에 있다"고 한다(20). 이러한 장르의 이데올로기적 역

1) "우리들은 유럽 문학에서 서사시, 서정시 그리고 희곡(드라마)이라는 다양한 시의 장르가 병존하고 있다는 것을 자명하게 받아들인다. 그런데 위대한 시문학 형식으로서 이 장르들을 창조했고, 직접적 혹은 간접적인 영향을 통해서 유럽 여러 민족에게로 이 장르들을 퍼지게 했던 그리스인들에게서 이 각 장르들은 동시적인 것이 아니라 연속적으로 개화했다. 즉 서사시의 경향이 끊어졌을 때 서정시가 나타났고, 서정시가 그 종말에 다가갔을 때 희곡이 발생했다. 따라서 이 시들의 장르는 이것을 만든 나라에서의 특수한 역사적 상황의 성과이고 그 표현이었다"(스넬 94).

2) 이안 와트를 중심으로 한 '근대 소설발생론' 을 비판하고 '고대 소설발생론' 을 지지하는 필자의 입장에서 볼 때 소설 장르 역시 다른 장르들처럼 순차적으로 발생했다. 비극이 쇠퇴하고 '철학에서 인식론이 지배적인 시대에 소설은 발생했던 것' 이다(바흐친 32).

3) 여기서 '모범적' 이라는 것은 다른 지역, 예를 들어 소아시아나 동아시아, 인도, 아랍 들의 지역에서 이루어진 장르 발생의 모범이 된다는 의미는 아니다. 고대 그리스에서 문학 장르의 발생과정과 분화과정이 아주 뚜렷하게 일어났기 때문에 연구의 대상으로 삼기에 가장 모범적이라는 의미일 뿐이다.

할을 볼 때 프리드리히 엥겔스Friedrich Engels가 말한 "여성의 세계사적 패배"(63)는 부권 승리의 공고화 이데올로기에 의해 장르에 아로새겨지며 여성의 분노와 고통이 장르의 변천에 따라 위안의 방식이든, 세뇌의 방식이든, 저항의 방식이든 드러날 수밖에 없게 된다.

이 글은 이러한 문제 인식에서 고대 그리스에서 모범적으로 이루어진 장르의 순차적 발생과 변천과정을 여성의 관점에서 해명하고자 하는 시도의 한 부분으로 이루어졌다. 여기서 다루는 서사시에 대한 장르비평과 남성중심주의에 대한 비판은 다음과 같은 순서로 전개된다. 우선, 서사시에 대한 장르비평을 통하여 신화와 역사의 뒤엉킴 속에서 역사적 층위를 분별해내고자 한다. 그리스 신화가 형이상학적이고 가부장제적으로 변질되었다하더라도 그리스 신화는 많은 모계 모권적 기억을 품고 있다. 이에 비해 서사시는 모권의 완전한 패퇴와 근대 유럽문화의 원형으로서의 가부장제가 확고하게 수립되었음을 노래한다.

다음으로, 그리스 서사시가 지닌 전사적 세계관과 팽창주의를 다룬다. 서사시 자체가 민족의 시조영웅이나 건국의 영웅을 노래하기 때문에 정복과 약탈을 배제할 수는 없지만 『일리어드』에 나타난 팽창주의 전쟁은 모성의 재생산 능력이나 공존보다는 살육과 전쟁의 영웅을 예찬한다. 마지막으로 '가부장제의 완성'을 다룬다. 『오디세이』는 전쟁 그 이후의 이야기를 다루고 있어 그 시대의 다양한 삶의 편린들을 보여주지만 여성주의적 입장에서는 가부장제의 노골적이고 적나라한 형성 기록일 뿐이다.

세계의 어느 지역의 서사시를 보더라도 『일리아드』나 『오디세이』 만큼 살육과 파괴를 자랑하는 서사시는 없다. 비록 이긴 자의 것이긴 하나 그것은 세월을 거치는 동안 많이 걸러지게 마련인데 유독 호메로스의 이 두 서사시들은 헬레니즘 시대와 중세의 기독교, 르네상스의 인문주의를 거쳐 오는 동안 변하지 않고 세계적인 불후의 고전으로 남았다. 여성의 관점에서, 탈식민주의 관점에서 이 고전을 읽게 되면 그것을 칭송해온 서구 유럽문화의 본질에 회의를 품게 된다.

2. 서사시에서의 신화와 역사의 뒤엉킴과 분리

그리스 서사시 역시 많은 신화적 층위를 품고 있고 신들이 그대로 서사시에서 비슷한 역할을 맡는다. 하지만 인간영웅을 다루는 서사시는 신화에 비해 지상적인 형식이다. 천상의 세계가 의미를 주는 층이긴 하나 어디까지나 행위의 세계는 지상의 세계인 것이다(스넬 72). 신화와 서사시를 동일시하는 관례는 많은 고전 연구에 의해 무너졌다. 신화와 서사시는 전혀 별개의 개념으로 역사적 발전과정의 상이한 두 단계를 각각 대변한다. 이러한 발전과정은 호메로스가 구전되어 오던 설화를 편집하는 과정에서 봉합한 이음새들을 잘 살펴보면 알 수 있다. 그 이음새는 전해 내려오던 민중설화를 호메로스의 정신이 자기 식으로 재조직하게 되면서 이전의 신화들과 모순에 빠지게 된 것이다(호크하이머와 아도르노 77).

원래 장르의 역사는 형식 갱신과 혁신의 역사이지만 고대적 모형을 모태로 하거나 이전의 많은 다른 장르의 요소들을 품고 있다. 이것을 바흐친Mikkail Mikhailovich Bakhtin은 "다른 장르들의 소설화 현상"(22)이라고 하여 소설에만 그 성격을 부여했다. 그러나 소크라테스 로망스가 그 이전의 신화와 비극 들을 어떻게 종합했는지를 니체Friedrich Nietzsche가 언급한 것을 볼 때(95-6), 그리고 그리스 서정시에서 그보다 앞선 민속의 여러 형식이나 호메로스의 서사시 영향이 지배적인 것을 볼 때(스넬, 101) 모든 뒤따르는 장르는 앞선 장르의 요소들을 차용하고 패러디하기도 하면서 자신의 부분으로 품음을 알 수 있다.

신화와 서사시의 혼재에 대해 게오르크 W. 헤겔Georg Wilhelm Friedrich Hegel은 "인간의 상승인 동시에 신의 하락"이라고 평한다.

> 이처럼 서사시에서 인간 영웅을 신으로 묘사하고 인간의 운명을 신들의 한계로 묘사하는 것은 인간의 상승인 동시에 신의 하락이다. 신들이 인간화됨으로써 야기되는 신들의 해체를 통하여 신들은 종교적인 믿음 뿐 아니라 시적인 믿음의 대상에서도 점차 해체되어간다. 서사시는 인간 영웅의 신격화를 통하여 신들을 해체하고 인간 정신의

> 대두를 위한 하나의 과도기적 형식이 된다. (301)

헤겔의 언급처럼 서사시는 신들이 해체되고 인간 영웅이 신격화되는 형식이다. 공동체와 자연의 표상이던 신적인 것에 대한 찬양에서 이런 개별 인간의 행위에 대한 찬양으로의 이행은 서사시의 가장 큰 특징이다.

따라서 신화적 층위가 보편성, 집단성의 형식이라면 서사시는 신적 측면의 인격화 개체화과정이다. 헤겔은 "호메로스가 개체적으로 구분되는 것 안에서 개개의 영웅을 인식하고 보편적인 전체 속에서는 보편적인 위력과 폭력을 인식하고 있다는 데 바로 서사시의 심오함이 들어있다"(294)고 평하는데 이 개체화 과정은 서사시적 측면으로 신화에서 역사를 분리하게 되는 근거가 된다. 개체화 과정은 고귀한 혈통의 그리스 군 총사령관 아가멤논에 대해 여자노예의 문제를 두고 대드는 아킬레스의 분노와 참전거부에서 보이는 전사적 개인주의에서 잘 나타난다. 오디세우스에 나타난 서사시적 개체화에 대해서 막스 호크하이머Max Horkheimer와 테오도르 아도르노Theodor Wiesengrund Adorno는 다음과 같이 말한다.

> 자연 앞에서 무한히 초라한 존재에 불과하지만 바다의 모든 부분을 알고 있는 주인공은 그러한 자신의 '무기력한 능력'으로 신화적 힘을 무력화시킨다. … 그는 바다에도 육지에도 마귀란 없다는 것을 알게 되면서 마귀이야기는 전승되어온 민간 종교의 속임수에 불과하다는 것을 발견한다. 성숙한 눈에는 그러한 속임수에 넘어가지 않고, 즉 귀신한테 홀리지 않고 고향과 확고한 '소유'로의 귀환이라는 '자기 유지'의 목표가 절대적으로 중요하게 여겨진다. (82)

신이 사태의 의미를 보증하던 『일리어드』의 단계에서 『오디세이』에 이르면 이제 신은 마귀나 귀신으로 나타나고 신화적 힘은 무력하게 된다. 이제 올림프스 산의 신들은 한낱 자연신의 위치로 떨어지거나 제우스가 "자, 인간은 신을 얼마나 책망하고 있는가? 그들은 말하기를 모든 재앙이 우리 때문이라고 하고 있다"라고 할 정도로 불평의 대상으로 전락하기도 한다(『오디세이』 6).

그런데 이 신화적 층위와 역사적 층위의 대립과 긴장은 여성과 남성의 대립으로 나타난다. 『오디세이』의 신화적 층위에서는 키르케Circe, 사이렌the Sirens, 칼립소Calipso 들처럼 정복되고 무력화되는 여신들이 등장하거나 바람신이나 바다 신, 구름 신처럼 오디세우스가 이겨내야 하는 자연신이 등장한다. 이미 신화적 층위는 힘이 미약한 신들과 산만한 전설들로 인해 통일성을 결여하고 있다. 남성적 주체로서 오디세우스는 자아를 획득하기 위해 신화적 힘들로부터 도망쳐 나온다. 따라서 아직 주체가 되지 못하고 있는 여성은 신화적 힘과 자연적 욕망에 묶여있는 존재이며 남성은 욕망을 이겨내고 신화로부터 벗어난 존재이다. 특히 키르케에 의해 돼지로 변신된 오디세우스의 부하들이 여전히 인간성을 지니고 있는 것에서 볼 수 있듯이 여성과 남성의 대립은 '신화와 계몽의 대립' 으로 서사시에 흔적을 남기고 있다(호크하이머와 아도르노 112).

다음에는 『일리어드』와 『오디세이』의 차이에 대해서 알아보자. 이 작품들은 작품 내부의 플롯이나 사용하는 어휘체계에서 다를 뿐 아니라 아예 이질적인 작품으로 여겨져 호메로스라는 동일인에 의해 채록, 기록, 첨삭되었다는 것이 믿어지지 않을 정도이다. 특히 『일리어드』에 등장하는 신의 역할이 『오디세이』에서는 오디세우스 개인의 내면의 심리적 갈등으로 재현된 것으로 보고 약 100년간의 시대적 간극을 지닌 작품이라고 줄리안 제인스[4]는 주장한다(옹 50참조). 하지만 이런 차이에도 불구하고 이 두 작품은 트로이 전쟁 연작으로 보는 것이 타당하다.

『오디세이』는 오랜 서사시적 세계의 전쟁터를 누비고 다녔던 오디세우스의 귀향을 다룬 이야기이다. 오랜 전투 기간동안 약탈과 방화, 살해, 부녀자 납치, 그 어느 것에도 누구 못지않게 거칠게 전장을 누볐던 '도시의 약탈자' 오디세우스는 이타카Ithaca도 마찬가지로, 노략질을 하는 뱃사람들에게 습격되어 아내인 페넬로페

---

4) Jaynes, Julian. *The Origin of the Consciousness in the Breakdown of the Bicameral Mind. Boston*: Houghton Mifflin, 1977.

Penelope가 욕을 당하고 아들인 텔레마코스Telemachos는 살해되고 모든 재산은 약탈당하고 가산이 파괴되지 않았을까 불안에 시달린다(153). 이러한 불안은 그동안의 약탈과 방화, 살육을 행한 자신의 행동에 대한 하나의 반성작업이다. 트로이라는 타자에 대한 감정이 자신에게로 투사되어 일어난 것이며 트로이에 대한 부채감이 어떤 식으로든 표현이 되어 있다.

하지만 혼자 살아 돌아온 오디세우스는 철저한 살육으로 그동안의 인내와 불안을 보상한다는 점에서 이들 영웅들에게서 반성적 성찰을 요구한다는 것은 무리이다. 서사시적 영웅의 약탈과 살육은 그 자체로 반성되지 아니하고 다른 형식을 통해서만, 다른 장르로의 이행을 통해서만 극복된다. 우리는 그 이후 순차적으로 발생한 여러 장르들에서 영웅들의 부채가 조금씩 갚아져 나가는 것을 본다. 오디세우스가 서사시를 벗어나면 그에 대한 이야기는 달라진다. 고대 소설의 한 형식인 에로티카 파테마타erotika pathemata- "a story of erotic suffering"에서 오디세우스는 페넬로페가 꾸민 음모의 결과로 에비페Evippe가 낳은 자신의 사생아를 살해하고 나중에는 키르케가 낳은 사생아에 의해 살해당한다(하이저만 5). 역사적 진실여부를 떠나 서사시적 영웅의 부채가 소설 장르에서 갚아져 나감을 알게 된다. 소설에서는 '서사시적 거리'가 파괴되고 보다 개연적이며 보다 특수하게 묘사된다.

3. 전사적 세계관과 팽창주의

서사시는 국가건설과 민족 공동체의 임무(주로 타민족과의 전쟁)를 독려하기 위한 공적 예술로서 등장했다. 서사시에서는 소아시아를 대표하던 트로이와 싸워 이긴 영웅 아가멤논, 아킬레스, 오디세우스를 민족의 영웅으로 칭송했고 생명을 탄생시키는 모성적 가치보다 생명을 죽이는 전사적 미덕과 가치를 찬양하였다(그림 1).

수많은 그리스 인들이 잃은 생명과 재산, 가족들의 희생은 서사시에서 찬양되는 영웅의 빛나는 업적에 묻혔다.

그림 1.
트로이 함락이후 헥토르의 아들 아스티아낙스 Astyanax로 프리아모스 왕을 때리는 아킬레스의 아들 네오프톨레모스의 모습이 중앙에 보이고 왼쪽에는 카산드라가 강간되고 끌려가는 모습을 그린 도자기화. 알타무라 화가the Altamura Painter가 그린 포도주 잔. 보스톤 파인아츠 박물관.

옛 사람들이 영웅을 좋아하는 것은 그들이 타민족의 노예로 전락되는 것을 막아주기 때문이다. 『일리어드』의 용맹한 전사 아킬레스의 미덕은 수려한 필치로 찬양되었다.

> 그는 마치 용사들이 때려죽이려는 굶주린 사자처럼 다가왔다. 도시의 시민 모두가 거기로 모였다. 먼저 사자가 마치 그들을 무시하듯 뽐내며 날뛰었다. 그러나 싸울 욕심에 찬 한 젊은이가 뾰족한 창 끝으로 그를 찌르자 그는 입을 벌리며 몸을 돌렸다. 그의 이빨 사이에서는 거품이 일고 그의 가슴 속에는 힘찬 심장이 신음을 토했다. 그는 옷자락으로 양 옆구리와 뒤를 치며 싸우려고 덤벼들었다. 위협적인 눈초리로 그는 자신이 용사들을 죽이든 그 자신 죽임을 당하든 상관없다는 듯 똑바로 앞으로 나아갔다. 이처럼 용감무쌍하게 아킬레스는 용감한 영웅 아네아스를 향해 공격해나갔다. (헤겔

185에서 재인용)[5)]

아킬레스는 서사시적 세계를 규정하는 영웅적 표상이다. 사실 아킬레스에게 내면성은 존재하지 않는다. 그의 내면적 갈등은 아테나 여신과의 대화이거나 그 여신의 경고로 나타날 뿐 아킬레스는 주저하지 않는 용맹함 그 자체로 나타난다. 다만 분배의 몫이 부당하기 때문에, 그리하여 명예가 손상당했다고 보기 때문에 분노할 뿐이다. 이것은 원시적 민주주의의 잔재이기도 한데 아가멤논의 물려받은 미덕인 "귀족의 영예[aristoi(the best)]"와 증명된 군사적 업적의 표시인 보다 개인화된 명예인 아킬레스의 "용감함(arete)"과의 긴장을 반영한다[6)](매키온 134). 장르는 변화하는 세계에 대한 여러 가지 세계관의 긴장과 갈등을 보여주고, 『일리어드』의 이러한 대립은 장르가 지닌 '사회적 불안정성의 치유 능력'[7)]을 말해준다.

게오르그 루카치Georg Lukacs는 서사시의 시대는 용감함이 찬양되는 시대일 뿐 아니라 총체성이 구현된 시대로 유토피아였다고 찬양한다.

> 별이 빛나는 창공을 보고, 갈 수가 있고 또 가야만 하는 길의 지도를 읽을 수 있던 시대는 얼마나 행복했던가? … 세계와 자아, 천공의 불빛과 내면의 불꽃은 서로 뚜렷이 구분되지만 서로에 대해 결코 낯설어지는 법이 없다. … 영혼의 모든 행위는 하나같이 의미 속에서, 또 의미를 위해서 완결되는 것이다. (29-30)

---

5) 천 병희가 옮긴 『일리아스』에 비해 좀 더 생동감이 넘치는 표현이라 재인용의 형식을 택했다.

6) 귀족의 영예로 번역한 aristoi는 집단적 탁월함으로 어디까지나 계급으로서의 탁월함인데 비해 arete는 개인적 탁월함을 말한다. 아레테는 호메로스에서는 남성적 자질에서의 뛰어남과 능숙함을 의미하기 때문에 용감함으로 번역하였다. 개인적 자질을 말하는 아레테는 일반적으로 자신이 맡은 분야에서 능숙함을 의미하지만 소크라테스 시대에 가면 도덕적인 개념으로 미덕이나 선함으로 사용되기도 한다(*Greek English Lexicon* 참조).

7) 오랜 전쟁 기간 동안 개인적 자질이 뛰어난 전사의 업적이 고귀한 가문의 귀족들보다 두드러질 때, 절대적 권위를 지닌 귀족의 영예aristoi의 가치가 약화되므로 일시적인 사회적 불안정성이 초래된다. 그러나 그 불안정성은 개인적 자질을 가진 신흥집단에 의해 해소됨으로써 사회적 균형이 회복되는데 장르는 이러한 불안정성에 대한 혼란을 해소하여 새로운 가치의 변화를 그럴 듯한 것으로 받아들이게 한다.

루카치의 감상적이면서도 우수에 찬 이런 언급은 고대 그리스 서사시에 대한 향수를 드러낸다. 그 시대는 영혼과 행위가 일치하며 내부와 외부의 균열을 말해주는 철학도 없었으며(30) 따라서 그에게 진정 행복한 시대였고 선험적 고향이었다. 그런데 루카치에게 행복하고 선험적 고향으로 보였던 서사시의 세계는, 특히 『일리어드』의 세계는 전쟁 기계의 세계이다. 그들에겐 일상이 없다. 멀리 두고 온 고향과 처자식에 대한 그리움이나 삶에 대한 애착과 미련이 보이지 않으며, 생명의 위기에서 오는 불안이나 공포도 보이지 않는다. 『소설의 이론』에서 루카치는 1차대전을 앞두고 유럽문명에 대한 절망과 좌절에서 고대 그리스를 돌아보고 그 서사시의 총체성을 예찬한다. 그런데 고대 그리스 서사시에 대한 향수와 예찬은 '전쟁에 대한 거부'의 태도를 지닌 자가 전쟁 속에서 영혼의 갈등을 느끼지 않는 전사적 존재를 예찬한다는 점에서 아이러니이다.

이렇게 찬양되는 전사적 세계관은 필연적으로 팽창주의와 연결된다. 트로이 전쟁은 아름다운 헬레네Helen를 빼어간 트로이에 복수하고 그를 되찾아 오기 위한 용사들의 무용담으로 읽힌다. 그런데 헬레네를 납치해간 트로이에 대해 보상을 받아내거나 여인을 돌려받지 않고 왜 그리스인들은 총단결하여 전쟁을 벌였을까? 소아시아 출신인 헤로도토스Herodotos는 귀족가문의 여인을 납치함으로써 생긴 종족간이나 민족간의 분쟁을 비교적 공정하게 기록하려고 한다(그림 2).

페니키아인들이 아르고스Arogos의 왕녀 이오Io와 몇몇 여자들을 납치했고, 그후 그리스 인들이 페니키아의 공주 에우로페Europe를 납치해갔고 또한 그리스인들이 무장한 상선을 타고 콜키스Colchis의 왕녀 메데이아Medea[8]를 유괴해 갔다. 왕이 보상과 함께 딸의 반환을 요구했으나 그리스 측에서는 그쪽에서도 왕녀 이오 납치에 대

8) 이러한 헤로도토스의 주장에서 족내혼으로 넘어간 역사의 단계에서 모성적 재생산 능력을 지닌 여성에 대한 통제가 이루어졌음을 알 수 있다. 사실 메데이아나 헬레네는 납치당한 것이 아니다. 우리가 비극 『메데이아』에서 알 수 있듯이 메데이아는 스스로 이아손에 반해서 아버지의 죽음을 무릅쓰고 사랑을 선택한 것이며 헬레네 역시 '아프로디테의 포로'라고 스스로 밝혔듯이 유혹에 못 이기는 척 자발적으로 트로이로 갔다.

그림 2.
헤로도토스

한 보상을 하지 않았으므로 이쪽도 보상할 의사가 없다고 회답했다. 4,50년이 지났을 때 프리아모스Priam의 아들 파리스Paris가 그리스인들이 보상하지 않았으므로 자신도 하지 않아도 되리라 확신하고 헬레네를 납치하였다. 아시아측은 납치당한 여자의 일 따위는 문제 삼지 않았는데 그리스인들은 단지 스파르타의 여자 때문에 대군을 모아 아시아에 진격하여 프리아모스 나라를 멸망시켰다고 한다(23-25).

그리스인들은 자신의 척박한 삶을 타개하기 위해 풍요롭고 안정된 트로이를 약탈할 수밖에 없었음을 파울 프리샤우어Paul Frischauer는 다음과 같이 말하고 있다.

> 트로이에 원정한 왕이나 영웅들을 강력한 권력을 토대로 하여 왕좌에 오른 제후들이나 호화스럽고 유유자적한 생활을 보내고 있는 영주쯤으로 생각하는 것은 오해이다. 아카이아Achaea인의 왕족은 자신과 그 일족들에게 일상적인 소비 물자를 공급할 수 있는 호농 정도에 불과했다. … 따라서 무력에 의해 유복한 생활을 누리며 손바닥에 물집이 잡히도록 일하지 않아도 될 기회나 적절한 구실을 마련하려고 … 아카이아 인의 왕들과 제후들은 아름다운 헬레네의 납치에 대해서 파리스 한 사람만이 아니라 전 트로이를 상대로 복수한다는 것에 모두 찬성했던 것이다. (169)

위의 언급은 전쟁을 일으킨 것은 아름다운 헬레네 때문이 아니라 약탈과 포로의 노예화를 통하여 유복한 생활을 하고 싶었기 때문이라는 설명이다. 그런데 아카이아 인들이 아름다운 헬레네를 찾기 위해 전쟁을 일으켰고 수많은 남자들이 목숨을 잃었다는 주장에는 팽창주의의 정치 경제적 배경과 여성에 대한 억압(여성에 대해 엄격한 성적 통제권을 행사함)을 은폐하려는 의도가 숨어 있다. 나아가 미모의 여인을 납치해간 트로이를 야만족으로 여기고, 그 여인을 위해 목숨을 거는 그리스 민족을 문명적으로 개화된 예술적 민족으로 미화한다. 그리하여 팽창주의 전쟁은 미학적인 것으로 포장된다. 그리스 및 서유럽 민족을 미적 감각을 지닌 예술인으로 미화시키려는 의도는 백인 중심의 그리스white marble Greece를 서구 문명의 원류로 보려고 하는 데서 더욱 강화된다. 이것은 독일 고전주의 시대에 빙켈만Jahann Joachim Winckelmann 이후 니체에 이르기까지, 아니 지금까지 이어져오는 역사왜곡이다. 당시의 그리스 사회는 소아시아의 유색인종과 함께 꾸린 문화였다.[9)]

마가렛 앤 두디Margaret Anne Doody는 호메로스의 서사시에 대해 '거꾸로 읽기'를 권장한다. 호메로스의 출신 역시 불명확하지만 소아시아 인으로 추측할 수 있는 근거가 많이 있다고 보면 승리의 서사시가 침략의 서사시로 읽힐 수 있다고 한다. 그렇게 되면 이들 서사시의 세계는 유색인에 대한 백색 서구인의 팽창주의가 승리한 세계로 묘사될 수 있다.

---

9) 마틴 버날Martin Bernal은 고대 그리스 문명이 이집트와 페니키아 문명에 의한 식민화로부터 태동하였다고 주장한다. 아테네의 조각 예술에서 드러나는 완벽한 미와 고요한 문명이라는 '하얀 대리석의 그리스'는 그리스 문화의 뿌리인 아프리카 아시아 영향을 철저히 배제한 것이라 보았다(281-336). 그런데 아프리카나 아시아의 영향 속에서 그리스 문명이 태동했다고 해서 그리스 문명의 독자성과 높은 창조성이 부정되지 않는다. 이것 역시 '기원의 신화'가 지닌 오류를 범할 수 있기 때문이다. 필자는 마틴 버날의 견해를 '기원의 신화'로서 인정하기보다 그리스 문명 자체가 유색인들의 소아시아문화와 백인 아티카인의 합작이라고 본다. 조각예술로 대표되는 그리스 문화는 백색의 아티카인 들이 중심으로 일구었지만 크레타Crete 문명은 흑인들에 의한 것이었으며 그리스 서정시나 그리스 소설 들은 소아시아 지역에서 발흥하기도 하였다. 실제로 사포Sappho는 옛 트로이 지역 주변에 있는 레스보스 섬 출신으로 작은 키에 그을린 얼굴을 한 원주민 출신이었다고 한다(마리옹 22).

그리고 『일리어드』는 그 자체로 확고하게 팽창주의적인 서구인들(아카이인들)이 "동방의" 민족에게 미친 충격에 대한 설명으로 볼 수도 있다. …

호메로스 자신(시인 집단들)은 소아시아 출신일 수도 있다. … 비록 아테네인들이 중요한 텍스트를, 이 부분은 그리스의 비아티카적 형식으로 쓰여졌는데, 편집하고 전달했다하더라도 만약 이 서사시인을 아티카(아테네를 중심으로 한 그리스 지역)적이 아니라 기본적으로 "아시아적" 관점에서 쓴, 인간적 다양성의 관찰자로 본다면 호메로스는 다르게 보일 것이다. (62-3)

두디는 호메로스를 다시 볼 것을 주장한다. 아킬레스나 오디세우스의 입장에서가 아니라 헥토르Hector나 왕비 헤카베Hecabe, 일반 트로이 인들의 입장에서 호메로스의 서사시를 본다면 『일리어드』는 완전히 달라진다. 승자의 세계에 비록 초점이 맞추어지기는 하나 아티카 인들의 세계에서는 지도부의 갈등이 두드러져 보이고 전사들 개인에게서도 아킬레스를 제외하고는 아가멤논과 오디세우스에게서 탐욕과 간악함이 두드러진다. 트로이 인들은 비록 패배하긴 했지만 조국과 가족을 위해 용감하게 싸워 쓰러진 명예를 갖는다. 반면 아티카 인들이 트로이 성을 불 지르고 남자를 모조리 학살하고 여자들을 모두 노예로 나누어 가져가더라도 자신들의 미래 역시 고통과 죽음 이외에는 아무 것도 남겨져 있지 않다. 즉, 승자의 입장이 아닌 패자의 입장에서, 그리고 패자를 자신의 민족으로 여겼던 호메로스의 입장에서 보면 아티카 인의 트로이 침략은 분명 전사적 팽창주의에 대한 비판으로 읽힐 수도 있다는 것이다.

그러면 호메로스의 서사시에 나타난 전사적 팽창주의를 아테네 인들은 어떻게 읽었을까? 약 3세기 이후 기원전 5세기에 에우리피데스는 알키비아데스가 지도자였던 멜로스 섬의 대학살을 고발하기 위해 「트로이의 여인들」을 경연대회에 출품한다. 아테네 인들의 반발 심리로 2등밖에 하지 못했지만 이 작품은 아테네의 제국주의를 경고하기 위해 트로이 전쟁을 빌어온 것이다. 이 작품은 "일반적으로 트로이 전쟁을 기탁한 멜로스 학살의 규탄, 즉 아테네 제국주의의 침략 전쟁에 수반된 온갖 포학과 부정을 고발한 것으로" 에우리피데스는 조국애가 전사적 팽창주의의 옹호가 아님을 분명히 하였다(김진경 19).

물론 호메로스의 서사시에 나타난 전사적 팽창주의는 고대 문명권에서 지속적으로 발견되는 특성이라 할 수 있다. 하지만 승자의 입장에서, 그리고 승자의 세계만을 그리스 문화와 동일시할 때 『일리어드』와 『오디세이』는 분명 전사적 팽창주의로 읽힌다. 승자의 세계가 탐욕, 간악함, 약탈, 전사적 용맹함을 드높일 때 이러한 서사시의 세계는 반성적 능력을 가진 사회가 아니라 육체적 행동만을 지닌 전사의 세계이다. 서사시의 영웅은 용감함의 구체적 증거인 학살과 약탈, 파괴를 통해서만 증명되기 때문이다. 영웅의 가치를 드높이고 그 영웅의 행위 결과에 따라 여성운명이 급변되는 사태를 그림으로써 여성들은 노획물의 형태로 철저히 사물화된다. 이런 의미에서 고대 그리스 서사시는 여성의 사물화를 형상화하는 남성의 형식이다.

4. 남성중심주의와 가부장제의 완성

전사적 팽창주의에 못지않게 가부장제로의 확고한 이행을 보여주는 것이 고대 그리스 서사시이다. 서사시에 나타난 가부장제는 다양한 경로를 통하여 강화되는데 무엇보다도 두드러지는 것은 여신의 지위하락과 남성전사의 지위 상승으로 나타난다. 여성들은 대부분 남성에게 조력자로 나타나지만 남성은 도움만 받고 여성은 배제된다. 모성은 주는 존재로만 그려질 뿐 그에 걸 맞는 위치나 존재를 인정받지 못한다. 그 다음에는 남남 유대를 통하여 남성공동체가 강화됨으로써 가부장제가 확고한 뿌리를 내린다.

1) 여신의 패배와 창녀로서의 여신

모권에서 부권으로의 이행과정을 잘 보여주는 것이 여신의 패배이다. 고古신화적 층위를 이루고 있는 부분에서는 모이라Moira가 제우스나 하데스, 포세이돈의 영역을 나누고 그들의 행동반경을 엄격하게 규정하지만 대부분의 그리스 신화에서 제우스는 운명의 신 모이라보다 훨씬 더 높다. 신화에서 비극에 이르기까지 여신의 패배는 다양하게 기록되는데 여기서는 주로 아프로디테Aphrodite의 패배와 창녀로 전락하는 여신들에 대해 살펴보기로 한다.

> 호메로스가 말해주는 트로이 전쟁 이야기는 사랑, 결혼, 가족, 여성성의 매력이나 약점들을 포함한다. 『일리어드』의 어떤 놀라운 부분에서 디오메데스가 자신의 아들 아이네이아스를 데려가는 아프로디테를 실제로 상처 입히려고 한다. 여성의 모성적 신성이 정복당하고 영락한 상태에 빠지는 것은 소아시아의 거주자들과 갈등하고 있는 아카이아 문화체계의 중요한 목표인 것처럼 보인다. (두디 63)

아프로디테의 아들 아이네이아스와 디오메데스가 싸울 때 아프로디테가 아들을 구하려고 했다는 이유로 디오메데스의 추격을 받는데 아테나는 디오메데스에게 먼저 용맹을 주어 그를 단련시킨다. 다른 신에게는 대항하지 말고 아프로디테를 겨냥해서 청동 창으로 찌르라고 지시한다. 디오메데스가 아프로디테에게 상처를 입히는 장면과 그의 여성에 대한 모멸감이 『일리어드』에 그대로 묘사 된다.

> 그런데 디오메데스는 손에 창을 들고 아프로디테를 쫓아가고 있었다. 왜냐하면 그는 아프로디테가 겁 많은 여신으로 아테나나 도시를 점령하는 에니오와는 달리 감히 인간의 싸움터에 와서는 군림할 수 없는 신이라는 것을 알고 있었기 때문이다. 한참 추적한 끝에 마침내 그가 여신을 붙잡아 달려들어 찌르자, 그 고운 손에 상처가 났다. … 여기서 디오메데스가 아프로디테에게 외쳤다. “제우스 따님이시여, 싸움터에 발을 떼시라! 약한 여인들을 속이는 것만으로 충분하지 않으신가? 당신이 싸움터에 발을 들여놓고 싶다면 이후로는 아마도 멀리서 전쟁의 이름만 들어도 당신을 몸서리치게 하리라!” (5권 92)

이제 여신은 신이 아니라 한낱 여자에 불과하다. 그리스 전사에 쫓기는 여신에게서 우리는 여성의 지위가 전사사회에서 얼마나 몰락할 수밖에 없는가를 보게 된다.

여기서 아프로디테의 패배는 상징적인 의미를 지닌다. 이제 전쟁은 남자들만의 일이고 전체 공동체의 일이 아니다. 여성은 가사와 베틀짜기에 만족해야 한다. 남녀의 일은 엄격하게 분리되고 전사들은 하나의 계급으로 된다. 여성들이 처음부터 전쟁이나 공동체적인 일에 배제되었던 것은 아니다. 우리는 전쟁에 직접 나가 싸웠던 여전사의 몰락 역시 목격하게 된다. 헥토르가 죽은 뒤, 궁지에 몰린 트로이 인의 진영은 멀리서 온 동맹군의 도움을 받게 되었다. 그들은 말을 탄 채 달리며 활을 쏘고 창을 던지며 남자보다 격렬하게 싸우는 기마 여인들로 전쟁에 익숙한 아카이아인들까지 공포에 떨게 했으나 아킬레스는 거칠게 날뛰는 아마존의 여왕인 펜테실레이아를 일대일로 쓰러뜨려 마침내 아카이아 군은 승리를 거두었다. 에페소스Ephesus에 있던 가장 오래된 아르테미스Artemis 신전은 아마존이 건설한 것이라고 일컬어지는데 아마존 족이 몰락하듯 아르테미스 신도 무대에서 사라진다.

다음에는, 여신을 오디세우스를 유혹하는 첩이나 창녀로 보는 경우를 보자. 호크하이머와 아도르노는 "오디세우스와 사이렌의 그리스 신화를 유럽문명의 중심 텍스트이자 근대성의 아포리아를 드러낸 전형적인 우화"로 해석한다(그림 3). 선원들에게 자신을 닻에 묶도록 명령하여 유혹하는 사이렌의 노래에 굴복하지 않으려고 했던 오디세우스는 서구문화의 발전 방향을 결정하게 될, 육체와 여성적인 것에 대한 억압을 예견하는 훈육된 부르주아 개인의 화신"으로 본다(펠스키 1999, 27).

이런 논리에 입각해서 퍼트리셔 밀즈Patricia Jagentowicz Mills는 호크하이머와 아도르노의 해석이 지닌 문제점을 다음과 같이 지적한다.

> 호크하이머와 아도르노는 오디세우스의 여행을 외화와 귀환의 여행, 즉 재인식의 여행으로 해석하나 그들은 이 이야기에 대한 서술에서 여성의 상황에 관한 중요한 요소들을 빠뜨린다. 여성에 대한 지배, 즉 여성의 자기소외와 자연에 대한 지배의 관계에 대한 간단한 설명에서 여성 영혼에 대해서는 단지 피상적인 주의만 기울일 뿐이다. 침

그림 3.
사이렌 자매들의 아름다운 노래소리를 들으면서도 유혹을 이겨내는 오디세우스. 드레이퍼. 〈오디세우스와 사이렌 자매들〉. 1891년.

묵되는 것은 재인식의 변증법에서 여성 욕망과 여성 역할의 종속화이다. (182)

밀즈의 주장처럼 계몽의 변증법을 통해 이루어지는 '주체의 세움'은 남성적 주체의 세움일 뿐이다. 오히려 그 과정에서 여성은 주체로 세워지는 것이 아니라 욕망과 역할이 종속됨으로써 침묵되고 소외되고 지배된다. 따라서 자아를 찾기 위한 기나긴 투쟁으로 그려지는 오디세이(오디세우스의 여행)는 보편적 인간의 여정으로 일반화할 수 없다.

『오디세이』에 등장하는 키르케나 사이렌은 신비적인 힘을 지녔다. 마법적인 힘을 지닌 '독립적인' 마녀이자 님프로 수세기 동안 뱃꾼에게 전해 내려오다가 호메로스 시에 집대성된 이들은 사라진 여성의 권력에 대한 기억을 구체화시킨 것이라 할 수 있다(칸타렐라 33). 이들은 신비적 인물로 역사적 설명이 불가능하다고 에바 칸타렐라는 말하고 있지만 필자는 그의 책 속에서 이들의 역사적 흔적을 찾게 된다.

크레타 지역에 비해서 여성의 지위가 많이 낮긴 하지만 뮈케네Mycenae 지역[10]에서는 여사제들에게 토지 소유를 허용하였다고 한다(16). 즉 키르케와 칼립소는 토지 소유와 경제 능력을 갖추며 사제직을 가진 직업여성으로서 '독립적인' 여성으로 볼 수 있다. 그런데 『오디세이』에서 이들 여성들은 오디세우스의 첩이나 창녀로 전락한다.

키르케는 어머니나 자궁으로서의 존재가 아니라 연인으로서, 그리고 성적 주도권을 쥐고 남성들을 유혹하여 자신의 덫에 걸리게 하는 창녀로서의 여성을 대표한다. 키르케는 마약을 타서 오디세우스의 부하에게 먹이고 주술로 그들을 돼지로 변신시킨다. 키르케가 부하들을 돼지로 바꾼다는 것은 키르케 역시 단순한 동물적 자연, 즉 성에 의해서 규정되고 생존을 위해서 성의 냄새를 탐지해낼 수밖에 없는 동물로 환원된다는 것을 뜻한다(밀즈 185). 그런데 부하들이 "머리가 변하고 목소리가 변해서 털이며 모양이 다 돼지로 변했지만, 그들의 이성만은 예나 다름없이 심오한 것이었다(『오디세이』 138)"라는 부분은 어떻게 해석해야 될까? 돼지로 변한 남자들이 여전히 인간성을 의식하고 있는 것에 대해서 호크하이머와 아도르노는 다음과 같이 말한다.

> 그러나 돼지의 형상 속에서 후각의 쾌락은 코를 땅에 박고 직립보행을 포기한 자의 부자유스러운 킁킁거림으로 왜곡되어 있다. 그것은 마치 마법을 거는 창녀가 남자들을 굴복시키는 의식을 거행하는 도중에 가부장적인 사회가 그녀 자신을 다시금 굴복시키는 의식을 반복하는 것과 같다. … 계몽과 신화의 대결 그러한 대결의 흔적을 이 서사시는 간직하고 있는데 그 속에 있는 유혹녀는 강력한 유혹의 힘을 가지고 있지만 동시에 벌써 연약하고, 구식이며 방어력 없는 존재이다. (112)

아무리 신화적 주술적 단계로 돌아가더라도 남성은 이성을 지닌 계몽적 존재이므로 인간성을 간직한다. 여기서 호크하이머와 아도르노는 남과 여의 대결을 계몽과 신화의 대결로 보아 키르케의 주도적 위치를 역전시킨다. 강력한 유혹의 힘은

---

10) 아티카 지역에서 가장 번성하였던 곳으로 아가멤논이 다스리던 지역이다.

있지만 키르케는 곧 주도권을 상실하는데 그것은 키르케의 힘을 중화시키는 헤르메스가 준 해독제 때문이다. "남성 연대의 행위를 통하여 오디세우스는 키르케의 마법, 즉 여성적 성애의 마법에 면역이 되지만"(밀즈 185) 자신이 키르케와의 동침으로 남성성을 잃게 되지나 않을까하는 거세 공포에서 칼을 들고 위협하며 '겁쟁이, 사내답지 못한 사람으로 만들지 않겠다' (『오디세이』 141)는 맹세를 하게 한다. 호크하이머와 아도르노에 따르면, 이러한 맹세는 난교를 금지시키고 남성지배권을 세운 것에 대해 복수하지 않게 하고 남성을 거세(절단)로부터 보호하기 위해 의도된 것이다(113). 오디세우스는 페넬로페와 결혼한 몸이지만 키르케와의 난교에 몰두하고 다른 부하들과의 관계를 못가지게 한다.

키르케는 자신이 받은 것보다 훨씬 많은 것을 준다. 교환사회에서 많은 것을 주는 자는 언제나 불리한 위치에 있다. 이야기 속에서 처음에는 타락시키는 자로 후에는 조력자로 나타나는 키르케의 특징은 이중적이다. 키르케는 어머니로서의 사이렌을 극복하는 오디세우스의 자기인식에 강력하게 협조한다. 이에 대해 호크하이머와 아도르노는 "창녀와 아내는 가부장 사회의 여성적 자기 소외의 보완물"(115)이라고 주장하지만 창녀는 남성의 협조자일 뿐이다.

키르케는 사제로서 망자와 산자를 중개하는 기능을 수행한다. 키르케는 1년여의 동거 끝에 귀향하려는 오디세우스에게 하데스로 가서 테이레시아스를 만날 것을 권유하며 제사에 쓰일 검은 숫양 한 마리와 암양 한 마리를 주고는 하데스에 이르는 길과 함께 그 예언자보다 '아무도' 먼저 피를 못 마시게 한다. 여기서 '아무도'는 나중에 오디세우스의 어머니 혼령임이 드러난다. 그리고 다시 뱃길에 나선 오디세우스에게 사이렌의 노래를 이겨내는 방법을 세세하게 설명하는데 이 때 역시 사이렌은 '모성의 형상화' 로 볼 수 있다. 결국 오디세우스는 키르케를 통하여 성적 쾌락을 향유하면서도 남성성을 잃지 않고, 또한 어머니로부터 정신적으로 완전히 독립하는 법을 배움으로써 '남성 주체 세움의 과정' 에서 모성을 방해물로 확실하게 제거하게 된다.

2) 모성의 파괴와 배제

트로이 전쟁에서 승리한 후에도 오디세우스는 함대를 이끌고 귀향하는 과정에서 수많은 도시들을 약탈하다가 많은 군사를 잃고 신의 저주와 함께 여러 가지 재앙을 만난다. 오디세우스는 이러한 재앙과 저주를 모두 이겨내고 혼자 살아남는데 이 과정은 여성들에 의해 오디세우스의 생명이 재탄생되는 과정이다. 물질적인 부 뿐만 아니라 오디세우스는 아테나와 키르케, 칼립소, 그리고 나우시카 공주 들 여신이나 여성들의 도움으로 살아남는다. 여기서 이들 여성들은 오디세우스의 주체 세움의 과정에 조력자로 나타남으로써 일종의 모성적 역할을 수행한다.

그런데 『오디세이』에서 전개되는 과정은 모성이 철저히 배제되거나 파괴되는 과정으로 나아간다. 그리스 문명은 프로이트 식으로 부친살해를 통하여 이루어진 것이 아니라 모친살해를 통해서 이루어졌다는 주장 역시 이것을 뒷받침하는 근거로 작용한다(이리가레 36). 이들의 모성적 역할은 첩의 역할로 전락하고 모성과 분리된다. 오디세우스가 저주를 받게 되는 이유 가운데 하나가 에우리피데스의 「트로이의 여인들」에서 분명하게 드러나는데 그가 범한 최대의 악은 후환을 없애기 위해 돐을 갓 지난 헥토르의 아들 아스티아낙스의 살해를 주장하고 트로이의 가장 높은 망루에서 떨어뜨려 죽게 한 일이다(그림 4).[11] 그리하여 안드로마케는 모성을 빼앗긴 채 아킬레스 아들의 첩으로 끌려간다. 이에 대해 오디세우스는 죄가를 톡톡히 받게 되는데 "트로이의 고난이 오히려 그에게 황금으로 보일만한 온갖 고초"를 겪게 된다.

오디세우스는 키르케의 섬에서 하데스로 갔다 다시 키르케의 섬으로 돌아오는데 이것은 꿈의 과정이자 오디세우스 무의식의 여정으로 읽을 수 있다. 키르케를 통하여 얻은 성적 쾌락의 향유는 성장 과정에서 어머니에게 빚진 감정을 이겨내어 가장

11) 헥토르의 아들을 누가 죽였는가에 대해서는 다양한 설이 있다. 네오프톨레모스가 죽였다는 설과 오디세우스가 죽였다는 설이 가장 유력하다.

그림 4.
아스티아낙스를 망루에서 던지는 오디세우스와 그를 지켜보며 울부짖는 안드로마케

약한 고리였던 무의식에서의 어머니 존재로부터 독립하게 하는 힘이 된다. 모성적 힘의 죽음은 더욱 하데스로 가는 오디세우스의 여행에서 분명하게 조명된다. 오디세우스가 하데스로 갔을 때 자신에 대한 그리움 때문에 죽게 된 어머니를 만나자 깊은 슬픔으로 목이 메이지만 테이레시아스의 말이 있을 때까지 어머니의 혼이 피에 접근하는 것을 막는다(153). 위대한 자들의 부인과 딸들의 영혼들에게 그는 "튼튼한 허벅지에서 날이 시퍼런 칼날을 뽑아서" 위협하며 한 명씩 혈통을 밝히고 피를 마실 것을 명한다(154). 모성적 형상들이 '빛의 종교'에 의해 쫓겨났다고 주장하는 호크하이머와 아도르노(117)에 대해 밀즈는 다음과 같이 말한다.

> 그러나 모성적 형상들에 대한 종교적 지배는 심지어 어머니로서의 여성조차 남성에게 지배되는 여성에 대한 사회적 지배를 감추기 위한 이데올로기적 덮개일 뿐이다. 정신분석학적 관점에서, 하데스의 방문은 오디세우스가 무의식의 영역으로 내려간 것으로 볼 수도 있고 거기서 남성의 재탄생을 허용하기 위해 최후의 치명적인 타격이 어머니의 힘에 가해진다. 따라서 오디세우스는 무의식의 땅, 어머니의 대지로 내려가고 이 대지에서 어머니의 힘을 벗어난 재탄생이 이루어진다. (183-4)

하데스로 간 오디세우스는 어머니에게서 완전히 벗어나 테이레시아스의 예언에 의해 재탄생된다. 어머니에 의한 남성의 탄생이 부정되고, 무의식 속에 자리 잡은 어머니에 대한 의존을 벗어날 때 남성적 주체가 재탄생한다.

키르케가 창녀의 유형이라면 사이렌은 어머니의 유형이다. 무의식의 세계에서 어머니를 극복한 오디세우스는 홀로 선 '남성적 주체의 시험'에 들어간다. 남성적 주체의 시험은 자연이자 어머니로 표상되는 사이렌의 노래를 듣고도 이겨냄으로써 극복된다. "기술적으로 계몽된 오디세우스는 자신을 묶도록 만듦으로써 태고의 노래가 갖는 우세한 힘을 인정한다"(98)는 호크하이머와 아도르노의 언급은 남성 주체가 모성의 위대성에 대해 경험적으로나 지식으로서나 그 우월성을 알지만 기술적으로, 의지적으로 극복해나감을 보여준다.

그런데 호크하이머와 아도르노는 사이렌을 원초적인 자연의 힘이자 쾌락원리의 부름, 즉 성애의 요구로 사이렌의 노래를 해석한다. 그들에게 오디세우스는 욕망과 신화적 힘을 이겨내는 계몽적 존재이다. 사이렌의 노래를 '남성 에고에 대한 위협'으로 보는 견해는 인정하나 성애나 쾌락의 요구로 보는 주장에 대해 밀즈는 반박한다. 그는 "자궁과 무덤을 긴밀하게 결합시켜 상징화한 고대적인 심연의all-engulfing 어머니로써 … 사이렌은 남성에게 강력한 어머니의 모습을 재현한다. 사이렌에 항복하고자 하는 욕망은 자아에 대한 책임을 포기하려는 남성의 욕망이며 남성에고에 대한 죽음을 신호하는 욕망"이라고 한다(183). 사이렌을 밀즈의 주장대로 고대적 어머니로 해석한다면 사이렌의 노래를 듣고도 극복하는 것은 자연과 모성으로부터 완전히 벗어나서 그들로부터 자유로워지는 과정이다.

오디세우스가 어머니로부터 무의식에서부터 자유로워지는 과정은 텔레마코스에게서 아주 구체적으로 나타난다. 텔레마코스는 아직 어른이 되지 않은 나이에 벌써 어머니의 역할을 제한한다. 『오디세이』에서 텔레마코스는 페넬로페에게 구혼자들 앞에 나서지 말라고 다음과 같이 명령한다. "제발 안으로 들어가셔서 집안 일을 돌보시기 바랍니다./ 어머님께는 베틀과 물레가 기다리고 있고/ 하인들을 부릴 일도 많으실 텐데요. 바깥일은 남자 일이니/ 제가 맡겠습니다. 사내인 제가 주인 노릇을

하게 해주십시오"(15). 이것은 오디세우스가 키르케에게 모든 것을 다 얻고도 냉정하게 대하는 것이나 하데스에 가서 어머니가 테이레시아스보다 먼저 피를 마시지 못하게 하는 냉정함과 같은 것인데 자신이 남자로서 주인으로서 지배권을 행사할 때 어머니의 존재가 부담으로 작용하기 때문이다. 가부장제가 『오디세이』에서처럼 확고하게 뿌리내리기 이전의 시대에 어머니들은 대체적으로 가계의 관리, 경영에 많은 영향력을 행사했으며, 『오디세이』의 시대에서도 남편 부재 시에는 어린 아들을 대신해서 지배권을 행사하는 것은 어머니였기 때문이다. 어머니를 지배권에서 배제한다는 것, 그것은 어른으로 성장했다는 남성의 징표이다. 여성은 어머니로서 가족에 미치는 영향력이나 사회에 대한 영향력을 상실하였다. 여자는 집안에 틀어박혀 고립된 채 특별히 지정된 장소 내실에서만 생활하였다. 자기 집을 방문하는 남자들과 아내가 마주치는 것조차 금했는데, 이것이 격리의 주된 목적이었다(베벨 44).

창녀 – 여신의 패배가 가부장제의 초기 단계라면 페넬로페의 문명적 결혼은 가부장적 장치가 객관화된 후기단계를 대변한다(호크하이머와 아도르노 113). 모권에서 부권으로의 이행과정에서 사회의 타협점이 결혼으로 제시된다. 그 타협점이란 가정이나 사회에서 여성의 역할을 제한하는 대신 일부일처제의 합법적인 아내로서 여성을 대접하고 그 자식을 합법적인 자식으로 대우하는 것이다. 『일리어드』의 아가멤논이 아내가 있음에도 여러 여자 노예와 포로들을 탐하고 결국은 트로이의 왕녀 카산드라와 함께 아내의 손에 살해되는 반면에, 『오디세이』에서는 오디세우스가 소 20마리를 주고 산 예쁜 소녀를 페넬로페의 노여움을 살까봐 동침하지 않았다고 회상하는 장면이 나온다.

3) 가부장제의 확립

경배되던 여신들은 몰락하고 혈족공동체에서 존중받던 모성의 가치는 하락하는 가운데, 오디세우스는 구혼자들의 청혼으로 재현된 혈족들의 권리요구를 그들의 살해를 통하여 제압하고 법에 기초한 1인지배의 가부장제적 왕국을 수립한다. 그런데 가부장제적 왕권의 수립은 오디세우스 개인의 힘만으로는 되지 않는다. 여성에 대한 가부장제적 지배는 강고한 남성공동체의 건설을 통해 이루어진다.

앞서 텔레마코스가 어머니를 내실에만 계시라고 한 것에서 볼 수 있듯이 고대사회의 성적 지배양식은 가족유폐적이다. 이종영은 가족유폐적 양식의 특징에 대해 다음과 같이 말한다.

> 가족유폐적 성적 지배양식의 '남근로고스중심주의'는 그리하여 오직 주체들로만 이루어지는 하나의 공동체를 형성한다. '남성공동체'가 바로 그것이다. 이러한 남성공동체는 친족공동체의 남성결사보다 훨씬 광범위하고 또 훨씬 추상적인 이데올로기에 의해 매개되어 있지만 '비주체'와의 엄격한 분할로 인해 오히려 훨씬 더 강력한 연대성, 무의식 속에 깊이 침투한 끈질긴 연대성을 갖는다. (이종영 146)

가족에 유폐되어 있는 것은 비주체인 여성들이고 남성공동체를 형성하는 것은 주체들인 남성들이다. 남성공동체는 끈질지고 강력한 연대성을 갖는데 그 시초를 아킬레스와 파트로클로스Patrochlos의 관계에서 볼 수 있다. 이들의 관계는 종속적이면서 평등한 관계인데 이들의 동성애적인 관계는 전장에서의 동지애로 더욱 빛난다. 동성애의 그리스적 특징은 여자와의 관계는 가정관리와 생식 차원에서만 한정시키고 사랑이라는 세련된 감성의 교류는 전쟁에서 길러진 남남간의 관계 속에서 이루어진다. 이것은 이후 그리스 시대 뿐 아니라 중세의 전사 사회(기사도)에까지 이어지는 남남 유대의 틀을 제공한다. 전장에서 다져진 남성들의 동지애는 평화 시에는 시민적 교육으로, 전쟁 시에는 전사적 도제의 관계로 되며 그 후 플라톤의 『향연』에서 가장 잘 정의된 에로스의 원형이 된다.

남성공동체는 가족 내의 부자지간의 유대로 더 강화되는데 오디세우스와 텔레마코스의 관계는 이를 잘 보여준다. 돌아갈 기약 없이 외딴 섬에서 칼립소와 지내던 오디세우스를 제신들이 회의를 열고 고국으로 돌려보내기로 합의를 보았을 때 헤르메스가 오디세우스에게, 아테나가 텔레마코스에게 그 소식을 전달하기로 한다.

아테나는 페넬로페에게는 비밀에 부치라고 한다. 그리고 오디세우스가 하데스로 갔을 때 아내에게 독살되어 떠돌고 있는 아가멤논은 "당신께서도 앞으로 부인을 대하실 때 너무나 유하게만 하지 말고 속까지 다 털어놓지 마십시오. … 해안에 배를 대시되 공개적으로 하지 말고 몰래 하시오"라고 한다(160-161). 그런데 아가멤논이 부인에게 부드럽게 대하고 모든 것을 털어놓고 의논했기 때문에 독살된 것은 아니다. 자신들의 딸인 이피게니아Iphigenia를 부인과 한 마디 상의도 없이 바다의 제물로 삼았기 때문이다. 더구나 그 당시의 풍습으로 딸에 대한 혈연적 권리는 모계에 있었다. 살해되기 전 아가멤논은 트로이의 공주 카산드라를 데려와 아내와 함께 쓰던 침대에서 동침함으로써 클뤼템네스트라Clytemnestra의 분노를 촉발하였다.

오디세우스는 이런 아가멤논의 충고를 받아들여 이타카에 도착했을 때 배를 몰래 대며 구혼자를 다 참살하고 나서야 페넬로페에게 알린다.

> 오디세우스는 페넬로페에게 자기의 신분을 밝히지 않는데 그 이유는 끝까지 시험하고자 하기 때문이다. … 오디세우스는 아들에게 신분을 밝힌 후 그것을 서로 비밀에 부친다. 따라서 남성 유대는 남녀의 유대가 검증받아야 하는 반면 재확인된다. 이러한 상황에서 페넬로페는 헤겔이 인식하는 것처럼 남녀가 서로를 즉각적으로 알아보는 고요한 통일의 직관으로서의 일차적 본성을 드러내지 않는다. 그녀는 어머니로서의 여성을 대변하지도 않는다. 오히려 그녀는 소유와 여성 정절의 의미에서 규정되는 소외된 본질로서의 여성을 나타낸다. 그것은 오디세우스가 그녀를 시험하기 위해 자신의 신분을 밝히지 않는 소외된 본질을 페넬로페가 대변하기 때문이다. 그러나 오디세우스가 자신을 밝히지 않는 것은 단지 자신의 소외를 강화할 뿐이다. 페넬로페는 오디세우스의 시험에 자신만의 고유의 방법으로 그를 역시 시험한다. (밀즈 188-9)

밀즈의 주장대로 남남 유대는 재확인만 하면 되지만 남녀유대는 시험받고 검증받아야 한다. 구혼자들의 처단과, 그에 협조한 하인들과 하녀들의 살육과 처형의 와중에도 전혀 영문을 모르고 있었던 페넬로페는 오디세우스에게 격노하거나 그를 받아들이는 대신 그를 시험한다. 침대를 옮겨보라는 페넬로페의 시험에 오디세우스가 흥분을 하며 누군가 딴 사람이 와서 옛 침대를 베어내고 새 침대로 바꾸었는지 격노하는데[12] 이것을 밀즈는 "본질적 통일이라는 헤겔적 순간은 재산에 토대를 둔 통일임이 드러나는 것이며 아내와 남편 사이는 주체와 주체의 직접적 관계가 아니라 객체를 매개로 한 관계일 뿐"(189)이라고 한다. 페넬로페가 남루한 옷 때문에 남편을 알아보지 못하고 신분을 밝힌 오디세우스의 곁에 앉지 않는 것 역시 같은 맥락이다. 그 뿐 아니라 목욕을 하고 멋진 옷으로 갈아입고 다가온 그에게 페넬로페는 직접적인 감정을 끝까지 드러내지 않는다. 이런 조심스러운 방식 역시 가부장제적인데 그녀에게 부과된 사회질서의 압력 하에서 자연스런 반응을 보이는 것이 허락되지 않기 때문이다.

이러한 가부장제적인, 소외된 부부 관계는 수의를 짰다 풀었다하는 노동과 하루종일 눈물로 보내는 페넬로페의 삶의 직접적 반영일 뿐이다. 키르케도 페넬로페도 베를 짠다(그림 5). 프로이트는 여성들이 인류의 문화와 역사에 기여한 딱 한 가지 점을 "엮기와 짜기plaiting and weaving"로 보고 이 업적의 무의식적 동기는 남근을 가지지 않은 사실을 은폐하기 위한 노력("음모가 길어져 엉키게 되자 실타래로 서로 엮어서")이라고 평가한다(132). 하지만 칼 케렌니Karl Kerényi는 고대 그리스에서 베짜기는 인생이 물레질되고 짜여지는 끊임없는 과정에 대한 은유로서 창조의 행위였다고 한다(13-17). 그런데 『오디세이』에서 페넬로페의 베짜기는 이제 창조적 행위로서가 아니라 끝없이 반복되는 지루하고 단순한 가사노동을 비유한 것이 된다. 밀즈의 주장을 인용해보자.

> 이러한 파괴(베를 다시 푸는 것)을 통해서 구혼자들을 다가오지 못하게 한다. 그러나 외로움과 노고에다가 날마다 똑같은 일을 하느라 집이라는 덫에 갇힌 여성의 트라우마인 단조로움으로 페넬로페는 고통받는다. 오디세우스가 자신을 찾아 미지의 세계로 여행하는 동안 페넬로페의 미래는 너무나 뻔한데 그것은 예측할 수 있고 일상적인 것

---

12) 침대는 오래된 올리브 나무를 베어 그 밑둥치로 만든 것이므로 옮길 수 없다. 끝까지 못 믿어 하는 페넬로페에게 오디세우스 자신도 시험당하자 격노한다.

그림 5.
시아버지 라에르테스의 수의를 짜고 있는 페넬로페와 구혼자들. 워터하우스. 〈페넬로페의 구혼〉. 1906년.

으로서 주어져 있는 가족생활이다. 이 이야기에서 수의를 짰다 풀었다 하는 것은 여성의 가정에 갇힌 삶이 지닌 리듬과 지겨움을 반영한다. (190)

욕망을 억제하고 단조롭고 지루하며 힘든 생활에서 페넬로페는 왜 내내 울기만 할까? 그리움과 사랑의 고통 때문에 우는 것이 아니라 남성권력에 맞서기에는 너무나 무력하기 때문이다. 여성은 과부가 되면 친정으로 돌아가서 새로운 결혼의 허락을 받아야 한다. 재산과 지위를 노린 구혼자들은 페넬로페의 결단을 촉구할 뿐 아니라 오디세우스의 아버지 라에테르와 성장한 텔레마코스 역시 페넬로페가 결혼을 위해 재산과 패물 들을 빼돌릴까봐 또는 그 결혼으로 재산을 모두 다 빼앗길까봐 서둘러 결혼을 재촉한다. 이런 상황에서 페넬로페는 혼란스러울 수밖에 없고 그 어떤 것도 택하지 못하는 우유부단함으로 나타난다.

남성공동체는 여성을 격리, 배제, 소외시킬 뿐 아니라 엄격한 처벌을 통해서도 강화된다. 남성공동체가 여성에게 가한 가장 잔인한 형벌로 구혼자들과 관계를 맺은 하녀들의 처형을 들 수 있다. 돌아온 날 밤에 하녀들(50명 가운데 12명)이 구혼자들과 잠자리를 한 것을 알고는 격노한다. 다음 날 오디세우스는 구혼자들을 모두 참살한 후 그 시체를 치우고 피를 닦는 일을 이들 하녀들에게 시킨 후 그들을 좁고 막힌 곳으로 감금한다. 오디세우스가 키르케(1년)나 칼립소(7년) 들과 난교(혼외정사)했던 것처럼 이들 하녀는 구혼자들과 난교를 했다. 비록 오디세우스가 하녀들의 주인이긴 하지만 하녀들과 구혼자들은 결혼하지 않았기 때문에 난교에 해당되지 않는다.

오디세우스는 페넬로페와 결혼한 몸인데도 10년의 귀향 기간동안 8년을 여신과 동거생활을 했는데 이들에게 난교에 대한 벌을 내릴 자격이 있는가? 귀족이든 평민이든 일반적 여인이 아니라 여신이라고 한 것에는 오디세우스가 자발적으로 쾌락을 위해 그들과 관계를 맺은 것이 아니라 신의 위력에 의한, 어쩔 수 없는 것이었다는 논리가 개입된다. 그리하여 오디세우스는 난교에 대한 책임이 없으므로 벌을 받을 필요가 없지만 하녀들은 강요당한 것이 아니라 스스로 쾌락을 위해 한 것이므로 처벌받아야 마땅하다는 것이다. 오디세우스는 한때는 연인이었던 구혼자들의 시체를 치우고 피를 닦아내는 일을 하녀들에게 모두 시켜서 그들과 속삭였던 은밀한 사랑의 달콤함을 뼈저리게 뉘우치게 한 후 그들을 참살한다. 그 냉정함과 침착한 잔인함은 전율을 불러일으킨다.

여기에다 텔레마코스는 한술 더 뜬다. 오디세우스는 구혼자들을 처단했을 때처럼 긴 창으로 죽이라 하지만 '명석한' 텔레마코스는 이들을 "흑선의 밧줄을 기둥에 높이 올려 매고 아무도 발이 닿지 않도록 올렸다"(320). 창과 칼은 전사의 것으로 고귀한 피를 묻히지만 하녀의 '더러운 죄' 의 피는 묻히기 싫었을까? 호메로스는 교수형에 처해진 하녀들의 운명을 담담하게 그물에 걸린 새에 비유하고 있다. 그리고 그런 끔찍한 장면이 오래가지는 않고 잠깐 동안이었으며 곧 모두 끝나버렸다고 위로한다.[13] 하지만 우리는 이 속에서 죽음과 투쟁하는 마지막 순간의 이루 말할 수

---

13) 길버트 머레이Gibert Murray는 이 부분의 위안적인 의도에 주목하고 있다. 그는 호메로스가 문화적인 검열 때문에 고문 장면은 삭제하고 멜란티오스와 하녀들의 죽음만 남겼다고 말한다(*The Birth of the Greek Epics*. Oxford: Oxford, 1911. p.146. 호크하이머와 아도르노 122 참조.)

그림 6.
오디세우스가 귀향하여 보내는 첫날밤의 정경. 프리마티오. 〈오디세우스와 페넬로페〉 1563년.

없는 여인들의 고통에 가슴 저린다. 이런 텔레마코스의 행위에서나 하녀에 대한 처분권을 아들에게 맡긴 오디세우스에게서 우리는 남성 유대의 가부장제가 여성들에게 가한 폭력과 지배의 가장 극단적인 형태를 볼 수 있다. 문학사에서 부부관계가 가장 아름다운 장면으로 나온다는 '귀향 후 오디세우스와 페넬로페의 첫날밤'(옐름 52-3)에 이들 부부의 정겹고 아름다운 대화와 정사는 하녀들의 피와 울부짖음을 뒤로 하고 이루어진 것은 아닐까(그림 6)?

4) 남성중심주의의 균열

전시체제에서가 아니라 평화 시에도 강화되는 남성공동체의 남남유대는 가부장제의 실현을 통해 지배를 공고히 한다. 전사적 세계관에서 균열이 일어나듯이 남성중심주의에서도 균열이 일어난다. 『일리어드』에서는 헥토르와 아킬레스로 대표되는, 나아가 트로이와 아티카로 대표되는 세계관의 갈등과 대립이 드러난다. 그것은 트로이의 맹장 헥토르가 마지막 결전에 나가기 전에 아내 안드로마케와 자식에 대한 정감어리고 애틋한 사랑을 표현하는 데서 드러난다. 눈물을 흘리며 그의 곁으로 다가서서 손을 꼭 잡고 싸움터에 나가길 만류하는 안드로마케에게 헥토르는 이렇게 말한다.

> 트로이 인들이 나중에 당하게 될 고통도,
> 아니 헤카베 왕비와 프리아모스 왕, 그리고 적군 앞에서 먼지 속에
> 쓰러지게 될 수많은 용감한 형제들의 고통도
> 청동갑옷을 입은 아카이아인들 중에 누군가가 눈물을 흘리는 그대를 끌고 가며
> 그대에게 자유의 날을 빼앗을 때
> 그대가 당하게 될 고통만큼은 내 마음을 아프게 하지는 않소. (제6권, 450-455)

헥토르는 말을 마친 후 그의 아이를 향해 두 팔을 내밀었고 말총장식에 겁을 먹은 아이를 보고 아내와 함께 웃음을 터트린다. 그런 후에 아들에 입 맞추고 팔에 안아 어르며 제우스와 신들에게 기도를 올린다. 아버지보다 훌륭한 아들이 되라고. 이러한 헥토르의 모습에 대해 아르놀트 하우저는 서사시적 세계관 속에 일정한 균열이 있음을 시사하고 있다.

> 그렇다고 호메로스의 서사시가 신화나 설화에 나오는 영웅적 이상을 아무 수정 없이 그대로 재현하고 있는 것은 아니다. 오히려 거기에는 인본적인 교양을 갖춘 서사시 작가들의 세계관과 작품의 소재가 된 거친 영웅들의 생활양식 사이에 어떤 뚜렷한 긴장관계가 느껴진다. 그리고 이른바 '비영웅적인 호메로스'가 『오디세이』에서만 그 모습을 나타내는 것은 아니다. … 고귀하며 온유하고 관대한 헥토르의 등장이야말로 이미 시인의 마음이 『일리어드』의 난폭한 주인공에게서 멀어지기 시작했다는 증거이다. (97)

하우저는 호메로스의 서사시와 트로이 전쟁이 일어난 시대의 간극이 헥토르에 대한 언급에서 드러난다고 한다. 영웅을 거칠고 난폭한 주인공으로 인식하고 패자인 헥토르에게 인본적 교양을 부여한 것에 대해 하우저는 지배계급의 성격 변화를 통해 추론한다. 이에 비해 두디는 헥토르와 아킬레스로 대표되는 갈등을 모성성을 중시하는 소아시아적 가치의 트로이와 모성성을 경멸하고 무시하고자 하는 아티카의 전사적 세계관의 대립으로 본다. 그리하여 승자의 세계관이 언뜻 지배적으로 된 것처럼 보이지만 사실 지중해 문화권에서 모성경시의 전사적 문화는 아테네와 스파르타 지역 중심으로 이루어진 것이다. 즉, 트로이 전쟁에서의 승리를 노래한 『일리어드』와 고난의 귀향을 노래한 『오디세이』의 균열에서 보여지듯이 승자였던 아티카 인들의 전사적 팽창주의가 고전 고대의 그리스 문명을 모두 규정하는 것은 아니다.

『오디세이』는 전사적 팽창주의 때문에 확고한 저주와 재앙을 받는 오디세우스의 이야기로 전사적 팽창주의에 일어나는 균열을 보여주지만 『일리어드』에 비해서 남성성은 더욱 강화되어 나타난다. 『오디세이』에서 여신들이 첩이나 창녀로 전락하거나 일부일처제가 확고하게 수립되는 과정을 보여주는 것은 호메로스 시대 이후 아테네에서의 여성의 지위가 더욱 낮아짐을 예고한다. 아테네에서는 가부장권이 많이 강화되고 여성들의 지위가 낮았던 데 비해 크레타 지역이나[14] 옛 트로이 지역을 포함한 많은 소아시아 지역에서는 여전히 여신들은 숭배받고 모성의 가치가 존중되었으며 여성들은 아테네에 비해 상대적으로 높은 지위를 누렸다.

트로이는 멸망해도 이러한 트로이적 삶의 가치는 민중적 삶에 넓게 퍼져있다. 몇 세기 후 서정시 시대에 이르러 사포는 헥토르와 안드로마케의 축혼가를 짓는다. 혼례송가에는 대개 신랑 신부를 신들과 같다고 찬미하지만, 이 시에서는 신랑 신부를

14) 특히 크레타 지역에서 여사제들은 특권화된 종교적 기능을 수행했으며 여성들이 공적 일의 수행에 참가할 수 있었고 가정에서 내실로 분리되어 살지 않고 모두 섞여서 살았다. 이런 역사적 사실들을 볼 때 크레타 지역의 여성들은 아테네 지역에 비해 상당히 여성들의 지위가 높았음을 알 수 있다(칸타렐라 15).

신화의 인물들과 동등하게 놓고 있다.[15] 엘레시우스 제전이나 데메테르 축제가 계속 열렸으며 당시의 많은 유물이나 작품들에서 볼 수 있듯이 결혼이나 많은 제의에서 여성은 여전히 모권모계적 시대의 신화적인 역할을 하고 있었다. 그런데 여성들이 모성적 능력에 따른 신화적 역할에서 벗어나 개인적으로 자신을 자각하게 되기까지는 병영국가적인 스파르타와 아테네의 몰락과 함께 소설의 발생이 일어나는 헬레니즘 시대를 기다려야 했다.

5. 영웅의 몰락: 소설로의 이행

앞서 서사시가 지닌 팽창주의와 가부장제를 중심으로 살펴보았다. 이 글에서 보여준 것은 서구 문명의 가장 원형이자 찬란한 업적으로 제시되는 고대 그리스 서사시가 탁월한 남성적 형식이라는 것이다. 남성의 형식인 서사시에서 여성의 관점으로 긍정적인 것을 기록하기는 힘들다. 우리는 다만 고대의 장르 변천에서 일어나는 균열을 통해 역사가 기록하지 못한 다양한 여성적 체험과 저항을 기록할 수 있을

---

15) …… 신들처럼, 새 신부의 짝은
…… 그 일단의 무리들을
일리온으로 급하게 이끌고 나아갔다 ……
감미로운 피리소리가 낭랑한 리라 소리와 합해져서
딸랑거리는 소리를 내면서.
소녀들은 쾌활하게 성스런 노래를 불러제쳤다.
그 신적인 노랫소리는
하늘 끝까지 퍼져가고 ……
모든 도로를 따라 퍼져갔으며 ……
단지와 쟁반에 혼합된 ……
몰약과 계피 그리고 유황의 향기가 공중으로 날아올랐다.
좀 나이가 든 여성들은 기뻐 어쩔 줄을 모르며 크게 소리치고
모든 사람들은 멀리 떨어진 것을 쏘아 맞추는 파온(아폴론) 신에게 아름다운 리라의 노랫가락을 청하면서
기쁨에 찬 노래를 마음껏 노래했다.
그들은 신과 같은 헥토르와 안드로마케를 찬미하였다. (스넬 132)

뿐이다. 여성에 대한 서사시적 억압은 서사시에서 벗어나서 새로운 형식으로의 이행을 통해 서서히 해소된다. '전사의 명예로운 죽음보다 방패를 버리고 달아나 목숨을 건진 것'을 고백한 아르킬로코스Archilochos의 서정시에서 전사적 영웅주의의 허구가 드러나며, 사랑의 고통과 내면성을 노래한 사포의 서정시에서 신의 의지에 반응하는 행동만 하는 인간이 아니라 감정과 정신을 지닌 내면의 세계가 드러난다.

전사적 세계관과 가부장제의 확립이 서사시에서 실현되었다면 서정시는 남성공동체가 사랑에 침윤되어 가는 과정을 보여준다. 특히 사포의 공동체는 남성과 분리된, 여성들끼리의 사랑을 예찬하는 여성공동체였음을 볼 때 역사가 일방적으로 정리해버린 남성중심주의에서 우리는 다양한 형식에서 변화와 균열을 보게 된다. 헬레니즘 시대 이후 고대소설에 가면 지난 시대의 탁월한 영웅들은 패러디의 대상이 되며 강고한 오디세우스도 결국은 키르케의 사생아에 의해 살해되는 비운을 맞이한다. 영웅의 그늘에서 벗어나 보통 사람들의 일상은 회복되고 개인의 생활에 관심의 초점이 모아지며 남녀가 대등한 사랑을 나눈다. 정절 이데올로기가 여전히 여성에게 강조되지만 남녀는 서로 정조를 지키며 오랜 고난과 역경 속에서도 서로에 대한 사랑과 신뢰는 변하지 않는다. 아테나는 사라지고 아프로디테 사당에 가서 경배하는 여인들과 연인들의 발걸음이 묘사 된다.

『일리어드』나 『오디세이』의 우수성은 서사시가 지닌 웅장함 뿐 아니라 전쟁에 대한 정확하고 과학적인 사실주의적 재현과 오디세우스라는 인물에 대한 고도의 집중화를 통해 이룩해낸 예술적 결과이기도 하다. 그런데 서구인들이 이들 서사시를 찬양하고 불후의 고전으로 여겼던 것은 중세 기사도의 십자군 원정이나 근대에서 현대에 이르는 유럽의 제국주의와 팽창주의를 통해 볼 때 충분히 납득이 간다. 『일리어드』와 『오디세이』는 서구 팽창주의와 가부장제 문화의 원형으로 존재하며, 거꾸로 끊임없이 이들을 정전화하려는 노력을 통해 지금의 정전으로 만든 것이기도 하다. 그래서 이 글이 이들 정전에 저항하는 독자로서의 읽기를 통해 우리의 여성주의적 사유와 탈식민주의적 고뇌를 지적으로 해방시키는 데 도움이 되었으면 한다.

신화의 세속화와 성의 정치학

1. 신화의 타락화와 성적 정치학

고대 그리스 신화는 신들의 이야기로 알려져 있지만 우주나 생명의 기원 같은 존재의 궁극적 요인을 탐색하는 창조신화와, 민족이나 국가, 가족의 기원까지 포함하는 국가 형성에 관한 신화를 모두 포괄한다. 올림포스 만신전의 신들에 관한 믿음이 국가 종교나 가족 종교화되면서 신화의 영향과 파장은 상당히 오랜 기간에 걸쳐 두루 미치고 있다. 유대 민족의 신화라 할 구약이 그 자체로 신봉되고 절대화되는 반면 고대 그리스에서 신화는 서사시나 비극장르들을 통해 시대적 요구와 결합하여 새로운 장르의 발생과 함께 변용된다.

신화는 고대 그리스에서 알파벳의 도입으로 채록되기 시작하면서 호메로스의 『일리어드』나 『오디세이』 같은 서사시적 변용을 거쳐 핀다로스 같은 시인들의 서정시적 변용을 겪었다. 무엇보다 비극 장르에서 신화가 가장 중요한 사회적 문화적 역할을 하였다. 노스롭 프라이Nothrope Frye는 신화가 소진되는 과정에서 가장 먼 종착역이 소설이라고 보았는데 서사시와 비극은 신화가 아직 제 모습을 크게 소진시키거나 변화시키지 않은, 해석의 차이로 볼 정도로 이들 장르의 본질은 신화에 가깝다.

이 글은 고대 그리스에서 신화가 다양한 장르 속에서 다양하게 변용되었지만 일관되게 관철되고 있는 것이 성적 정치학이라는 견지에서 논의를 진행시키기로 한다. 창조신화에 희미한 모계 모권적 기억이 남아있지만 신화는 본질적으로 가부장 사회의 탄생을 우주와 생명, 국가의 기원으로 설정한다. 그것은 본디 구전되어 내려오는 신화가 여신들 중심으로 형성되어 있었다하더라도 부권적 사회가 이를 이데올로기적으로 조정하기 때문이다. 부권적 사회는 문자와 국가의 발생과 결합되어 있었다. 기원전 5세기에 아테네 국가의 수호신이 된 아테나 여신의 힘은 후대로 갈수록 세어지지만 그는 아버지의 이름으로 부권적 권력을 강화시키는 역할을 할 뿐이다.

고대 그리스에서 신화가 행한 성적 정치학을 고찰하기 위해 다음과 같이 구성된다. 제 2장에서는 구전되어 채록된 그리스 신화나 『신통기』*Theogony*에 나타난 여성적 원리의 남성적 전유에 대해 다룬다. 제우스는 남신임에도 불구하고 임신과 출산의 능력을 지닌다. 임신한 메티스Metis를 삼켜서 아테나를 머리로 낳고 세멜레Semele가 번개에 맞아죽자 디오니소스Dionysos를 꺼내 사타구니에 넣어 키운 후 역시 낳는다. 메티스나 테미스Themis, 데메테르Demeter 들과의 결혼을 통해 이들 여신들이 지닌 지혜나 정의, 농업 들이 모두 제우스의 관장 영역으로 넘어간다.

제 3장에서는 비극 시대 디오니소스 신의 등장이 지닌 성적 정치학에 대해서 고찰한다. 기원전 5세기에 오면 제우스가 아니라 디오니소스가 국가 종교화되고 그를 기리는 축제와 비극 공연이 아테네 시민 생활의 중요한 부분을 차지한다. 디오니소스는 여장을 하고 예로부터 여성적 토템으로 불리던 황소와 달, 무화과, 습기 들의 이미지를 전유하고 여성적 능력으로 주로 여신들이 맡았던 직관과 예언의 능력을 지닌다. 인간 이원성을 대표하던 아폴론과 아르테미스Artemis는 아폴론Apollon과 디오니소스의 이원성으로 대체된다. 현대철학에서 니체는 하늘과 대지의 이분법에서 여성적 영역이던 대지를 디오니소스의 것으로 가져간다.

제 4장에서는 서사시적 신화가 비극에 의해 수용되어 변용되는 것을 다룬다. 호메로스의 서사시에서 아가멤논을 죽인 자는 아이기스토스Aigisthos이고 아내인 클뤼템네스트라Klytaimnestra는 단지 그에 동조했을 뿐이지만 비극에서는 정반대가 된다.

오레스테스Orestes는 아버지를 살해한, 정욕에 눈이 먼 어머니를 살해한다. 오이디푸스Oidipus는 호메로스에서는 계속 테베를 통치하여 잘 살지만 비극에 들어오면 유랑걸식하는 부랑자가 되고, 가족의 갈등과 해체가 전면적으로 드러난다. 서사시적 신화의 '비극'적 수용은 씨족의 해체와 가족의 재건이 국가의 기원과 밀접하게 연관되고 있음을 노골적으로 드러낸다. 다양한 신화적 변용과정에서 성적 정치학은 비극에서 가장 철저하게 관철된다고 볼 수 있다.

2. 신화와 『신통기』에 나타난 여성적 원리의 남성적 전유

고대 그리스의 신화와 호메로스의 서사시, 헤시오도스의 『신통기』는 여성의 패배가 어떻게 남성의 승리로 되는지를 아주 잘 보여준다. 이들 장르들은 인류문명의 유년기가 아니라 남성 가부장제 성립의 유년기를 보여준다는 점에서 일치한다. 프로이트는 가부장제 유년기의 트라우마를 부친살해와 모세에 대한 배반으로 말하고 있지만, 사실 인류 문명 유년기의 트라우마는 훨씬 더 거슬러 올라가서 여신의 패배와 여성적 본질의 파괴라 할 수 있다.

선사 시대에 하늘의 남성신 보다 대지의 여성신이 숭배 받고 찬양받았다는 것은 대체적으로 일치하는 사실이다. 하늘 신에 의한 대지 여성신의 패배는 문자의 발명과 함께 기록된 신화와 서사시에 상징적, 비유적으로 드러나 있다. 제임스 멜라트James Mellaart는 여자들이 신석기 시대의 종교를 창조했을 뿐 아니라 농업을 발전시켰으며 농산물들을 관리했다고 결론지었다(249). 여신들은 지금으로부터 10,000년 전에서 5,000년 전까지 존재했던 신석기 문화의 중요한 종교적 성상이었는데 그 후로 2000년이 지나는 동안 여신의 권력과 위상은 서서히 침식당해갔다.

여성들이 세계사적으로 패배한 원인을 사유재산의 발생[1]으로 보거나, 알파벳 문

1) 프리드리히 엥겔스Friedrich Engels의 『가족, 국가 및 사유재산의 기원』 참조

자 문화에 의한 것[2]으로 보거나 고대국가의 발생[3]으로 보는 등 다양하지만 고고학적 증거도 부족하고 현대사회의 여러 원시 사회를 병행시켜 연구하는 것은 무리가 따른다. 여기서는 패배의 원인을 밝히기보다는 패배의 과정 속에 숭배 받던 여성적 가치와 본질 들이 남성적으로 전유됨으로써 여성들이 배제되고 폄하되는 과정을 신화적 변용을 통해 살펴보고자 한다. 여신의 권력과 위상을 침식해가는 과정은 여성적 영역이라 여겨지던 것을 남성들이 전유해나가는 과정이라 할 수 있다. 그 과정을 크게 두 부분으로 나눌 수 있다.

첫째, 여성의 영역이라 여겨지는 출산과 재생능력을 남성들이 전유해나가는 것이다. 이 부분은 그리스 신화에서 가장 잘 드러난다. 아테나와 아프로디테, 그리고 헤라의 탄생은 가장 대표적인 예이다. 아프로디테 여신은 우라노스Ouranos의 정액만으로 태어나는데 모태를 필요치 아니하고 바다 속에서 성인이 되어 나타난다. 바다 역시 전통적으로 여성적 모태의 은유였으나 훗날 포세이돈Poseidon이 지배하는 영역으로 되어 바다의 이미지를 남성이 전유하는 것을 볼 수 있다. 아테나 여신은 어머니 메티스를 삼킨 제우스의 머리에서 무장한 채 태어난다. 제우스는 스스로 출산력을 갖춘 남신으로 나타난다. 물론 수정은 여성과의 관계에서 이루어지지만 출산의 능력을 남성이 전유하는 것이다. 헤라 역시 크로노스가 삼킨 뱃속에서 제우스에 의해 재탄생된다. 이 세 여신의 탄생에 대해 레나드 쉴레인Leonard Shlain은 다음과 같이 말한다.

> 이 세 여신 헤라, 아테나, 아프로디테는 모두 여성의 생식 대신 남성을 통해 세상에 등장했다. 그 뿐 아니라 이 위대한 어머니의 대표자 가운데 어느 누구도 어린 시절 어머니의 양육을 받은 적은 없다. 이런 사실은 이 세 명의 위대한 어머니의 대표자가 모두

---

2) 쉴레인의 『알파벳과 여신들』 참조

3) 페미니스트 역사학자 거다 러너Gerda Lerner는 『가부장제의 창조』*The Creation of Patriarchy*에서 고대 국가는 도시를 방어하고 관개사업을 추진하며 대규모 군대의 보유를 위해 필연적으로 소수의 손 안에 권력이 집중될 수밖에 없었다고 한다. 이들이 나중에 왕이라 불려지는 강력한 남성들이다.

> 어머니가 없다는 역설을 낳았다. 새로운 신화는 지배계급의 필요에 의해 문화에 강요되곤 한다. 생명의 창조에서 차지하는 여성의 역할, 더 나아가 위대한 여신의 역할에 대해 불신을 퍼뜨리기 위한 방법으로 여신이 남신에 의해 태어났다고 하는 것보다 더 좋은 방법이 또 있었을까? (193)

쉴레인의 언급처럼 이 세 여신(대모신의 후예들)의 탄생에 관한 이야기는 여성을 보는 관점을 변화시키기 위한 의도로 남성이 만들어 놓았다고 볼 수밖에 없다.

디오니소스 신의 출생 마찬가지다. 결혼과 임신의 여신 헤라는 세멜레의 임신과 출산을 보호하기는커녕 오히려 해치고 있으며 디오니소스 신은 제우스 신의 사타구니 밑 허벅지에서 나온다(그림 1).[4] 디오니소스 신에 이르러 출산 행위 뿐 아니라 재생의 능력 역시 남성이 장악한다. 대지의 신이나 곡물의 신 들 전통적으로 농업과 관련된 여신은 오랜 겨울이 지난 후 봄의 신비한 재생능력을 지닌 것으로 여겨졌다.[5] 데메테르는 자신의 딸 페르세포네Persephone를 6개월만 재생시켜 대지로 불러올 수 있지만 디오니소스는 제우스에게 간청하여 세멜레[6]를 부활시켜 신의 자리에 놓는 능력을 발휘한다. 죽은 어머니를 아버지의 도움을 받아 아들이 재생시키는 것이라 볼 수 있다.

---

4) 디오니소스 신을 양육하는 것 역시 여성이나 여신이 아니라 사티로스Satyros다. 고대 그리스 인들에게서 목양신은 숭고한 신이자 정신적인 위력이면서 또 감각적이고 방종한 쾌락을 즐기는 성격으로 전제하고 있지만 어린 디오니소스 신을 안고 미소를 띤 채 그를 바라보고 있는 아름다운 목양신은 매우 사랑스럽고 다정해보인다. 그는 디오니소스 신의 아버지가 아니라 단지 그를 양육할 뿐인데도 그에게는 아이의 순진무구함에 대해 기쁨을 느끼는 아름다운 감정이 깃들여 있다고 헤겔은 말한다(헤겔, 『미학』 2권 234).

5) 이런 의미에서 허물 벗는 뱀 역시 전통적인 여성의 상징이었다. 아폴론이 대모신大母神 왕뱀 퓌톤Python을 활로 쏘아 죽인 후 퓌톤 신전이 델포이 신전으로 바뀌는 것이나 바이블에서 뱀이 사탄으로 여겨지는 것은 여성적 상징에 대한 체계적인 폄하 작업이 이루어진 것이다. 프로이트에게 오면 뱀은 재생능력을 상실하고 오로지 생긴 모양대로 페니스를 상징하는 물질성만 띄게 된다.

6) 디오니소스의 어머니 이름 세멜레는 언어적으로는 대지 여신을 의미하는 트라키어어와 프리기아어 이름이다. 세멜레 이전의 모든 대지 여신은 출산이라는 기본적인 행위를 온전히 수행할 수 있었다. 하지만 세멜레는 헤라가 파놓은 함정에 떨어짐으로써 스스로 죽음을 맞았고 태아마저 거의 죽음에 몰아넣고 말았다(Walter Otto 69)

그림 1.
헤라의 간계로 제우스의 벼락을 맞고 죽은 세멜레의 몸에서 아이를 꺼내는 제우스. 구스타브 모로. 〈제우스와 세멜레〉. 1930년.

여신의 몰락과정은 이처럼 여성들이 지닌 생물학적 능력마저 불신하는 이데올로기에 의해 촉진된다. 제우스는 끊임없이 여성을 유혹하지만 대부분 사랑을 거절당한다. 사랑에 무능한 제우스는 유부녀라도 남편이 집을 비운 사이 동침하여 아이를 낳거나[7] 여성의 동의 없이 황금비로 변하거나 백조로 변신하여 강간한다. 아폴론의 경우도 제우스와 다르지 않아 그가 사모한 다프네Daphne가 도망가다 월계수로 바뀌는 것처럼 차갑고 이지적인 그에게 반하는 여성들은 없다. 여성적 가치의 폄하와 반여성적 이데올로기 조작으로 인해 여성들은 남성과의 사랑을 거부한다. 여성들의 사랑 거부는 남성들에 의한 정복과 강간에 의해 더욱 강화되는데 이 과정 역시 신화적으로 다시 한 번 덧씌워진다. 여성들이 제우스의 구애를 거부하면 제우스는

---

7) 테바이의 암피트뤼온Amphitryon이 집을 비운 사이 제우스가 그의 모습을 하고 그의 아내 알크메네Alkmene에게 접근하여 낳은 아들이 헤라클레스이다.

황금비로 변하거나 주로 동물 변신이라는 속임수를 쓴다. 이러한 변신에 대해 게오르크 W. 헤겔은 그리스 인들에게 정신은 자연과 부정적으로 대립되는 도덕적 측면이며 제우스는 고상하거나 정신적이지 못한 단순한 자연적인 목적을 위해 그렇게 한다고 비판한다(2권 223, 233). 헤겔의 말처럼 정신적이지 않은 상태에서 동물적 행위로서 여성에 대한 구애는 여성을 자연적이고 동물적 영역에 한정시켜 더욱 정신의 영역에서 배제해가는, 비문명화과정인 것이다.

둘째, 여성들이 그동안 쌓아올리고 여신들이 담당하고 있다고 여겨졌던 지혜와 사려, 문화 예술을 남성들이 전유함으로써 여성들은 정신의 영역에서 배제된다. "성스러운 신들이 힘든 싸움을 끝마치고 티탄 신족과 권력을 빼앗은 후"(헤시오도스 84) 제우스는 여러 여신들과 차례 차례로 결혼을 한다. 이 과정은 제우스와 여신들의 결혼은 제우스 중심의 가부장제에서 여성들이 기존의 영역을 빼앗긴 후 다시금 편입되는 과정을 보여준다. 헤라는 제우스의 마지막 아내이다. 제우스는 지혜와 사려, 문화예술을 나타내는 여신들과 결혼하고 그들을 죽이거나 그들의 임무를 빼앗는다. 헤시오도스는 다음과 같이 기록하고 있다.

> 신들의 왕인 제우스는 신들과 인간들 사이에서 가장 지혜로운 메티스를 첫 번째 아내로 맞이했다. 그러나 이 메티스가 눈이 빛나는 여신 아테나를 임신했을 때에 제우스는 가이아와 별이 총총한 하늘의 충고대로 교활하게 달콤한 말로 메티스를 속여 자신의 몸 속에 감추었다. 가이아와 하늘은 영원한 신들 중 제우스 이외의 어느 누구도 통치권을 넘겨받지 못하도록 하기 위해서는 이렇게 해야 한다고 제우스에게 충고했다. (85)

제우스가 메티스를 자신의 몸 속에 감추었다는 것은 먹어버렸다는 말이다. 메티스를 먹음으로써 그 메티스의 지혜는 제우스의 것이 된다. 여기서 가이아가 중간 매개자로 등장하기는 하지만, 제우스는 가장 지혜로운 자가 아들이나 딸을 낳음으로써 자신에게 위협적인 존재가 되지 않도록 자신에게만 봉사하도록 하기 위해 삼켜버렸던 것이다.

제우스의 두 번째 아내로 "몸에서 광채가 나는 테미스를 맞이했는데 그녀는 유한한 인간의 행동을 감지하는 질서의 여신들인 에우노미아Eunomia 질서의 여신, 디케Dike 정의의 여신, 그리고 화려한 에이레네Eirene 평화의 여신의 어머니였다"(헤시오도스 86). 그녀는 또한 유한한 인간에게 길흉을 나누어주는 모이라이Moirai 세 자매, 즉 클로토Klotho, 라케시스Lachesis, 아트로포스Atropos도 낳았다. 이처럼 그리스 신화의 여신들의 이름은 대체적으로 정신적 영역의 분화를 나타내는 추상명사일 경우가 많다. 그것은 여성들이 중심으로 쌓아올린 지혜와 문화, 정의와 질서 들 그 당시의 문화적 가치와 지식을 남성들이 자신들의 것으로 전유했음을 보여준다.

제우스는 그 다음에 "많은 사람을 먹여 살리는 데메테르의 침실"(87)로 간 것으로 보아 농업을 전담하던 여성들을 가정으로 내쫓고 차츰 남성들이 무기를 놓고 농업활동을 담당하게 되었음을 보여준다. 그 다음에는 므네모쉬네Mnemosyne를 사랑하였고 이 여신은 무사이Mousai 여신 아홉을 낳은데 이들은 모두 문화예술의 신으로 축제와 노래로서 다른 사람들을 기쁘게 하는 것을 좋아했다고 한다(87). 여기서 첫 번째 부인 지혜의 여신 메티스가 낳은 아테나는 전쟁의 신이기도 하였음을 주목할 필요가 있다. 그런데 무장한 채 제우스의 머리에서 태어난 아테나는 비록 전쟁의 신이기는 하여도 아레스Ares가 전쟁의 폭력적이고 부정적인 면들을 관할했다면 그녀는 전략적 사고나 전술 들을 담당하는 지혜의 여신으로 볼 수 있다. 메티스가 남녀 모두의 지혜의 여신이었다면 아테나는 남성들을 위한 지혜의 여신이라 볼 수 있다. 따라서 아테나는 아버지의 머리를 빌어서 태어났지만 오히려 그 혈통은 메티스를 이어받았기 때문에 '어머니의 딸'로 불러야 한다.

이처럼 『신통기』를 비롯한, 채록된 신화는 제우스로 대표되는 남자들이 전쟁터뿐 아니라 생산영역과 임신, 출산, 양육 영역에서도 여성을 부차적 지위로 몰아내고 권력을 장악함을 보여준다. 제우스가 우주의 무질서를 바로잡고 일인 지배자로 군림하는 시점은 헤시오도스에서 정점에 이르지만, 비극 시대에 가면 제우스는 공적 영역에서는 정의dike 관념으로 추상화되기 시작하는 반면, 사적 영역에서는 가정의 수호자가 되어 남성 1인자의 성립을 강화한다.

3. 비극 시대 디오니소스 신 등장의 의미

기원전 5세기에 오면 아테나에서는 디오니소스 신의 위상강화가 아주 두드러지게 이루어진다. 그런데 왜 호메로스나 헤시오도스는 별로 언급조차 하지 않았던 디오니소스 신이 기원전 5세기를 전후로 해서 도시 국가들이나 그 주변 지방 들을 포함하여 그리스 전역에서 숭배를 받았을까? 월터 오토Walter Otto에 따르면, 기원전 217년 경에 태어나 기원전 145년까지 산 호메로스 연구가인 사모트라키 섬의 아리스타르코스Aristarchos는 『일리어드』에 등장하는 포도주와 관련하여 모든 참조사항을 검토한 뒤 호메로스가 포도의 선사자로 왜 디오니소스를 언급하지 않았는지 공개적인 의문을 던졌다고 한다(55). 아마도 기원전 8세기의 호메로스가 침묵한 이유는 디오니소스가 당시에는 그다지 중요한 신이 아니었으며 따라서 언급할 가치가 없었기 때문이다. 헤시오도스 또한 디오니소스 신화에 대해서는 거의 이야기하지 않고 있다.

페리안드로스Periandros의 페이시스트라토스Peisistratos는 기원전 539년 디오니소스 제의를 연중행사로 거행하게 하면서 국가 종교화(아테네 시민의 종교)시켰다. 아폴론은 그가 헥토르의 후견인이었던 시절부터 귀족 출신의 운동선수들을 영웅의 반열에 올리던 시절까지 최상류 사회에서만 활동했다. 반면에 디오니소스는 어느 시기에나 데모티코스(Demothicos), 즉 대중의 신이었다. 가난한 신분의 장군 출신으로서 중간층과 농민의 이익을 보호하고 도로와 급수시설을 개선고자 했던 페이시스트라토스가 디오니소스 신을 국가종교화한 것은 귀족 세력을 누르고 자신의 권력을 공고히 하고자 하는 의도에서 출발한 것이긴 하지만 그의 정책은 6세기 말 민중의 지위를 강화했고 디오니소스 제의는 비극 공연 들을 통해 아테네 민주정의 꽃으로 떠오르는 계기를 만들었다.

인간 이성과 개인의 결단 들 아폴론적인 합리성과 설득의 그리스 민주제와, 광기와 예언, 비합리성의 디오니소스가 기원전 5세기에 공존한 이유에 대해 크게는 아

그림 2.
술취한 디오니소스를 사티로스가 부축하고 있다.
www.theoi.com.

테네 민주정의 이원적 모순(형식은 민주제, 내용은 귀족제)에서 추론할 수 있지만 그것은 무엇보다 씨족적 울타리의 해체가 개인에게 짐 지운 책임으로부터 회피하고자 하는 욕구과 함께 120년 가운데 80년 동안 일어난 전쟁의 공포와 두려움이 가져다준 인간의 비합리성과 광기에 있을 수 있다.

디오니소스는 포도주를 발명하여 인간이 신산한 삶에서 벗어나 황홀을 제공함과 동시에 고통에서 벗어나게 한다고 믿었다(그림 2). 데메테르에 맞먹는 신의 위상을 지니고 고생과 노고를 치유하는 디오니소스에 대해 「바코이의 여인들」Bakchai에서 테이레시아스Teiresias는 다음과 같이 말한다.

> 젊은이여, 인간들에게 있어서는
> 두 가지가 으뜸인데, 데메테르 여신은
> 대지의 여신으로
> 마른 곡식으로 인간들을 부양하지요.
> 그 다음에 오신 분이 세멜레의 아드님이신데
> 그 분은 그와 균형을 맞추고자 젖은 포도 음료를 생각 해 내어
> 인간들에게 가져다 주셨고 그것은 가련한 인간들을 고통에서
> 풀어주지요. 그들이 포도주의 액즙을 실컷 마시고 나면
> 그것은 또 잠을 가져다주고 그날그날의 고생을 잊게 해주니

어떤 다른 약도 그처럼 노고를 치료해주지 못하오.
(272행 - 283행)

데메테르는 마른 곡식을, 디오니소스는 젖은 음료의 신으로, 데메테르가 배를 채워 굶주림을 면하게 한다면 디오니소스는 고생과 노고를 치유하는 영혼의 판타지를 제공한다고 볼 수 있다. 데메테르에서 디오니소스로의 이동은 아테네가 최소한 생존에 허덕이던 삶에서는 벗어났다는 것을 의미하기도 한다. 하지만 최소한의 생존의 위기에서 벗어났지만 민중적 시민들은 전사로서 전쟁에 나가야 하고 노예는 평생의 노고를 바쳐야 한다. 그리스인은 풍요에서 신을 창조한 것이 아니라 니체가 말하듯 삶의 절박함에서 신을 찾은 것이다.

아폴론이 "인간으로서 네가 처한 상황을 이해하라. 아버지가 너에게 말씀하시는 대로 해라. 그러면 내일 안전할 것이다"라고 안전을 약속했다면 디오니소스는 "차이를 망각하라. 그러면 동일성을 발견할 것이다"라고 자유를 제공했다. 디오니소스는 티아소스(디오니소스를 숭배하는 집단)에 참여하게 되면 개별성을 망각하고 기쁨과 행복을 찾을 것을 약속했다(도즈 74 참조). 디오니소스 제의나 축제에는 자유시민 뿐 아니라 노예들도 참여할 수 있었다.

그런데 기원전 5세기에 강화된 디오니소스 신의 등장 배경에는 놀라울 정도로 노골적인 성적 정치학이 관통된다는 것에 주목해야 한다. 아테네에서 시민은 모두 남자이고 여성은 배제된다. 이것은 아테네 민주정이 남성전사 공동체임을 의미하고 그들의 결집, 우월, 책임, 전쟁에서 물러서지 않음 들을 강화하는데 반여성적 이데올로기가 중요한 기제로 작동함을 의미한다. 디오니소스 축제 동안 비극이 공연되기 전에 4-5편의 사티로스 극이 공연되는 데 이것은 주로 성적인 음담패설과 질펀한 농담에다 여성의 성에 대한 비하가 극의 중심이 된다(그림 3, 4). 이것을 니체처럼 원초적 생명력으로 예찬할 수 있지만 그와는 반대로 남성들만의 변태적인 성적 카타르시스 제의로 볼 수도 있다.

디오니소스 신은 여자처럼 머리를 길게 기르고 황소나 뱀, 달 들 여성적 상징을

그림 3.
전형적으로 사티로스는 말의 꼬리와 귀, 개코를 가지며 항상 비정상적으로 커다란 남근을 발기한 모습을 보인다. 기원전 5세기 청동상. 아테네 국립박물관.

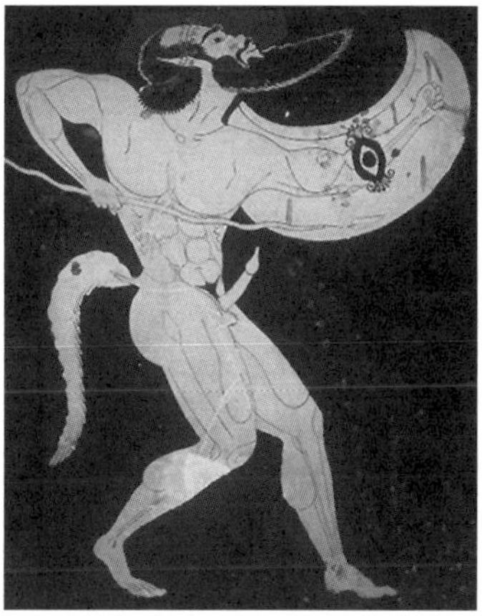

그림 4.
초승달 모양의 방패와 창을 든 사티로스 역시 전형적인 사티로스의 특징은 가지고 있다.

전유할 뿐 아니라 대부분의 신도들 역시 여성이며 여성을 광기로 몰아간다. 동서양을 통틀어 대체적으로 인간 정신은 이원적 구조를 지닌 것으로 파악되었다. 동아시아적 사유에서는 음양사상이 이런 이원적 구조를 대표하고 서유럽적 사유에서는 아폴론과 디오니소스, 헬레니즘과 헤브라이즘 들이 이원적 구조를 대표하였다. 사실상 이런 이원적 구조는 사유에서 여성적 원리와 남성적 원리라는 이원성을 인간을 대표하는 남성적 사유의 두 가지 특징으로 대체된 것이라 볼 수 있다.

여성적 사유의 특징이라 할 수 있는 전체성, 통합성, 이미지, 직관력, 영감 들의 영역들이 남성적 사유의 절반의 영역이 되고 여성들이 배제되는 과정은 인간성(남성성)의 이원적 원리라 여겨지는 디오니소스와 아폴론의 분화에서 가장 잘 보여준다.

> 디오니소스 숭배가 급속하게 확대되기 이전에도 그리스는 아폴론과 그의 쌍둥이 누이 아르테미스에 대한 경배를 통해 인간 심리의 이원적 성격을 인정하고 있었다. 그들은 발생기의 서구에 존재했던 최초의 음과 양이었다. 아폴론은 곧바로 제우스가 총애하는 아들이 되었다. 빛과 이성의 신으로서 그는 판관, 법률가, 건축가, 엔지니어, 의사,

> 철학자의 후원자였다. … 아르테미스는 출산하는 여인들을 보호할 뿐 아니라 모든 어린아이들과 새끼들이 건강하게 온전하게 잘 자랄 수 있도록 책임을 다했다. … 많은 여자들이 위안과 영감의 원천으로 그녀에게 의지했다. … 디오니소스라는 새로운, 그리고 연약해보이는 광기의 신은 시간이 지나면서 아르테미스의 많은 영역을 빼앗아갔다. 기원전 4세기에 이르러서는 인간 조건의 이원적 성격을 신격화한 쌍으로 아폴론/디오니소스가 아폴론/아르테미스를 대신하게 되었다. (쉴레인 208-209)

위와 같은 쉴레인의 주장은 여성들이 이루어놓은 영역이 어떻게 남성적으로 철저히 전유되는가를 보여준다. 디오니소스의 등장에 의한 여성적 원리의 전유는 그 이전에는 남성적 원리와 여성적 원리로 나뉘어졌던 부분이 인간을 대표하는 남성 내부의 두 원리로 나뉘어지면서 여성적 원리는 정신의 이원구조에서 배제되는 것으로 나타난다. 아폴론과 디오니소스 두 남신이 인간 보편의 두 원리를 내재하고 있는 것으로 되면서 여성적 원리, 여성적 사유로 그나마 유지되던 인간 보편적 사유의 한 축을 담당하던 여성들은 완전히 사유의 바깥에 내몰리게 된다.

디오니소스 신이 인간정신의 한 축인 여성적 원리를 맡기 위한 이데올로기 조작은 치밀하게 이루어진다. 여성들은 아르테미스나 아프로디테 들 여신들의 제전에서 축배를 들고 춤을 추고 노래를 부르며 함께 나누던 희열은 사라지고 디오니소스 신을 따르는 광기의 무리가 된다. 가슴에 두 개의 가슴을 단 미노아 시대의 여신상(그림 5)이 여러 개의 유방을 단 아르테미스 신(그림 6)으로 바뀌고 이 아르테미스 여신상은 가슴 뿐 아니라 온 몸에 유방만한 포도알을 단 디오니소스 신(그림 7)으로 대체된다. 남성 신에 의한 여성신의 이미지 전유는 디오니소스에게 오면 철저하게 이루어진다. 디오니소스는 전통적으로 여신의 영역으로 간주되던 달, 밤, 무화과나무, 습기를 맡고 예부터 여성을 상징하던 황소와 뱀이 그의 상징으로 된다. 다음 시구는 에우리피데스의 『바코이의 여인들』에 나오는 구절이다.

> 제우스께서 황소 뿔이 난 그 분을 낳아
> 이마에 뱀관을 씌워 주시니

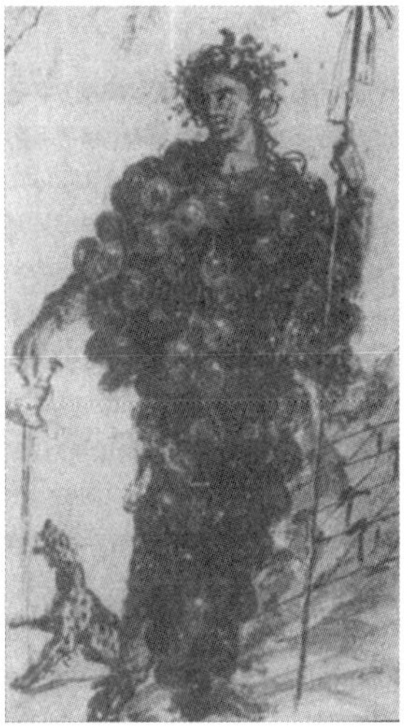

그림 5. 가슴을 부각시키고 양손에 뱀을 잡고 있는 미노아시대의 여신상.
그림 6. 여러 개의 젖가슴이 달린 여신 아르테미스.
그림 7. 온 몸에 포도송이를 휘감고 있는 디오니소스.

> 그런 연유로 마이나데스들은
> 자신들이 손수 잡은 뱀들로
> 머리털을 묶는 것이라네. (99행-104행)

이 시구에서 디오니소스는 황소의 뿔을 달고 태어나 뱀관을 쓴다. 황소의 뿔과 머리는 해부학적으로 여성의 자궁을 그대로 닮았기 때문에 고대에는 여성의 것으로 여겨져 왔고(그림 8) 뱀 역시 허물을 벗고 재생하는 능력으로 인해 동서양을 막론하고 여성의 상징으로 여겨졌는데(그림 9) 이것들은 기원전 5세기 이후 디오니소스 신의 핵심 이미지로 바뀐다.[8]

---

8) 디오니소스의 참다운 성적 혈통을 밝혀주는 또 하나의 단서는 그를 끊임없이 따라다니는 추종자들이다. 박해받는 영원한 청년 신의 신봉자들은 "멘데르"mender라 불리는 여자들이었다. 멘데르는 그리스 어로 유모를 의미했다. 또 그를 섬기는 광신적인 무녀들은 "마이

그림 8.
크노소스 궁전 박물관에 있는 소의 두상.

그림 9.
크로노스 궁전 박물관에 있는 뱀 여신상.
온 몸이 뱀의 모습을 하고 있다.

제우스가 므네모쉬네를 사랑하여 문화예술을 관장하는 무사이 여신 아홉을 낳았다는 『신통기』의 신화와 달리 디오니소스 신은 아예 무사이 여신을 대신해서 자신이 예술의 신이 된다. 그는 인간 상상력을 자극해 창조적 영감이 흘러나오게 하며 춤과 음악의 주연을 대표하는 신으로서 행운의 예감, 섬광 같은 순간적 통찰력, 직관적인 지혜를 나타내는 신이기도 했다. 『바코이의 여인들』에서 "바코이적 황홀과/ 그 광기는 많은 예언력을 내포하고 있기 때문이오/ 그 신은 어떤 사람의 몸 속으로 많이 들어가시면/ 그 사람을 미치게 하여 미래사를 말하도록 만드시니까요"(298-301)라고 언급되듯이 디오니소스 신은 예언의 신이기도 하다.

그런데 디오니소스에 의해 이루어진 여성적 사유와 토템, 이미지들의 전유는 항상 부정적인 것과 결합했다. 그는 사람들을 현혹시켜 광란의 의식을 거행하게 만들

나드maenad"라 불렀다. 디오니소스의 일행에는 모든 예술의 뮤즈들도 포함되어 있었고 그들도 모두 여자였다(쉴레인 205).

었는데 『바코이의 여인들』에서 아가우에가 자신의 아들 테바이의 왕 펜테우스를 갈기갈기 찢어 사자의 머리인양 아들의 머리를 들고 다닌다. 펜테우스가 그렇게 된 것은 디오니소스를 신으로 모시지 않고 신으로 자처하는 혹세무민의 떠돌이로 보아 그를 가두고 시험하려 했기 때문이다. 그런데 왜 디오니소스가 어머니를 시켜 아들의 살을 찢게 했을까? 이것 역시 메데이아가 아들을 살해하듯, 이오카스테가 아들을 몰라보고 결혼하듯, 낳아둔 어머니는 있으나 어머니다운 어머니는 부재한다는, 즉 '어머니' 자체를 제거하는 성적 정치학의 일환으로 볼 수 있다. 그리고 주로 여성들을 데리고 다니며 그들을 광기에 휩싸이게 하는 디오니소스 신의 참된 성적 정체성 역시 의문의 여지를 남긴다.

쉴레인은 "은유적으로 정신은, 사람이 양쪽 반구에 불균등한 작업량을 부과하는 경우 한쪽으로 기울어지게 된다. 논리학을 집대성한 그리스 인들이 동시에 광기를 특권과 영예의 자리로 격상시켰다는 것은 단순한 우연의 일치 이상을 의미한다"고 본다(204).[9] 그전에는 비합리성이 전통적으로 여성과 관련을 맺고 있었으나 기원전 5세기 이후 디오니소스(광기)와 아폴론(이성)은 신성한 델포이의 신탁소를 번걸아 주재했다. 고대인들은 예언, 직관, 정신의 착란 상태를 외경했기 때문에 그런 여성적 사유라 여겨지던 것을 전유해서 남성신에게 넘겨버린 것은 이데올로기적 조작이라 볼 수 있다.

한쪽으로는 여성의 출산능력과 양육기능을 남성들이 상징적으로 전유해나가고 다른 한 쪽으로는 여성들이 중심으로 쌓아올린 다양한 지혜와 정의, 그리고 문화예술과 통합적 사고능력을 여성들로부터 남성들이 박탈해서 전유해나가는 과정은 여성들의 깊은 트라우마를 만들어내었다. 가부장제 유년기에 만들어진 이런 상처는 남성들의 결혼동맹을 통해 여성들이 물건처럼 교환되는 과정에서 더욱 덧나기도 했지만[10] 무엇보다 여성들에게서 자괴감과 자기모멸, 복수심 들을 불러일으켰음

9) 장르와 양식의 변화 원리도 쉴레인과 비슷하게 설명할 수 있다. 고대 그리스 시대에 순차적으로 일어난 이런 장르의 탄생과 변천을 불균등한 정신의 작업량 부과를 조절하려는 노력의 일환으로 설명할 수도 있다.

은 의심의 여지가 없다. 많은 여성들은 내면의 분열을 겪고 절망감과 좌절감에서 자살을 택하기도 하였다.

신화 속에는 사이렌, 키마이라, 그리핀, 스핑크스처럼 남자를 불안에 떨게 하는 암컷 동물이 많이 나오고 비극에는 욕정에 눈이 멀어 남편을 살해하는 클뤼템네스트라나 아버지를 죽음으로 몰아가는 스킬라Skylla[11], 그리고 자식을 살해하는 메데이아 들과 같은 여자들이 많이 나온다. 하지만 이런 힘센 여성들과 달리 평범한 그리스의 여자들은 많은 이가 우울증에 시달렸고 그리스 신화에서 디오니소스와 관련된 많은 여자들은 자살로 생을 마쳤다. 에리고네는 디오니소스가 최초로 포도 재배를 가르쳐주었던 이카리오스의 딸인데 목을 매달아 죽었다.[12] 테세우스가 낙소스섬에 버린 크레타의 공주 아리아드네는 디오니소스의 신부가 된 뒤 역시 목매달아 죽었으며 그녀의 동생 파이드라도 똑같은 일을 저질렀다. 자살이 그리스 고전 시대의 여자들 사이에 너무나 흔했던 탓에 플루타르크는 도시 국가 밀레토스에서 자살이 전염병적 수준에 이르렀다고 밝히고 있다. 이러한 사태를 막기 위해 밀레투스의

---

10) 레비-스트로스Levi-Strauss, 끌로드 메이야수Claude Meillassoux 들 현대의 인류학자들이 가정하고 있는 친족공동체에서 이루어지는 여성의 교환은 여성을 사물의 수준으로 전락시키는 것이다. 이종영은 레비스트로스와 메이야수 들의 가설을 토대로 하여 여성의 원초적 트라우마에 대해 다음과 같이 언급한다. "교환과 더불어 여자는 이방인들의 사회 속에서 새로운 삶을 영위해야 한다. 게다가 이 새로운 삶이 이방인들에 의해 자신의 노동과 출산능력을 착취당하고 또한 이를 위해 인격적으로도 억압당하는 예속된 삶이므로 이는 여자에게는 트라우마적 체험을 구성한다"(102). 이런 인류학자들의 가정에 대한 충분한 재검토와 비판을 통해서만 여성을 사물적 수준에서 회복시켜 남과 녀의 동반자적 관계 수립이 가능하다.

11) 메가라Megara 왕 니소스Nisos가 크레테 왕 미노스Minos에게 포위되었을 때 니소스의 딸 스킬라는 미노스가 준 황금 목걸이에 반하여 아버지 니소스의 생명을 지켜주던 불사의 보랏빛 머리털을 잘라 버린다. 그리하여 메가라가 함락되고 니소스도 죽고 만다. 그러나 미노스는 감사하기는 커녕 그녀를 그의 배 고물에 매달아 익사케 했다(「제주를 바치는 여인들」 613-621).

12) 아티카의 농부인 이카리오스는 디오니소스에게 포도주 만드는 법을 배운 뒤 만든 술을 이웃에게 나눠주었다. 처음 마셔 본 술에 취해 사람들이 쓰러지자 마을 사람들은 독살된 것으로 오인하여 이카리오스를 죽이고 땅에 묻었다. 아버지를 찾아 헤매던 에리고네는 분노와 슬픔 속에 목을 매 자살하였다. 이에 분노한 디오니소스는 마을에 질병을 퍼뜨리고 주술을 걸어 마을 처녀들로 하여금 에리고네와 마찬가지로 목을 매 자살하게 하였다.

왕은 여자가 자신의 손으로 목숨을 끊는 경우에는 그 시체를 발가벗겨 거리에 끌고 다니게 하겠다고 포고령을 내렸다고 한다(Will Durant 291).

직관, 예언력, 비표상적 사유, 비재현적 현현 들 여성적 사유의 원리로 여겨지던 것을 디오니소스 신을 통해 남성적으로 전유했지만 서구적 정신사는 이러한 사유를 항상 열등항에 배치하기를 멈추지 않았다. 디오니소스적 사유는 항상 여성적인 것으로 끊임없이 다시 치환되어 비판되었고 중세의 마녀 사냥은 이런 디오니소스적 광기의 책임을 물어 여성들을 화형시킨 것이라 볼 수 있다. 그런데 이런 디오니소스적 사유가 니체에 의해 확실하게 남성적인 것으로 확고하게 지칭되고 보다 우월한 지위를 부여받으면서 역설적이게도 현대철학의 문이 열리게 된다.

고대 그리스 비극 역시 현대적 해석에서 자유롭지 못하다고 할 때 니체의 『비극의 탄생』은 역시 비극 장르의 성적 정치학을 보여주는 가장 전형적인 현대판 관점이라 할 수 있다. 니체가 『비극의 탄생』에서 디오니소스적 사유가 아폴론적 사유와 함께 그리스 비극의 두 축이었으며 경시되던 디오니소스를 부활시켜 음악과 시와 연계시킨 것은 현대판 남성적 전유라 할 수 있다. 니체는 데카르트 이후 강조되어 오던 이성중심의 정신활동에 대해 반기를 들고 그동안 정신의 영역에서 배제되어 온 감성, 직관, 예감, 비합리성, 광기, 서정적 감수성 들을 디오니소스적인 것으로 지칭한다. 더 나아가 전통적으로 여신의 관장이었던 자연과 대지는 디오니소스적인 것으로 바뀐다.

> 디오니소스적인 것의 마력 하에서는 인간과 인간 사이의 결합이 다시 이루어질 뿐만 아니라 소외되고 대립되고 억압된 자연이 자기의 잃어버린 탕아인 인간과 다시금 화해의 제전을 축하하게 된다. 대지는 자기의 선물들을 보내고 암벽과 황야의 맹수들은 온순히 다가온다. (41)

디오니소스적인 자연은 "노래하고 춤추며 인간은 스스로가 보다 높은 공동체의 일원임을 표명"하는 가운데 우주복음의 조화를 노래한다. 기원전 5세기에 여성들은 이런 디오니소스적인 환희 속에서 에우리피데스의 「바코이의 여인들」에서처럼 왕의 어머니와 이모가 왕을 갈기갈기 찢어 죽이는데 이때 여성들은 황야의 맹수들이었다. 그런데 니체에게서 황야의 맹수는 광포한 광기라기보다 건강한 생명력을 지닌 남성으로 확실히 바뀐다.

다음에 니체는 사티로스Satyros를 문화인의 기원으로, 디오니소스적 음악을 문명과 동일시한다. 니체는 사티로스는 디오니소스 제際 합창단원으로서 신화와 종교의 승인 하에 종교적으로 받아들여지는 현실 속에서 살고 있었다고 하면서 그와 함께 비극이 출발했다는 점, 그로부터 비극의 디오니소스적 지혜가 선포된다는 점은 합창단으로부터 비극이 탄생되는 것만큼이나 우리에게 불가해한 현상이라 한다. "내가 가공의 자연존재인 사티로스와 문화인과의 관계는 디오니소스적 음악과 문명과의 관계와 같다고 주장한다면 아마도 우리는 연구의 출발점을 찾게 되는 것이 아닐까 한다"고 하면서 디오니소스와 문명을 동일시한다(63). 니체는 자연과 문명을 이원화시켜 남녀를 이원화시키던 근대성 담론의 이원성을 파괴하여 그전에 여성적 영역과 남성적 영역으로 분리되어 있던 것을 모두 남성의 영역으로 가져간다.

디오니소스는 여성과의 유추가 완전히 절연되어 햄릿이 되고 아리안 족의 금발의 야수가 된다. 더구나 니체가 여성적인 정념이라 이름을 부여한 것은 유태적 죄악으로 단정된다.

> 셈족의 이 신화에서는 악의 근원으로 간주되어지는 것은 호기심, 거짓에 속아 넘어감, 유혹에 약함, 호색, 요컨대 일련의 주로 여성적인 정념이다. 이에 비해 아리안 족의 사고방식의 탁월성은 능동적 죄를 원래의 프로메테우스적 덕목으로 간주하는 숭고성에 있다. (75)

니체는 셈족의 기독교에서의 여성적 죄와 달리 아리안 족의 죄는 남성적인 것으로 프로메테우스적 덕목으로 호명하고 디오니소스적인 것으로 바꾼다. 들뢰즈는 니체가 호명한 이런 여성적 정념을 마르셀 프루스트Marcel Proust의 『잃어버린 시간을 찾아서』에 나오는 주인공 "나"의 연인 알베르틴Albertine에게 덮어씌우고 그 거짓됨과 호색의 기호를 찾아가는 "나"를 진실의 탐구자라 칭한다.

이처럼 니체를 통하여 현대철학은 새로운 사유로의 전환을 열었지만 그 전에 여성적인 것으로 치부하였던 이전의 형이상학의 이원적 담론에 대한 어떤 해명 없이 자연, 문명, 직관, 비표상적 사유 들의 모든 것을 남성적인 것으로 치환하여 유혹에 약하거나 호색하거나 거짓에 속아 넘어가는 어리석음 같은 것만으로 여성적인 항을 만든다.

디오니소스에 대한 니체의 이러한 해석을 볼 때 그리스 신화는 현대판 성적 정치학의 원류이자 가부장제 문명의 기원으로 볼 수 있다. 디오니소스 신이 부각되어 점차 중심적인 신으로 된 기원전 5세기가 아테네의 군사주의와 전체주의가 강화되던 시기라 한다면 니체의 이런 성적 정치학은 19세기 말 여성 대중의 등장과 참정권 운동에 대한 방어적 측면에서 이루어진 측면도 있다 할 수 있다.

4. 서사시적 신화의 '비극'적 수용과 성적 정치학

이 장에서는 호메로스의 영웅시대에 나타난 서사시적 신화가 비극에서는 어떻게 수용되는가를 통해 비극의 성적 정치학에 대해 살펴보고자 한다. 비극은 서사시적 신화에서 소재를 가져오되 제도, 관행, 감정과 연관된 특이한 신념의 망으로 짜여진 기원전 5세기의 그리스 문화 속에서 제약된다(윌리엄즈 21). 호메로스의 서사시에서 오이디푸스나 오레스테스는 아주 짧게 언급될 뿐 아니라 모친살해나 모자상간에도 불구하고 잘 살다가 자연수명을 다하는 것으로 그려지는 반면 비극에서 이들 서사시적 신화는 가족관계의 내부 갈등 관계에 초점이 맞춰지며 그러한 가족 갈등의 폭력적 해결과 그에 따른 가족의 해체가 국가의 기원과 결합됨을 보여주고 있다. 셰익스피어가 부자지간의 갈등(몬태규와 로미오, 글로스터 백작과 에드가 들)이나 부녀지간의 갈등(캐퓰릿과 줄리엣, 리어와 코딜리아 들)을 통해 가족의 해체가 어떻게 새로운 가족의 재건을 준비해가는가를 보여주는 것과 마찬가지로 고대 그리스 비극 역시 가족이 얼마나 권력투쟁의 장인가를 보여줌으로써 남성 가장 지배의 새로운 가족의 재건을 보여준다는 점에서 장르의 성적 정치학이 관통하고 있다고 볼 수 있다.

아이스퀼로스의 오레스테스는 호메로스의 경우와 많이 다르다. 호메로스의 오레스테스는 아버지를 죽인 사악한 무리들을 거침없이 처단하고 왕위에 오르고 후세에까지 명성을 떨친다. 『오디세이』에서 아테나는 텔레마코스에게 “그대는 고귀한 오레스테스가 이름난 아버지를 살해한/ 살부지수殺父之讐인 교활한 아이스키토스를 죽여/ 온 세상 사람들 사이에서 어떤 명성을 얻었는지 듣지도 못했단 말이오”(1권 298행 – 300행)라고 말하며 아버지 오디세우스를 찾아 떠날 것을 종용한다.

김 한이 인용하는 구절에는 어머니 살해 역시 언급이 있지만 어떤 고뇌나 갈등을 하지 않는다.

> 이렇게 하여 그는 보물에 둘러싸여 황금의 미케네를 7년간 통치했다.
> 그러나 여덟째 되는 해에 운명이 그를 엄습했다.
> 이제, 신과 같은 오레스테스는 아테네의 도시로 돌아와
> 위대한 부왕 아가멤논을 살해한 암살자, 사악한 아이기스토스를 죽였다.
> 복수가 끝나자 그는 아르고스 사람들에게 까마귀 같은 아이기스토스와
> 그의 가증스러운 어머니를 위한 장례만찬을 베풀었다. (재인용 45)

호메로스에서는 아이기스토스가 아가멤논의 살해자이고 오레스테스의 주된 복수 대상자 역시 그이다. 어머니는 아이기스토스를 도운 일종의 종범일 뿐이다. 반면에 아이스퀼로스의 비극에서 아가멤논은 트로이의 공주인 크산드라를 첩으로 데려와 클뤼타임네스트라와 함께 쓰던 침대에서 정사를 벌이고 어머니는 직접 도끼로 이들 둘을 살해한다. 여성이 아닌 남성으로 구성되어 있는 코러스는 살해된 왕에 대한 슬픔보다는 왕비의 범죄가 지닌 법적 양상들에 더 집중하고 있다. 아가멤

논을 죽인 이유는 "남편과 떨어져 산다는 것은 여자에겐 괴로운 일이다"(「제주를 바치는 여인들」 919행)로 축소되어 클뤼템네스트라는 질투심에서, 그리고 아이기스토스와의 정욕에 눈이 멀어서 살해를 한 요부로 전락하고 오레스테스는 이에 정당한 명분을 얻어 어머니를 살해한다.

어머니를 맞닥뜨리고는 갈등하고 망설이던 오레스테스에게 친구 퓔라데스는 아폴론 신의 예언을 상기시키며 살해를 부추긴다. 결국 아폴론의 협박에 의해 어머니를 죽이고 마는 오레스테스는 집을 떠나 쫓겨다니며 방랑하다가 겨우 아르고스에서 시민들의 판결을 받고 아폴론 신에 의해 정화됨으로써 광기에서 깨어난다.

호메로스 서사시에 나오는 오이디푸스를 소포클레스가 재구성한 비극과 비교해보면 역시 엄청난 균열을 느낄 수 있다(도즈 42). 호메로스의 서사시에서 오이디푸스는 자신의 행위가 폭로된 후에도 계속 테바이를 통치하고 마침내 전사하여 왕실장례가 치러진다(『오디세이』 11권 275행, 『일리어드』 23권 679행). 소포클레스의 경우에 오이디푸스는 "대지도 신성한 비도 받아들이지 않는" 죄의 중압감에 짓눌린 채 더러운 부랑자가 된다. 소포클레스는 「오이디푸스 왕」을 불안과 공포의 심리물 즉, 피를 부르는 죄에 대한 공포물로 조명하고 있다.

이처럼 아이스킬로스의 오레스테스나 소포클레스의 오이디푸스를 보면 호메로스의 시대와는 달리 가족 내부의 투쟁과 '어머니' 의 살해, 상간이 중심주제가 되면서 성적 정치학이 전면에 나서고 있음을 알 수 있다. 이런 성적 정치학이 죄, 인과응보, 운명, 오만 들의 인간적 한계와 결합하면서 관객의 정서 깊숙이 죄의식의 대물림과 불안, 오염에 대한 공포의 감정을 불러일으키고 있다. 사실 오염이나 정화, 신의 질시(프토노스) 관념들은 인도 유럽에 고유한 유산의 일부이지만, 비극 시대에 들어와서 종교에 불안과 공포가 엄청나게 결합되어 있음은 사실이다(도즈 52).

비극의 시대가 이성적인 시대로 비합리적인 종교적 주술적인 것이 배척되었다고 본다면 역사 진화론적 관점에서 이런 비극적 상황은 호메로스 이전의 것으로 보인다. 하지만 호메로스의 작품들은 전사적 귀족문화의 세계관에 맞는 부분만 발췌하여 편집된 것이라 본다면 일반적인 대다수 사람들의 감정구조와는 무관한 일부의 세계를 대변한다고 볼 수도 있다.

호메로스에서 아버지나 어머니를 죽이고도 왕이 되어 마음 편하게 살던 상황과는 딴 판으로 이들 영웅들은 비극에서는 왜 신으로부터 쫓기고 저주받고 공포와 불안 속에서 떨게 되었을까? 서스펜스가 고조되어 가는 심리 스릴러물로 느낄 정도로 공포와 불안을 강박화시킨 이런 비극적 상황에 대해 여러 가지 설명이 있을 수 있지만 이에 대한 도즈의 설명은 가족의 유대로부터 그 답을 끌어낸다.

> 이들이 대물림된 죄와 지연된 징벌의 관념을 수락했던 까닭은 상고 시대 그리스가 다른 초기 사회나 오늘날의 수많은 원시문화와 공유했던 가족 유대의 믿음 때문이다. 그들에게 이 믿음은 아무리 공정하지 않을지라도 수락해야만 하는 자연법으로 비쳤다. 왜냐하면 가족은 하나의 도덕적 단위였고 자식의 삶은 부모의 삶의 연장이었으며 자식은 아버지의 상업상의 빚을 물려받는 것과 꼭 마찬가지로 도덕적 빚도 물려받았기 때문이다. (39)

위에서 도즈는 가족 유대의 믿음과 자연법을 결합시키고 있다. 옛 가족의 해체와 새로운 가족의 재건이라는 아테네 민주정 시대의 과제가 비극의 주된 내용의 한 부분을 구성한다고 볼 때 옛 가족의 파괴로부터 일어나는 유혈 폭력이 어떤 식으로든 해명되거나 정화되지 않고는 넘어가기 어려운 것이다. 왜냐하면 도즈가 말하듯 그것은 아무리 공정하지 않을지라도 수행해야 하는 자연법으로 비쳤기 때문이다. 그래서 비극은 「자비로운 여신들」에서 보듯 자연법(혈육 살해에 대한 동형복수법)에서 새로운 실정법(정화의 과정을 거치기는 하지만 공동체의 이름으로 사면하는 것)으로 넘어갈 수밖에 없는 필연성을 국가의 이름으로 이루고자 하는 것이다.

서사시적 배경이 주로 약탈과 전쟁으로 대외적인 것이었다면 서정시나 비극 장르의 배경은 대내적인 계급갈등과 문화적 변동이었다. 서사시와 비극의 신화적 수용이 이처럼 달라진 것은 상고시대(B.C. 750 - 500)에 일어난 커다란 사회 경제적 문화적 변동에 기인한다. 이 변동의 가장 중요한 요소는 아테네 국가로의 발전과 씨족의 해체 및 새로운 가족으로의 이행이다. 상고 시대는 개인들이 극도로 불안전했던 시기였다. 많은 인구를 가진 소규모 국가들은 도리아 족의 침공으로 불행과 곤궁에 빠져 있었는데 화폐와 고리대금이 전통적인 농촌 공동체적 생활양식을 침식하면서 귀족의 지배는 날로 강화되어 갔다. 대토지 소유자로서 뿐 아니라 귀족은 주로 아테네와 그 부근에 거처하면서 해상무역과 함께 아직도 기회만 있으면 가끔 해적행위로써 치부를 도모하며 화폐재산을 자기 손에 집중시켰던 것이다. "씨족제도는 절대로 화폐경제와 양립할 수 없었던" 것이다(엥겔스 150). 이 경제 위기는 정치 위기를 가져왔고 살인적인 계급전쟁으로 치달아가고 있었다. 자유민의 노예화를 방지할 필요가 있었다. 594년 솔론은 아티카 평야에 어디가나 꽂혀있던 저당 푯말을 뽑아 버렸으며 채무 때문에 외국에 팔린 자들과 도망간 자들을 돌아오게 했다.

상업과 노예노동에 기초하여 더욱더 발전하고 있던 수공업과 공예가 지배적인 영업이 되었다. 초기처럼 잔인하게 자기와 같은 시민을 착취하는 대신 노예와 아테네 밖의 전쟁을 통해 약탈하기 시작했다. 한편에서는 새로운 계급인 부유한 수공업자 및 상인에 의해서 구귀족 세력에 대해 승리를 거두는 경쟁이 전개되었으며 다른 한편에서는 낡은 씨족 제도의 잔재가 그 마지막 기반을 상실하게 되었다(엥겔스 156). 이러한 씨족의 해체는 모권 모계적 혈연으로부터 개인을 해방시킴과 동시에 국가의 발생과 남성 지배의 권위주의적 가족의 등장으로 나타난다. 엥겔스는 언제나 씨족을 가족의 집단으로 보았기 때문에 씨족의 본성과 그 기원을 이해할 수 없었다고 한다. 씨족 제도 하에서 가족은 결코 사회제도의 세포가 아니었으며 또 그럴 수도 없었다. 왜냐하면 남편과 아내는 반드시 서로 다른 두 씨족에 속해 있었기 때문이다. 한 씨족 전부가 부족에 포함되어 있었다. 그러나 가족은 절반은 남편의 씨족에 절반은 아내의 씨족에 속해 있었다는 것이다(136). 서사시적 과거에서 볼 때 클뤼템네스트라의 아가멤논 살해는 부부가 다른 씨족이므로 친족살해죄에 해당되지 않았으나 아가멤논의 이피게니아 살해는 친족 살해죄에 해당한다(그림 10). 반면 비극의 시대에서는 씨족이 거의 해체되고 일부일처제 가족이 성립하고 있었기 때문에 가족의 법에서는 아내와 남편의 관계가 가장 중요한 것이라 할 수 있다.

그림 10.
아프로디테 신이 아기사슴을 데리고 구름 위에서 내려보는 가운데 이피게니아가 희생제물로 바쳐진다. 프랑스와 페리에. 〈이피게니아의 희생〉. 1650년 이전.

이처럼 씨족의 해체와 국가의 발생, 새로운 가족의 등장은 긴밀한 관계를 맺고 있다. 비극에서 뚜렷이 드러나는 것은 아테네 사법제도와 국가의 기원을 모친살해와 연결시킨 것이며 국가와 가족을 적대적 관계 속에 설정하여 여성을 공동체의 적으로 본 것이다.

모권에서 부권으로의 이행을 상징화한 것으로 헤겔이나 많은 학자들이 주장하는 「자비로운 여신들」을 보면 투표만으로, 아테네의 직권조정만으로 그 이행이 간단하고 평화적으로 완료되었다고 쓰고 있다. 이 작품은 모친살해에서 아테네 사법제도가 탄생되었으며 그것이 아테네 도시국가의 기원임을 보여준다. 연극의 중심은 모친살해죄로 에뤼니에스에 의해 기소된 오레스테스에 대한 재판의 진행과정이다. 심판으로 위임된 아테나는 이 문제를 다룰 특별법정으로 아레오파고스에서 개최를 선언한다. 아테나는 에뤼니에스와 오레스테스에 대하여 예비심문(408행)을 행하며 양자는 각기 자기들의 입장을 진술한다(에뤼니에스 425행 이하, 오레스테스 463행 이하).

아테나는 마치 5세기의 아르콘과 같이 이 사건에 할당된 재판정을 설정하고 시민 중 최상의 자 11명을 배심원으로 선정한다. 증인이 소환되고 아폴론은 오레스테스의 자원변호인으로 발언한다(579행). 원고인 에뤼니에스가 피고인 오레스테스에 대해 반대심문에 나서 살인방법과 살인행위를 확인하나 피고는 살인이 아폴론의 명령에 의한 것이라는 점에서 자신의 정당성을 주장한다(610행, 612행). 양자의 논쟁이 끝난 후 아테나는 판정을 배심원에게 위임하면서 배심원들은 "유혈사건에 관한 최초의 재판"(682행)에 판결을 내린다. 동수가 되면 아테네가 최종결정 권한을 가지기로 한 약속에 따라 아테나는 무죄를 선고하고 오레스테스는 석방된다. 아테나의 판결은 피에 피라는 정의dike는 새로운 정의의 개념 즉 법적 정의에 의해 대치됨으로써 아테네 사법제도가 완성되는데 여성의 패배와 남성의 승리와 중첩된다.

이러한 『자비로운 여신들』의 평화적 이행은 바호펜이 기록한 신화[13]보다 더 평화적이지만(포세이돈이 일으킨 쿠테타가 없다는 점에서) 아테네 여신이 어머니를 거부하고 법의 이름으로 남성의 편에서 어머니 살해의 정당성을 주장한다는 점에서 훨씬 더 성적 정치학이 관통되고 있다. 아테나는 가부동수 결정권casting vote을 쥐고 자신이 왜 오레스테스 편에 서는지를 다음과 같이 말한다.

---

13) 이 비극의 내용을 뒷받침하는 바호펜의 책에 기록된 모권에서 부권으로의 이행 신화를 살펴보자. 아테네에서 게크로프가 통치하던 시절에 한쪽에서는 땅이 갈라져 올리브 숲이 나타나고 다른 곳에서는 물이 나타나는 두 가지 기적이 같은 시간에 발생했다. 왕은 놀라서 황급히 델피에 사자를 보내 이 사건의 의미를 신에게 물어보도록 하였다. 신탁은 "올리브 숲은 미네르바를, 물은 넵튠을 의미한다. 이제 시민들은 이 두 신 가운데 어느 한 신의 이름을 따서 그 시를 명명하여야 한다"고 내린다. 왕은 모두 투표권을 갖고 참여하는 시민의회를 소집하였다. 남자들은 넵튠에 여자들은 미네르바에 표를 던졌다. 여자 쪽이 한쪽 더 많아 미네르바가 이겼다. 이에 화가 난 넵튠이 해일을 일으켜 아테네 전역을 휩쓸었다. 신의 노여움을 진정시키기 위해 아테네인들은 '투표권을 상실할 것이며 자식들은 더 이상 어머니의 성을 따르지 않을 것이며, 여자들은 이제부터 아테네 시민이라 불리지 못할 것이다' 라고 여자들에게 세 가지 벌을 내렸다는 것이다. 이 신화는 모권에서의 이행 뿐 아니라 폴리스에서 여성이 배제되는 것 역시 그 결과임을 보여주고 있다(Bachofen. *Das Mutterrecht. Eine Untersuchung über die Gynäkokratie der alter Welt nach ihrer religiösen und rechtkuchen Natur*. Ktais & Hoffman, 1861. 베벨 395 참조.

여기 이 투표석을 나는 오레스테스를 위하여 던지겠소.
나에게는 나를 낳아준 어머니가 없기 때문이오.
나는 결혼하는 것 말고는 모든 면에서
진심으로 남성 편이며, 전적으로 아버지 편이오.
그래서 나는 여인의 죽음을 중시하지 않는 것이니,
그녀가 가장인 남편을 죽였기 때문이오. (735행 – 740행)

위와 같은 판결을 내리는 아테나는 어머니를 부정하고 모친살해를 정당화한다는 점에서 전통적으로 딸에 대한 권리를 가진 어머니가 딸을 살해한 아버지를 응징한 것을 부정한다. 그리고 자신이 어머니를 부정하는 이유는 어머니가 없고 아버지에게서 태어난 자이기 때문이라 한다.

이러한 아테나의 논리는 이제 아들 뿐 아니라 딸까지도 아버지에 귀속됨을 예비한 것이라 볼 수 있다. 소포클레스의 「엘렉트라」에서 엘렉트라는 언니가 아버지에게 살해당했는데도 아버지를 두둔하며(575행) 어머니를 저주하고 오레스테스가 어머니를 죽이는데 적극 협조한다. 에우리피데스의 「타우리케의 이피게니아」Iphigeneia He en Taurois에서 이피게니아는 "아버지께서 저를 죽이시는 지금/ 어머니께서는 아르고스의 여인들과 함께 축혼가를 부르고 계시고/ 온 집안에 피리 소리가 울려 퍼지고 있어요/ 그런데도 아버지께서는 저를 죽이시는군요"(364–368)라는 미묘한 말을 한다. 아버지는 집에 돌아가서 어머니를 죽여야 될 시간에 자신을 죽이고 있다는 이런 미묘한 발언은 아버지에 대한 분노와 증오라기보다 오히려 원망에 찬 그리움으로 들린다.

오이디푸스가 스스로 추방하고자 할 때 확실하게 챙기는 것은 안티고네와 이스메네이다. 「오이디푸스 왕」*Oidipous Tyrannos*에서 크레온이 이런 오이디푸스를 보고 딸에 대한 지배를 포기하라고 하나 「콜로누스의 오이디푸스」*Oidipous Epi Kolonoi*에서 테세우스는 오이디푸스가 죽을 때까지 딸들이 아버지 곁을 떠나지 못하게 한다. 아버지의 아들에 대한 권위주의적 지배가 신화에서 부친살해로 나타날 정도로 오이디푸스 콤플렉스가 심했다면 이런 일련의 아버지에 의한 딸의 장악은 남성이 아내와 아들과 딸에 대한 확고한 지배와 권리를 지닌 가장으로서 새로 탄생함을 보여준다. 여성은 모자관계나 모녀관계에서도 단절되어 고립된다.

그리스 신화에서는 우라노스의 생식기를 잘라버린 크로노스, 크로노스를 살해한 제우스 등 부친살해를 통해 그리스 도시국가가 형성되었다고 보지만, 비극은 모친살해를 통해 아테네 국가의 기원과 사법제도의 기원을 본다는 점에서 다르다. 이에 대해 이리가레는 아테나가 아폴론의 신탁을 모방하고 그대로 재생산해냄으로써 폭력을 행사한다고 한다. 아테나가 행하는 폭력이란 바로 부성법에 바탕을 둔 도시국가 발전을 위해 모친살해에 동조하는 일이라는 것이다(96).

「자비로운 여신들」에서 진짜 유혈의 모친살해가 일어났다면 소포클레스의 오이디푸스 3부작에서 일어나는 모자의 근친상간은 모친살해의 또 다른 은유이다. 이오카스테는 아들도 몰라봄으로써 '어머니'가 아닌 어머니가 된다. 신화에서와 달리 비극은 모성성의 박탈에 초점을 맞춘다. 어머니로서의 자격없음이 강조되는 것이다. 어머니는 분별을 잃고 자신의 아들을 알아채리지 못하는 맹목에 빠져 아들과 결혼하여 어머니성이 박탈된다. 어머니로서의 실존적 위기를 이오카스테가 보여준다고 할 수 있다.

오이디푸스가 권력을 잡게 되는 과정 역시 주목할 만하다. 오이디푸스가 스핑크스의 수수께끼를 알아맞출 정도로 탁월함을 가지고 있지만 그가 권력을 잡게 되는 것은 어머니와의 결혼을 통해서이다. 즉 어머니와 결혼하지 않았다면 그는 왕이 될 수 없었다는 것이다. 제우스가 크로노스를 살해하지 않고 만신의 신이 될 수 없는 것과 같다. 아테네인은 성교에서 능동적인 위치냐 수동적인 위치냐로 남녀의 지배와 피지배적 관계를 설정하는데 민감했는데 모자상간의 의미는 '아들은 위에, 어머니는 아래쪽에'를 통해 아들이 어머니보다 우위에 서는 것이다. 이것은 아들이 어머니를 어머니로서가 아니라 여자로서 지배했음을 의미한다. 부친살해 후, 또는 부친부재 후 어머니의 우선적 권리를 박탈시키는 기제로서 이보다 더 좋은 것이 있을 수 있을까? 오레스테스가 어머니를 살해한 후 뮈케네의 왕이 되듯 오이디푸스는 어머니와의 근친상간으로 테바이의 왕이 된다.

소포클레스의 비극에서 모자상간이 저주의 벌을 내리는 것으로, 엄청난 공포와 스릴러물로 조명한 것에 비하면, 플라톤은 대부분의 사람들이 근친상간이 가장 수치스러운 일로 여길 뿐더러 실제로 어머니에 대한 충동을 전혀 의식하지 않는다고 특별히 증언한 것은(*Laws* 838B) 아이러니이다. 이에 대해 도즈는 "꿈 자체 안에서가 아니라 그것에 거부감 없는 상징적인 의미를 부여했던 일련의 해석과정을 통해서 금지된 충동들에 필요한 위장이 이루어졌다고 말해야 할 듯하다"(도즈 261)고 한다. 이런 의미에서 모자지간의 근친상간은 실제로 근친상간이 놀랄만하게 있지도 않았을 뿐더라 최소한의 개연성도 없었다고 볼 때 그것은 심리학적으로 아들과 어머니의 유대를 일찌감치 차단하기 위한 것이라 보는 것이 더 그럴싸하다.

이에 비해 부녀지간의 근친상간의 개연성과 사례는 훨씬 더 높다. 특히 아가멤논 가문에서 일어난 근친상간은 신화로서 아주 뚜렷하게 기록되고 있다. 피사의 왕 오이노마우스Oenomaus는 자신의 딸 히포다미아Hippodamaia를 계속 자기 옆에 남아 있게 하려는 이기적 욕망을 감추고 오히려 딸이 아버지를 절대 떠나지 않으려고 하는 것처럼 계책을 생각해냈다. 구혼자는 누구든지 전차 경주에서 오이노마우스 왕과 경쟁하여 지면 죽임을 당해야 했다. 펠롭스는 은밀히 왕의 전차에서 놋쇠 나사를 밀랍 나사로 바꿔치기 하고 이 속임수로 경주에 이겼고 왕은 죽임을 당했다.

펠롭스와 히포다미아가 결혼해서 아트레우스와 티에스테스를 낳는데 이들은 배다른 형제를 죽이고, 티에스테스는 아트레우스의 왕위를 찬탈하기 위해 형수와 통정하지만 실패한다. 동생의 자식들을 요리해서 동생에게 내놓은 형에 복수하기 위해 티에스테스는 "형에게 복수하기 위해서는 친딸과 관계하여 아들을 낳아야 한다"는 신탁을 듣고 친딸 펠로피아Pelopia와 관계하여 아이기스토스를 낳는다. 이 아이기스토스가 큰엄마인 클뤼템네스트라와 통정하고 큰아버지인 아트레우스를 죽인다.

펠롭스 가문에 일어난 이러한 비극의 시발은 히포다미아에 대한 아버지의 근친상간의 욕망이다. 펠롭스는 오이노마우스의 근친상간에의 욕망을 저지하기 위해 살인을 하지만 자식의 대에서는 왕위를 차지하기 위해 근친상간은 수단으로 이용된다.

그리스 연합군이 트로이 출정 당시 이피게니아를 제물로 바치게 된 것은 아르테미스 여신의 분노를 달래기 위한 것이라고 아이스퀼로스는 적고 있다. "아버지의 날개 달린 개들이 떨고 있는 가련한 어미 토끼를 새끼도 낳기 전에 제물로 찢어 죽인데 대하여 원한을 품고 계시니"(136행-137행)라는 시구에 대해 많은 해석이 존재하지 않는다. 하지만 이 시구를 통해서 아가멤논과 이피게니아와의 근친상간에 대해 혐의를 둘 수도 있다.

제단에서 희생되기 전, 탄원하던 이피게니아의 첫 말은 "모든 것이 잊혀졌습니까"였다. 이 말의 울림은 크다고 김 한은 말한다. 김한은 "욕정의 확대는 아이스퀼로스의 상상력에 의한 독창으로서 아이스퀼로스가 호메로스에게서 빌어온 소재에 첨가한 새로운 요소이다. 오만과 욕정의 화염에 사로잡혀 어두워진 인간의 눈에는 제우스는 잊혀진 채, 보이지 않는다"(51)고 한다. 이피게니아는 죽기 전 아버지의 향연에서 단골로 불려나가 노래를 부르고 손님을 즐겁게 했던 것을 회상한다. 그러나 "회상"되기엔 격정의 어두움이 너무 깊게 인간을 덮고 있다. 클뤼타이메스트라는 지하세계에서 이피게니아가 포옹과 키스와 함께 아버지 아가멤논의 영혼을 오죽 잘 반기겠는가고 냉소적인 어조로 설명한다(1558행).

이러한 정황들은 아가멤논과 이피게니아의 근친상간을 많이 암시하는 요소들이다. 당시의 사회적 분위기나 검열에 의해 드러내놓고 말하지는 못하지만 그 둘은 아버지와 딸의 관계를 넘어 사랑을 나누던 관계임을 암묵적으로 보여주고 있다. 아버지에 의한 딸의 근친상간이 실제로 일어남에도 불구하고 인륜의 문제로 다뤄지지 않는데 비해 어머니와 아들의 근친상간의 문제는 거의 존재하지 않음에도 불구하고 공론화되는 것은 아들의 어머니에 대한 애착과 심리적 유대를 일찌감치 단절시키기 위한 기제가 아니었을까? 사실 아테네에서 한 어머니에게서 태어난 형제자매 사이의 결합은 종교적, 사회적인 이유로 금지되었지만 어머니가 다른 경우에는 아버지가 같은 여자형제와 결혼할 수 있었다. 이것은 엔도가미endogamy로, 즉 같은 사회계층 내에서 결혼해야 한다는 원칙으로 인해 가까운 친척간의 결혼은 허용되었음을 뜻하지만(플라실리에르 112) 아직도 혈연관계에서는 어머니를 우선시함으로 보여준다. 이것은 '아들과 딸은 어머니에게서가 아니라 아버지에게 귀속된다'는 아테나의 주장과 배리된다는 점에서 아이러니다. 사실상 부녀지간의 근친상간은 아버지에 의한 딸의 지배권력의 문제로 딸은 죽음을 각오하지 않고 거부하는 것은 불가능하다.

소포클레스는 초기의 「오이디푸스 왕」에서와 달리 「콜로누스의 오이디푸스」에서는 오이디푸스를 아테네의 수호신으로 만든다. 오이디푸스는 크레온과 장남인 폴뤼네케이스에 의해 추방되어 유리걸식하다가, 마지막 죽음을 예견하고 오이디푸스의 죽음을 받아들이는 나라가 강성할 것임을 신탁받았다고 테세우스를 설득한다(1518-1525). 테세우스는 오이디푸스의 장례를 허용함으로써 아테네 국가가 테바이를 이겨내고 그 영원한 번영을 신으로부터 보장받을 수 있는 기회를 가진다. 이것은 부친살해에다 어머니와 근친상간을 한 자가 아테네에서 영웅으로 탄생하여 아테네의 수호신이 되는 순간이다.

여성이 공동체의 잠재적 적으로 간주되는 것은 「안티고네」에서 잘 드러난다. 아테네에서 시민자격은 남성에게만 주어지고 거류 외국인이나 노예가 잠재적인 적으로 간주되듯 여성 역시 공동체의 적이다. 정의dike는 공적인 영역으로서 전쟁과 공무에 종사할 수 있는 남성 시민에게만 해당되고 사적인 영역인 가정에서는 배제된다. 가정은 가장인 남성의 권위에 절대적으로 복종하는 단위이자 가장이 시민권을 갖기 위해 경제적, 심리적으로 지녀야 할 것을 제공하는 단위이다.

주디스 버틀러Judith Butler는 "공적 영역은 가족의 행복을 방해함으로써만이 자신의 존재를 획득한다. 따라서 그것은 '내부의 적 - 일반적인 여성' 을 창출하고 "여성들 - 공동체의 [삶 속에서] 영원한 아이러니' 를 창출한다"(66)고 한다. 버틀러는 "여성이 호기심 때문에 국가의 보편적 목적을 사적인 목적으로 바꾸고 보편적 행위를 몇몇 특정 개인의 일로 바꾸며 국가의 보편 자산을 가족의 소유물과 장신구로 왜곡한다"(*The Phenomenology of Spirit* 288)는 헤겔의 견해를 가족의 행복과 국가를 대립시키는 이데올로기를 뒷받침하는 근거로 내세운다.

고대 그리스 비극의 본질은 운명이나 필연, 신들의 본질과 같은 형이상학에 있는 것이 아니라(윌리엄즈 21) 국가의식을 대표하는 데 있고 국가의 이상을 해석하는 것이 그 일반적 성격(G.L. 디킨슨 217-218)이라 볼 때 비극은 공적인 영역의 찬양을, 사적 영역에 대한 경멸을 통해 그 목적을 이루고자 한다. 이때 비극은 공적인 영역과 사적 영역의 대립과 갈등을 가져올 수밖에 없는데 버틀러는 가족과 국가의 대립의 핵심은 군대라고 본다.

> 가족 구성원이 서로에 대해 사랑을 느끼는 것을 방해하는 것은 근친상간의 금기가 아니다. 오히려 그것은 전쟁에 개입한 국가의 행위이다. 따라서 여성적 수단을 동원해서 국가가 토대하고 있는 보편성을 왜곡하려는 노력은 국가의 반대운동 때문에 좌절된다. 국가의 반대운동은 가족의 행복을 방해하는 것일 뿐 아니라 국가의 군대 복무 사업에 가족을 동원하게 만드는 것이다. 국가는 가족으로부터 자신의 군대를 충원하고 가족은 국가와 만나면서 자신을 해체한다. (68)

버틀러의 글은 군인의 지위가 곧 시민의 지위인 전사공동체로서의 도시국가의 성격이 가족과 국가의 대립을 첨예하게 드러냄을 말하고 있다. 1차 페르시아 전쟁의 마라톤 전투에서 공을 세운 독립자영농층Hoplites의 중갑병 민주정과 2차 페르시아 전쟁의 살라미스 해전에서 삼단노선의 노잡이 수병으로 근무한 빈민층Thetes의 급진 민주정이 아테네 민주정의 원동력이라 볼 때 아테네 민주정은 전쟁과 제국주의와 밀접한 연관을 지니고 있다.

『안티고네』는 민주정이 가장 급진적으로 발전한 페리클레스 시대에 공연되었다. 이 극의 성격에 대해 비평가들의 견해는 아주 대립적으로 나타난다. 우선 하우저는 소포클레스가 "애초부터 귀족윤리의 이상을 위해 민주적 시민국가의 이념을 희생시켰고 개개 가족의 권리와 평등을 기조로 하는 절대적 국가권력과의 싸움에서 주저 없이 혈족이념 쪽을 택하여" 『안티고네』에서 민주제 국가에 저항하는 여주인공 편에 섰다고 비판한다(138). 이러한 하우저의 견해는 귀족적인 안티고네에 대한 예찬을 통해 크레온을 폄하하여 전형적인 참주로 보는 것이다.

그런데 만약 『안티고네』가 크레온에 부정적이고 안티고네에 동정적이었다고 한다면 그것은 극장에서 공연되지 않았을 것이다. 하우저의 견해에 대해서는 소포클레스가 기원전 441년에 장군(스트라테고스)으로 선출되어 사모스 원정에 참가함으로써 시인으로서 뿐 아니라 최고의 관직을 누리는 것을 볼 때 좀 부정적이다. 그의 장군으로서의 취임은 업무상의 능력이 탁월했다기보다 시인으로서 「안티고네」의 성공 때문이다(김진경 17). 오히려 「안티고네」에서 페리클레스가 크레온으로 그려졌기 때문에 페리클레스의 적극적 지지를 받게 된다.

피카드 켐브리지A. Pickard Cambridge는 국가가 이 작품의 주역이며 이 극은 명백히 정치극이라 본다. 내분과 국가의 위기 하에서 과도적인 처지에 있는 크레온 정부는 외국군을 끌어들인 폴뤼네케이스의 매장을 금지한다. 그는 주권의 정당성을 확인하고 시민의 동의를 얻어 국가의 공적에 대한 법령을 제정한다. 그런데 강력한 왕족이 정당한 절차 없이 왕권의 정당성에 도전하고 정부의 지상권至上權을 부정한다. 켐브리지에 따르면 정부는 이 무시할 수도 거부할 수도 없는 파워 엘리트의 도전에 어떻게 대처하느냐 하는 것이 이 작품의 주제라는 것이다(142). 이렇게 볼 때 『안티고네』는 국가를 지키려는 크레온으로 그려진 페리클레스에 대한 비판 세력이나 반대 세력에 대해 시민들의 총궐기를 요구하는 강력한 정치극으로 보는 것이 더 타당하다.

그런데 다른 비극작품이 그렇듯이 『안티고네』 역시 귀족과 민주정의 대립을 여성 대 남성의 대립으로 다룸으로 성적 정치학을 관철시키고 있다.

> 대부분의 사람들에게는 복종이 안전을 보장해준다.
> 따라서 우리는 질서를 가져다주는 것을 보호하고
> 결코 한 여인에게 져서는 안된다.
> 꼭 그래야만 한다면, 우리가 한 여인에게 졌다는 말을 듣느니
> 차라리 한 남자의 손에 쓰러지는 편이 더 나을 것이다. (676행-680행)

이와 같은 크레온의 말은 질서를 지키고 공정한 길을 걷는 것은 국가에 대한 복종이며 국가에 복종하지 않는 것은 곧 여성의 편에 굴복하는 것이라는 것이다. 차라리 지거나 죽더라도 여자의 말을 듣는 것보다 낫다는 크레온의 말은 극이 의도하는 바가 귀족 가문의 파워 엘리트를 제거하는데 있다기보다 성적 정치학에 극의 초점이 맞추어지는 인상을 받게 한다.

아테네 민주정은 "시민의 이름으로, 귀족의 정신"(119)으로 이루어졌다는 하우저의 지적은 실제로 민주정이 형식적으로는 민주적이나 내용적으로 귀족적이라는 것을 의미한다고 볼 때 비극 작품은 이런 아테네의 이원적 모순성을 드러낸다고 할 수 있다. 하지만 비극은 감성구조를 통하여 민중적 시민이나 귀족 시민을 모두 만족시킬 수 있는 기제가 필요하다.

비극은 남녀 영웅에 대해 이중적인 잣대를 들이댄다. 옛 영웅이나 귀족 가문의 남성의 몰락을 그릴 때는 그들에 대한 진한 연민과 동정을 보낼 뿐 아니라 그들의 복권을 시도한다. 『아가멤논』에서 아가멤논은 그가 보인 여러 파렴치한 점에도 불구하고 정욕에 눈이 먼 요부에 의해 살해되기 때문에 동정의 대상이 된다. 소포클레스의 『아이아스』의 아이아스 역시 마찬가지다. 그는 아킬레스의 무구를 두고 벌인 경쟁에서 오디세우스의 속임수 때문에 패배하자 광기에 사로잡혀 오디세우스 편에 손을 들어준 아가멤논과 메넬라오스 등 사령관을 살해하려고 한다. 자신이 광기에 사로잡혀 사령관들을 살해하려고 했다는 사실을 깨달은 아이아스는 자살을 한다. 아이아스 역시 매장이 금지된다. 하지만 오디세우스는 "비록 적이긴 하나 나는 그를 불쌍하게 생각한다. 그는 무서운 재앙의 사슬에 묶여 있으니, 그의 운명은 어언간 나의 운명이 될 것을. 우리들 인생은 환상과 같은 것, 그림자와 같은 것"(121행-126행)라고 말하면서 그의 고귀한 아레테에 대해 깊은 이해를 나타낸다(1355행, 1387행, 1780행). 이리하여 아이아스는 오디세우스의 간청에 의해 매장이 허용된다.

이처럼 왕이나 영웅의 몰락에는 항상 연민과 동정을 가지나 귀족 여성의 몰락에는 그들을 시집도 못간 아주 초라한 여성으로 만들거나("신부의 침대도 없이 축혼가도 없이/ 결혼의 행복도 아이를 기르는 재미도 모른 채"(「안티고네」 917-919) 정욕에 눈이 먼 요부로 만들어버려서 인간적 크기를 축소시킨 다음 동정의 여지 자체를 없앤다. 그에 그치지 않고 여성을 민주주의의 적으로 놓고 그 여성을 살해하거나 처형시켜 제거하는 것이 국가의 이상에 이로운 것으로 묘사된다. 오레스테스는 어머니 클뤼템네스트라를 살해하지 않고 추방하는 것으로 그칠 수도 있었다. 하지만 클뤼템네스트라는 정욕에 눈이 먼 요부가 아니라 권력자였기 때문에 자신이 그 권력을 뺏기 위해 죽일 수밖에 없었던 것이다. 이것은 귀족시민 남자와 민중적 시민 남자 모두를 어느 정도 균질화된 집단체험으로 몰아넣는 가장 중요한 기제가 그들의 반여성적 심리를 통해 남성 우월의 지배 심리학이기 때문이다. 이러한 것이 서사시적 신화를 비극적으로 수용하는 과정에서 작동하는 성적 정치학이다.

5. 저항과 봉쇄: 부덕과 정념의 딜레마

고대 그리스에 나타난 신화를 가부장제의 기원과 형성기록으로 보고 그 성적 정치학에 대해 고찰하였다. 고대 그리스 신화는 구전 설화에 머물지 않고 서사시, 서정시, 비극에 이르기까지 장르적 변용을 거치는 독특한 모습을 보이면서 천여 년 이상의 오랜 기간 동안 고대 그리스인의 정신구조를 지배하였다.

신화의 성적 정치학은 호메로스의 서사시적 신화 속에서는 모계 모권제의 많은 흔적을 보이다가 『신통기』에서 최초로 체계적인 모습을 갖추고 기원전 5세기 아테네 민주정 시대 비극의 주된 소재이자 주제로 절정에 이른다. 『신통기』는 여신들의 권력과 위상, 영역들을 하나씩 정복하여 제우스가 우주의 제일인자이자 신들 사회의 가부장으로 등극하는 이야기이다. 반면에 비극은 신들의 사회가 아닌 인간 가족의 내분과 양성간의 전쟁을 통해 가부장으로 등장하는 남성의 이야기이다.

비극에서 국가 기원의 신화와 가족 기원의 신화가 서로 중첩되는 것은 아주 중요하다. 가족의 일인자가 국가의 지도자인 왕이 되는 구조는 가족의 불평등 구조가 국가 내 구성원의 불평등을 자연적인 것으로 정당화시키기 때문이다. 가족의 불평등 구조가 사적 영역으로 공적 영역에서 배제됨과 동시에 국가의 공적 영역은 시민인 남성만 담당하고 여성은 자연스레 시민에서 배제된다. 이런 구조가 여성 대 남성을 자연 대 문명의 대립으로 치환시키고 자연법보다 문명의 실정법을 우위에 두는 구조를 이룬다.

고대 그리스 신화에 나타난 성적 정치학의 완결판은 에우리피데스의 비극에 있다. 그는 아이스퀼로스나 소포클레스와는 달리 「알케스티스」와 「힙폴리토스」, 「메데이아」에서 여성의 운명에 관심과 연민을 갖고 그들의 삶에 천착하였다. 하지만 그는 여성을 비하하고 가부장제 하의 부덕의 윤리를 정초한 작가이기도 하다. 따라서 그가 부덕婦德과 정념의 딜레마를 통해서 말하는 부덕의 윤리는 신역사주의가 말하는 저항과 봉쇄의 전략이다. 에우리피데스의 성적 정치학은 영웅사회에서 완전히 떠나 그리스 중간층 가정 내부의 드라마와 연결된다는 점에서 봉쇄이지만 메데이아의 경우 소시민적 이아손의 탐욕에 거칠게 대응한다는 점에서 저항의 전략이다.

고대 그리스에 나타난 신화의 성적 정치학은 에우리피데스의 비극에서 끝나고 메난드로스의 신희극을 거쳐 남녀의 대등한 애정과 정절, 신의를 형상화하는 그리스 소설의 발흥으로 연결된다.

남근지배:
고대 아테네 문화의 자기파멸적 미학

1. 문화적 구상체로서의 남근

고대 그리스는 서구적이고 자본주의적이며 현대적인 우리사회의 한 원형으로서 추구된다. 아테네 민주정은 민주주의의 고향으로, 서사시와 서정시 및 비극 들은 문학의 고향으로, 그리스 신화는 우리 무의식의 고향으로 추구된다. 그리스 고전기의 미학은 요한 빙켈만Johann Joachim Winckelmann 이후 "조용한 위대성과 고귀한 단순성"으로 추앙받아 왔다.

그런데 고대 그리스가 현대의 이상향으로 제시되는 것과 달리 부정적인 것의 원류 역시 있지 않을까? 그동안 고대 그리스를 찬양하는 것은 현대서구의 민주주의와 자본주의를 찬양하는 것이 되었고 고대 그리스를 이상화하면 할수록 서구문화에 대한 경도는 깊어졌다. 그런데 현대의 서구자본주의가 가리고 있는 어떤 부정적인 측면 역시 고대 그리스에서 찾을 수 있으며 그것은 고대 그리스를 자기파멸케 한 어떤 것일 수 있다.

이 글에서는 고대 그리스 아티카 문화에 대해 하나의 부정적인 원형을 추가하고자 한다. 그것은 현대의 문화에서도 역시 가장 중요한 두 기둥인 남성지배의 핵인 가부장제와 군국주의이다. 인류의 역사에서 역사 이전과 역사 이후를 가르는 것이 가부장제의 수립이고 특히 고대사회는 전쟁과 정복이 일상화된 사회였다는 통념이

지배적이기 때문에 구태여 고대 그리스만이 그 부정적 원형이라고 할 수 없다는 반론이 있을 수 있다. 하지만 제우스를 정점으로 하는 공인된 그리스 신화와 『신통기』*Theogonia*만큼 노골적으로 가부장제의 수립을 노래한 고전고대의 자료는 드물며 『일리어드』*Iliad* 만큼 전쟁과 정복, 죽음을 예찬한 서사시도 거의 없다. 더구나 이들 그리스 신화와 고전은 단순한 옛 이야기가 아니라 아직도 많은 이들이 비판없이 받아들이는 경향이 강하다.

그런데 고대 그리스 문화에서 가부장제의 수립과 군국주의를 연결하는 것은 폭력과 남성우월주의이며 이것의 문화적 구상체는 남근으로 나타난다. 어느 정도 은폐된 현대의 가부장제와 달리 노골적으로 드러낸 조야한 형태의 남근통치phallocracy가 이 시대 문화의 주요한 키워드였다. 그리스문화의 최절정이라 할 수 있는 페리클레스Pericles의 민주정 시대에, 에바 케울즈Eva Keuls에 따르면, "공언된 남근주의"(13)가 횡행했던 것이다.

남근지배는 성적 활동이라는 사적 영역 내에서 이루어지는 남성 지배만을 의미하지 않고 사회문화적으로 남근을 연출함으로써 얻게 되는 남성의 총체적 권력을 말한다. 남근지배의 규정원리는 여성을 탈섹슈얼리티화할 뿐 아니라 재생산의 기능까지도 상징적으로 박탈하고 모든 사회적 과정에서 여성을 배제하는 것이다. 대외적으로는 제국주의 전쟁을 통하여 이루어지는 광범위한 강간 뿐만 아니라, 남성에 의한 남성의 지배(노예제도) 역시 남근지배의 주요한 한 원리라 할 수 있다. 기원전 5세기 아테네에서 이 남근지배의 원리를 관철하기 위해서 동원되는 것이 비극, 조각, 신전의 부조, 채색 도기화陶器畵 들의 문화예술적 매체이다.

일종의 캐논으로 전해오는 이상적인 조각상에서조차도 남신이나 영웅들은 점점 벌거벗은 근육질의 모습으로 남근을 드러내며 남근을 상징하는 번개나 삼지창, 지팡이를 무기삼아 들고 있으나(그림 1), 여신이나 여성들은 긴 치마를 입고 고개를 숙이거나 점점 무대에서 사라진다(그림 2). 남편이나 아이를 살해하는 여인이나, 그리고 자살하는 아내들, 그리고 강간당하고 노예로 끌려오는 여성들이 등장하는 비극에 대응하는 미학적 버전은 이들 조각상이 아니고 채색 도기화와 신전의 프리

그림 1.
최근의 그림이기는 하지만 전투태세를 그린 제우스의 모습. 아니누드 아가왈. 〈타이탄족에게 길을 열다〉. 2010.

그림 2.
중간은 하늘을 떠메고 있는 헤라클레스이고 오른쪽은 아틀라스인데 둘다 벌거벗고 있으나 왼쪽에 있는 아테나는 신이지만 정숙한 모습과 표정을 하고 있다. 올림피아 박물관.

즈(띠 모양으로 장식된 부분)에 나타난 그림이다. 채색 도기화는 이런 비극을 형상화할 뿐 아니라 비극에서 보여줄 수 없었던 남근을 다채롭게 연출한다. 남근통치에서 가장 강조되는 것은 남근이 공격적 무기라는 것이다. 여성을 공격하고 쫓아가는 장면 뿐 아니라 흔히 등장하는 엄청나게 크게 발기한 남근들의 장면은 일상의 폭력으로 아테네 여성을 짓누른다. 신전의 프리즈에는 아마존족과의 전투 장면이 중심축의 하나로 그려져 있어 여성 역시 전쟁과 정복의 대상임을 상징적으로 선포한다.

크레타 문명에 남아있는 고古유럽의 흔적들은 남근지배와는 다른 모습을 보여주고 그리스 신화에서도 희미하나마 가모장제의 옛 모습을 추적할 수 있다. 이는 그리스 특히 아테네의 가부장제 수립과정에서 가모장제의 저항 역시 만만치 않았으리라 추측할 수 있고 강력한 가부장제의 수립을 위해서 남성에 의한 초석적 폭력fundamental violence이 수행되어야 했음을 뜻한다. 이 초석적 폭력의 상징이 남근, 그것도 발기한 남근인 것이다.

따라서 이 글은 가모장제에서 가부장제로 이행에 필요한 초석적 폭력의 성격을 밝히고 실제로 5세기 아테네의 사회 문화 예술적 매체에 나타난 일상의 남근연출과 국가주의와 결합된 남근주의, 그리고 제국주의 전쟁과 관련된 남근통치에 대해서 분석하는 것을 목적으로 한다. 영원히 발기하는 남근이 없듯이 영원한 제국의 지배도 없다. 페르시아와의 전투에서 승리한 이후 펠로폰네소스 전쟁이 일어날 때까지 50년의 짧은 영광은 남근주의와 제국주의의 절정이었다. 415년 시실리 원정 하루 전날 밤에 일어난, 집집마다 대문 앞을 지키는 헤르메스 신상의 발기된 남근이 아테네 전역에서 잘리는 사건은 아테네를 공포 분위기로 몰아넣으며 남근통치의 몰락과 제국 패망의 신호탄이 되었다.

2. 초석적 폭력과 남근정치

남근[1]은 예로부터 숭배의 대상이었다. 남근숭배는 남근처럼 생긴 돌이나 나무 따위의 자연물이나 또는 인공으로 만든 것을 생산의 신, 혹은 좋은 운수를 주는 신으로 숭배하는 것이다. 고대로 올라갈수록 여성 생식기의 다산성과 풍요로움에 대한 숭배가 많아지는데 언제부터 남근숭배가 시작되었을까? 인류 최초의 조형으로서 유럽의 산악지방에서 많이 출토된 '빌렌도르프의 비너스' Venus of Willendorf(그림 3)나 '로셀의 비너스' Venus of Laussel(그림 4)들의 나체 여인상들은 가슴이나 엉덩이 들 국부를 극단적으로 과장한 것으로 생산과 풍요의 상징, 또는 주술적 욕망을 나타내는 것으로 생각된다. 이어 신석기시대에 들어와 메소포타미아의 니네베Nineveh나 우르Ur, 알 우바이드에서 출토된 토우(BC 3,700년경)나 키클라데스 제도의 대리석 우상 들은 모두 나체로 구석기시대의 비너스 상만큼 국부를 강조하지 않았으나 모두

1) penis나 phallus를 우리말로는 모두 남근이라 하지만 엄밀한 의미에서 phallus는 발기된 남근이다.

그림 3.
빌렌도르프의 비너스. 11.1cm의 크기로 이상적인 여성상이냐 다산의 상징이냐 아니면 들고 다녔던 행운의 부적인가 등의 논란이 있다. 오스트리아 빈 자연사박물관.

그림 4.
약 25,000년 전의 것으로 돌에 새겨진 부조 형태의 여신상이다. 들소 뿔을 들고 있으며 키는 약 50cm. 프랑스 보르도 박물관.

풍요와 다산의 상징으로 볼 수 있다.[2)]

임신, 출산, 육아를 담당하는 국부가 과장된 나체의 여인상들은 사라지고 기원전 7-6세기에 걸친 그리스 고졸기의 여신들은 이오니아풍의 키톤을 걸치고 한 손에는 비둘기나 사과를 든 정숙한 처녀의 모습으로 표현되어 있다. 이러한 여신들의 변화와 더불어 차츰 고전기로 갈수록 남신들이나 영웅들은 성기를 드러낸 누드로, 혹은 남근 자체가 주인공으로 형상화된 조각물이나 도기화 들이 대세가 된다. 이것은 여성이 공적 영역에서 사라짐과 동시에 그들의 재생산력의 상징인 성기들도 그 역할이 은폐된 반면, 남성이 사회적 문화적 모든 영역에서 전면적으로 등장하며 남근만이 인류 재생산력의 주요 동인으로 상징화, 숭배되고 있음을 보여준다(그림 5).

20세기에 지그문트 프로이트는 여성을 남근을 결여한 존재로 보듯이 남근의 존재를 인간의 보편적 존재조건으로 보았다. 라깡 역시 비록 이 세상에서 누구도 가

2) 네이버 백과사전. http://100.naver.com/100.nhn?docid=81153

그림 5.
그리스 신화에서 다산과 풍요의 상징이 된 프리아포스 Priapos.[3] 이전에 대지의 신으로 풍요와 다산의 신이었던 데메테르는 딸 페르세포네를 남신 하데스에 납치당하면서 그런 기능을 상실한다.

지지 못하지만, 인간의 본질적 결여를 메울 수 있는 어떤 것을 위해 남근을 상징하는 '팰러스' phallus를 사용하고 있다. 또한 인간의 언어작용들을 가능하게 하는 가장 으뜸된 '기표들의 기표' 의 이름을 팰러스로 부르고 있다. 남근이 한 성의 생식기에서 로고스화되고 인간의 본질이 되고, 나아가 인간의 언어작용을 가능하게 하는 기표가 될 정도로 가부장제의 남근중심주의는 진화발전되고 있다.

---

3) 그에 대한 숭배는 헬레스폰트 지역에서 비롯되었고 특히 람프사코스가 중심이었다. 거대한 남근을 지닌 기형적이고 우스꽝스러운 사람의 형상으로 묘사되었다. 이 신의 제사에는 나귀가 바쳐졌는데, 그것은 나귀가 색욕을 상징하고 이 신의 성적 능력을 연상시켰기 때문일 것이다. 그리스 신화에서 프리아포스의 아버지는 주신酒神 디오니소스이고 어머니는 어떤 지방의 님프 또는 사랑의 여신인 아프로디테였다. 프리아포스 숭배는 헬레니즘 시대에 전고대 세계로 퍼졌다. 그는 소박한 데가 없는 도시에서는 음란한 향락의 신이 되어버렸지만, 시골에서는 정원의 신으로 수용되어 그의 상像은 허수아비와 수호신을 결합한 역할을 했다. 그는 또한 바다의 항해자와 어부, 행운이 필요한 다른 이들에게서도 수호신으로 받들어졌다. 그의 존재는 악을 피하게 한다고 여겨졌다.
출처: 다음백과. http://enc.daum.net/dic100/contents.do?query1=b24p0469a 검색일: 2011. 7. 24.

그런데 생명과 인류의 불멸의 원천으로서 남성 성기를 이상화하는 것은 여성에 대한 숭배만큼 널리 퍼진 것은 아니지만 결코 아테네나 그리스에 국한되는 것은 아니다. 그러나 기록상의 어떤 사회도 남근적 믿음과 관습에 아테네보다 더 물든 적은 없으며 더 풍부한 남근적 환타지를 생성한 적도 없다. 하지만 여성의 성기를 숭배하는 것과 남성 성기를 숭배하는 것에는 그 사회적 효과에 커다란 차이가 있다. 일반적으로 섹슈얼리티를 존중하는 문화는 '여성에 의한 지배'를 코드화하기보다 예술과 의식ritual의 많은 부분에서 여성과의 결합이나 재생산의 상징으로 나타낸다. 마리아 김부타스Marija Gimbutas나 제임스 멜라트James Mellaarte, 리안 아이슬러Riane Eisler 같은 고고학자들은 최근의 연구에서 신석기 농업혁명의 시대는 남녀가 평등한 사회였으며 전쟁이나 대규모 정복이 일어나지 않은 평화로운 사회였다고 한다. 아이슬러에 따르면, 신석기 시대는 칼이나 창 같은 무기가 발견되지 않았으며 그 예술에서도 "무장한 힘, 잔인함, 폭력에 대한 칭송"은 찾을 수 없으며 포로와 노예의 증거도 영웅적인 정복자도 없다고 한다. 이런 것들은 모두 바빌로니아, 그리스 로마의 것이라고 한다(25).

김부타스에 따르면, 기원전 7,000-5,000년 경 남쪽으로는 에게 해, 북쪽으로는 체코 우크라이나 서부에 걸친 넓은 지역에 '고유럽문명'이 있었다. 신석기시대에서 청동기시대로 넘어가는 과도기에 해당하는 그 문화는 기원전 4,000년경 유럽 중동부에 침입한 반농반목의 인도유럽어족 조상에 의해 멸망하였으나 그 흔적은 기원전 2,000년경 크레타 섬의 미노아문명에 남아있다. 이 고유럽문명은 고대 이집트나 고대 그리스를 중심으로 지중해문명을 생각하던 고고학자들을 매우 혼란스럽게 만들었는데 이 문명에서 김부타스는 남녀평등의 원리가 작동하고 있었다고 본다(그림 6, 7). 크레타 미술은 비기하학적이며 유기적이며 생명이 넘쳐난다. 벽화와 유물에서는 남녀가 팀을 이루어 소를 타고 재주넘기를 하며 여신은 가슴을 드러낸 미인의 모습으로 등장하며 비키니를 입은 여인이 수영을 하는 모습들도 보인다.

오랜 시대, 넓은 지역에 걸쳐 어머니 여신의 형상이 존재한다는 고고학적 증거는 넘쳐났다. 멜라트는 여자들이 신석기 시대의 종교를 창조했을 뿐 아니라 농업을 발

그림 6.
크로노스 궁전 벽화에 그려진 세 여인의 초상.

그림 7.
크로노스 궁전의 벽화로 백합꽃남자라고도 한다.[4)]

전시켰으며 농산물들을 관리했다고 결론지었다(249). 어머니 여신은 생명의 탄생에 관여하는 우주적 힘의 표상으로 아이를 임신하고 출산하는 인간여성의 이미지이며 수사슴, 개, 두꺼비, 벌 나비 나무 들 여러 생물로 변할 수 있다고 믿어졌다. 생명을 끊임없이 이어간다는 것이야말로 고유럽 신화의 주된 동기이며 남성과 여성의 원리는 분리되지 않고 서로 얽혀있었다고 한다. 인간 젊은이 또는 수컷 동물로 표현된 남신男神이 등장하거나 남근상징이나 가면을 쓴 소 사나이의 형상 들도 출토되었는데 그것들은 여성이 남성에 종속되는 것이 아니라 '남성이 갖추고 있는 자극의 원리' 로 남성 역시 없으면 아무것도 성장 번영할 수 없는 원리의 한 축이라

4) 박홍순의 〈미술로 보는 서양철학사〉에 따르면, 딱딱한 자세, 넓은 어깨, 직선적인 다리를 강조했던 이집트 고분 벽화 속의 인물들이나 강인한 남성의 근육을 강조한 그리스 조각과는 달리 크레타인들은 길고 유연한 팔다리, 가는 허리, 약간 뒤로 젖혀진 상체, 그리고 곡선적인 인체 형태를 의상으로 더욱 강조했다. 이처럼 마르고 부드러운 곡선적인 인체

고 보았던 것이다(와카구와 미도리 46-7) . 아이슬러 역시 크레타에서 권력은 힘의 행사를 통해 사람들을 남성지배엘리트에게 강제적으로 복종시키는 것이 아니라 어디까지나 어머니의 책임을 통해 행사되는 것이었다고 한다. 이는 여성이 조직적으로 과소평가되지 않는 협조형 사회에서 나타나는 권력의 전형적인 모습이다.

3-4천년 이상 오래고 넓은 지역에 존재하던 이 고유럽 문명은 쿠르간 족(인도유럽어족의 일부)에 의해 멸망하고 부계문화에 지배권을 빼앗긴다. 우리에게 전해 내려오는 남신중심의 그리스 신화는 모계제 문화를 말살시킨 이 부계문화의 한 전형이라 볼 수 있는데 이 신화에서의 남근지배는 여성의 생식기를 은폐시키고 여성의 성을 파괴시켜 여성을 배제하는데 기여했다고 할 수 있다. 에릭 노이만Erich Neumann 역시 『위대한 어머니』*The Great Mother*에서 남근숭배는 인간역사에서 하나의 반동으로 여성원리의 속박에서 자유롭고자 하는 것이며, 생명의 근본적 생성자로서 남근을 규범화하자는 시도라고 한다.

토마스 홉스Thomas Hobbes는 자연 상태를 만인에 대한 만인의 투쟁으로 보아 폭력적이라고 규정함으로써 사회성립의 정당성을 폭력의 제거에 두었다. 그는 전쟁의 상태가 인간의 평등에서 비롯되므로 "인간이 그들 모두를 두렵게 하는 공통의 힘" (232)이라고 하면서 폭력의 기원을 인간관계의 근원으로 생각한다. 이러한 홉스의 논리는 모계제에서 정복전쟁이 빈번하게 일어나는 부계제 사회로의 이행을 인간본성에 비추어 자연스런 필연적인 과정으로 보게 한다. 그것은 원시적 폭력을 없애고 질서있는 국가의 필요성에 나온 것이기 때문이다. 이에 비해 르네 지라르René Girard는 다른 입장을 보인다. 그는 사회의 성립과 유지가 폭력을 제거하기 위해서 이루

미를 선호했던 것은 단지 취향의 문제가 아니라 당시 모계적인 의식이 깊게 남아있던 사회적인 분위기를 반영하고 있었던 것으로 본다. 〈백합꽃 남자〉의 경우만 하더라도 그러하다. 남성을 그린 것이지만 전반적인 분위기는 〈세 여인〉과 구분이 가지 않을 정도로 정감이 넘쳐흐른다. 이 남성이 등장하는 배경도 전쟁터와 같은 격전장이 아니라 아름다운 백합꽃이 가득한 자연이다. 이 그림만이 아니라 심지어 권투를 하고 있는 남성들의 모습을 다룬 벽화에서조차 가는 팔뚝과 가슴, 허리의 선을 강조함으로써 마치 어린 소녀들이 무용을 하고 있는 듯한 착각이 들 정도로 부드러운 이미지를 보여준다.
출처: http://www.redian.org/news/article View.html?idxno=15116 검색일: 2011. 7. 24.

어지는 것이 아니라 폭력에 기반하여 이루어진다고 본다. 한 공동체가 번성해나가기 위해서는 문화의 시발점으로 기능하는 집단의 폭력, 이른바 초석적 폭력이 필요하다. 지라르에 따르면, "초석적 폭력은 인간이 보존하고 있는 모든 소중한 것들의 실질적인 기원을 이루게 된다. 다른 신화적 인물에 의해 한 신화적 인물이 살해되는 것으로 끝나는 모든 기원신화가 은연중에 단언하고 있는 것이 바로 이것이다. 이 사건이야말로 문화질서의 창발자로 여겨지며"(143) 이 초석적 폭력에서부터 "제의 뿐 아니라 결혼규칙, 금기, 인간에게 인간성을 부여하는 모든 문화형식들이 나온다"(143)고 한다.

신화나 이야기를 제외하고 남자들은 실제로 아이를 임신하지도 출산하지도 않는다. 그리스 신화에서 제우스는 머리로 아테나를, 허벅지로 디오니소스를 낳는다. 아들 크로노스가 아버지 우라노스를 거세시키자 그는 정액만으로 아프로디테를 낳고 헤파이토스 역시 거절하는 아테나를 쫓아가다가 흘린 정액만으로 에릭크토니스Erichthonios를 낳는다. 오랫동안 양성이 평등하고 전쟁이 거의 없던 평화로운 전통에서 한 성이 인류의 절반이자 실제적인 출산과 임신으로 인류재생산을 담당하는 다른 성을 억압하고 지배하며 공공의 영역에서 사라지게 하기 위해서는 얼마나 많은 폭력이 필요할까? 이 과정에 폭력은 행사될 수밖에 없다. 이것이 최초로 이루어지는 그 순간에 행사되는 것은 원초적 폭력이다.

지라르는 "죽음으로 이루어져있는 많은 제의를 보더라도, 원초적 사건은 당연히 살인"(141)일 거라고 생각하고, 프로이트 역시 문명과 종교의 기원을 원초적 폭력 행위로서 부친살해에 둔다. 하지만 게오고리 질부르Gregory Zilboorg에게 원초적인 행위는 '원초적 강간행위'이다. 질부륵에 따르면, 아버지가 아들들에 의해 살해되기 이전에 한 여성은 어머니가 되어야만 한다. 하지만 원초적 폭력으로서 여성을 죽여버린다면 남자는 아버지가 될 수 없다. 가부장제의 원초적 폭력은, 여성을 죽이기 이전에 반드시 일어나야 할 '원초적 강간'인 것이다(qtd. Grotjahn 548). 상호적 성행위가 아닌 일방적 강간은 지배를 목적으로 함과 동시에 그 결과인 아이까지도 뺏을 수 있을 정도가 되기 위해서 폭력이 행사되어야 한다. 강간이 있은 후 여자들은 어머니가 되지 못하고 부권에 아이들을 빼앗긴다. 그리스의 신화와 비극에서 여성들은 강간당한 후 죽임을 당하거나 메두사처럼 공포스런 괴물로 변하거나 살해되어 모성을 주장할 수 없다. 특히 비극에 나오는 사악한 여인들은 처녀가 아니라 아직도 아이에 대한 권한, 모권을 가지고 있는 여인들이다. 이 여인들은 어머니로서의 자격이 없다. 따라서 모성의 권한은 부권으로 넘겨야 한다는 논리다. 여성들이 남근선망을 한 것이 아니라 남성들이 모성을 질시하여 그들에게 모권을 빼앗기 위해 남근이 폭력으로 행사되는 것이다.

지라르에게 초석적 폭력은 공동체 내부에서 자연스레 발생하는 것이 아니라 오히려 내부발생적 폭력을 제거하여 공동체의 위기를 해소하려는 집단적 사건이다. 이것을 부권제 성립기 특히 아테네 문화와 관련시켜 설명하면, 남성공동체의 내부 폭력문제를 해결하기 위해 여성을 희생양으로 하는 남성의 집단폭력을 가부장제의 기원적 폭력으로 볼 수 있다. 프로이트는『종교의 기원』에서 형제들이 단결하여 이루어진 부친살해를 단 한번의 원초적 범죄로 보고 종교의 기원으로 보지만, 로버트 헤머튼-켈리G.Robert G. Hamerton-Kelly는 "단 하나의 원초적 범죄와 같은 개념은 나의 사유와 거리가 멀다. … 그것은 특정한 인간집단들을 통합하거나 재통합했던 만장일치의 폭력의 수많은 사례들을 가리킨다"(248)고 한다.

여성에 대한 남성의 (상징적이든 실제적이든) 만장일치의 폭력은 아테네 남근지배 문화에서 전형적으로 일어난다. 지라르에게 초석적 폭력은 내부발생적 폭력을 제거하여 공동체의 위기를 해소하려는 집단적 사건이듯이, 계급갈등과 대립이 격화되던 고대 아테네에서 남성공동체 내부의 폭력문제를 해결하기 위해, 여성을 희생양으로 설정하여 이루어지는 남성들의 폭력은 남근지배문화로 형상화된다고 할 수 있다. 비극과 그림, 조각, 신전 들에서 보여지는 남근지배적 문화는 의례적 모방과 신화적 가감, 장르적 변용에 의해 이데올로기적으로 증폭된다. 발터 벤야민Walter Benjamin의 신화적 폭력 역시 이에 해당된다(108-9). 벤야민의 신화적 폭력은 법정립적 성격으로 폭력을 사용하여 기존의 모계제 질서를 새로운 가부장제 질서로 만들어내는 것이다. 아이스퀼로스Aeschylos의 「오레스테이아」*Oresteia* 3부작에서 오레스테스가 어머니를 죽였으나 아폴론과 아테나에 의해 사면을 받고 왕이 됨으로써 오레스테스의 모친살해라는 반인륜적 폭력은 가부장제 국가의 법을 정립시키는 신화적 폭력이 된다.

3. 남근연출과 국가주의

고전기 아테네의 남근적 에토스는 신전의 부조, 채색 도기화의 그림 그리고 다양한 크기의 조각상 들에서 우선 두드러진다. 아테네의 남근지배는 프로이트가 바나나, 막대기나 프로이트 자신의 시가cigar와 같은 남성 성기를 생각나게 하는 상징들을 말하고 있는 것과 다르다. 남근을 남녀의 결합 기관이나 상호 즐거움으로서가 아니라 일종의 무기, 창이나 전투용 곤봉 그리고 하나의 왕홀로써 남근을 연출한다(케울즈 2). 이것은 일종의 포르노그래피일수도 있지만 아직 공격적인 남근이 중심적 형상이라는 것은 아직도 양성간의 전투가 진행되고 있는 걸로 볼 수 있고 그런 의미에서 남근정치의 선전물이라 할 수 있다. 아직 문자의 보급이 부분적으로밖에 이루어지지 않아 이미지 매체가 훨씬 더 파급력과 선호도가 크다.

신전이나 채색 도자기, 신상에서 이루어지는 남근의 연출은 신화적, 서사적 내용을 가진 것에서부터 단순히 발기된 남근 자체를 위한 것에 이르기까지 다양하다. 아테네 남성들은 습관적으로 자신들의 성기를 연출하고 자신의 도시는 발기한 남근들을 가진 신들의 조각으로 장식되어 있었다. 문헌자료는 오랜 세월을 거치는 동안 검열을 받고 재편집되었지만 공예나 조각물 들은 재편집이 불가능하다. 그래서 노골적인 장면들이 고스란히 우리에게 전해진다.

1) 아테네 민주정, 국가주의와 남근지배

고대 아티카에서 신화와 서사에 나타나는 남근정치는 기원전 6세기 말을 기점으로 하여 뚜렷이 부각되기 시작하여 5세기 페리클레스 시대 절정에 이르렀다. 기점이 되는 시기는 페이시스트라토스Peisistratos와 그 아들들의 참주시대이다. 이때부터 아테나 여신의 숭배와 디오니소스 축제가 자리잡기 시작했으며 클레이스테네스의 민주개혁을 거쳐 페르시아를 몰아내고 에게 해의 맹주로 자리 잡으면서 아테네는 가파르게 상승, 발전, 팽창하였다.

그러면 이렇게 발전해가는 아테네 민주정의 국가건설과 남근지배는 어떻게 결합되고 어떤 양상을 보이는가? 고대 아테네를 비롯한 아티카 지방에서 남근지배가 가장 즐겨하는 신화적 서사적 주제는 아마존 족과 트로이 정복의 영웅인 아킬레스Achilleus의 대결이다. 이 신화는 그리스 건국영웅인 헤라클레스Heracles와 테세우스Theseus의 여성정복 서사로 변용, 확대되어 차츰 역사적으로 실체화되기 시작한다. 아테네에서 그리스 영웅과 아마존 전사와의 전설적인 전투는 인기 면에서 단연 일위였다. 전체적으로 고전 고대에서부터 아마존 여전사에 대한 그림과 부조, 도자기 장식 들이 800편 이상 남아있는데 그 가운데 아테네의 것이 압도적으로 많다. 대부분 그리스 영웅들이 아마존의 여전사를 찌르고 곤봉으로 가격해서 죽음에 이르게 하는 재현물들이다. 이에 대해 케울즈는 “가장 아티카의 신화적 역사를 생생하게 알 수 있는 양상은 학살, 공격, 강간의 남근통치적 모티프를 애국적 주제와 섞어 짠 것”(34)이라고 말한다.

『일리어드』에 트로이를 지원하러 온 아마존 족의 여왕 펜테실레이아Penthesileia를 무찌르는 아킬레스의 전투장면이 잠시 나온다. 도기화에 이 장면이 그려져 있는데 그것은 칼과 남근이 일치하는 순간이다. 냉정한 전사인 아킬레스가 사랑에 빠지고 펜테실레이아는 유혹한다. 가슴을 만지고 유혹하면서 자비를 구하는 순간 아킬레스가 칼로 찌르다(그림 8). 그 칼의 방향은 여왕의 성기 부근을 향하여 있다(그림 9). 또 다른 그림은 트로이 도우러 온 아마존 족의 여성이 테세우스에게 패하는 장면이다(그림 10). 전설상으로 테세우스는 아마존의 여왕 안티오페Antiope와의 관계에서 힙폴리토스Hippolytos를 두고 있다. 이 장면들은 아킬레스와의 장면과 마찬가지로 항복하여 거의 여성이 죽음에 이르는 순간에 영웅들이 사랑에 빠진다는 것이다.

그림 8.
여왕의 손은 아킬레스의 가슴을 만지며 눈으로 애원한다. 펜테실레이아 화가(the Penthesileia Painter가 그린 붉은색 도자가 잔(470/460 BC) 뮌헨 박물관.

그림 9.
헤라클레스는 정확히 아마존 족의 여성 가슴에 칼을 꽂는다. 도리우스가 그린 도자기 술잔. 브루셀 박물관.

그림 10.
아마존의 여왕 펜테실레이아를 죽이는 아킬레우스. 에크세키아스Exekias: 550/525 BC 활동)가 그린 항아리 그림. 런던 박물관.

그것은 사랑은 대등한 상호의 정열이 아니라 한쪽의 완전한 패배 속에서 정복적으로 이루어지며, 여성이 항복할 때만 여성의 아름다움을 알아본다는 것이다. 이러한 그림은 이중의 효과를 노리는데 그것은 그리스 지역에서 상대적으로 짧은 아티카의 역사를 영광스런 서사시적 과거인 트로이 전쟁으로 올라가는 것과 함께 아테네 건국 자체가 남녀대결과정이었다는 남근주의의 관철이다.

나이즐 스피비Nigel Spivey는 『그리스 미술』에서 아마존의 신화는 단순히 여성의 지배를 두려워하는 그리스 남성의 두려움을 보여준다고 할 수 있는 요소가 많다고 본다(225). 예를 들어 활과 화살을 자유롭게 사용하기 위해 아마존 여전사들은 오른쪽 가슴을 잘라냄으로써 양육이라는 여성의 역할을 버리고 생식을 위해서만 근처 부족을 만나며 남자아이를 버린다는 것이다. 모든 것이 그리스미술가들에게는 놓칠 수 없을 만큼 너무나 흥미로운 것이었다(226). 이들 여성전사의 전설은, 남성과 싸워 물리치거나 살해하여 여성만의 공동체를 꾸리는 여성 반란의 신화적 원형이자 필리스 체슬러Phyllis Chesler가 말한 '보편적인 남성의 악몽' the Universal Male Nightmare 이다(qtd. Keuls 4). 케울즈는 아마존 여성들의 반역이라는 모티프는 남성들의 여성공포에 대한 가장 뛰어난 표현으로 신화나 비극, 일상생활의 여러 관습과 행위들에서 아테네의 남근주의는 "여성을 자신이 감금된 곳에서 뛰쳐나와 남성세계에 복수할 기회를 기다리는 우리의 호랑이로 묘사"(4)한다고 한다.

이러한 아마존 족의 신화는 신화이면서도 역사적 실체라 할 수 있는데 페리클레스 시대에 제국주의적 야망을 정당화하려는 신화로서 다시 등장하게 된다. 가장 대표적인 것이 파르테논 신전과 그에 새겨진 조각 및 부조에서 나타난다. 파르테논 신전과 페리클레스의 추도연설은 고대 민주주의와 고전기 아테네를 이상화시키는데 가장 많이 기여하는 것이다. 위대한 민주주의와 위대한 예술에 대해 현대인들이 가지고 있는 가장 구체적인 이미지 상징인 것이다. 하지만 로렌 세이몬스 Ⅱ Loren J. Samons. Ⅱ는 "페리클레스의 경력처럼, 파르테논은 아테네 민주주의나 휴머니즘, 또는 자유주의를 증언하는 것이 아니다"(55)라고 말한다. 오히려 "470년 이후 파르테논의 상징주의와 에게 해의 헤게모니에 대한 아테네의 끊임없는 욕망은 아테네

그림 11.
파르테논에 있었던 아테나 전신상의 1/10로 축소된 모조품. 토론토 로얄 온타리오 박물관.

가 다른 국가들과 서로 맺는 관계에 대한 기본지침 원리이자 아테네인들의 자화상으로 이런 공격적인 민족적 우월감을 확실하게 한다"(57)는 것이다.

아테네의 보호신인 아테나에 바치는 사원인 그 건물은 다른 그리스 국가로부터 징수한 돈으로 부분적으로 지어졌다(그림 11). 비록 그 돈이 자신들에게서 나온 것이라 할지라도 아테네를 방문한 많은 사람들이 아테네 예술과 건축의 아름다움과 장엄함에 찬탄했을 것이다. 하지만 그 위에 새겨진 다양한 서사는 이런 예술적 성취와 달리 제국주의 이데올로기의 정치적 조형물로서의 존재를 보여준다. 파르테논 신전의 프리즈는 판아테나데아("모든 아테나" 또는 "모든 아테나인")로 알려진 아테네 축제를 묘사하고 있다. 그것은 다른 그리스인들과 야만인들 그리고 여성에 대한 아테네 남성들의 권력과 영광과 승리를 축하하는 기념비이다. 신전의 서쪽 박공에 새겨진 아마조네스와의 전투는 거인족과의 전투, 트로이 정복, 괴물 켄타우로스 족[5]에 대한 승리(그림 12, 13)와 마찬가지로 남자와 여자와의 대결이 아테네 건

5) 말을 좋아하는 페르시아인들은 실제 이 짐승과 닮았다고 알려져 있고 실제로 페르시아인들은 그리스인들이 유사한 생김새를 보고 두려워하자 이를 즐겼다고 한다(크세노폰, 『키

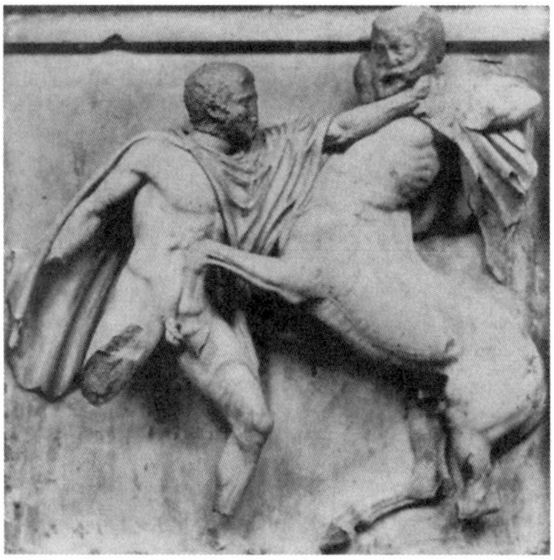

그림 12, 13.
파르테논 신전의 박공과 메토프에 새겨진 프리즈로 켄타로우스 족에 맞서 싸우는 용감한 아테네인을 묘사.
(Boardman 1985, 그림 91.2, 91.3)

국의 한 축이었음을 말해준다. 신전의 동서남북 박공과 메토프에 새겨진 주제들이 피디아스가 438년에 완성한, 황금과 상아로 만든 거대한 아테나 신상의 장식에 그대로 반영되어있다.[6]

파르테논 신전은 아테네인이 자신의 위업을 과시해야 할 필요성에서 지어진 것이다. 아테네에서 4,830km 떨어진 페르세폴리스Persepolis라는 거대한 고지 위에 다리우스 왕과 크세르크세스 왕, 이들의 계승자들이 웅장한 의식을 치를 수 있는 제국의 중심지를 건설하고 있었다. 스피비에 의하면 "아테네인들이 스스로를 페르시아 제국에 대한 견제를 주도한다고 여겼다면 이제 여기에 답해야 했다. 이것이 바로 페리클레스의 아크로폴리스라는 장엄한 형태로 실현된 것"(237)이다. 여기서 페르시아인을 켄타우로스 족과 연관지으면서 페르시아인을 짐승 즉 야만의 단계로

로페디아』(Cyropedia. Ⅳ. 3.17-22). 고전기 그리스 시에 나타난 켄타우로스의 성격묘사는 주로 잡종이라는 점과 오만방자함에 맞추고 있는데 크세르크세스 왕과 페르시아 대군의 실패와 동일한 맥락이다(스피비 224).

6) 아테네 신상의 방패 안쪽에는 거인족과의 전투, 샌들에는 켄타우로스족과의 전투장면이 다시 나타난다.

묘사하고 또한 페르시아인을 아마존 족 즉 여성과 연결시킨다. 스피비에 따르면, 아마존은 여자들로만 구성된 부족으로 (페르시아인처럼) 문명이 발달된 지역의 동쪽 끝에 살고 있고 (페르시아인처럼) 항상 말을 타고 (페르시아인처럼) 활과 화살을 쏘고 (페르시아인처럼)가벼운 모자를 쓰고 항상 레깅스를 입고 있다. 오리엔탈리즘과 남근지배가 결합하는 부분이다.

여성들의 반란에 대한 공포는 단지 상상의 산물이 아니라 하나의 사회적 실체였으며 남근지배를 정당화시키는 강력한 감정적 기제였다. 제국의 통합성을 방어하기 위해 영원히 전쟁해야 한다는 논쟁에서처럼 아테네인들은 여성에 대한 어떠한 양보도 남성이 구축한 사회질서의 붕괴를 초래할 것으로 두려워했던 것이다. 아테네 민주정을 최고의 수준으로 올려놓은 탁월한 지도자로 추앙받는 페리클레스가 가진 여성에 대한 인식도 별로 다르지 않다. 아테나의 방패의 바깥쪽에 새겨진, 아마존의 여왕 펜테실레이아를 죽이는 영웅의 모습은 페리클레스이다(그림 14, 15). 이것은 정치적 상징물로서의 파르테논 신전이 노리는 다양한 효과를 알 수 있게 하는데 페리클레스가 트로이영웅이자 아마존 족의 여왕을 살해하는 아킬레스와 겹쳐지면서 아테네 제국 역시 여성과의 대결과 승리 위에 서있음을 보여주고 있다.

페리클레스는 전사자를 위한 추도연설에서 과부로서 살아갈 사람들에게 뭔가 여성의 덕을 일깨워주고자 하며 “여러분의 본성에 맞는 정도보다 뒤지지만 않는다면 또 덕에 대해서건 결함에 대해서건 남자들 사이에서 소문나는 일이 아주 적다면 그것으로 명예가 된다”(Thuc. 2.45.2)고 충고를 한다. 이것은 여성에게 소리 없는, 존재감 없는 그림자로 살 것을 요구하는 것이다. 페리클레스는 자식이 죽었거나, 남편이나 아버지가 죽었을 여인들에게 따뜻한 위로의 말 대신에 유일하게 한 말치고는 너무나 냉정한 것이다. 전쟁 과부의 삶은 정말 힘든 것이다. 남편 없이 아이를 키우고 가계를 혼자서 이끌어야 한다. 페리클레스나 아테나 남자시민들이 가장 두려워한 것은 여성의 적극적 행위라 할 수 있다. 가정의 지배자인 남편이 없는 상황에서 여성들이 자신의 본성을 잃고 가정에서 나와 전쟁을 반대한다거나 수절하지 않고 새로운 남자를 만날 수도 있다는 두려움의 반영인 것이다. 이런 압박은 과부

그림 14.
그림 11에서 보듯이 아테나 여신의 방패가 한쪽은 바닥에 놓여있는데 거기 새겨진 그림. 아마존 여성과 싸워서 이기는 전사의 모습이다. 다양한 무기와 방법으로 여성을 가격하고 있다.(Boardman 1985, 그림 107)

그림 15.
그림14를 보다 자세하게 재구축한 모습. 중앙 맨 위에 돌을 들고 있는 사람은 피디아스이고 중앙 아래의 오른편과 맨 아래 민머리 투구를 쓴 이는 페리클레스이다.(Boardman 1985, 그림 110)

들의 생계행위조차 억압할 수 있는 분위기를 조성한다.[7]

페리클레스의 이런 추도연설은 판도라의 상을 샌들로 밟고 서있는 아테나 거신상에서 상징적으로 표현되어 있다. 그리스의 이브라 할 수 있는 판도라는 제우스가 인간에 벌을 주기 위해 창조하였다. 헤시오도스의 『신통기』에 따르면, 제우스는 허락도 없이 인간에게 불을 선사한 프로메테우스에 대해 생각해본 뒤 이에 상응하는 벌을 주기로 결정했다. 그는 인간을 벌하기 위해 악의적이고 화를 돋우는 동료로 여자를 창조했다. 인간인 남성에게 여자는 "조금도 필요치 않은 넌더리나는 배우자로 그들과 같이 살 남자들에게는 커다란 고통"이었고 따라서 "여자는 남자에게 저주다. 제우스가 운명적으로 정해 놓은 나쁜 짓만 하는 동료"였다. 이런 여자를 파르테논 신전의 거대하고 화려한 정치적 조형물인 아테나가 발로 밟고 손바닥에 승리의 여신상Nike를 손에 들고 있다는 것은 아테네의 민주화와 자유, 문명화의 논리와는 달리 완고한 농부(헤시오도스)의 여성혐오와 제압논리를, 근거 없는 불안감을 그대로 아테네의 이데올로기 축으로 삼고 있다는 것을 알 수 있다.

2) 일상의 남근 연출과 남근의 로고스화

민주정 시대의 남근지배는 국가주의 뿐만 아니라 일상생활과 종교생활에도 깊이 뿌리 내리고 있다. 가장 흔한 것이 물병, 포도주잔, 술병, 접시 들 일상생활에 쓰는 도자기에 그려진 도기화로 남근일색이다. 아테네 도기는 적색 도기와 흑색 도기로 나뉘는 채색 도기로 아테네에서 상당히 발전된 산업으로 수출품으로도 뛰어나다. 그리스는 일찍이 도기가 발전되어 기원전 10-9세기에 에게 해에 걸쳐 원초-기하학무늬 도자기가, 기원전 8세기에는 배의 도안들이 아테네 기하학 무늬의 도자기에 일반화되었다. 이것은 농사를 짓기에는 항상 박토이던 그리스가 양질의 도기를

7) 2005년 아프카니스탄 수도 카불에서 과부들이 직장은 커녕 구걸도 제대로 못하고 굶주리는 장면은 이에 못지 않다. 차도르를 입고 구걸하는 여인들을 강제로 집안으로 들여놓는다.

구워 배를 타고 나가 거래했음을 보여준다(Forrest 86-7).

미술사적인 견지에서 도기화는 현존하지 않는 동시대 회화에 접근하는 단초를 제공하는 불완전한 그림자 정도로만 여겨져 왔다. 생활미술인 도기화에서 확고한 정치적 주제를 읽어내려고 한다면 무리겠지만 심층에 깔린 시대의 무의식을 이해하는 데 중요할 수도 있다(정유경 216). 도기화가들 다수가 당대의 1급 화가들의 창안을 표피적으로 참조하긴 했지만 최초의 창안이 유통되는 과정에서 무의식적으로 발현된 당대의 선험적 관념이 있어 당대의 시각적 틀을 읽는 중요한 표지가 될 수 있다는 것이다. 채색 도기는 당대 그리스의 첨단 산업으로 매우 비싸고 귀한 것이기 때문에 이를 주로 사용하는 층은 귀족층이나 상업이나 무역으로 돈을 모은 부자들이다. 따라서 도기화는 당대의 엘리트 층의 지배적 의식을 보는데 상당히 중요한 자료일 수 있다.

에른스트 곰브리치Ernst Hans Josef Gombrich는 고전기 그리스 미술에서 일어난 '서사narrative의 각성'을 중요한 예술사적 혁명으로 본다. 특히 5세기 그리스 미술은 대규모 공공 조형물의 조성과 연극의 상연이 시민 구성원들에게 역할 모델을 제시하였는데 이는 거기에 새겨진, 혹은 각색된 '서사'의 힘이다. 정유경에 따르면, 서사란 단순히 기승전결을 갖는 이야기가 아니라 관객의 눈앞에 대상화된 이야기로서 펼쳐놓은 서사화의 기술까지 포함하는 개념으로 이해해야 한다고 한다(125). 즉 감상자의 존재를 처음부터 배제하는 대신 그로 하여금 자신을 이야기 속의 한 사람에 투사하도록 유도하는 3인칭 시점을 구사함으로써(133) "심리적으로 몰입시켜 동일화를 야기하는 연극의 기법을 차용"(125)하는 것이다.

채색 도기화 역시 이와 다르지 않다. 주로 여기 그려진 그림들은 트로이 전쟁을 배경으로 한 전투적 건국 영웅의 모험담에서부터 강간하기 위해 쫓아가는 신들의 모습과 달아나는 여성의 모습에 이르기까지, 그리고 엄청나게 크게 발기된 남근을 가진 사티로스 뿐만 아니라 매춘부를 찾아가서 값을 흥정하는 일반시민이나 소년을 꼬드겨 동성애를 촉구하는 수염있는 남성에 이르기까지 다양하다. 술을 마시면서 혹은 포도주를 따르거나 음식을 먹으면서 이런 남근적 풍경들을 흔히 대면하게 되는데 여기서 그림을 보는 이들은 심리적으로 그 주인공이 되어 모험을 하고 여성을 쫓아가고 남근을 발기시키기도 할 것이다.

이들 도기화들에는 전체적으로 영웅의 승리와 남근의 우월감 들 남근지배적 분위기가 흐른다. 현대의 시각에서 보면 포르노그래피 수준에 가까운 이 그림들은, 케울즈에 따르면, 19세기에서 20세기에 주로 발굴되거나 수집되었는데 당시의 성적으로 억압적인 분위기 때문에 공개되지 않고 박물관의 비밀 캐비넷에 숨겨 보관되었다. 검열이 어느 정도 완화되어 최근 네이플스Naples, 타르퀴니아Tarquinia, 뮌헨Munich, 보스톤Boston 들에 있는 박물관이 아티카 도자기들이 들어있는 자신의 비밀 캐비넷을 소수의 학자들과 사진가들에게 개방하였다(75).[8] 이것을 계기로 채색 도기화를 통해서 고전기 아테네의 성적 정치학을 연구할 수 있는 장이 마련된다.

포르노그래피이든 남녀의 성생활을 예찬하는 그림이든 그런 것들은 시대에나 있기 마련이다. 이런 그림들이 행하는 기능은 성적 흥분을 위한 것에서부터 교육용에 이르기까지 다양하다. 역사 이래 가부장제 하에서 이런 그림들은 남성의 상위와 여성의 하위 체위를 통해 남성은 하늘이고 여성은 땅이라는 지배관념을 심어줄 수도 있고 좀 더 심한 경우는 강간 장면을 연출할 수도 있다. 그런데 아티카에서 연출된 이들 도기화들은 남성의 공격성을 강조하고 남근은 하나의 무기로 연출된다. 여성은 항상 옷을 입고 있으며 가슴이나 성기는 거의 노출되지 않는다.

아테네 남성들은 자신의 성기에 대한 나르시시즘을 가지고 있었다. 도기화 그림에서 수많은 젊은이들이 나르시스적인 자세를 취한다. 노출증 환자인 현대의 바바리맨이라 할 수 있는 이들은 소녀를 쫓아가서 자랑스럽게 자신의 망토를 뒤로 재껴 성기를 드러낸다(그림 16). 남성은 공격자이고 무기는 남근이다. 소년은 소녀를 추격하고 왼손으로 그녀에게 닿는다. 또한 그들은 성기가 크면 조야하고 추하다고 생각하여 커다란 발기된 남근을 항상 달고 다니는 야인적인 사티로스 같은 허구적인

8) 이 논문에서 설명한 다양한 도자기 그림들은 Boardman(1985, 196-233; 1989, 217-230)와 Dover(4-8, 151, 195), Keuls(29-318)에 나온 것을 참조하였다.

그림 16.
뒤를 쫓아간 남성이 여성의 어깨를 잡고 뒤를 돌아보는 여성에게 자랑스럽게 망토를 젖혀 자신의 성기를 보여주는 남성의 모습. 펜테실레이아 화가가 그린 도자기 잔. 필라델피아 박물관.

경우를 제외하고 작고 단단한 성기를 선호하였다. 비록 전체적으로 노출하는 느낌을 주기는 했으나 남근매듭[kynodesme(dog knot)]라 불리는 것을 사용하여 성기를 묶어 정돈하고 다녔다.[9] 제우스의 남근과 사티로스의 남근이 다른 것도 이런 이유에서였다. 남근매듭은 남성우월성의 상징이었다. 이것도 거의 노출하고 다니는 것이나 마찬가지였다. 플라톤은 이런 관습이 "야만인"the barbarians 에 의해 조롱을 받았다고 쓰고 있다(452c). 전라상태에서 즐기는 체육관이나 격투장소에 한정된 것이 아니라 도자기에서 보는 것처럼 성기노출은 일상생활의 한 특징이었다. 어깨에 리라를 걸치고 술에 취한 채 남근을 발기한 채 파티에서 돌아오는 술주정뱅이가 묘사되어 있다. 들뜬 기분으로 지팡이로 문을 두드리고 망토 역시 어깨에 걸친 채 온 몸을 드러내고 있다. 아내는 그가 폭발할까 조심하며 문을 열어주고 있다(그림 17).

다양한 남근들의 형상은 상상력을 초월한다. 기원전 6세기 말에서 5세기에 이르는 채색 도자기 그림에서 보여지는 남근 연출의 전반적인 핵심은 항상 발기하고 있

9) kynodesme. http://wiki.answers.com/Q/What_is_a_kynodesme (검색일자: 2011년 6월 15일)

그림 17.
술에 취해 문고리가 있음에도 지팡이로 대문을 두드리며 소리를 지르는 남편에게 조심스레 문을 열어주는 아내의 모습. 메트로폴리탄 박물관.

는 남근이고 그것이 아테네 남성의 이상상이라는 것이다. 아테네인들은 발기된 남근을 인간존재의 정수로 본다(케울즈 77). 항상 발기해있는 남근에 대한 선망은 아이러니하게 차츰 남근이 성기라는 단순한 육체적 기관에서 비물질화되고 생명체로 필연적으로 진화해나가는 원동력이다. 항상 발기해있는 남근은 자존적, 자기충족적이어야 한다. 여성과의 성교를 하게 되면 남근은 무력하게 고개를 숙이고 온 몸은 나른해진다. 일시적인 쾌락은 주지만 고개 숙인 남성은 패배를 의미하고 공격적인 예봉을 꺾는 것이 된다. 따라서 남근은 여성이 필요 없는 스스로 존재하는 자여야 한다.

채색 도기화에 묘사된 여러 형상의 남근들은 이를 잘 말해준다. 이중남근double phallus의 형상은 발기된 아주 큰 남근에 작은 발기된 남근이 달린 것인데 이것은 작은 남근이 일시적으로 쾌락을 위해 고개를 숙이더라도 큰 남근은 언제나 발기해있는 상태를 유지하기 위한 책략이다. 다음에는 눈이 달린 남근의 형상이 있다. 눈, 곧 시각은 인간존재의 가장 큰 핵이다. 눈이 달린 남근은 육체로부터 분리되어 살아있는 정체성을 확보하는 순간이다. 남근 스스로 사물을 보고 사태를 판단할 수

그림 18.
남근모양의 머리를 가진 새가 비상하는 모습. 히야킨토를 유혹하는 백조로서의 아폴론 신. 아폴론 신의 서혜부에서 솟아난 백조의 목. 아케스토리데스 화가the Akes Torides가 그린 붉은 색 도기 잔. 스위스 바젤 박물관.

그림 19.
남근모양의 제단에 음식을 바치고 있다. 그리스 도기 사발로 코틸레Kotyle라 한다. 뮌헨 박물관.

그림 20. 머리가 남근의 형상을 한 말. 포도주 항아리. 베를린 박물관.

그림 21. 남근모양의 머리를 꼿꼿이 쳐든 새의 모습. 보스톤 파인아츠 박물관.

있다. 남근초는 남근으로 된 식물인데 식물은 자웅동체이다. 루소가 말년에 여자가 필요 없는 식물에 대한 사랑에서 완전함과 휴식을 찾았듯이 남근초는 여자가 필요하지 않고 언제나 식물처럼 꼿꼿이 서있는 것이라 할 수 있다. 그런데 남근이 비물질화되어 간다하더라도 그것이 생명체로 여겨지는 한 영원성은 없다. 남근이 무한하고 영원하기 위해서 지상을 초월해야 하고 생명이 아닌 정신성으로 변해야 한다. 그리하여 날개 달린 남근이 지상을 초월하고(그림 18) 가정에서 가장 신성한 곳이라 할 제단 모양의 남근에게 신성이 부여된다(그림 19). 남근적 환타지는 남근 머리를 가진 말이나(그림 20) 역시 의기양양한 남근머리를 가진 새(그림 21)에서 볼 수 있듯이 머리를 대신하게 되면서 절정에 이른다. 머리는 존재의 정신성이다. 남근이 동물의 머리에서 인간의 머리로 전화하는 데는 그리 오래 걸리지 않을 것이다. 즉 남근이 정신성, 즉 로고스가 된다. 제우스가 강간지존에서 정의의 신으로 바뀌었다.

종교의 영역에서 남근은 주로 디오니소스에 속한다. 다른 도시에서 온 디오니소스 신을 받아들이지 않은 아테네인들을 벌하기 위해 디오니소스 신은 아테네 남성들의 성기에 치유할 수 없는 병을 준다. 유일한 치료법은 신을 경배하여 받아들이라는 것이라는 신탁을 받고 공적 또는 사적으로 만든 남근상으로 신을 경배하였다고 한다. 남성 생식기에 병이 생긴다는 것은 인간의 생식력에 이상이 생기는 것이므로 도시의 위기로 볼 수 있다. 따라서 남근은 숭배되어야 하고 남성의 생식력이 제 힘을 발휘하도록 장려되어야 한다. 아테네 도시민 전체 나아가 그 축제를 구경하러 오는 수만명의 전체 그리스인들이 참여 혹은 구경하는 가운데 디오니소스 축제는 거대한 남근상이 도시로 들어오고 그 남근상을 중심으로 행진이 이루어지면서 시작된다. 채색 도기화 역시 거대한 단일 남근을 세운 사람과 발기한 사티로스들의 행진을 묘사하고 있다(그림 22).

아크로폴리스 북쪽 능선에 있는 아프로디테 성소에서 발견된 대량의 남근들로 된 제단 위에도 사티로스가 있으며(그림 23) 아테네 집집마다 앞을 지키는 헤르메스 신상 역시 발기된 남근에 자유롭지 않다. 헤르메스 신상은 직육면체의 몸통에 위로는 머리가 달려있고 신상의 정면에는 발기된 남근이 있다(그림 24, 25). 여자

그림 22. 사티로스들이 남근을 발기한 채 행진하고 있다. 기원전 6세기 남근의례를 형상화한 것으로 실제와 환상이 섞여 있다. 포도주를 물에 희석시킬때 사용하는 도기로 크라테르Krater라 한다. 스위스 바젤 박물관.

그림 23.
델로스 섬의 남근으로 된 제단.

들은 집안을 드나들 때 마다 발기된 남근을 마주해야 한다. 이러한 남근의 연출은 4세기의 데모스테네스의 상에서도 직육면체의 몸통에 사실적으로 형상화된 머리가 위로, 남근이 정면으로 돌출되어 있는 것을 볼 수 있다(그림 26).

이처럼 발기한 남근을 이상성으로 보는 아테네 문화의 정신성은 칼과 남근을 일치시키는데서 알 수 있듯이 공격성으로 압축될 수 있고 그 공격성은 타국에 대한 전쟁과 여성과 노예에 대한 폭력적 지배로 나타난다. 남근의 영원한 발기가 하나의 이상에 불과하듯이 타국에 대한 영원한 제국적 지배도 불가능하다. 남근의 과도한 연출, 그것도 영원한 발기라는 불가능한 이상은 지배에 대한 불안감의 반영이고 무한경쟁과 빈번한 종군에 시달리는 남성시민의 신경증의 광범위한 징후일 수 있다. 제국의 속주들이 반란을 일으키듯이 여성들의 반란에 대한 공포는 비극으로 극화되고 여성들의 저항은 헤르메스 신상 훼손으로 나아간다.

그림 24, 25. 약간 유머러스하게 표현되기는 하였으나 헤르메스 신상의 특징을 잘 알 수 있는 그림.
그림 24는 포도주 항아리로 베를린 박물관 소장. 그림 25 역시 포도주 항아리로 로마 콘세르바토리 박물관 소장.
그림 26. 헤르메스 신상처럼 서 있는 데모스테네스의 상.

4. 전쟁과 제국주의에서의 남근지배

정치적 영역에서 남근지배는 공적 업무에서 가부장제적 행동과 제국주의 전쟁의 수행을 말한다. 공적 업무에서 나타난 가부장제의 가장 기본 특징은 여성을 공적 영역에서 철저히 배제하는 것이다. 아테네 민주정은 아테네 남성시민들만의 것으로 남성전사동맹체라 할 수 있다. 아테네 남자시민들은 페르시아의 군주제와 달리 자신의 민주정을 매우 자랑스럽게 생각했다.[10] 페르시아에서는 1인만 지배자이고 모두 노예인 반면 자신들은 모두 주인이라는 것이다. 이것은 신분을 초월한 법적

10) 아테네 민회의 구성이나 배심원 및 정무관의 임명에서 보여지는 일정한 정치적 평등이 이룬 진보를 전면 부정하는 것은 아니다. 공과功過는 함께 다루어야 하지만 논문은 일정한 관점 아래 공功을 중점적으로 다룰 수도 과過만 중점적으로 다룰 수도 있다고 생각한다.

평등과 정치적 권리라는 면에서 상당히 근대적인 정체와 유사한 진보를 보여주지만 그에 못지않게 민주정이 노예의 주인이자 여성과 아이의 지배자들로 구성된 동맹체임을 드러내는 것이다.[11] 아테네 남성 시민들은 내부적으로 자신들의 민주적 개혁(정치적 경제적 사회적 평등)을 더욱 추진해나가지 않았다. 아테네 배심원들이 재판에 앞서 취한 맹세[12]에서 보여지듯이 그들은 내부적인 혁명적 슬로건보다 해외 정복으로 인한 이익과 해외 식민을 선호했다. 아테네 민주정은 토지개혁과 부채탕감이라는 내적 개혁으로 가지 않고 소작농, 일용잡급직, 소규모 상점주, 도시 빈민, 범법자 들을 외부로 이주시키는 정책으로 나아갔다. 이들을 외부로 방출하는 역사는 아테네가 원조인 셈이다. 그들은 정복자나 약탈자, 식민자로서 주인이 되고 싶어 타 지역을 침략하고 일상에서 여성과 아이에 대한 가부장적 지배 곧 남근지배에 몰두했던 것이다.

가부장제나 남근지배는 남성 전체의 집단이 여성전체 집단을 평등하게 지배한다는 것은 아니다. 오히려 가부장제가 가능하려면 남성 집단 내의 수많은 차이와 차별, 경쟁이 존재해야만 한다. 가정에 있는 모든 남자들이 평등하게 가정에 있는 모든 여자를 지배하는 것은 불가능하고 가부장 1인에 의한 지배를 통해 위계화되듯이, 공적 영역에서 가부장제가 가능하기 위해서는 토지소유의 불평등을 비롯해서 빈부격차가 필수적이다. 이것은 가부장제의 발생과 전개가 국가와 사유재산의 발생과 함께 밀접한 관련성을 가지고 있음을 뜻한다. 그리스에서도 모제스 J. 핀리 Moses Finley는 "그리스의 평민들, 즉 압도적으로 농촌적인 시민인구의 대다수가 이미 부와 지위에 의해 차별화된 사실에 있다"(27)고 한다.

---

11) 이런 맥락은 장 자크 루소의 공화국론을 빌려 보강할 수 있다. 루소는 『달랑베르에게 보내는 편지』에서 군주국가와 달리 "공화국에는 남자들이 필요하다"고 하였다. 캐럴 페이트만Carrol Pateman도 『은폐된 성적 계약』에서 프랑스 혁명의 박애는 보편적 인간애가 아니라 우애, 즉 fraternity라고 말한다. 한 사람의 군주가 통치하는 국가에서는 여자가 지배하든 남자가 지배하든 모든 사람들이 복종만 하기만 하면 되지만 공화국은 남자들의 평등한 공동체라는 것이다. 이 남성들의 공동체가 공적 영역을 장악하고 여성을 배제한다.

12) "나는 개인 채무의 취소와 아테네 시민들에게 속한 토지와 가옥의 분배를 허용하지 않겠다"(핀리 143).

아테네가 현대의 제국주의와 오버랩되는 이유는 "약탈과 토지 빼앗기라는 고전적 수법을 넘어서 본국에 유리하게 되는 사회체제의 동질성"(핀리 50)을 강요한다는 것이다. 그것은 민주정의 수출과 도자기, 은, 화폐 무기제조업 들 아테네 독점산업의 수출시장을 만드는 것이었다. 정복한 도시국가에 민주정을 이식하는 것은 참주제나 과두제로부터 피정복민을 해방시키는 해방자로서 아테네를 설정하여 페르시아의 군주제와 차별하는 전략을 취한다. 이것이 전쟁을 계속 고취시키기 위한 명분으로 되고 그리하여 침략 역시 자유와 동일시된다. 페리클레스의 추도연설에서처럼 "행복이 자유이고 자유가 용기"(Thuc. 2.43.3)가 되었다. 페르시아로부터 자유를 지키기 위하여 출발한 전쟁이 '자유의 수출'이라는 민주정 체제의 왜곡된 이념과 등치되면서 공격적 자유, 즉 제국주의 이데올로기로 탄생되었던 것이다. 시민의 정체성은 민주적 구성원이 아니라 차츰 '전사'에 있게 된다. 여기에서 기원전 5세기 아테네에서 남근주의가 횡행할 수밖에 없는 이유가 나온다. 비극, 도기화, 공공건물 들 모든 사회문화적 산물은 전쟁을 고취시키기 위하여 남성의 공격성을 강조하는 분위기로 몰아간다.

어린 시절부터 남녀의 엄격한 분리와 함께 문화적으로 만들어지는 상에 따라 양성의 양극적 대립관계가 만들어진다. 이때 그 "대립관계 속에서는 자율과 동시에 다른 사람에게 의지해야 하는 상태 사이에서 조성되는 긴장이 남녀 각 개인 속에서 평행을 유지해야 하는 것이 아니라 남성들은 계속해서 '자율'과 적극적 행동능력과 '욕구'를 대변"(폰 브라운 2002, 266)하게 된다. 이것은 아테네처럼 남녀의 공사분리가 엄격한 사회에서 특히 많이 적용되는데 남성성은 곧 자율적 공격성으로 등치된다.

아테네인의 심성에 대해 코린토스 대사가 말했듯이 이들은 가만히 있지 못하고 활기차기 때문에 행동하는 인간으로 국가를 위해 목숨도 바치지만 일상생활에서 그들은 "자신들 스스로 무언가를 뺏기고 있다고 생각했기 때문에 다른 사람을 존중하는데서 즐거움을 찾지 않고"(Cartledge 12) 끝없는 경쟁에 몰입하였다. 이것은 agonia의 정신성이라 할 수 있다. 경쟁을 나타내는 고대 그리스의 단어는 agonia인데 거기서 영어 agony가 유래하였다. 현대 서구적 의미에서 agony는 서로 죽이고 같은 종족끼리 싸우는 펠로폰네소스 전쟁의 끔찍함을 아주 쉽게 포착해준다. 하지만 그리스인에게 그런 파괴적인 투쟁 역시 문자 그대로 agon 즉 contest였다.

폴 카트리지Paul Cartledge에 의하면(13), 그리스적 경쟁의 태도를 가장 잘 보여주는 예는 투계대회에서 보여진다. 투계대회에 가장 열정적이었다는 점에서 아테네인들은 전형적으로 그리스인이었고 또한 그들은 예술에서처럼 삶에서도 사랑의 문제든 아니든 "남성들 끼리의 경쟁에 대한 은유"(13)로 사용했다. 닭싸움에서 패배한 닭은 실제로 살해되지는 않다하더라도 '노예' 라는 경멸적인 꼬리표가 달린다. 하지만 "닭싸움은 실제적인 것에 대한 대체물이나 대안이 아니라 닭을 수단으로 한 인간 전쟁의 연속"(13)이다. 그리스 남성성과 남성적 용기의 연출의 진정한 장소는 언제나 정확히 '남자다움' [manliness(andreia)]에 대한 그리스적 용어인 전장이다. 전쟁은 남자에게 그리스 여자에게 결혼이 의미하는 것과 같다.

기원전 449 년에 페르시아와 강화조약을 맺은 후에 페르시아로부터의 위협이 하나의 구실로 쓰여질 수 없게 되자 동맹의 구실도 약해졌고 아테네의 자유를 지키기 위한 전쟁도 명분이 약해졌다. 자신에게 피해를 끼치지 않은 아무 잘못도 없는 모르는 사람을 대량으로 살육하려면 어떤 정신상태가 필요로 할까? 더구나 침략해오는 적들이 아니라 자신들이 가만히 있는 도시를 쳐들어가 그들을 죽여야만 한다면. 19세기 말에 등장한 '전쟁경련증' 용어는 신체 기관으로는 설명이 불가능한 이유로 인한 걷잡을 수 없는 경련을 보임으로써 전투임무를 거부했던 군인들의 병명이었다. 폰 브라운은 남자 히스테리형태로 '정신적 외상에 의한 히스테리' 이며 이런 질병은 주로 '공격하는 나라들, 즉 독일과 오스트리아' 에서 많이 발생하였다고 한다. 두 나라의 군인들 사이에 극심하게 널리 퍼져있는 현상이었기 때문에 군 지휘부는 어쩔 수 없이 인정했다는 것이다(2003, 335). 전쟁경련증이라는 현상이 공격국의 군인들에게서 나타난 이유는 이들이 "전쟁을 '자신' 의 전쟁으로 느끼지 않았기 때문"이라 한다(폰 브라운 2003, 336). 공격을 받았기 때문에 실제로 자신의 전쟁으로 동일시할 수 있었던 반대진영의 군인들과 사정이 정반대였다.

페리클레스가 공공건물 프로젝트나 엄청난 식민지 정무관의 증설, 연극관람료 지불, 배심원 일당 제공 들을 행한 이유도 이런 맥락에서 나온다. 플루타르크의 말대로 페리클레스는 용감한 전사들만이 아니라 후방의 일용직들도 전쟁의 혜택을 받아야한다고 생각했던 것이다. 그래야 공격적 전쟁수행에 대한 저항을 조금이라도 줄일 수 있다. 하지만 잦은 전쟁은 경제적으로 더 피폐하게 된다. 농지는 파괴되고 올리브 나무는 베어지고 정복으로 인한 노예의 유입은 부자는 더 부자로 만들지만 빈민인 테테즈 층에게는 임금만 낮출 따름이다. 배심원이나 노잡이 일당이 전쟁을 통해서만 받게 된다는 것은 그리 명분이 되는 것은 아니다. 분명 민회가 자신들의 이익과 탐욕에 의해 저질러진 전쟁이라는 것을 스스로 잘 알고 있기 때문이다. 더구나 단기간의 일시적인 전쟁이 아니라 수 세대에 걸쳐 그리고 전쟁이 일상화되어, 카트리지에 의하면, 4년에 3년은 일어나는 전쟁이었다는 것은 맨 정신으로는 참기 힘든 것이다.

따라서 "선동을 위해 공격본능을 자극하는 상황을 억지로 만들어낼 필요"(와카구와 미도리 40)가 있다. 그 상황을 만들어내는 것은 이 전사족인 아테네 시민을 문명화시키는 것이다. 에드워드 본드Edward Bond는 이에 대해 "사람들을 킬러로 바꾸려면 상당량의 문화가 필요하다. 그들이 살인할 때 제복을 입었건 양복을 입었건 넝마를 입었건"(251)이라고 말한다. 여기서 문명의 핵심으로 등장하는 것이 아테네에서는 다양한 문화적 문명적 매체를 통한 남근주의의 횡행이었다고 할 수 있다. 외부로의 공격성인 전쟁은 내부로의 공격성인 여성에 대한 남근지배를 통해서만 짝을 이룬다. 전쟁은 목숨을 걸어야 되는 아주 위험한 상황이지만 그 위험한 상황만을 염두에 둔다면 절대 전쟁을 할 수 없다. 전쟁을 통해 평범한 남성이 약자에 대한 지배자로서 생사여탈권을 지니게 될 때 그것은 쾌락적인 일이 된다. 여성이나 어린이 들 비무장한 무방비의 사람을 죽이는데서 '살아있다는 존재의 확인'을, 다른 한편으로는 여성을 무한히 강간함으로써 남근의 능력을 무한히 증명할 수 있는 계기가 된다.

1차 세계 대전 때 참전권장 포스터에 '해군에 입대하여 외국으로 여행을 가자' 라고 쓰고는 이국적인 여성을 그려 넣었는데 이 포스터가 효과적이었던 이유를 빌헬름 라이히Wilhelm Reich는 젊은이들이 성의 억압으로 인해 성에 굶주려 있었기 때문이라고 보았다(65). 아테네시민 남성들 중 가난한 사람들이나 젊은 청년은 매춘부를 살 수가 없다. 부유한 시민들이나 나이든 시민들은 매춘부를 향연장이나 자신의 침실로 불러들이고 체육관이나 사교클럽에서 젊은 남자를 동성애로, 그리고 자신의 집에서는 노예를 대상으로 하여 무한히 욕망을 만족시킬 수 있지만 절반이 넘는 가난한 남자 시민들은 이런 성적 자유를 누릴 수 없다. 전쟁은 부유한 자들은 이익을 챙기고 가난한 자들은 그 이익의 부스러기와 함께 성욕을 무한히 분출할 수 있는 자유의 시공간이다.

케울즈는 "강간은 남근주의를 행위로 옮긴 궁극적 버전"(47)이라고 한다. 강간은 즐거움이나 아이를 낳기 위해서가 아니라 성을 수단으로 지배의 원리를 실현하는 것이며 아테네가 강간에 강박적인 것이 이상하지 않다. 오히려 케울즈는 강간은 기원전 5세기 초에 특별히 아티카적인 신화에 등장하는 가장 전형적인 특징이라고 본다. 서양문명 원류라 칭송되는 그리스 신화는 강간지존 제우스를 정점으로 한다. 카엠프-디미트리어두Kaempf-Dimitriadou는 기원전 5세기 아티카에서의 신들의 사랑을 다룬 책 속에서 강간의 목록 395개를 작성한다. 하지만 그는 왜 강간이 그렇게 많았는가에 대해 "신성에 대한 아테네인들의 갈망"(57)이 미묘하게 표현된 것으로 볼 뿐이다. 키토 역시 신의 호색好色은 그 신화들의 뜻하지 않은 우연적 결과로 그것이 종교적 감수성에 직접적으로 상처를 입히지 않은 이유는 오직 해설일 뿐이기 때문이라 한다(301).

기원전 5세기 아테네에 신에 의한 여성의 강간이 엄청난 인기를 끌었다. 신에 의한 여성의 강간 뿐 아니라 인간영웅에 의한 여신들의 강간도 마찬가지였다. 인간 펠레우스가 바다요정 테티스를 강간하여 아킬레스를 낳은 경우는 대표적인 경우다. 강간에 대한 유례없는 도덕적 관용이 적용되었고 강간은 전쟁에서 뿐만 아니라 아테네 남성의 성생활의 모든 측면을 관통하는 폭력의 개념이었다. 사티로스극은 4부작 드라마에서 네 번째인데 일종의 희극적 디저트로 세 개의 비극에 이어서 공연된다. 그 기본내용은 음탕한 농담과 성적 희롱에 몰입한다. 강간 자체가 하나의 농짓거리에 불과하게 나온다. 아이스킬로스의 「아뮈모네」Amymone는 다나이오드 삼부작에 이은 것으로 우물가에서 성적 희롱하는 것이 특징인데 포세이돈에 의한 아뮈모네의 강간을 다룬다.

힘이 센 남신이나 남자에 의한, 여자나 여신에 대해 이루어지는 강간에 비해, 여신과 젊은 남자와의 사랑은 결실도 없고 젊은 남자가 일찍 꽃피지도 못하고 죽는 것으로 된다. 아도니스와 여신 아프로디테와의 사랑은 아도니스가 수퇘지에 서혜부가 물려 성기가 잘리므로써 죽음에 이른다. 수퇘지는 남성의 힘을 상징하는 것으로 이것은 여성(혹은 여신)이 우위에 있는 사랑은 남자가 요절하는 것으로 신화는 만들어낸다.

트로이 함락 후 논공행상으로 죽은 아킬레스에게 살아있는 폴뤼세크나가 첩으로 할당되는데 아킬레스의 아들 네오프톨레모스는 폴뤼세크나를 아버지 무덤에서 살해하여 그 피를 바친다. 아테나는 이를 비난하지 않는다. 하지만 아테나는 "아테나 신전에서 그리스 영웅 아이아스가 카산드라를 강간한 것을 비난하면서 폭풍을 휘뿌리고 돌아가는 함대를 흩어지게 하여 미래에 그리스인들이 나의 신성한 지배를 두려워하게 만들겠다"(85-86)고 한다. 이것은 남성이 여성을 강간한 것을 문제삼는 것이 아니라 다만 그 강간을 자신의 신전에서 하여 사원의 신성을 더럽혔다고 비난하는 것에 불과하다.

메두사가 그렇게 흉측한 얼굴을 가지게 된 것도 포세이돈의 강간 때문이다. 그리스 신화에서 헤라나 아테나에게 부여된 역할은 강간당한 여자를 응징하는 것이다. '너가 성적으로 아름다우니 너의 섹슈얼리티를 파괴하겠다.' 이미 탈섹슈얼리티화된 아테나와 대단치 못한 모성만을 지닌 헤라는 여성 스스로 섹슈얼리티를 혐오하게 만들고 그들의 모성을 파괴한다. 고르곤 세 자매들 가운데 뱀들이 얽혀있는 머리카락을 가진 것은 메두사뿐이다. 넵투누스(포세이돈)가 아름다운 메두사를 미네르바(아테나) 신전에서 겁탈했고 이에 분노한 미네르바(아테나)가 메두사의 미모 가운데서도 가장 매력적인 부분인 아름다운 머리털을 뱀 떼로 바꾸어버렸다(오비디우스 4권 791-804). 여럿 자식을 둔 니오베가 자신의 모성을 자랑하자 이 자식들을 모두 죽여 버려 그 모성의 자랑을 평생 후회하게 만든 잔인한 헤라는 결혼과 가정의 신이다.

기원전 5세기 아테네 여성들 가운데 기록된 여성은 페리클레스의 두 번째 아내(정부)인 아스파시아Aspasia와 알키비아데스Alciabides의 아내 히파레테Hipparete, 그리고 소크라테스의 스승 디오티마Diotima 뿐이다. 그리스 신화는 무수한 여신들과 여성들을 기록하고 있고 서사시에서도 제한되기는 하지만 여신들과 여사제들, 몇몇 여인들의 이름을 기록하고 있지만 훨씬 문자문화와 기록문화가 발달된 문명의 시대 기원전 5세기 아테네 여성들은 완전히 배제되거나 침묵된다. 공식적인 활동을 하지 않은 아스파시아, 디오티마와 달리 히파레테는 남성만의 영역인 법정에 나타났기 때문에 죽임을 당한다. 플루타르크는 "정숙하고 자애로운 아내"a well-behaved and affectionate wife 히파레테가 간부姦夫인 자신의 남편 알키비아데스에게 이혼소송을 제기하려고 법정에 나타나 공식적으로 말하려고 했으며 이 소송이 법이 요구하는 대로 진행되는지 지켜보려고 했을 때 알키비아데스가 나타나 그녀를 끌고 집에 데려갔다고 한다. 이에 아무도 제지하지 않았고 얼마 후 히파레테는 죽었다("Alcibiades" 8). 투키디데스 역시 아내의 죽음이 알키비아데스로 인한 것이 아님을 설득시키고자 하지 않았다.

남자들은 여성에 대한 전쟁에서 승리를 하였다. 하지만 여성들은 단순한 적들이 아니다. 여성들은 한 남자의 어머니이거나 아내이며, 누이나 딸이다. 노예의 고통은 동물의 고통처럼 의식에서 배제될 수 있지만 일상의 가까운 여성들에게 보다 가혹하기는 어렵다. 남성전사공동체가 요구하는 여성에 대한 가혹하고 냉담한 억압과 가족 내에 싹트는 불안한 친밀감 속에서 남자들은 동요할 수밖에 없다. 이 불안하고 불편한 마음을 없애기 위해 남성들은 더 많이 양성의 전투를 마음 속에서 수행하고 남근지배를 강화하여야 한다.

이성과 설득의 민주정, 힘센 영웅들이 보호하는 안정된 생활이라는 우리가 흔히 생각하는 것과 달리 고대 아테네의 모습은 야수적이었다고 생각한다. 전쟁에서 영원히 승리하는 것은 아니다. 연간 2,000여 명에 이르는 전사자들과 그에 훨씬 웃도는 부상자들은 조만간 닥칠 자신의 모습이다. 아내와 딸들이 강간당하여 첩으로 노예로 끌려가고 어머니와 아들이 노예로 팔려가지 않는다는 보장은 없다. 전쟁은 승리자의 영혼에도 차츰 균열을 일으키며 자기파멸적 예감은 차츰 도시를 불안스레 배회한다.

기원전 415년의 시실리 원정은 아테네를 자기파멸케 하는 분수령이라 할 수 있다. 시실리 원정은 많은 반대에 부딪혔고 니키아스로 대변되는 원정반대파와 알키비아데스로 대표되는 원정 찬성파로 민회는 둘로 쪼개졌다. 하지만 민회는, 시실리 섬에 있는 아테네 동맹국인 에게스타Egesta 도시를 도와준다는 구실이지만, 사실상 시실리 섬을 정복할 목적으로 스파르타의 잠재적인 동맹국인, 강력하고 번영하고 있는 도시 시라쿠스Syracuse에 해군력을 파견하기로 결정하였다. 시실리 원정대는 아테네 역사상 가장 대규모의, 가장 비용이 많이 드는, 가장 장비를 잘 갖춘 함대였다. 그런데 시실리 원정대가 출발하기 전날 밤에 헤르메스 신상 훼손 사건the Mutilation of the Herms이 일어났고, 이 사건의 불길함이 예언하듯 시실리 원정은 참혹한 실패로 끝났다. 이 참담한 실패는 군국주의와 남근지배의 숨을 죽이는 결정적인 계기로 작용했다. 시실리로 원정을 떠난 4만 명으로 구성된 아테네 원정대는 대부분 강가에서 학살되어 강물이 피로 흘렀고 7천명의 포로들은 가장 가혹한 채석장의 노예로 끌려갔으며 생존자들 대부분은 노예로 팔려 돌아온 자들이 거의 없었다(Thuc. 7.75.5). 아테네는 델로스 동맹을 결성한 이후 동맹에서 이탈하거나 새로이 정복한 도시들에 행한 만행을, 특히 멜로스 섬의 대학살에 대한 대가를 고스란히 치렀던 것이다.

그러면 헤르메스 신상의 어느 부위가 훼손되었으며 왜, 누구에게 훼손되었는가? 헤르메스 신상 훼손 사건은 고전기 아테네 전체를 뒤흔든 가장 큰 스캔들이자 그 범인이 밝혀지지 않은 미스터리이다. 투키디데스에 따르면, 사원과 일반 집들 앞에 서 있는 수많은 헤르메스 신상의 얼굴이 훼손되었다고 한다(6.27.2). 그런데 과연 헤르메스 신상의 얼굴이 훼손되었는가에 대해서는 많은 논란이 있다. 제임스 프레델James Fredel은 "투키디데스는 각 헤르메스 신상들의 prosopon을 'face'로 언급하지만 prosopon은 'front'를 의미하는 것이 더 일반적"(600)이라고 한다. 신상의 정면은 발기된 남근을 지칭한다. 그리고 플루타르크도 akroteriazo를 사용하는 데 이것 역시 "cut off the extremities"로 해석가능하기 때문에 이것은 헤르메스의 남근이 잘렸다고 해석할 수 있다는 것이다("Nicias" 13; "Alcibiades" 18). 아리스토파네스Aristophanes의 「리시스트라타」*Lysistrata*는 펠로폰네소스 전쟁에 반대해서 섹스파업을 벌이는 여성의 이야기인데, 무대 위의 남자들에게 "헤르메스 신상을 절단한 자들이 당신들을 보지 않도록" 거대하게 발기된 남근을 숨기라고 경고하는 합창대의 울림에서도 훼손 부위가 얼굴이 아님을 보여준다.

이장원은 훼손의 목적이 "아테네인들을 거세시키고 무능력하게 만드는 것"이며(48), 나아가 "시실리 원정을 준비하고 있는 아테네 제국의 힘의 근본에 타격을 가했다는 점에서 아테네인에게는 크나큰 충격"이었다고 한다(48). 헤르메스 신상 훼손 사건이 아테네를 공포와 불안의 분위기로 몰아넣은 것은 헤르메스 신상이 아테네에서 차지하는 중요성 때문이다. 헤르메스 신상은 직육면체의 몸통에 위로는 수염을 가진 얼굴이, 정면에는 발기된 남근을 가진 돌로 된 조각으로 일상생활의 한 부분으로 여겨질 정도로 집의 현관과 입구에도, 길가에도 아테네 시와 아티카 전역의 신성한 지역에도 그리고 특히 아고라에도 세워져있었다. 프레델은 헤르메스 신상은 아테네중심주의 이데올로기the Athenocentric Ideology가 구상화된 것이라고 본다. 헤르메스 신은 남성참정권과 웅변 및 공적 연설의 후원자이며 남성적 미와 용감, 경쟁을 상징하며 아테네와 그 주변의 시골지역, 그리고 공물을 바치는 종속국가를 정치적 재정적 의무로 묶어내는 것을 관장한다는 것이다(596). 알키비아데스로 구현된 군사적이고 제국주의적인 남성중심주의와 헤르메스 신상의 발기한 남근이 밀접한 관련을 지니고 있다고 볼 수 있다(Osborne 53).

헤르메스 신상 훼손사건과 관련하여 주모자로 지목된 알키비아데스는 스파르타로 달아났고 약 70명의 사람들이 처형되었다. 시실리 원정을 열렬히 지지한 알키비아데스가 주모자로 지목된 것은 아이러니하다. 신상 훼손사건의 목적이 시실리

그림 27.
아도니스, 아프로디테 그리고 에로스가 다정한 가족의 모습을 하고 있다. 기원전 350년 경. 코린트 출토의 청동 뚜껑. 루브르 박물관.

원정대의 출발을 저지하고 군사적 팽창열기를 주저앉히는데 있는 데도 알키비아데스가 주모자로 무수하게 고발되었다는 것은 그만큼 전쟁론자에 대한 분노가 컸다는 것이고, 남색가이자 무수한 유부녀를 농락해온 알키비아데스의 남근지배적 행위에 대한 반감이 컸다는 것이다. 당시 아테네에서 남근은 힘을 상징했고 힘은 곧 군사적 팽창이며 전쟁이었다. 준전시체제라 할 수 있는 아테네에서 집 문간을 지키는, "결혼과도 관련이 있다고 여겨지는"(Vernant 138-42) 헤르메스 신상의 발기된 남근은 여성에 대한 엄중한 폭력적인 경고로 여성에게는 상시적인 비상사태를 나타내는 아이콘이라 할 수 있다.

훼손사건의 주모자들은 결코 밝혀지지 않았지만 케울즈나 프레델은 아도니아 축제기간이었던 그 당시 아테네의 여자들이 밤중에 날카로운 것으로 헤르메스 신상의 남근을 잘랐다고 확증한다. 아도니스를 기리는 아도니아 축제기간 동안은 집밖으로 나올 수 없었던 여자들이 아도니스의 때이른 죽음을 슬퍼하며 자신의 불운한 결혼생활을 한탄하며 곡소리를 내며 밤새 지붕 위를 그리고 시내를 돌아다닐 수 있었다고 한다. 특히 아도니스는 부드럽고 자애로운 젊은 남성으로 헤라클레스나 테세우스로 대표되는 근육질의 마초적 남성상에 대한 대항문화적 아이콘이라는 것이다(Keuls 23; Fredel 603-04)(그림 27).

그리고 케울즈는 여성들이 범인으로 지목되지 않은 이유는 여성들은 '보이지 않은 인간', '존재하지 않는 시민'이었기 때문이었다고 한다. 거의 아테네 전역에서 하룻밤 만에 이루어진 훼손사건을 여성들이 했다고 인정하는 것은 더 충격적이기 때문이라 볼 수 있다. 이후 아테네에서는 희극 중심이기는 하지만 아리스토파네스를 중심으로 하여 반전 메시지를 전달하는 극들[13]이 상연된다. 이 극들의 반전행위를 선동하는 주인공들이 모두 여자라는 것은 매우 시사적이다.

5. 폭력의 감염과 자기파멸

고대 고전기 아테네의 남근지배에 대해 분석하였다. 그동안 아테네가 르네상스 이래 서구문화 뿐 아니라 현대 자본주의 문명에 끼친 그 수많은 찬란한 유산 때문에 아테네의 부정적인 모습은 가려져 있었다. 사실, '그 수많은 찬란한 유산'이라는 것도 서구의 가부장제와 제국주의가 미화한 사실일 수도 있다. 핀리도 말했듯이 아테네 민주정이 그리스의 여러 도시국가를 정복하여 식민지를 건설하고 민주정을 수출하는 것은 현대의 제국주의와 거의 일치한다. 많은 유보조항과 단서를 달아야만 평가를 해줄 수 있는, 법 앞에서의 형식적 평등과 일부의 정치적 권리도 현대사회의 민주주의가 지닌 엄청난 불평등과 군사적 팽창을 못 보게 하는 고전적 가리개로 작동할 수도 있다.

아테네의 남근지배에 대한 연구는 고전학자들이 대부분 남자들이었기 때문에 억압되어왔다고 할 수 있다. 아테네의 찬란한 문화유산을 여성주의적 시각으로 들여다보면 남근지배가 거의 모든 측면에서 드러남을 알 수 있다. 세계의 절반의 성을

13) 현존하는 것은 주로 아리스토파네스의 작품으로 「리시스트라타」*Lysistrata*와 「테메테르 축제를 축하하는 여인들」*Thesmophoriazusai*, 「의회의 여인들」*Ekklésiazousai*이 있다.

배제한, 한쪽만의 성이 모든 것을 주관할 때 사회체제는 왜곡되기 마련이다. 남녀 역할과 남녀의 원리를 철저히 분리시키면 남성은 공격성과 지배력을 강화하고 여성은 수동성과 함께 침묵 속으로 사라지게 된다. 공적 영역에서 공격성과 지배력만이 강조된다는 것은 남성끼리의 경쟁이 더 치열하다는 것이며 그것은 타지역을 지배하고자 공격하는 전쟁 뿐 아니라 같은 나라 내에서도 돈, 지위, 명예의 경쟁이 치열해지기 마련이다.

이처럼 아테네는 불안과 경쟁을 증폭시키는 사회라고 할 수 있다. 더구나 노예제는 멀리 있는 타자만이 아니라 자신의 동료 남성에 대한 승리라는 끔찍한 의미와 함께 존재하는 것이다. 한쪽으로만 달려가는 사회를 상징하는 남근주의와 제국주의는 자기파멸할 수밖에 없다. 남근주의와 제국주의가 체화된 헤라클레스의 운명은 이를 잘 보여준다. 헤라클레스는 수십 명을 하루에 죽일 수 있는 정복영웅이자 일주일에 50명의 여인을 능욕할 수 있는 카사노바다.

그런데 자기 집으로 돌아오는 전사는 그에게 스며들었던 폭력을 공동체의 내부로 가져올 위험이 있다(지라르 65). 밖에서 행했던 살인적 폭력을 정화하기 위해 헤라클레스는 희생제의를 지내지만 헤라클레스에게 묻어있는 폭력적 불순함은 제의를 넘어 광기에 압도되어 자신의 아내와 아이들을 살해한다. 다른 공동체의 남자들을 살해하는 공격적 지배적 욕망은 여성에 대해서는 공격적인 강간으로 대체된다. 이올레에 대한 성적 욕망으로 인한 무수한 살인은 결국 자신이 불타는 장작불에 올라 신에게 올리는 희생제물이 되기에 이른다. 이처럼 희생제물로 불타올라 자기파멸해가는 헤라클레스는 아테네의 운명을 그대로 보여준다. 아테네는 시실리 원정을 기점으로 하여 27년간의 펠로폰네소스 전쟁에서 빠른 속도로 몰락해갔던 것이다.

민주정과 국가주의의 기원

그리스 민주정과 추첨제에 관하여

1. 추첨제는 민주주의의 맹목적 형식이다.

의회가 소수의 자산가계층의 대표이거나 그들의 이익을 대변하면서 과두정치화 되었다는 문제의식은 오래 전부터 있어왔다. 여기서 중요한 화두로 떠오르는 것이 직접민주주의와 추첨제이다. 추첨제는 권력의 독단을 막기 위한 장치이자 민중이 권력의 분점을 얻어낼 수 있는 하나의 대안으로 거론되고 있다. 특히 추첨제는 인구의 규모로 직접 민주주의를 할 수 없는 상황에서 선거의 문제를 보완할 수 있는 아주 중요한 정치적 기술로서 논의된다.

추첨제에 관한 최근의 논의는 깊이 이루어지는 것은 아니지만 그 파급효과는 크다. 『선거는 민주적인가』에서 버나드 마넹는 추첨제를 통치자와 피통치자의 간극을 최소화할 수 있는 선출방식이라고 본다. 추첨제는 "민중이 통치자이자 피통치자라는 것이 아니라 모든 시민들이 이 두 위치를 번갈아 가며 차지할 수 있어야 한다는 것이다"(46).

『일본 정신의 기원』에서 가라타니 고진은 선거를 폐지하고 추첨제를 부활시켜 국회의원도 뽑고 장관도 뽑고, 수상도 뽑자고 말했다. 「프롤레타리아 독재에 대하여」에서는 부르주아 독재의 기원을 그리스의 무기명 비밀투표에 있다고 보았고 프롤레타리아 독재의 기원은 그리스 추첨제에 있다고 했다. 대의정치에 대한 환멸은 추첨을 가장 민주적인 것으로 보이게 만들었다. 소수 전문성있는 사람들에 의한 권력과 정치의 독점에 대한 비판으로 추첨제가 유효하더라도 고도로 전문화된 사회에서 추첨제가 무조건적인 대안이 될 수 없다. 이에 대한 대안으로 가라타니 고진은 무기명 투표로 3명을 뽑고 그 중에서 대표를 추첨으로 뽑는 방식을 제시하고 있다. 집권주의적 피라미드형 조직을 부정하는 여러 형태의 시민운동이 이런 정치적 기술을 도입한다면 중심화를 두려워할 필요가 없다는 것이다.

노무현 정권이 민주화 이후 3번째의 정권이지만 민주주의가 제대로 되지 않은 것에 대해 김종철은 2004년 「박정희 시대를 어떻게 볼 것인가」에서 추첨제가 그리스의 민주정을 지탱한 본질이었다고 간접적으로 하나의 대안으로 제시하고 있다. 그는 최근 여러 강연에서 추첨제가 민주적 훈련과 새로운 사회로 나아가기 위한 것이라고 강조하면서 우선 학교 교장이나 총장선거에서라도 실시하자고 주장한다.

필자는 선거와 결합된 추첨제가 설득력있는 민주주의의 대안이라는 데는 어느 정도 동의한다. 하지만 직접민주주의와 마찬가지로 추첨제는 어디까지나 형식의 문제이자 하나의 유효한 정치기술일 뿐이다. 형식의 문제란 중립적인 것이어서 어떤 내용을 담느냐에 따라 달라진다. 촛불집회만이 직접민주주의의 형식이 아니다. 어쨌든 서울 대형교회 주체의 시국집회나 부시환영집회도 역시 직접 민주주의로 볼 수 있다. 촛불을 들어서 촛불집회라면 이들은 성조기를 들었기 때문에 성조기집회이다.

최근 새로 개설예정인 서울 영훈국제중과 대원국제중 2009년 입학 전형으로 1단계에서는 학교장 추천과 학교생활기록부 중심의 서류 전형을 통해 정원의 5배수를 선발한다. 2단계에서는 개별 면접과 집단 토론을 통해 3배수로 추린 뒤, 3단계에서는 무작위 공개 추첨을 통해 최종 합격자를 뽑기로 했다. 이때 추첨제를 우리는 민주적인 방식이라 할 수 있을까? 민노당에서 지도부 선출방안의 하나로 추첨제가 거론되는 것을 본 적이 있다. 민노당의 추첨제는 민주적이고 국제중의 추첨제는 반민주적인가? 그렇지 않다. 민노당에서의 추첨제와 국제중의 추첨제는 추첨제가 지닌 본질적 성격이 동일하게 적용된다.

대학의 총장 선출에서도 추첨제는 똑같은 문제를 제기한다. 3명을 무기명 투표로 선출해서 추첨을 한다고 할 때 발생하는 문제는 차치하고 학생들의 권리와 수업의 거의 절반을 담당하는 시간강사의 권리는 어떻게 되는가? 추첨제는 철저한 동질성을 전제로 하는 것이기 때문에 배제의 원리를 통해서 자원하는 자들의 동질성을 안전판으로 만든다. 즉 자신들이 원하는 조건에 맞는 동질적인 소집단을 형성한 다음 그 속에서 추첨제를 실시하는 것이다. 국제중 입학전형에서 결국은 사교육을 많이 받은 부유한 강남지역의 자녀 가운데서 추첨이 이루어질 가능성이 높다. 만약 민노당에서 추첨제를 실시한다면 계파 및 정책을 둘러싼 세력 간의 물밑작업과 그에 따른 선출 균형에 대한 협의가 전제되어야만 가능한 것이다.

이처럼 추첨제는 민주주의의 맹목적 형식이다. 추첨제는 좌우를 막론하고 독재를 방지할 수 있는 정치기술의 하나이긴 하지만 실제로 대다수 민중의 복지와 평등을 담보해내지는 못한다. 고대 아테네 민주정을 보아도 그렇다. 대부분의 학자들이 추첨제를 근거로 아테네 민주정을 미화하는 것과는 반대로 말이다. 추첨제보다 더 중요한 것은 평등, 복지, 평화에 관한 담론의 개발과 그에 대한 폭넓은 동의를 얻어내는 것이라 생각한다.

2. 고대 아테네 민주정과 추첨제, 그리고 전쟁

고대 그리스 민주정을 고찰해보면 추첨제가 중요하지만 단지 맹목적 형식일 뿐이라는 것이 분명하게 드러난다. 아테네 민주정은 추첨제가 실시되고 그 자격도 제우기타이 층(지금의 middle class라 할 수 있는 도시의 자영상공업자와 농촌의 중소자영농 층)으로 내려가는, 우리가 보기에 진정한 민주적 개혁이 완성될수록 독재와 전쟁의 소용돌이에 빠져 결국 멸망의 끝에 이르게 된다. 필자는 오래 전부터 그리스 민주주의에 대해 약간 회의적이었다. 과거가 지나치게 미화되어 낭만적 향수의 대상이 되거나 원래 기원에의 천착이란 하나의 망령일 수도 있지만 무엇보다도 아테네 민주정의 시대는 동시에 제국의 시대였다. 사흘에 이틀 꼴로, 즉 120년 동안 80년을 전쟁으로 보낸 시대였던 것이다. 원래 전쟁을 통하여 확대재생산되어야만 하는 것이 제국이고 전쟁이란 민중의 편이라기보다 정말 1%의 소수 자산가층의 전유물인데 어떻게 제국의 시대에 이상적인 민주주의가 가능한가?

채진원은 「선거+추첨제가 권력투쟁을 무용지물로 만든다」(『민중언론 참세상』 2007. 10.29)에서 "한 나라가 민주정이라는 것과 그 나라가 대외적으로 제국주의적이라는 것은 양립할 수 있다"고 한다. 이것은 민주정이 제국주의와 결합해도 그 민주정에 대한 가치판단은 유보되거나 심지어 선호될 수 있다는 것이다. 사실 침략을 통한 부의 유입으로 인한 전시경제로 민중의 삶이 일시적으로 윤택해질 수는 있다. 하지만 민주정과 제국주의, 즉 민주주의와 전쟁은 양립할 수 없다. 그것은 2차대전 당시의 독일이나 일본, 이탈리아를 보아도 그렇다.

그런데 많은 평자들이 유독 고대 아테네 민주정을 고찰할 때는 예외적으로 이러한 양립을 인정한다. 그것은 추첨제와 직접민주주의 제도를 절대의 선으로 보고 전쟁과 제국주의를 차선의 악으로 보기 때문이다. 이 글의 문제의식은 추첨제와 같은 민주주의의 형식이란 그에 걸 맞는 내용이 담보되지 않으면 오히려 반민주적이라는 데 있다. 침략전쟁을 주도하는 고대 아테네 민주정 같은 사회에서 추첨제나 직접민주주의란 민중의 복지나 실제적 권익의 향상보다는 민중의 열기를 전쟁을 북돋우는 데 더 유용하게 이용하는 정치 형식이었다고 할 수 있다.

1) 페이시스트라토스: 평등과 복지, 평화의 시대

페이시스트라토스(BC 6세기초-527)의 참주정치는 그 이후의 민주정의 관점에서 평가절하된다. 민주정을 절대시하고 참주정을 평가할 때 참주정은 오로지 자신의 권력의 욕망을 위한 것이 된다. 페이시스트라토스의 참주정은 중소자영농과 도시의 중소상공업자를 육성, 보호하면서 세습귀족에 대한 독재를 통해 국력을 신장시키고 참다운 민주주의의 기틀을 닦은 시대로 볼 수 있다(그림 1). BC 560년에 참

그림 1. 페이시스트라토스.

그림 2. 솔론.

주가 된 페이시스트라토스는 귀족명문 출신이지만 농토를 잃고 빈민화되어가던 대다수 민중의 막강한 지지를 받고 평등과 복지, 평화를 추구한 정치가로 솔론의 개혁을 완성한다. 아리스토텔레스에 의하면, 아테네 시민들은 이 시대를 황금시대로 생각하며 그리워했다고 한다(『정치학』 XVI, 7).

BC 7세기 초 아테네는 씨족공동체가 파괴되고 씨족원들은 빈농으로 전락했다. 특히 화폐의 전면적 유통에 따른 빈익빈 부익부 현상으로 대다수 시민들이 채무노예화되어 거의 내전 상태에 이르렀다. 솔론(BC 630-560)은 아테네의 이런 양극화 갈등을 해결하려 하였다(그림 2). 포고령을 통해서 채무노예들을 해방시키고 빚 때문에 귀족에게 빼앗긴 땅을 도로 찾게 했으나 토지의 재분배를 요구하는 빈민들의 주장을 전면적으로 받아들이지는 않았다. 솔론의 새로운 정치체제는 귀족계급의 권력독점을 폐지하였으나 대신 부유한 시민이 통치하는 제도를 도입했다. 토지와 연간 소득을 기준으로 시민을 4가지 소득층으로 나누었다. 이때부터 정치적 특권은 출신성분에 관계없이 재산을 토대로 배분되었다.

솔론의 개혁은 최악의 위기는 봉합했지만 정치적 특권을 박탈당한 세습 귀족과 토지의 전면적 재분배를 요구하는 농민 양쪽으로부터의 불만을 잠재우지는 못했다. 이런 상황에서 등장한 페이시스트라토스는 과감한 개혁정치를 실시하였다. 그에게 적대했던 몇몇 귀족들을 추방함으로써 그들의 대소유지를 몰수하여 토지없는 이들에게 나누어주었다. 이렇게 하여 국가의 발전을 위해 중요한 기초가 되었던 중소규모의 토지소유계층의 신분이 나타났다. 더구나 그는 토지를 분여받은 농민들에게 농자금을 대여했는데 영세농민에게 다만 수확물의 5%[1] 정도의 세금을 부과했다. 농민들이 자신들의 노동으로 생계를 유지할 수 있도록 페이시스트라토스는 특별히 배려하였다(신정기 22)[2]. 솔론의 정책을 이어받아 농민에게는 올리브, 포도들 상업작물의 경작을 장려하고 농업으로 살아갈 수 없는 자들에게는 상업과 전문직을 장려하였다(그림 3). 이들에게 경제적 자유를 허용한 것이 된다. 이 과정에서 아테네 민주정의 근간이라 할 수 있는 제우기타이 층이 형성되었다.

그 다음 중요한 개혁은 시민등록증의 개정이다. 페이시스트라토스는 거류 외국인만이 아니라 기존에 불완전 시민권을 가졌거나 시민권이 전혀 없는 아티카 사람들 일부에게 시민권을 주었다. 솔론 이전에는 완전한 시민권은 토지소유자에게만 부여되어 있었다. 아테네 시민이 많이 증가한 것은 그의 개혁 덕이다. 토지가 없어서 민회에 참석할 수 없었고 포족(여러 씨족의 집합)에서도 제외되었으나 시민으로서 사적 권한, 즉 다른 사람을 위해서 고소할 수 있는 권한을 지니고 있던 불완전시민권자 대다수가 그를 지지했다. 그들은 하나는 농업노동자로서 자신의 농토를 원하는 사람들이며 다른 하나는 수공업자와 거류 외국인이었다. 그는 토지를 나누어 주긴 했으나 나중에는 토지소유와 무관하게 시민권을 허용함으로써 도시와 농촌 지지자들의 정치적 요구를 충족시켜 주었다(김정수 1975, 265).

시민들의 사법권 및 일자리 창출에서도 그의 개혁은 두드러졌다. 순회재판관을 임명함으로써 귀족들은 지역 재판권을 상실하였다. 활발한 토목, 건축사업으로 무역과 산업의 기틀을 마련하였고 귀족들은 주화를 제조할 권리를 상실하였다. 특히 상수도의 건설은 획기적인 것이었다. 아테네의 메마른 땅과 주민 수의 급작스런 증가에 비추어 물 공급문제는 가장 절박한 과제였고 상수도의 관리를 통해 도시민에

---

1) 브리태니커 백과 사전에는 10%로 되어 있으나 투키디데스는 5%라고 말하고 있다.
2) 「페이시스트라토스의 통치방식」. 『고고역사학지』. vol.9. 1993.

그림 3.
올리브를 따는 사람들을 새겨 넣은 도자기그림. 안티메네스 화가the Antimenes Painter가 그린 목이 달린 포도주 항아리. 런던 브리티시 박물관.

게 큰 지지를 받았다. 더구나 가난한 농민에게 공유지 할당과 경작을 위한 소의 할당 역시 크나큰 개혁이었다. 또 페이시스트라토스는 모든 형태의 예술을 발전시킴으로써 아테네의 명성을 높였는데 아테네에 그리스 전역의 유명한 조각가, 시인, 음악가들을 끌어 들였다. 더구나 예로부터 귀족과 올림픽 영웅들의 신이었던 아폴론 신 대신 민중의 신 디오니소스 신을 중시하여 축제를 행하기 시작했다. 이것이 비극의 기원이다.

솔론이 세습귀족에서 부유한 시민들로 권력을 이동시키면서 금권개혁에 머물렀다면 페이시스트라토스는 민중들에게는 유례없는 개혁을 실시하면서 귀족에게는 독재정치를 폈다. 그가 이렇게 개혁을 추진할 수 있었던 것은 제우기타이 층과 빈민들의 막강한 지지를 받았기 때문이다. 그는 진정 "여기에 민중의 벗, 불우한 자의 옹호자 그리고 도시개혁가로서의 민주정 성격"을 지닌 참주[3]였다. 그는 경제적

3) 원래 참주란 왕이나 거대 귀족들의 전횡에 맞서서 개혁정치를 했던 지도자로서 좋은 의미로 쓰였다. 이 좋은 의미의 참주의 전형은 페이시스트라토스라 할 수 있다.

평등과 복지를 통해 실질적인 민주정의 토대를 쌓았으며 대다수 민중들에게 시민권을 부여하여 정치적으로 평등의 기초를 닦았으며 스파르타와도 평화적인 외교관계를 정착시켰다.

페이시스트라토스 사후 참주정은 다시 귀족들의 권력투쟁이 되었다. 하지만 그의 집권기에 경제적 자립을 일구고 경제적 자유를 맛보았던 평민층(제우기타이 층)은 클레이스테네스의 개혁을 실제적으로 뒷받침하는 민주세력을 형성하게 된다.

2) 데모스로의 개편과 추첨제의 도입

클레이스테네스(BC 570-508)는 아테네 귀족 명문 알크마이온 가문 출신이다(그림 4). 그의 할아버지는 페이시스트라토스와 권력분점을 시도했으나 실패하였고 그의 조카는 페리클레스다. 클레이스테네스는 반민주적인 정치가였으나 귀족층과의 반목으로 귀족세력의 지원을 받을 수 없었다. 그래서 스파르타를 등에 업은 명문귀족 이소고라스에 패배해 열세로 몰리자 민중에게 권력을 넘기는 조건으로 자신의 정치적 입지를 세웠다.

클레이스테네스는 시민단을 개편하는 데 그 기초를 가문 · 씨족 · 친족에 두지 않고 데모스(촌락공동체)에 두었다. 공적인 권리나 의무는 데모스區에 소속된 시민에게만 주어졌고 각 데모스에는 시민등록부가 설치되고 행정관을 선출할 수 있게 되었다. 혈연을 기반으로 한 씨족제 4부족 대신 10개의 새로운 지역공동체가 생겨났으며 파벌형성은 더욱 어렵게 되었다. 아티카는 3개의 지역, 즉 아테네 시와 근처 주택지, 해안지방, 내륙지방으로 나뉘었다. 이러한 구분으로 주요 사제 집안의 지역적 영향력은 서서히 감소되었고, 지역 공동체는 공적 업무를 처리하는 대표선출의 기반이 되었다. 클레이스테네스 개혁의 핵심은 시민 개개인이 정치적 책임을 씨족의 성원으로서가 아니라 지역시민으로서 맡게 된 것이다.

마라톤의 승리를 거둔지 얼마 안 된 BC 487년-6년에 중요한 개혁이 이루어졌다. 클레이스테네스의 헌법이 시행되는 동안(BC 508-487) 시민들이 민회에서 직

그림 4.
클레이스테네스.

접 아르콘을 뽑았으나 이제 미리 선출된 500명의 후보자들 가운데 추첨으로 뽑았다. 선거제와 결합된 추첨제는 최고의 상류 귀족의 세력을 해체하여 형식적으로 자격이 평등한 일반 시민의 등장을 초래했다는 점에서 민주적이었다. 모든 시민들에 의한 선거라는 평등권isonomia을 적용시킨 클레이스테네스 개혁의 원칙에다 보다 많은 시민에게 공적 생활에 참여하는 길을 열어 주었다. 더 많은 시민들이 추첨제를 통해 정무관직에 오를 수 있는 기회를 가진다는 것은 페이시스트라토스의 경제적 개혁을 정치적으로 다지는 것이었다.

하지만 추첨제는 사실상 정무관과 불레(500인회로 일종의 평의회)의 세력이 너무 커지는 것을 막기 위한 것이었다(김정수 1983, 164)고 보는 것이 더 타당하다. 추첨제로 정무관인 아르콘을 뽑았으나 장군직인 스트라테고이는 선거로 뽑았다. 추첨제로 인해 아르콘 직의 지위는 직접 선거로 뽑았을 때 비해 낮아졌다. 원래 아르콘직 가운데 폴레마르코스가 담당하던 육군사령관직이 장군직 스트라테고스들(스트라테고이)에게 넘어간 것이다. 이 제도는 이상적 민주적 원칙과 달리 귀족세력들이 아주 합법적으로 시민들 위에 재군림하는 기회를 주었고 지배계급에 의한 통치를 용인한 것이었다. 아테네 보고寶庫지기는 언제나 가장 부유한 계급인 펜타

코시오메딤노이에서만 선출되었다. 그들의 부가 공금횡령에 대한 안전장치라고 주장되긴 했지만 실질적인 중요한 국가적 일은 부유층이 독점했음을 의미한다.

아르콘을 추첨제와 윤번제(불레의 위원을 제외하고는 재임불가)로 하였다는 것은 모든 시민이 골고루 공직 참여의 기회를 가지는 것이다. 이것은 "특정한 관직에 법률적으로 선출될 자격이 있는 사람들은 모두 그에 속하는 직책을 수행할 수 있는 거의 같은 능력을 가지고 있으며 어떠한 특수한 능력도 평균수준의 역량을 넘어서서 요구되지 않는다는 것"[4]을 전제한다(김정수 1983, 165). 따라서 이들 직책들은 그렇게 중요하지 않은, 틀에 박힌 대수롭지 않은 직책에 한정되었다는 것이며 윤번제는 여러 번 아르콘직을 맡음으로써 오게 되는 권력의 집중을 막았지만 여러 번 선출될 수 있는 스트라테고이의 권력이 집중되는 것을 막지 못하였다. 그 효과는 즉시 나타났다. 이제 유능하고 부유한 사람들은 아르콘 직에 대한 흥미를 잃었고 장군직인 스트라테고이만 경합되었다. 테미스토클레스, 페리클레스, 알키비아데스 등 이름난 지도자는 모두 스트라테고이였다. 이러한 개혁은 정치가의 비중을 약화시키고 선출직인 장군의 위상을 높여 군국주의적 권력체계를 강화시키는 것이었고 무한히 연임이 가능한 스트라테고이 제도는 페리클레스가 장군으로서 15년간 선출된 것을 비롯하여 30년간을 국가와 동일시하며 집권가능하게 하였다.

스트라테고이의 권력의 증대로 말미암아 옛 가문들에게는 세력을 잡는 새로운 기회가 주어졌다. 스트라테고이는 거의 변함없이 그들의 계층에서 선출되었기 때문이다. 특히 장군직인 스트라테고이는 알크마이온 집안과 키몬 집안 사이에 경합을 벌였던 정무관직이었다. 일반 시민은 도구였으며 장신구이며 그들의 복지가 민주적 개혁의 주요한 목적이거나 목표 혹은 동기는 결코 아니었다(J. Day and M. Chamber 132). 지도적인 인물들이 장군직을 차지함으로써 민주정보다도 과두정에 기울여졌다. 아테네가 동맹국의 수탈과 침략전쟁을 통해 하나의 위대한 제국을 조

4) 아르콘이 추첨제 선출과 1년 단임제로 되자 그 전문성을 보완하기 위해 행정학교가 생겨나 인기를 끌었고 귀족들과 사제들의 자녀가 이 학교를 졸업한 후 하급 행정직을 맡음으로 실제적으로 이들 계급 출신이 전문성과 연속성을 지니고 행정을 관장했다고 볼 수 있다.

직하고 유지할 수 있었던 것은 민주정에 내포되어 있는 이러한 비민주적 원칙 때문이었다.

스트라테고이의 권력은 갈수록 커졌다. 크세르크세스Xerxes의 침입 직전에 스트라테고이는 육군 뿐 아니라 함대의 지휘권도 장악하였다. 그리고 델로스 동맹이 형성되자 그들은 델로스 동맹의 해군과 육군의 지도자가 되었다. 그들은 육군과 해군의 장관으로서 직능을 행사했을 뿐 아니라 군비와 관련하여 재정의 관리에서도 중요한 역할을 하였다(김정수 1975, 168).

사실상, 추첨제와 선거제가 병행된 아테네의 민주정은 민중시민과 귀족의 연합정권으로 볼 수 있다. 귀족과 부유층이 다시 안정적인 세력을 확보했다고 해서 민회로 대표되는 민중 시민의 힘이 결코 약화된 것은 아니었다. 클레이스테네스와 경합을 벌이던 반동적 귀족 이사고라스가 400인[5] 협의회인 불레boule를 해체하고 스파르타의 지원을 받아 귀족적 과두정을 실시하려고 하자 이에 저항하여 민중이 궐기하여 스파르타군을 물리쳤다. 이 과정에서 자영농 제우기타이 층의 중갑병 부대가 전면에 등장하게 된다. 이것은 클레이스테네스가 자신의 정치적 입지를 위해 민주적 개혁을 시도했으나 그 개혁을 채우는 것은 민중이었음을 보여준다. 그것은 민주혁명이었다.

지도적 정치가는 여전히 주로 상류 귀족층에서 나왔으나 민중은 더 이상 그들의 단순한 추종자는 아니었다. 그래서 설득 내지 회유가 중요한 정치적 수단으로 등장하게 된다. 민회가 최고결정기관이니 정치적 투쟁에 이기기 위해서는 민중의 지지를 보다 많이 얻는 수밖에 별 도리가 없다. 이제는 민중이, 그들이 모인 민회가, 지배하고 있었다. 그리고 정치가의 목표는 오직 민중의 지도자가 되는 것이었다. 그리하여 특권을 타파한 혁명의 입김이 서린 평등isonomia라는 구호 대신 새로운 민주demokratia라는 말이 쓰이게 되었다(양병우 58). 이건 하나의 역설이었다. 민주적 권력이 탄생하자마자 혁명은 사라졌다.

5) 솔론 시절에 400인 협의회였으나 클레이스테네스 때 500인 협의회로 바꿈.

3) 페리클레스 시대: 아테네 민주정과 제국주의

아테네의 민주주의는 민중적 제국주의이다. 민중적 제국주의란, 요셉 슘페터 Joseph Schumpeter에 의하면, 전사 민족의 제국주의를 말한다. 그 사회적 조직은 전쟁수행기구로서 성립한 것이어서 '그것을 필요로 하는 전쟁에 의해 만들어지자 그 기구가 스스로 필요로 하는 전쟁을 만들어낸다'는 것이다. 그런데 폴리스도 본래 전사공동체라는 성격을 가졌으며 그리스인은 전쟁을 으레 있는 것, 말하자면 인간의 자연에 속하는 것으로 알고 있었다. 시민은 유사시에 전사로서 시민군으로 복무해야 하고 민회를 통해 정치적 발언권을 얻는 중갑병重甲兵, 제우기타이 층의 호플리테스 민주정이었다. 스파르타도 중갑병 제도를 하고 있으나 제국주의로 되지는 않았다.

아테네 민주정이 제국주의와 결합하는 데는 두 가지 조건이 결정적으로 작용했다. 하나는 페르시아와의 전쟁을 통한 중갑병 부대인 제우기타이 층의 부상이고 다른 하나는 대해군의 창설을 통한 빈민층인 테테스 층의 부상이다. 아테네가 혁명전쟁(클레이스테네스 개혁 시의 민중혁명)의 기억이 아직 생생한 채 페르시아 전쟁에 돌입하게 됨으로써 전사공동체적 성격의 강화 곧 군국화가 촉진된 것이다. 불과 10여 년 전에 이룩한 혁명을 수호하기 위해 과감하게 싸웠던 아테네의 중갑병 부대는 이제 마라톤에서 자유를 위해 싸우고 용맹을 떨친 것이었다.

대해군의 창설은 아테네의 민주 민중 시민의 혁명적 열기를 제국주의라는 방향으로 돌리게 하였다. 육군의 주력인 중갑병은 유사시에 소집하면 되므로 상비군이란 있을 수 없었다. 그러나 해군은 다르다. 항상 함대를 유지하고 그 수병을 훈련하고 있어야만 유사시에 즉각 출동할 수 있다. 482년에 창설된 해군은 군선 50척 정도를 소유했는데 라우레이온 국유은광의 특별수입을 시민 개개인에게 나누어주지 않고 테미스토클레스(그림 5)가 3단 노선 200척을 건조하여 그리스 최대의 해군국으로 부상하였다(그림 6, 7, 8). 이 함대가 살라미스 해전의 승리를 가져오고 델로스 동맹의 맹주로서 에게 해에 군림하게 되는 계기가 되었다.

그런데 3단 노선 한 척에 노 젓는 사람이 적어도 170명은 있어야 하므로 200척

그림 5.
테미스토클레스.

의 함대라면 34,000명의 수병 필요하였다. 아테네에서 수병으로 복무한 것은 빈민 테테스 층이었으므로 이들을 모두 동원해도 부족하였다. 외국인을 많이 고용하였으나 부족한 인원을 채워야 했다. 작전이 없는 평시에도 해마다 60척의 배를 8개월씩 내보내 보수를 주면서 배를 타는 기술을 가르쳤다(플루타르크, 페리클레스편 258). 이것만도 만 명 이상의 수병이 필요하니 테테스 층의 수효를 2만 이상으로 잡더라도 노약자는 물론 그 밖의 유고자를 제외하고 건장한 장정은 대개 수병이 되어야 했다. 페이시스트라토스처럼 빈민에게 농토를 나누어주는 혁명이 아니라 페리클레스는 제국의 노잡이로 테테스층을 몰아갔던 것이다. 그래서 가난한 테테스층에게는 해군이 있어야만 하고 훈련으로 바다 위를 떠다녀야만 했다. 그래야 노잡이 일당을 받고 전시에는 때로 푸짐한 전리품도 분여 받을 수 있었던 것이다. 이런 체제로 들어선 아테네로서는 페르시아의 위협이 없더라도 델로스 동맹을 강제적으로 존속시키고 동맹이탈은 약탈과 살해로 되갚아주는 그런 길을 택하지 않을 수 없었다. 이것은 곧 제국주의로 가는 길이었다. 아테네 시민의 다수를 차지하는 테테스 층의 의사를 반영하고 민회에서 내린 결단이므로 "민중적 제국주의"라 할 수 있다(양병우 55).

그림 6.
삼단노선이 그려진 50드라크마짜리 그리스 우표.

그림 7.
그리스 삼단노선을 복원한 올림피아드 호.

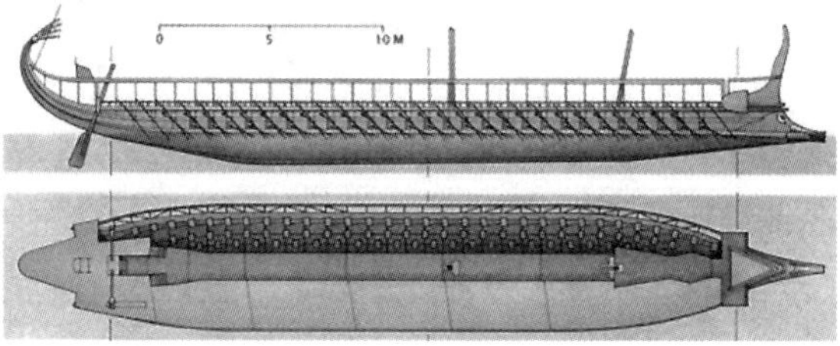

그림 8.
삼단노선의 구조와 전투갑판.
그림의 출처 http://draked.egloos.com/3921664

민주주의와 제국주의가 본격적으로 결합한 때는 페리클레스 시대(BC 461-429)이다(그림 9). 페리클레스(BC 495경-429)의 조부는 솔론의 개혁이후 재연된 계급갈등에서 해안파paralois[6]의 영수였고 그는 클레이스테네스의 조카였다. 이만큼 페리클레스는 전통과 역사가 있는 귀족 가문 출신이었다. 그의 할아버지의 이력에서 알 수 있는 것은 페이시스트라토스로부터 숙청당해 토지를 몰수당했던 적이 있는 대상업 부르주아 가문 출신이라는 것이다. 그의 출신성분은 해외팽창이 얼마나 자신의 가문과 이해관계가 깊은가를 보여준다.

6) 솔론 이후 클레이스테네스의 개혁에 이르기까지 아테네에서 당파 투쟁은 평원파, 해안파, 산지파 간에 일어났는데 특히 해안파는 명칭에서 보듯이 상업과 수공업으로 부상한 신흥부유층이라 할 수 있다.

그림 9.
페리클레스.

페리클레스의 민주적 개혁은 457년 타나가라 해전 후 아테네가 대내외적으로 심각한 위기에 빠졌을 때 이루어졌다. 이 전투에서 동맹군이 상당한 피해를 입었고 동맹국의 충성심이 동요될 가능성이 커졌다. 대내적으론 제우기타이 층의 중갑병 부대의 희생이 가장 컸기 때문에 출전으로 농토의 황폐를 겪게 된 중소자영농의 불만이 표면화하기 시작하였으며 펠로폰네소스군의 아티카 침입의 낌새도 커졌다. 이에 대처하기 위해 페리클레스는 장벽을 완성하여 스파르타의 침입에 대비하였으며 여러 대민회유책으로 급진적인 조치를 취하였다. 그리하여 법정의 배심원에게 수당을 주고 연극 관람 수당이 지급되고 아르콘의 피임자격이 제우기타이 층에까지 확대되었다.

수당을 지불한 것과 아르콘 피임자격을 낮춘 것을 민주정 최고의 개혁으로 보기 어렵다. 그것은 우선 농토가 황폐해진, 해외팽창으로는 오히려 얻을 것이 없는, 중갑병 부대의 일익을 담당하는 중소자영농의 이탈을 예방하고 이들이 계속 전쟁에 참여하도록 회유하는 것이다. 농사가 망가져도 배심원이나 아르콘이 될 수 있기 때문에 최소한 일인 최저생계는 유지하도록 하는 것이 수당의 목적이다. 공직에 대한 일당 지불도 델로스 동맹의 금고[7]를 일방적으로 아테네로 옮겨 그 기금을 아테네

임의대로 횡령, 착복한 이유 가운데 하나였다.[8)]

더구나 아르콘 피임자격을 제우기타이 층으로 낮춘 개혁은 아르콘 권한의 약화와 함께 이루어졌다. BC 487년 추첨제 개혁으로 군대의 지휘권 뿐 아니라 행정권한도 많이 축소된 아르콘직이 주로 사법적 기능을 담당하는 관리가 되었는데 페리클레스의 이 개혁으로 사법기능마저도 가지지 못하게 되었다. 그래서 제우기타이 층까지도 가능한 아르콘은 사건에 대한 독자적 판결권마저 갖지 못한 채 예비조사(아나크리시스)만 끝낸 다음 사건을 배심원단에 넘겼다. 비록 그들이 심리를 주재하기는 했지만 법률문제에 대해 배심원단을 지도할 책임은 전혀 없었다. 지극히 단순하고 권한이 적은 행정업무만 그들에게 할당되었던 것이다.

이러한 페리클레스의 개혁은 민주주의와 제국주의의 결합이 갈수록 강고해지는 반면 해외팽창적 세력과 국내 농업세력의 갈등이 깊어지는 과정이라 할 수 있다. 민주주의와 제국주의의 결합은 행정관과 재판관을 뽑는 추첨제에서도 볼 수 있다. 아르콘의 취임 자격을 아래 계층으로 내리는 것은 민중의 세력의 증대를 의미하는 동시에 제국주의적 팽창이 동맹국에 파견될 수 있는 많은 행정관이 필요했음을 의미하기도 한다. 5세기 중엽에 전체 정무관의 수는 1,400명이었고 그 절반은 국내의 관직이고 나머지 절반은 해외에 파견되었다(김정수 1979, 154 이하 참조). 마넹은 추첨제의 이유 가운데 한 가지는 직위는 많고 일할 시민은 제한되어있기 때문이라 생각한다.

재판관 제도 역시 이와 유사하다. 매년 30세 이상의 지원자 가운데 6,000명을 배심원으로 추첨하였다. 군사적 위압과 더불어 아테네의 제국화는 재판권의 독점으로 더 강화되었다. 델로스 동맹에 속하는 모든 도시 국가의 성원들은 반드시 아

---

7) 델로스 동맹은 반페르시아 동맹으로 출발했으나 아테네가 막강한 해군력으로 페르시아의 위협을 물리친 후 반펠로폰네소스 성격을 띔과 동시에 아테네에 의한 동맹국의 수탈을 강화함으로써 일종의 제국체제로 전환되었다.

8) 크세노폰에 의하면 펠로폰네소스 전쟁 직전에 아테네의 국고 총수입이 1000탈란톤이라 하고 투키디데스는 맹국에서 해마다 600탈란톤이 들어온다고 하는 것을 볼 때 총수입가운데 동맹국에 대한 수탈금이 매우 큰 비중을 차지함을 알 수 있다(양병우 67).

테네에서만 재판을 받을 수 있게 강제되었다. 이들이 재판을 받기 위해, 재판이 끝날 때까지 머무르는 동안 아테네의 여관을 이용하고 먹거리를 사는 것들 이것 역시 아테네의 부흥에 기여했다. 사안의 중요성에 따라 501명, 1,001명, 1,501명의 배심원이 배치되었는데 이들은 매일 3오볼obol을 받았다. 이는 하루 품삯의 절반 정도가 되었기 때문에 대부분 빈민과 노약자로 채워질 수밖에 없었다(마넹 36). 아리스토파네스가 「벌떼」라는 희극에서 비꼬고 있듯이 늙은 재판관들이 "아테네와 동맹 제국에 군림"하였다. 어쨌든 민중은 제국주의 추진자가 되었고 민회와 아울러 법원을 지배하게 됨으로써 동맹국을 지배했고, 그러한 제국주의적 수탈의 소득이 이 새로운 민주정치를 움직이는 기름이 된다는 기묘한 메카니즘이 완성되었다(Robert Johnson Bonner and Gertrude Smith, 226). 민주주의와 제국이 동시에 완성을 보았던 것이다.

대외 수탈의 일부를 수당으로 전환함으로써 민주개혁이 완성되었으나 펠로폰네소스 전쟁에 이르기까지 빈부의 갈등은 은폐되고 농업과 상공업의 갈등이 첨예하게 대두되었다. 아테네는 번창했고 아테네의 외항인 피레우스 역시 가장 붐비는 항구가 되었다. 이 두 도시는 세계의 축이 되었으나 내부적으로 모순은 격렬하게 대치하고 있었다. 아테네 사람들 중에서 상업적 이해관계와 농업적 이해관계는 그리고 사실상 그들의 성격은 날카롭게 분화하기 시작했다. 상인들은 극렬 민주파였고 제국주의자였고 주전파였다. 부유한 상인에게 전쟁은 상업적 성장의 기회를 제공했다. 가난한 상인과 빈민에게는 전쟁이 직장과 보수를 제공했다. 그러나 농촌의 사람들에게 전쟁은 지붕없는 집을 뜻했고 자라는데 오랜 시간이 걸리는 올리브 나무가 잘려나간다는 뜻이었다(H. D. F. 키토 248).

민회를 장악한 페리클레스는 자신의 권력기반 강화와 전쟁정책을 엮어서 수행했다고 볼 수 있다. 과격한 일인지배에 대해 반감을 품고 있던 아이스퀼로스와 프로타고라스는 암살되거나 떠났다(김진경 105). 지도자에 대한 비판을 허용하지 않는 것은 곧 폴리스가 페리클레스, 국가와 총통이 동일시되는 파시즘적 상황으로 간 것을 의미한다. 페리클레스는 추몰장병 위령 기념식에서 자신의 입장을 변호하면서 강력한 정권은 개개인에게 유익하며 그것은 전체를 희생으로 하여 얻는 개인의 이득보다 훨씬 더 큰 것이라 강조하고 있다. 그것은 국가존재 혹은 국가통제의 정당화라 할 수 있는데 이러한 다분히 독재적이기도 한 통치자의 애국주의는 5세기 중엽 아테네에 처음으로 나타나는 관념이다(김진경, 128 참조).

군비증강정책과 함께 많은 사원과 공공건물을 지었는데 이러한 광범위한 공공사업의 대부분은 델로스 동맹국의 위성국가들에게 강제 징수한 세금으로 재정 지원을 받았다. 그러므로 아테네와 델로스 동맹국간의 감정은 날로 깊어만 갔다.

『펠로폰네소스 전쟁사』는 투키디데스의 의도와 달리 페리클레스의 민주정책의 귀결을 적나라하게 적고 있다. 페리클레스는 스파르타와 결별하고 나서 아테네 시와 피레우스 항을 잇는 장벽을 구축하여 유사시에 대비하는 한편 곧 적극적인 행동을 개시하여 해륙에서 연달아 싸움을 벌이면서 제1차 펠로폰네소스 전쟁을 야기한다. 그의 정책은 장벽 안으로 아티카 지역의 농민들을 이주케 하여 아티카 평원을 스파르타가 유린하도록 내버려두는 것이었다. 피레우스 항을 통해 값싼 곡식을 반입하여 2-3년간을 버티면 해군력이 우세한 아테네가 육군력이 우세한 스파르타를 물리칠 수 있다는 것이었다. 에게 해의 강자가 되면서 아테네에 유입된 흑해와 카스피 해 부근의 값싼 밀은 중갑병 보병을 배출하는 계층인 제우기타이 층을 몰락시켰는데 페리클레스의 이러한 작전은 이들 농민의 근거지이자 아테네의 농업을 완전히 버린 것이었다. 장성에 피난 와 있는 동안 아테네 해군은 펠로폰네소스 동맹 도시국가를 약탈하고 살해하면서 유린하고 다녔다. 자신의 집과 일터를 버리고 아테네 장성 안으로 피난해온 농민들 뿐 만 아니라 아테네 시민들도 이루 말할 수 없는 고통을 겪고 급기야 역병으로 1/3 이상이 죽어나가고 페리클레스도 이때 죽었다.

모든 것이 폐허였다. 몇 십 년 된 올리브 나무들은 모두 베어졌고, 농민들은 스파르타 군이 유린한 자신의 들판을 쓰라린 눈으로 보았다. 함대에서 아사와 공포 속에서도 끝까지 항복을 거부하던 테테스 층의 수병들도 패배를 인정했다. 가장 치명적인 사상자를 낸 계층은 이들이었다. 아테네는 역사 속에서 완전히 사라지려는 순간 스파르타가 너무 강성해질 것을 우려한 테베에 의해 겨우 존속을 보장 받는다.

3. 평등과 복지, 평화의 담론으로

중요한 것은 형식을 채우는 내용이다. 그 내용은 평등과 복지, 평화에 관한 담론이다. 국가의 발전을 중요시하여 복지나 분배를 도외시하고, 전쟁담론이 공존이나 평화를 무력한 것으로 만들어 버릴 때 언론의 자유나 추첨제, 직접민주주의가 얻을 수 있는 동력은 미약하다.

아테네 민주정의 역사를 통해 가장 민주적인 정치기술로 평가받는 추첨제가 오히려 일반 시민의 정치력을 제어하고 페리클레스와 같은 실질적인 독재자의 권한을 강화하는 것으로 작동함을 보았다. BC 7세기에 내전에 가까운 위기를 극복해온 동력인 평등과 소수 귀족의 특권폐지에 대한 열망은 페리클레스 시대에 완전히 꺾여버렸다. 아테네 내부의 계급구조나 분배구조는 전혀 개혁되지 않았고 페이시스트라토스 시대에 유동적이었던 솔론의 4계급은 고착되었다. 일반시민의 경제적 요구는 델로스 동맹의 기금을 유용하는 제국주의적 수탈로 나온 이익의 일부로 미봉되었다. 이들의 사회문화적 요구는 최고의 귀족이자 부자들이 벌이는 연극제에 돈을 받고 동원되는데 그쳤다.

추첨제를 적용한 것은 장군 스트라테고이의 권한을 강화하기 위하여 500인회인 불레와 일반 행정관으로서 정무관인 아르콘의 세력이 강화되는 것을 막기 위한 것이다. 민회에 모인 다수의 대중을 누가 획득하느냐에 따라 정치가의 운명이 결정되었으므로 이들은 개혁 정책보다는 설득과 선동의 정치로 나아갔던 것이다. 일반 시민이 어떤 직책을 통해 뛰어난 권력을 가지면 안 된다는 것은 군국주의적 정책을 평화 복지 정책노선으로 바꿀 수 있는 비군사적 세력을 무력화시키고 형성을 방해했다고 볼 수도 있다. 선거+추첨제가 권력투쟁을 무용지물로 만든다는 주장과 달리 추첨제가 적용되는 곳에서는 권력은 전혀 주어지지 아니하고 스트라테고이는 대부르주아와 대토지소유 귀족이 한판 승부를 벌리는 권력투쟁의 장이 되었다.

페리클레스 시대는 페이시스트라토스의 시대와도 대비되지만 기원전 4세기 이후 아테네의 복지 민주주의와도 대조된다. 이때의 아테네는 전쟁을 통해서가 아니라 상업을 통해서 부국이 되고, 전쟁이나 상업을 통한 이익을 군비로 비축하거나 사용하지 않고 복지기금으로 돌렸다. 전쟁을 통해 쓰라린 상처를 입은 일반 시민들은 정치적 자각을 통해 귀족이나 대부르주아가 아닌 중산층에서 자신들의 대표를 뽑기 시작했다. 추첨제와 직접민주주의가 빛을 발하는 시대였다. 물론 이전 세기의 귀중한 민주적 경험이 전혀 무용지물이었던 것은 아니었지만.

국가와 희생:
페리클레스 추도연설을 중심으로

1. 국가주의 추도연설

펠로폰네소스 전쟁The Peloponnesian War이 일어난 그 이듬해인 기원전 430년 겨울에 크산티포스Xantippus의 아들 페리클레스Pericles(기원전 ca.495-429)는 추도연설을 했다.[1] 이 추도연설은 투키디데스Thucydides가 펠로폰네소스 전쟁사를 기록한 「역사」*Thoukydidou Historiai* 2권에 실려 있는데 고전기 그리스 아테네의 유명한 연설이다(그림 1). 투키디데스의 「역사」에 실린 연설문[2]은 그 자신이 반드시 직접 듣고 채록한 것이 아닐 수 있으나[3] 당시의 실제 상황에 근접하도록 구성한 것이라고 투키디데스

1) 고대 그리스 도시국가들은 전쟁을 하다가도 겨울이 되면 쉬었다. 기원전 430년 혹독하게 추운 겨울에 아테네인은 선조들의 관습대로 펠로폰네소스 전쟁의 전몰자들에 대한 최초의 장례식을 국비로 치렀다. 투키디데스에 따르면, 운구가 이루어지는 날에는 부족마다 전몰자의 유골들이 들어있는 삼나무 관을 마차에 실어 끌고 가고 사체가 발견되지 않아 수습되지 못한 채 행방불명된 전몰자들을 위해서는 운구행렬 중에 하나의 빈 관가棺架를 운구한다. 시민이든 외국인이든 원하는 사람들은 운구행렬에 참여하며 가까운 친척 아낙네들은 장례식에 나와 곡을 한다. 전몰자의 시신을 흙으로 덮고 나면 관례에 따라 식견이 높고 평판이 있는 인물이 나라에서 선발되어 추도연설을 하게 된다. (Thucydides 2.34.3-7)

2) 투키디데스의 그리스어 문장은 난해하기로 유명하다. "수많은 수사학적 장치와 안티테제, 파격적인 구문, 생략과 도치, 축약이 허다하고 문체 또한 복잡하고 미묘하다"(플라톤 2008, 124). 그래서 시중의 중역본과 원전 번역은 많이 차이가 나는데 이 논문에서는 플라톤의 「메넥세노스」 부록에 실린 "페리클레스 추도연설"(이정호 역)을 기본 텍스트로 사용한다.

3) 투키디데스는 " Περικλες Ξανθίππου ··· λεγε τοιάδε "로 시작한다. 이것은 "Pericles, son of

그림 1.
투키디데스. 캐나다 토론토.
로얄 온타리오 박물관.

자신이 밝히고 있다(cf. 플라톤 2008, 119). 페리클레스 추도연설은 아테네 추도연설의 기본유형에서 출발하기 때문에 매우 중요하다(John Ziolkowski 1981: 참조). 대개 추도연설은 전몰장병을 애도하고 유족들의 슬픔을 위로할 뿐 아니라 국가의 위대함을 찬양하고 애국심을 고취시키기 위해 이루어진다. 또한 페리클레스의 추도연설은 아테네 민주정과 정치적 자유, 그리고 평등을 잘 표현한 것으로 근대 민주주의의 기원으로 칭송받는다.

그런데 이 글은 정치적 자유와 평등과 같은 민주주의를 설파하는 것으로 페리클레스의 추도연설을 보고자 하지 않는다. 오히려 이 글에서는 국가의 이름으로 국민의 희생을 요구하는 국가주의 추도연설의 한 전형으로 페리클레스의 연설을 분석하고자 한다. 이런 시각에서 추도연설을 분석해보면, 페리클레스와 아테네 민주정을 일방적으로 예찬하거나[헤로도토스 V. 78], 팽창적 제국주의에 대해 침묵하거나(플라톤 2008: 36)[4], 팽창적 애국주의가 귀결되는 제국주의적 침략을 도덕적으로 비

Xanthippos, spoke like this"란 말이다. 이를 미루어 연설을 그대로 옮긴 것은 아니다.

4) 플라톤의 「메넥세노스」Menexenos는 소크라테스의 입을 빌려 페리클레스의 추도연설을 패러디한 것이다. 이 책의 그리스어 원전 번역자인 이정호는 소크라테스의 아테네 제국주

난하는 것[제임스 데이비슨James Davidson 25][5]은 일면적이다.

그의 추도연설은 데이비드 카트라이트David Cartwright가 "아테네 찬양 그 자체"the eulogy of Athens itself라고 말할 만큼 아테네 제국의 위대함에 대한 찬사가 보다 더 뚜렷이 부각된다. 그리고 이 위대한 아테네 제국을 위해 목숨을 바친 전사자들을 칭송하면서 나아가 산 자들에게 국가를 위해 목숨을 바칠 것을 요구한다. 그리하여 국가는 모든 것에 우선하는 '선'이 되며 국가를 위해 목숨 바친 것은 숭고한 희생으로 전화된다. 로렌 J. 세이몬스 ⅡLoren J. Samon Ⅱ의 평가대로 페리클레스의 추도연설은 "기본적으로 군국주의적이며 집단주의적이며 국가주의적"이다(2004: 54). 야스쿠니 신사에서 일본천황이 대동아전쟁 때 전사한 황군에 대해 현창顯彰하는 것과 거의 다를 바가 없다(다카하시 데쓰야 189). 근대적 의미에서 '국가'의 이름으로 국가를 위해 희생할 것을 요구하는 추도연설의 한 전형을 2500년 전의 아테네에서 보게 되는 것이다.

2. 아테네 민주정과 국가의 폭력

1) 추도연설에 나타난 아테네 민주정의 위대성

펠로폰네소스 전쟁은 기원전 431년에 일어나 404년까지 27년이나 지속되었다. 이 전쟁은 아테네와 스파르타가 서로 패권을 다룬 전쟁으로 알려져 있는데 주도적으로 전쟁을 진행한 것은 아테네였다. 아테네가 외교적 노력이나 실질적 양보를 거부하고 전쟁으로 전면 뛰어든 것은 그 당시 그리스 세계에서 경제적으로 가장 부유

의에 대한 일관된 침묵은 "아테네의 모든 역사는 침략의 역사가 아니라 안전과 자유의 방어를 위한 것"임을 드러내주고자 하는 것이라 해석한다.

5) 이소크라테스의 *De Pace(On the Peace)*를 분석한 논문. 이소크라테스는 페리클레스 시대에 제국적 이익이라는 물질적 탐욕이 재앙을 가져왔다고 주장한다. (24-25)

그림 2.
아테네 전성기의 제국지도. 에게 해를 중심으로 진한 부분이 아테네 제국에 속한다 할 수 있다.

하고 문화적으로 우세하며 군사적으로, 특히 해군력에서 압도적이었으며 델로스 동맹의 많은 예속적 도시들을 거느린 제국이라는 자신감이 바탕이 되었을 것이다.

페리클레스는 추도연설에서 선조들에 관한 것부터 시작한다. 나아가 자신들의 아버지 세대가 온갖 어려움을 무릅쓰고 제국을 이룰 바탕을 이루었다고 언급한다. 하지만, "영토의 대부분은 현재 거의 전성기에 있는 우리들 자신이 확장한 것이며 우리들은 이 나라가 전시에나 평화기에나 가장 자족적인 상태에 있을 수 있도록 만반의 태세"를 갖춰왔다고 자평한다(Thucydides 2.36.3). 이는 페리클레스 뿐만 아니라 당시 아테네인들이 자신들과 아테네에 대해 어떠한 현실인식을 하고 있는가를 보여주는 주요 대목이라 할 수 있다.

페리클레스가 자부심을 가지고 있는 이 시기는 투키디데스가 제1권 89절에서 117절까지 묘사하고 있는 50년의 역사인데 가장 전성기를 누리던 아테네 제국의 시대였다(그림 2). 페르시아 전쟁 이후 기원전 479년에서 431년까지 아테네가 장벽을 쌓고 자신에게 공납금을 제공하는 300여개의 폴리스로 이루어진 델로스 동맹을 구축함으로써 아테네는 해양제국으로 성장하였다. 페리클레스는 이 절정의 시대에 거의 30년을 지배하였다.

여기서 중요한 것은 아테네가 최전성기를 구가하게 된 원인이 무엇인가에 대한 페리클레스의 진단이다. 그는 아테네가 이러한 것을 획득하고 업적을 이룬 것을 열거하는 것보다 "어떤 훈련epitedeusis을 통해 그와 같은 상태에 도달했는지, 또 어떠한

그림 3.
민회가 열리던 아크로폴리스 광장.

정치체제와 어떤 생활 방식을 통해 이렇게도 위대하게 되었는지"가 가장 중요하다고 본다(Thucydides 2.36.4). 그래서 추도연설에서 죽은 이에 대한 애도나 찬사는 뒤로 미루어지고 그는 그 원인에 대해 다음과 같이 말한다.

> 우리들은 이웃나라의 어떤 법제도 부러울 것이 없는 정치체제를 갖고 있습니다. 오히려 우리들 자신은 타인을 흉내내는 사람들이 본받아야 할 모범이 되어가는 것입니다. 그리고 소수가 아닌 다수에 의해서 다스려지고 있기 때문에 이름 또한 민주정체로 불리고 있습니다. (Thucydides 2.37.1)

페리클레스는 소수가 아닌 다수가 다스리는 민주정체가 아테네를 위대하게 만들었다고 본다. 당시의 최강국이자 세계제국인 페르시아와도 맞서서 싸울 수 있는 힘 역시 이 민주정으로부터 나왔다는 것이다(그림 3).

민주정은 왕만이 자유로운 일인 지배의 군주주권이 아니라 시민이 법률적으로 평등하고 자유로운 시민주권에 가까운 것이다. 페리클레스는 추도연설에서 특정한 계층의 지배를 받거나 예속되지 아니하며 전체 계층이 평등하다고 주장한다. 그리고 이런 자유와 평등은 카야노 도시히토가 말하는 '표면적인 평등주의', 즉 법에 의해서 이루어지는 법률상의 평등이다. 모든 이들이 신분고하를 막론하고 법을 지키며 그 법 앞에서 평등하다는 것이다.

> 개인 간의 분규와 관련해서는 법률상 모두에게 평등pasi to ison하며 … 공적인 직무와 관련하여 시민적 자유를 누리고 있으며 마찬가지로 일상생활에서도 자유롭게 지냅니다. … 공적인 사회생활에서는 매우 경외하는 마음이 있어 법률을 위반하지 않으며 늘 관리와 법률에 귀 기울여 복종하고 … 불문법까지도 따르는 것입니다. (Thucydides 2.37.1-3).

아테네 민주정의 발전사는 이러한 '표면적 평등주의'가 제도화되는 과정이었다. 기원전 487년의 개혁으로 기원전 510년 이래 선거를 통해 아테네의 지도자가 되었던 아르콘Archon들이 이제 추첨을 통해 선출되었다. 아르콘이 추첨으로 뽑히면서 그 권력이 약화되었다. 아르콘의 힘의 약화는 선출직이고 무제한 연임가능했던 부족의 장군[스트라테고스strategos]들이 지도적인 정치적 인물로서의 아르콘 역할을 이어받았음을 의미했고 페리클레스가 나중에 장기 집권할 수 있는 길이 마련되었음을 뜻했다.

이것은 아테네가 민회에서 선출되던 아르콘의 정치적 기능과 장군의 군사적 기능에서 균형추가 한쪽으로 기울어짐을 뜻했다. 장군들의 일부가 정치지도자가 되었고 그들이 민회에서 정치의 전면에 들어서게 되었다. 민회의 권한이 커진 것은 민회를 구성하는 데모스의 구성원들의 군사력이 커졌다는 것 또한 의미한다. 487년 개혁이 일어난 배경의 하나는 중무장 보병으로 나가서 싸웠던 호플리테스 층인 중소자영농들이 마라톤 전투와 살라미스 해전에서 페르시아와 싸워 승리했기 때문이다. 마라톤 전투에서는 중무장 보병의 육군이, 살라미스 전투에서는 해군이 승리하였다. 시민대중의 힘은 높아졌고 이들 군사들은 차츰 국가의 군대가 되어갔다.

이것을 카야노 도시히토는 "폭력의 민주화"(166)라고 부른다. 이 '폭력의 민주화'란 "국가폭력의 주체가 특정의 무력집단에서 주민전체로 이행하는 것"(166)을 의미한다. 아르콘이나 배심원들이 국가기관에 들어갈 자격은 가장 낮은 층에게까지 점차 확대되었다. 원로원에 해당되는 아레오파고스 회의는 무력화되고 일반 시민들의 민회가 모든 것을 결정하는 최고의 기관이 되었다. 이러한 민주정은 고대그리스 세계에서 아테네를 가장 위대하고 부가 넘치는 곳으로 만든 원동력이 된다.

그런데 아테네의 위대함은 무엇인가? 페리클레스에게 아테네의 위대함은 아테네의 부와 힘이다. 페리클레스 추도연설에 따르면, 아테네의 힘은 대단하다. "어렸을 적부터 고된 훈련을 통해 남자다운 용기를 연마하는"(Thucydides 2.39.1) 스파르타에 비해 우리들은 "비록 편하게 지낼지라도 대등한 수준의 위험한 상황에 처했을 경우 결코 그들에게 밀려 뒤지는 일이 없다"(Thucydides 2.39.2). 스파르타 사람들은 다른 나라 사람들과 함께 쳐들어오지만 "우리들은 우리들의 힘만으로 이웃나라의 땅을 공격하고 자기들의 재산을 지키려는 적들에 대적해 적진에서 싸우는데"도 대부분 승리한다(Thucydides 2.39.2). 해군 뿐 아니라 육군도 여러 지역에 파견해 놓고 있으며 어떤 적도 우리들의 군사력 전체와 맞닥뜨린 적은 없다고 한다.

이러한 아테네의 힘에 걸맞는 문화적 경제적 부도 화려하다. "정신적 노고를 위한 휴식거리"로서 일 년 내내 경연대회와 희생제전 등 축제가 개최되고 있고, 아테네는 "규모가 큰 나라인지라 지상 모든 곳에서 온갖 것들이 들어오는 까닭에"에 문물과 사람들이 흘러넘쳐나는 풍요로운 곳이다(Thucydides 2.38.1). 더구나 "다른 나라 사람들이 수확한 것이나 우리나라에서 산출된 것이나 어느 것이 특별히 더 입에 맞는다고 할 게 없다"는 것이다(Thucydides 2.38.2).

2) 아테네 민주정과 국가의 폭력화

부와 힘이 넘쳐나는 아테네에 대해 페리클레스는 시민들에게 아테네의 제국적 기획을 실행하기 위해 열정적인 애착을 가지는 도시의 연인erastai이 될 것을 요구한다(Thucydides 2.43.1). 아테네에 대한 과도한 예찬의 귀결은 시민들에게 아테네의 부와 아름다움, 그리고 특히 그 힘과 사랑에 빠질 것, 국가를 사랑하라, 즉 애국주의를 요구하는 것이다(Thucydides 2.43.1). 국가의 힘에 대한 사랑의 요구는 스파르타에서 소집된 1차 펠로폰네소스 동맹회의에서 아테네 사절이 말한 힘의 논리와 동일한 맥락이다. 그는 아테네는 "강력한 해군, 재능이 뛰어난 장군, 과감한 용기"를 지니고 페르시아 전쟁을 승리로 이끈 주체이며, 많은 폴리스들이 아테네의 힘을 질투하는 상황에서는 "지배권을 강화"하는 것은 당연하다고 한다. 그것은 "힘으로 통치하는 것이 인간의 본성"에 기초하고 "강자가 약자를 지배하는 것은 당연"하기 때문이다(Thucydides 1.78).

투키디데스에 따르면, 그리스에 살던 원주민들은 강도와 해적질로 연명하였다(Thucydides 1.4-8). 잭 릴리Jack Riley는 이렇게 정주하지 못하고 떠돌던 사람들이 미노스가 제국을 세우고 해적을 제거함으로써 평화를 얻고 범죄는 끝났다고 본다(123). 그러나 그리스가 진보해감에 따라 약자는 스스로 강자의 노예로 넘어가고 더 부유한 도시가 잉여의 돈을 가지고 더 작은 도시들을 종속시켰다. 아가멤논이 제국의 통치자가 된 것은 해군의 보유력 때문인데, 아테네 역시 막강한 해군을 보유하고 있으므로 아테네 사절의 주장은 제국통치의 자격이 있다는 것이다.

이러한 자연법에 기초한 힘의 논리에다 아테네인들이 다른 도시국가의 시민들보다 기질적으로 훨씬 호전적이고 국가를 위해 몸을 사리지 않는다고 한다. 아테네 사절단에 앞서 발언권을 지녔던 코린토스의 대표자는 아테네인은 "나라를 위해서는 자기 몸을 자기 것으로 생각하지 않고 희생하며 나라를 위해서라면 일을 수행할 때 그 목적을 결코 남의 일로 여기지 않습니다"며 아테네인의 호전성을 두려워한다(Thucydides 1.68). 쉴 새 없는 에너지 때문에 아테네인들은 "자신들의 판단을 넘어 용감하고" "자신들의 힘을 넘어 모험"을 추구한다(Thucydides 1.70). 이런 특징들은 이집트 반란을 도우러가려는 야망찬 원정에 반영되어 있다. 아테네인들은 그리스에서 자신들의 안전에 심각한 위협이 되는 것에 직면하더라도 이러한 모험적 시도를 한다(Thucydides 1.104-112).

스티븐 포르디Steven Forde는 코르키라 내전과 옛 헬라스인들의 해적질을 비교한다. 옛 헬라스인들은 해적질과 약탈을 스스로 하나의 생활 수단을 삼았으나 스스로 비난할 생각조차 하지 못했다. 하지만 코르키라의 내전은 역설적으로 문명이 이전에 보았던 그 어떤 것보다 더 잔혹할 가능성을 준다는 점에서 야만주의의 가능성을 연다는 것이다.

> 가장 피에 굶주린 복수를 감행하는 것이 '명예'의 지점이 되었을 때, 자기보존이라는 욕망조차도 대량학살을 조절하는데 무력하다는 것이다. 사람들은 순진하다고 말할 수도 있지만 미노스인이나 아가멤논의 단순한 이기심도 이렇게 야수적이지는 않았다. (Forde 156)

아테네인들은 "제국의 짐을 거부할 수 없고 그 명예를 함께 하기를 바란다" (Thucydides 2.63)는 페리클레스의 주장에서 보듯이 제국을 유지하기 위해 전쟁을 하는 것이 명예의 지점이 되고 여기서 포르디가 제기한 '문명의 역설'이 일어난다. 가장 문명화되고 개화된 아테네인들이 힘의 논리에 의한 자연법을 앞세우고 자신의 종족적 호전성을 드러내는 것은 옛 헬라스 인들의 해적질과는 차원이 다르다.

호전성이 명예로 포장되는 것에 이어 아테네인의 해외침략은 자유의 이데올로기로 다시 한 번 포장된다. 페리클레스는 추도연설문 초두에서 아테네에 대한 여러가지 찬양 가운데 자유를 강조하며 아테네인들은 "공적인 직무와 관련하여 시민적 자유를 누리고 있으며 마찬가지로 일상생활에서도 자유롭게 지냅니다"고 한다 (Thucydides 2.37.1). 연설의 이 부분은 이때까지 많은 평자들에 의해 아테네 민주주의를 상징하는 문구로 페리클레스를 민주주의의 신화적 인물로 만드는데 기여한 것이다.

그런데 실제로 페리클레스가 지향하고자 하는 자유는 이것이 아니다. 사실, 해외팽창으로 인한 물질적 풍요와 함께 시민들이 아테네의 내부에서 정치적, 일상적 자유를 당대의 다른 국가들의 시민들에 비해 상대적으로 많이 누릴 수도 있다. 이 자유의 문제에 대해 좀 더 심도 깊은 논의가 필요하지만 추도연설이 말하고자 하는 것은 아테네 내부의 자유를 말하는 것이 아니라 다른 나라를 침략하는 데서 자유를 누릴 것을 주문한다는 것이다. 페리클레스는 전사자들의 영광을 부러워만 해서는 안되고 "행복이 자유이고 자유가 용기임을 깨달아야" 한다고 한다(Thucydides 2.43.4). 죽음을 두려워하지 않고 싸우는 것이 자유이고 행복이므로 전쟁의 위험을 관망하지 말고 목숨을 초개같이 버릴 것을 요구한다(Thucydides 2.43.4).

이때 역시 자유의 역설이 일어난다. 자유를 위해 제국을 지키는 전쟁에 참여한다는 것은 곧 자유를 박탈하는 셈이 된다. 전쟁은 개인의 자유를 허용하지 않는 것이다. 정치적 자유는 전쟁론자에 의해 말살되고 일상적 자유는 전쟁이라는 비상사태로 인해 제한되기 때문이다. 이런 상황에서 전쟁을 위한 '명예와 자유의 문제'는 개인의 품성이나 사회적 분위기에 의해서가 아니라 국가에 의한 체계적인 선전활동에서만 나올 수 있는 것이다. 따라서 명예와 자유가 작동하는 지점은 개인을 초월한 도시국가 체제가 된다.

민주정의 발달에 따라 국가의 기능이 중앙집중화되고(최자영 2005, 20) 그에 따라 모든 물자와 폭력을 독점할 수 있는 국가 체제가 형성되기 시작하였다. 483년 테미스토클레스Themistocles의 〈해군법안〉[6]을 통해 도시국가가 독점적으로 공적 자금을 획득하고 운용하는 방식을 볼 수 있다. 해군국가가 된다는 것은 엄청난 공적 자금의 집중과 독점 뿐 아니라 노잡이로 복무할 수 있는 테테스층의 참여가 절대적으로 필요한 일이다. 이리하여 사실상 아테네 제국 팽창의 원동력은 테테스가 많은 비중을 차지하는 데모스가 그 이익을 누린다는 데 있다. 세이몬스는 "아테네인들의 민주적 정치체제는 투표하는 아테네 시민들의 경제적 상황을 직접적으로 전쟁과 제국을 통해 발생한 돈과 결합함으로써 공격적인 태도를 강화했다"고 한다(83).

세이몬스는 아테네 역사에 일어난 굵직한 사건들이 민회의 투표에 의해서 결정되었는데 그 결정들을 결코 정의나 지혜, 자유의 이름으로 검토할 수 없는 것이라고 주장한다(50). 이오니아반란을 지원하거나 마라톤과 살라미스 전투에서 페르시아를 물리친 것, 그리고 민주정을 수립한 것을 빼고는, 특히 460년대 후반 급진 민

---

6) 이에 대해서는 이순연의 「아테네 트리에라르키아의 기원과 성격-테미스토클레스의 해군법안과 포고령을 중심으로」를 참조할 것.

주정의 개혁이 있은 후 민회의 결정들은 외견상 내세우는 자유와 정의 혹은 명예가 아니라 제국의 전쟁 속에 관철되는 "자기 이해"라는 편협한 관점에서 이루어졌다는 것이다(Samons 51).

478/7 델로스 동맹은 아테네를 수장으로 하여 형성되었는데 이 조직은 궁극적으로 아테네 제국의 공식적 토대가 되었다. 449년 페르시아와 맺은 평화협정은 아테네의 마지막 변명(공납금의 명분이나 공금유용)이 사라짐을 뜻하는데 사실상 아테네에 대한 공납금 지불과 아테네의 에게해 지배는 페르시아와의 어떤 전쟁과도 무관하다는 동맹국의 두려움을 확인해주었을 뿐이었다. 454/3년에 아테네인들은 델로스 동맹의 기금을 아테네로 옮기고 매년 공납금의 1/6을 착복하여 아테나 신전에 바쳤다. 이 무렵에 대규모 배심원에게 지불 시작하면서 곧 500인회도 지불했을 것이다. 4마일의 장벽 쌓은데 돈 들어가는 것, 그리고 건축활동과 공무에 수당을 지불하는 것과 값비싼 함대의 유지수당을 지불하는 것이 동시에 일어났을 것이라고 본다.

그런데 펠로폰네소스 개전 1년 만에 위기가 왔다. 자신의 전략에 따라 아티카 평원과 조상 대대로 살던 집을 스파르타의 강력한 육군이 짓밟도록 내버려두고 아테네의 장성 안으로 피난 와서 살던 시민들의 불만이 고조되고 광범위한 불안감이 휩쓸었다(케이건 112).

> 자신들의 개인적 고난을 슬퍼했다. 서민들은 가진 것 없이 시작했는데 그마저도 빼앗겼기 때문에, 부자들은 시골의 아름다운 농장과 가옥들과 값비싼 가재들을 잃어버렸기 때문이었다. 그러나 가장 나쁜 일은, 그들이 평화가 아니라 전쟁을 가졌다는 것이다. (Thucydides 2.65.2)

페리클레스 추도 연설은 추도 자체가 목적이 아니다. 위와 같은 상황에서 그 불만을 무마하고 자신의 전략과 전쟁에 대한 지지를 촉구하고 그와 함께 아테네인들의 결의를 강화하자는 것이다.

그림 4.
페리클레스의 연설 모습. 필립 폴츠Philipp von Foltz(1805-1877)의 〈페리클레스의 시대〉

이 상황은 중소자영농인 호플리테스 층과 테테스 층의 이해관계가 갈릴 수 있는 지점이며 데모스 즉 민회가 흔들릴 수 있는 위기였다. 동맹기금으로 시민들에게 수당을 지불한다하더라도 그것은 1드라크마 내외이기 때문에 일용직 노동자의 임금 수준이다. 숯을 구워 팔거나 날품팔이로 연명하던 테테스 층에게는 전쟁은 안정된 일자리를 의미했지만 부자 뿐 아니라 육군보병의 주력을 담당하는 호플리테스 층인 중소자영농들의 불안과 불만은 엄청났다.

이에 페리클레스는 불만을 다독이고 갈등을 봉합하기 위해, 아테네의 위대함을 강조할 뿐 아니라 아테네인들의 미덕과 용기를 찬양하면서, 개인의 고난에 앞서 국가의 일에 앞서줄 것을 요구한다(그림 4). 아테네인들은 용감하면서도 사려가 깊지만 적들은 오히려 "무지가 만용을 불러일으키고 사려가 겁쟁이를 만든다"(Thucydides 2.40.3)고 한다. 아테네인들은 "두려운 일과 기쁜 일을 아주 명확하게 분별해낼 줄 알고 그러한 이해를 토대로 위험에서 물러서지 않는 사람이야말로 가장 강한 영혼을 지닌 사람으로 판정되는 것이 마땅"(Thucydides 2.40.3)하며, "한 사람 안에 자기 일뿐만 아니라 나랏일을 배려하는 마음이 함께 있어서, 설사 제 일에만 매달리는 사람일지라도 나랏일을 이해하는데 부족함이 없다."(Thucydides 2.40.2) 따라서 국가의 일에 참여하지 않는 사람을 그저 "세상 문제에 무관심한 사람 정도로 여기는 것이 아니라 아예 쓸모없는 사람"(Thucydides 2.40.2)으로 여긴다는 것이다.

페리클레스가 말하는 쓸모없는 사람이란 자기가 누렸던 부에 대한 즐거움에 매달린 겁쟁이가 되는 일이며 "도망을 가기만 하면 자기가 부유하게 될 수 있을 것이라는 희망"을 가진 가난한 사람이다. 그래서 페리클레스는 굴복해서 살아남지 말고 맞서 싸우고 감내하라고 한다(Thucydides 2.42.4). 여기에서 페리클레스의 초조함이 묻어난다. 시민들의 내재된 욕망을 건드리면서 그 욕망이 비열하다고 욕하는 것이다.

기원전 430년 늦여름 역병이 기승을 부리자 아테네인들은 민회를 통해 스파르타와의 화친을 시도하며 페리클레스의 비타협적인 전쟁지속론에 회의를 가지고 등을 돌렸다. 추도연설이 있은 지 이듬해, 아테네 장성 안으로 피난해 왔던 시민들이 전쟁의 패색에 불안해하며 페리클레스를 공금횡령 혐의로 재판에 회부한다. 그러자 그는 민회를 소집하여 이들을 연설로 설득하고자 한다. 이 연설에서 그의 국가관의 절정이 드러난다.

> 개인보다 국가가 우선합니다. 개인적으로 성공한 사람이라도 국가가 멸망하면 자신도 파멸될 것이기 때문입니다. 국가는 개인의 불행을 감내할 수 있지만 개인은 국가의 멸망을 감내할 수 없습니다. 따라서 모든 사람들이 협력하여 국가를 지켜내는 길 밖에 없습니다. 저는 국가를 유지하기 위해 올바른 안보정책을 추진해왔고 여러분은 저의 개전론에 찬성하여 왔습니다. 따라서 제가 부정행위를 저질렀다고 비난받을 이유는 없습니다. (Thucydides 2.60)

위와 같은 페리클레스의 주장은 개인보다 우선하는 국가주의 뿐 아니라 자신을 비판하는 것은 국가에도 위험한 일이라는, 자신과 국가를 일치시키는 사고를 은연중에 드러낸다. 그리고 시민들 당신들도 찬성을 해놓고 지금 와서 자신을 비난할 수는 없다며 스스로 변호한다.

이런 국가중심적 사고에 이어 페리클레스는 시민들을 전쟁 책임에 함께 연루시키는 발언을 한다. 이제 "시민 여러분들이 보유한 제국은 독재자인데 그 독재자인 제국을 버리는 것은 분명히 더 위험한 일이라고 한다. 그것은 지배를 받는 자들이 증오하기 때문"이다(Thucydides 2.63.1-2). 이제 어쩔 수 없다는 것이다. 이 연설에서 페리클레스는 아테네는 '자유로운' 아테네가 아니라 '독재자' 아테네임을 공식적으로 밝히는 셈이다. 나아가 페리클레스는 아테네 제국의 위대함과 제국을 유지해주는 해군력을 칭송하며 땅과 가옥을 상실한 것은 아무것도 아니라고 한다. 땅과 가옥은 장식품에 불과하며 아테네가 자유를 유지하기만 하면 쉽게 되찾을 수 있지만 자유를 상실하면 나머지 모두를 잃게 된다는 것이다(Thucydides 2.62). 페리클레스는 냉혹한 양자택일적 상황으로 시민을 몰아간다. '제국이냐 노예냐' 혹은 '지배냐와 예속이냐', 그리고 '자유냐 멸망이냐'라는 이항대립에서 냉혹하게 하나를 선택하도록 위협한다. 엘리 세이건Eli Sagan은 이러한 페리클레스에 대해 일종의 정신이상으로 편집증이라고 비판한다. 이러한 편집증은 페리클레스 뿐만 아니라 클레온, 알키비아데스 들 전쟁론자들에게 공통된 것이다(Sagan 1991: 362-75). 스파르타와 평화조약을 통해 제국의 크기를 줄여 반란을 줄이고, 평화를 가져오고, 군비를 축소하여 복지를 강화할 수도 있지만, 그것은 이들 국가주의 전쟁론자들에게는 선택지가 아닌 것이다.

제국을 유지해야 된다는 당위는 아테네인들에게 황폐한 삶을 가져왔다. 전쟁으로 폐허가 된 상황에서 전쟁을 해야만 수당이 나와서 일당을 버는 참혹한 상황으로 내몰렸다. 퓌스텔 드 쿨랑주Fustel de Coulanges는 "민주정은 빈곤을 없애지 않았다. 오히려 그것은 빈곤을 더욱 가시적으로 만들었다. 정치적인 권리의 평등은 생존조건들의 불평등을 한층 더 두드러지게 만들었다"(2000: 466)고 말하고 있다. 이것은 대외팽창적 제국주의로 나아가는 국가주의에 의한 민주정의 운영에 의해 사회 자체가 빈곤해졌음과 전혀 무관한 것은 아니라고 하겠다.

3. 침략적 전쟁과 개인 희생의 정당화

1) 침략적 전쟁과 애국주의

페리클레스는 추도연설에서 조상들을 추모하고 그들에게 명예를 부여하는 것은 정의롭고 합당한 일이며 그 이유는 "이 땅에서 같은 종족으로 자자손손 살아오면서 용맹을 통해 오늘에 이르기까지 이 땅을 자유로운 땅으로 물려주었기"(Thucydides 2.36.1) 때문이라고 한다. 조국이란 원래 조상들이 대대로 내려온 땅이기 때문에 조상의 은덕이 찬양되어야 하고 조상이 물려준 땅을 잘 가꾸고 후손에게 물려주어야 하는 것은 당연하다.

베네딕트 앤더슨Benedict Anderson은 죽은 자에 대한 찬양의 추도연설은 근대민족국가의 최초의 특이한 현상이라고 한다. 그는 프랑스 혁명의 역사학자로 자임한 J. 미슐레Jules Michelet가 그 당시 태동하고 있던 민족적 상상을 가장 명백하게 예증한다고 한다. 왜냐하면 그는 의식적으로 죽은 자들을 위해 처음으로 글을 썼으며 그 글 속에서 산 자와 죽은 자들이 공유하는 가문 또는 사회라는 공동체가 만들어진다[7]고 했기 때문이다(2004: 252). 앤더슨에게 상상의 공동체로서 민족은 과거의 조상과 의식적으로 연결하는 것을 넘어선다. 근대 민족이나 민족국가에 대해 이론적으로 정초한 에르네스트 르낭Ernest Renan이나 요한 고트리프 피히테Johann Gottlieb Fichte 역시 그들의 국민 개념에는 "희생의 감정"이 기본바탕을 이룬다. 특히 피히테는 조국애

7) Jules Michelet. Oeuvres Complétes: XXI. p.268. 미완성의 Histoire du XXIe Siecle 2권 서문. 베네딕트 앤더슨이 White의 번역을 참고하여 다시 번역한 것을 인용함.

는 “모든 것을 완전히 불사르는 불꽃”이며 “고귀한 사람은 기뻐하며 국민을 위하여 자기 자신을 희생하는 사람”(141)이라고 하였다.

그런데 반드시 근대민족국가가 아니더라도 집단을 위해 개인의 희생을 강요하는 예는 찾아볼 수가 있는데, 그 한 예가 페리클레스의 추도연설이다. 이때 폴리스 공동체는 피히테의 ‘국민’ 개념과 유사성이 없지 않다. 조국[8]을 위한 전쟁에서 진정으로 아테네를 위한 자들은 “맞서 싸우고 감내하는 것이 굴복해서 살아남는 것에 앞서는 일이라고 생각해 … 공포가 아닌 영광의 절정에 자신을 해방”(Thucydides 2.32.4)시킨 자들이었던 것이다.

근대의 민족주의를 크게 분류하면 침략적 민족주의와 해방적 민족주의로 크게 나뉜다. 침략적 민족주의는 자신의 영토를 넘어, 즉 조상의 땅을 넘어 자신의 지배권을 확대하기 위한 것이고 해방적 민족주의는 조상의 땅을 되찾거나 지키기 위한 것이다. 침략적 민족주의는 다른 영토를 가진 주권국가를 침범하는 것이다. 인종적으로 우수하든, 문화적으로 우수하든 자민족의 우수성을 내세우며 다른 국가를 침략하는 것이다. 아테네의 제국주의는 범헬라스주의에서 출발해서 아테네 폴리스만의 국가주의로 전개해나간 점에서 독특하다.

아테네가 기원전 5세기에 에게 해의 강자가 되어 제국화의 길을 밟게 된 것은 헬라스인들을 페르시아의 예속으로부터 해방시키려는 데 누구보다 앞장섰기 때문이다. 마라톤 전투는 다른 도시국가들이 모두 도망가거나 항복한 가운데 아테네만이 싸워서 이겼고 그 이후 도리스Doris와 아에올리스Aeolis에 이르기까지 이오니아인들이 페르시아에 반란을 일으켰을 때 이들을 끝까지 도운 도시국가도 아테네였다. 페

8) E. H. 칸토르비치Ernst H. Kantorowicz에 따르면, 고대의 조국patria과 중세의 조국 개념은 완전히 다르다. 중세에 patria는 일상적인 언어로 존재했으며 좁고 순수하게 지역적 의미로 고향이나 촌락 마을 들을 의미한 반면 고대의 patria는 모든 정치적 종교적 윤리적 도덕적 가치의 총체였으며 거의 절대적인 정치적 실체였다(1997: 232-233).

9) 페리클레스는 추도연설에서 이 전투의 중요성, 그리고 이 전투를 사실상 스파르타가 주도하여 승리하였다는 것을 말하지 않고 넘어가지만 플라톤은 「메넥세노스」에서 소크라테스의 입을 빌려 언급한다(241d).

그림 5
펠로폴네소스 전쟁지도

르시아를 에게 해에서 완전히 몰아낸 플라타에아Plataea 전투[9]는 스파르타가 주동이 된 그리스동맹군에 의해서 이루어지긴 했지만 아테네 역시 반페르시아 전투에서 선봉이자 주역이었다. 델로스 동맹도 이런 연장선상에서 만들어졌고 자연히 아테네의 지도력을 인정하였다.

아테네의 대외정책의 기초는 기원전 5세기에 크게 변화했다. 6세기 초에 아테네는 헬라스의 세계를 페르시아의 예속으로부터 해방시키려는 데 앞장을 섰다. 페르시아 전쟁이 끝난 후인 기원전 478/7년에는 동맹국의 성원 속에 페르시아의 침략에 대항하는 델로스 동맹의 패권을 장악했다. 그러나 기원전 5세기 후반 아테네는 점차 제국주의적인 침략을 감행하게 되면서 동맹국들의 민심을 잃게 되었고, 그들 가운데 많은 국가들이 반란을 일으키거나 스파르타에게로 돌아섰다.

페리클레스의 추도연설은 아테네가 페르시아 전쟁에서 세운 공로로 인해 그리스 세계를 지배하는 것을 당연시한다.[10] 이 때 아테네 인은 강자이기 때문에 당연히 자

10) 페르시아의 예속으로부터의 자유가 아테네가 다른 동맹시를 침략하고 지배할 공격적 자유로 바뀌는 과정에 대해서는 쿠르트 라아플럽Kurt Raaflaub의 『고대 그리스에서의 자유의 발견』*The Discovery of Freedom in Ancient Greece* 참조할 것.

유를 누릴 수가 있다. 펠로폰네소스 전쟁은 예속을 피하는 자유의 문제일 뿐 아니라 패권의 문제가 핵심적인 사안"(Thucydides 2.60.4)이다. 전쟁 발발 전 아테네 사절단의 "자연법칙에 기초한 강자의 논리"대로 아테네가 델로스 동맹국들을 지배하고 침략하는 것에 대해 불만이 있을 수 없다고 페리클레스는 주장한다(그림 5).

펠로폰네소스 전쟁 개전 때부터 "헬라스의 자유를 수호"[11]하고자 하는 것은 펠로폰네소스 동맹의 명분이자 구호였다. "헬라스를 위해" 페르시아와 싸웠던 아테네는 이제 "헬라스를 위해" 아테네와 싸우려는 반아테네 범헬라스주의를 만나게 된다. 전쟁은 헬라스의 이름으로 이루어지지 않고, 아테네 국가의 이름으로, 애국주의 이름으로 진행되었다. 페리클레스의 추도연설에 나타나는 기본적인 정서는 아테네 시민들을 전쟁으로 몰아가려는 팽창적 애국주의이다.

2) 개인의 희생 및 전쟁의 정당화

국가가 요구하는 희생은 국가의 이름으로 이루어진다. 아테네인들은 이제 "헬라스를 위해" 싸우지 않고, 페르시아와 싸우지 않으며 스파르타와 코린토스 들 같은 헬라스 내의 국가들과 싸운다. 투키디데스에 따르면, 당시 그리스 세계의 사람들은 헬라스의 해방을 개전의 정당성으로 내세운 펠로폰네소스 동맹측에 더 많은 호의를 보이고 있었다고 한다. 아테네에 대한 반감과 아테네의 지배로부터 벗어나려는 심리가 헬라스 사람들에게 강하게 작용하고 있었다(Thucydides 2.8). 지중해 그리스 세계에서 동맹국가를 지배하고 침략하여 승리하는데서 갖는 아테네의 자부심과 오만은 다른 도시국가에 대한 침략과 살육을 정당화할 뿐 아니라 아테네인 시민들의 목숨을 당당하게 요구하는 근거가 된다.

J. A. 스티븐슨J. A. Stevenson은 에이브라함 링컨Abraham Lincoln의 유명한 연설, 게티

11) 펠로폰네소스 전쟁 개전 전에 라케다이몬의 동맹회의에서 코린트 사절단이 한 연설 속에 펠로폰네소스 동맹의 개전 명분이 들어있다(투키디데스 1.68.71).

즈버그 연설과 페리클레스 추도연설의 유사성을 지적한다. 링컨의 연설은 조상의 은덕을 얘기하고 국가가 민주주의에 헌신함을 예찬하고 "인민에 의한, 인민을 위한 인민의 정부"임을, 그리고 평등하게 태어났음을 예찬한다는 점에서 페리클레스의 연설과 상당히 유사하다.

그러나 링컨의 이런 민주주의는 페리클레스의 연설문에 나타나는 민주주의와 다르다. 링컨 재임 당시의 미국이나 페리클레스가 집권하던 아테네가 민주정이었다는 점에서 유사하지만 침략전쟁을 부추기고 추도연설의 목적이 더 많은 침략전쟁에 국민들을 동원하기 위한 고도의 수사학적 전략이라는 점에서 페리클레스의 연설은 다르다. 다카하시 데쓰야는 이에 대해 "페리클레스 연설의 레토릭은 전사자가 몸을 바친 '공공의 이상'이 도시국가 아테네의 자유와 민주정치였다는 점만 다를 뿐, 야스쿠니 사상의 레토릭과 본질적으로 그다지 다르지 않다"(다카하시 데쓰야 2005, 189)고 말한다.

페리클레스는 추도연설에서 죽은 자를 애도하는 것이 아니라 죽은 자를 찬양한다. 이들은 "행위와 찬사가 서로 어울려 보이는 이들이며 … 남자다운 용기가 무엇인지 분명하게 보여"(Thucydides 2.42.2) 주었고 비록 다른 일에 있어서는 능력이 떨어지는 분들도 있을 테지만 "조국을 위한 전쟁에서 그분들이 발휘한 용기만은 그 무엇보다도 우선적으로 칭송되어야 마땅할 것"(Thucydides 2.42.3)이다. 추도연설의 이 수사학은 어떤 의미를 지니고 있을까? 추도연설은 기본적으로 슬픔의 감정인 상실의 감정보다는, 그리고 비애의 감정 속에서 죽은 이를 잃게 된 사실을 애도하는 것보다는, "전쟁 체험에서 더 높은 의미를 얻고, 희생과 상실을 정당화하고 싶은 마음"에서 나온 것이라고 G. L. 모세George L. Mosse는 본다(1990: 6). 전쟁터에서 남을 죽이지 않으면 자신의 목숨을 잃게 되는 그런 무시무시함과 공포가 아니라 죽은 자에 대한 찬양을 통해 스스로 죽고 싶은 마음을 일으키게 하는 것이 이 수사학의 목표이다. 페리클레스는 전쟁터에서 죽은 자들을 "공공의 선을 위해 헌신했던"(Thucydides 2.42.3) 자들이라 하였다.

그 당시 "공공의 선"이 무엇이었을까? 페리클레스가 자신의 동료 시민들에게 지키기를 요구하는 공동선은 무엇인가? 명예와 용기가 지향하는 목적지는 무엇인가? 이들 질문에 대한 페리클레스의 답변들은 우리가 페리클레스의 그 말들이 지닌 두 개의 가장 중요한 함축적 의미를 깨닫게 되면서 길고 느린 공포로 독자를 매혹시킨다고 닉 파파스Nick Pappas는 말한다. 페리클레스의 주장은 어떤 초조함과 심지어 아테네가 정복한 도시들도 아테네의 위대함을 사랑해야 한다는 어리석은 주장으로 아테네의 탐욕스런 팽창을 정당할 필요성을 드러낸다는 것이다(227). 이것은 일본 군국주의체제에서의 논리와 유사하다. 다카하시 데쓰야는 『국가와 희생』에서 "대동아전쟁이 자존자위라는 기치를 내걸고 개시되었을 당시 응당 수호해야 한다고 여긴 조국이란, 아시아 침략의 성과였던 이들 식민지를 포함한 제국"(2008: 50)이라고 주장한다. 태평양전쟁 전후를 통해서 활동한 다카가미 가쿠쇼가 「야스쿠니 정신」(1942)에서 "야스쿠니 정신은 전시에 군인만 가지는 정신이 아니다. 평시에도 일본인 모두가 누군가 똑같이 견지해야 하는 일본정신인 것이다. … 국가를 위해서는 기쁘게 피를 흘려라"(다카하시 데쓰야 2005, 50 재인용)고 말한 것과 그리 다르지 않다.

이와 마찬가지로 페리클레스는 아테네인들은 "자족적"(Thucydides 2.41.1)이라거나 아테네가 "가장 자족적인 상태"(Thucydides 2.36.3)에 있다고 하는데 이 "자족"이라는 것은 자의이건 타의의 강제에 의한 것이건 타 도시국가들에 대한 지배까지도 포함하는 말이다. "우리들의 권세에 대해서 … 우리들은 … 놀라움의 대상이며" 호메로스의 시나 다른 시인들의 찬가가 불필요할 정도로 정말로 "우리들은 우리들의 용기로써 모든 바다와 육지를 제압하고 길을 열어, 가는 곳마다 재앙과 축복의 영원한 기념비를 심어놓았던 것"(Thucydides 2.41.4)이라는 페리클레스의 당당한 언설은 그가 주장하는 "자족적인 상태"가 무엇인지 분명하게 보여준다.

그런데 그 다음에 이어지는 추도연설에서 아테네는 침략적인 것이 아니라 오히려 다른 도시국가로부터 침탈당한 것으로 묘사된다. 전장에서 죽은 자들은 이 자족적인 아테네가 "침탈당하지 않도록 당연히 해야 할 도리로써 고귀하게 맞서 싸우다 목숨을 잃게 된 것"(Thucydides 2.41.5)이다. 그리하여 전사한 자들은 남의 것을 뺏으려고 한, 과도한 자나 악한 자가 아니라 고귀하게 희생된 자라는 논리로 역전된다. 자연스레 "우리 남아있는 사람들도 모두 마땅히 떨쳐 일어나 이 나라를 위해 어떤 고난도 감내해야 할 것"(Thucydides 2.41.5)이라는 주장으로 넘어가게 된다.

페리클레스는 전사들의 죽음을 슬퍼하지 않고 기뻐하도록 한다. 전몰자들의 고귀한 최후가 행운이며 행복한 것으로 그는 유족들을 격려하고자 한다.

> 저는 이 자리에 계신 전몰자의 부모님께 애도를 표하기보다는 오히려 격려의 말씀을 드리고자 합니다. 사실 부모님들께선 그들이 갖은 풍파 속에서 커 왔음을 알고 계십니다. 그런데 행운이란 여기 이 전몰자들과 같이 가장 고귀한 최후를 손에 넣었을 경우를, 또는 여러분들과 같이 가장 고귀한 슬픔을 손에 넣었을 경우를 말합니다. 그들에게는 삶이 행복한 것으로 할당된 것과 같이 죽은 것 또한 행복한 것으로 할당되었습니다. (Thucydides 2.44)

이처럼 '애도에서 격려로', "불행을 행복으로 전환하는 감정의 연금술"(데쓰야 2008, 107)에 의해 전쟁터의 참담하고 쓰라린 고통과 죽음을 국가적인 명예로 전환시키고 유족들의 슬픔을 기쁨으로 전환시킨다.

추도연설은 영광의 자리를 기획하여 많은 사람들이 전의를 다지며 전쟁에 대한 다짐을 하는 것에 그치지 않는다. 페리클레스는 사라진 아이에 대해 슬퍼하지 말고 다른 자식들을 낳으라고 한다. 자식은 전사한 아이를 잊게 해줄 뿐 아니라 "나라로서도 인구가 줄어드는 것을 막고 동시에 안보를 도모하는 이중의 이익을 가져다줄 것"(Thucydides 2.44.3)이기 때문이다. 끝으로 그는 전몰자들은 국비로 국가적인 제례행위를 통해 잘 매장되고 치장되었기 때문에 걱정하지 말라며 죽은 자의 "자식들은 앞으로 어른이 될 때까지 나라가 국비로 보살필 것"(Thucydides 2.46.1)을 맹세하는 것으로 추도연설을 끝낸다.

전시 중에 혹은 전쟁이 끝난 뒤에는 최고 권력자들이 사적으로 공적으로 전몰자들에 대한 추도와 함께 유족에 대한 도움의 기능을 맡고 있다. 그런데 최고의 권력자들이 기념한 것은 언제나 비극으로서의 전쟁을 다시 안하겠다는 다짐이 아니라 전쟁의 영광이었고 전쟁의 의의였다. 국가가 요구한 희생은 너무나 정당했다. 앤더슨은 "자기 나라를 위하여 죽는 것은 대개는 자기가 선택한 일이 아니지만, 노동당이나 미국의료협회를 위하여 심지어는 국제사면협회를 위하여 죽은 것에 견줄 수 없는 도덕적 엄숙함을 지니고 있다"(187)고 한다. 이해관계와 무관하기 때문에 민족국가는 "희생을 요구"(186)할 수 있다는 것이다. 국가와 민족을 위해 희생하는 것이 근대 최초의 현상이라고 한 앤더슨의 주장과 달리 고대 아테네의 추도연설은 이러한 그의 주장을 가장 모범적으로 보여주고 있다.

4. 전쟁주의자, 페리클레스

막강한 현금과 해군력을 보유한 아테네는 개전 몇 년 만에 전쟁을 끝내고 패권을 확실하게 보장받을 수 있으리라는 페리클레스의 장담과 달리 27년에 이르는 장기전을 통하여 몰락하여갔다. 테베가 너무 강성해질 것을 두려워한 스파르타의 배려가 없었다면, 여러 다른 국가들의 주장대로 아테네인들은 멜로스 섬이나 사모스의 시민들이 당한 것과 똑같이 남자들은 학살되고 여자와 아이들은 노예로 팔려야 했을 것이다.

투키디데스는 펠로폰네소스 전쟁을 역사상 가장 위대한 사건이 될 것이라고 하였지만 전쟁은 참담한 것이다. 그동안 페리클레스는 파르테논의 건설 및 연설 들을 통해 민주주의의 반半 semi신화적 인물이 되었다. 페리클레스의 전략대로 아티카 평원을 버리고 아테네 시 성벽과 장성 안으로 피난와서 흑해에서 수입한 식량으로 근근이 버티면서, 해군으로 바다를 장악하고 연안 국가를 공격한다면, 즉 확전을 피한다면 아테네가 이겼을까?

많은 논자들이 전쟁과 역사의 책임을 클레온이나 알키비아데스 들에게 돌리지만 페리클레스의 추도연설에 나타난 페리클레스의 주장은 이들은 단지 페리클레스의 확대 복사본에 불과함을 보여준다(Pappas 229, Waggaman 203). 그의 추도연설은 조상의 은덕에 감사하고 자유와 정의가 이루어지는 것에 대한 짧은 언급 이후엔 부와 힘을 지닌 아테네의 위대성을 찬양하고 그 위대성을 가능하게 했던 아테네의 호전성, 그리고 그 모든 것을 전쟁으로 조직해낸 아테네 국가와 자신에 대한 (은연중의) 예찬이 중심이기 때문이다. 그러한 위대한 국가를 위해서 경쟁적으로 목숨을 바치는 자기희생을 주문하는 것이 이 추도연설의 핵심이다.

청년전사 입문식과 비극의 성-정치학

1. 비극과 전쟁

오늘날 남아있는 고대 그리스 비극들은 서구 문화에 지속적으로 영향을 미쳐왔으며 현대 문화와 그 영감의 원천으로 작동하고 있다. 이 비극들은 모두 기원전 5세기에, 기원전 480년대에서 410년대에 이르는 70년이라는 짧은 시기 동안 그리스의 도시국가 아테네에서 생겨났다가 사라졌다. 이 시대에 서사시는 암송되어지는 교육용 교재였으나 새로운, 지배적인 장르가 아니었으며 서정시 또한 원래 아티카문화의 일부가 아니었을 뿐 아니라 쇠퇴한 장르였다. 이 시기의 유일한 지배적인 장르로서 고대 그리스 비극은, 사이먼 골드힐Simon Goldhill에 따르면, "온전히 민주주의 혁명의 일부로서 기원전 5세기를 경천동지의 세기로 만든 문화적 혁신이 폭발적으로 일어나면서 형성된 제도"였다(252).

비극이 번성한 시기는 아테네 민주정, 그 가운데서도 페리클레스 시대와 일치한다. 이러한 시간적 일치는 비극이 민주정과 긴밀한 관계를 가지고 탄생과 죽음을 함께 한다는 의미도 가지지만 펠로폰네소스 전쟁이 끝나감과 동시에 비극도 종말을 고한다는 점에서 비극은 민주정 뿐만 아니라 전쟁과의 관련성 속에서 태어나 번성한 장르라고 볼 수 있다.[1] 민주정과 침략적 전쟁이 비극에 대한 연구의 맥락을 짚어준다면 문헌중심의 텍스트연구는 비극의 핵심적 내용이 성-정치학sex-politics에 있음을 보여준다. 대(도시) 디오니시아the Great or City Dionysus에서 공연된 비극에서 "대부분의 갈등은 개인과 사회나 인간과 신들 간에 일어난 것이라기보다 성적 관계와 가족관계 내에서" 일어난다(Keuls 330).

고대 아테네가 대외적으로 침략적 제국주의이지만 대내적으로 민주적이라는 모순된 성격을 어떻게 평가할까? 아테네의 민주정은 인류가 도달할 수 있는 최대의 정치체에 도달했다고 평가되지만 누구나 알다시피 현대정치사의 맥락에서 보면 인구의 90% 이상을 차지하는 여자와 노예, 거류 외국인을 배제하였다. 정치적 자유와 평등을 누리는 극소수의 시민이 대다수의 비시민들과 한 공간에 공존한다면 이 시대의 사회문화적 삶은 어떠했을까? 극소수의 남자시민들은 용감한 전사, 즉 전쟁기계들이다. 이들 남자시민들의 "남성클럽"으로서의 민주주의가 대외적으로 전쟁이라는 폭력적 에너지를 뿜아내고 대내적으로 여성과 노예를 포함한 비시민자들에게 폭력적 환경을 조성하지 않았을까(Vidal-Naquet 208)? 비극이 대부분 "격렬한 갈등에서 나오는 광기, 재앙, 극악한 범죄의 이야기"이고 일 수밖에 없는 것은 바로 이러한 맥락이다(Keuls 330).

현대의 비평가들은 연극 속에 선전이나 교훈을 담는 것에 대한 반감으로 그리스 비극에 담겨진 당시의 시사적인 문제에 대한 시인의 비판이나 선동적 역할을 묵살하거나 극소화하려는 경향이 있다. 비극에 관한 대부분의 국내 논문들이나 저술은 텍스트비평에 그치거나 민주정에 대한 예찬이 중심이고 침략전쟁은 약한 배경으로만 깐다.[2] 최근 전쟁과 민주정과의 관계에서 비극을 연구한 것은 임철규와 최혜영의 글들이다. 필생의 업으로 비극을 연구한 결과가 집대성된 임철규의 『그리스 비

1) 아테네 민주정을 전쟁과의 관계에서 크게 시대를 구분하여 보면 페르시아로부터 '자유와 해방을 위한 전쟁의 민주정'과 제국으로서 인근 그리스의 도시국가와 지중해연안의 다른 지역을 공격, 정복하는 '침략적 민주정', 그리고 펠로폰네소스 전쟁 패배 이후 상업과 무역에 집중하고 복지국가의 방향성을 가지던 4세기의 '방어적 전쟁의 민주정'으로 나눌 수 있다. 이 가운데 비극의 전성시대는 침략적 민주정의 시기와 완전히 일치한다.

2) 김상봉의 『그리스 비극에 대한 편지』 역시 민주정의 가치만 살피고 아테네가 침략적 전쟁의 주체로서 행한 적극적 살육과 학살을 배제한다.

극』은 전쟁과 억압, 폭력에서 죽은 자를 애도한다는 의미에서 치유나 위안의 효과로서 비극을 설정하여 전쟁과 폭력의 사후결과에 대한 수동적 위로의 예술적 기능에 초점을 맞추고 있다. 「대 디오니시아에서 비극이 상연된 배경과 의미 – 새로운 접근」을 비롯한 최혜영의 논문들[3]은 비극에서 테베나 코린토스 들 아테네의 경쟁국들의 치정에 얽힌 살인사건의 주인공으로 여성을 다루면서 아테네는 그와는 다른 안전지대로 설정하여 애국심 고취를 위해 비극의 주제가 선정되었다고 본다.

이 글은 비극이 비록 신화라는 과거를 배경으로 하였으되 시민적 관점에서 고려된 현재를 그리고 있다는 점에서 비극은 민주정과 전쟁에 몰입해야하는 시민들의 의식구조를 형성하는 대중교육의 매체라 본다. 아테네는 스파르타나 페르시아에 비해 군사교육이나 집체교육이 상대적으로 적을 뿐만 아니라 시민 개개인의 교육을 국가가 담당하지 않는다. 셈본이나 그리스어 들 기초교육은 가정교사인 노예를 통해서 습득하지만 국가적 가치는 축제를 통해서 전파된다. 거기서 가장 큰 역할을 하는 축제가 대(도시)디오니시아이고 대(도시)디오니시아의 핵심은 비극공연이다. 이 비극공연을 통해서 남자어른 시민들은 아직 어른이 되지 못한 예비시민인 청년인 에페베스the ephebes를 교육시키고 이들을 폴리스의 구성원으로 편입시킨다. 존 J. 윈클러John J. Winkler는 도시 디오니시아가 그들 젊은 전사들에 초점을 맞춘 사회적 행사라는 데는 사실상 수많은 증거가 있다고 보고(36) 비극은 "정치적인 핵심 위에 깊숙이 구축된 것이며 아테네의 가장 젊은 시민전사들이 자기재현이라는 이 축제에서 중심적인 역할을 했다는 것을 보여준다"고 한다(62). 이런 점에서 비극공연의 핵심기능은 사춘기를 갓 벗어난 어린 청년이 성인시민으로 입문하는 입문식the initiation ritual 혹은 통과의례rites of passage에 있다[4]고 할 수 있다.

그런데 아테네 시민들의 정치적 교육의 장이자 이들 청년들의 성인 입문식으로

---

3) 「아테네 비극의 정치적 함의와 페르시아 전쟁」, 「안티고네 담론」, 「그리스 비극에 나타난 젠더와 아테네 제국주의」, 「에우리피데스의 '메데이아'와 펠로폰네소스 전쟁」 들이 있다.
4) 입문식으로 보는 견해는 Paul Cartledge 20; Thucydides 2.40.1; Winkler 1990; Tragedy and Ephebes: Vernant and Vidal-Naquet(1988)를 참조할 것.

서의 비극의 기본적 가치는 아테네의 위대함, 아테네 민주정의 위대함을 가르쳐 아테네 시민의식을 고취시키는데 있는데 왜 광기와 범죄의 성-정치학이 필요로 한가? 조지 톰슨George Tomson이 일찍이 아이스퀼로스Aeschylos에게 "여성의 종속이 민주제의 필수조건"이었다고 지적하였던 것처럼 비극에서 아테네 민주정과 성-정치학은 국가직 이데올로기의 한 짝이었다(269). 이 글에서는 아테네가 민주정을 유지하기 위해 성-정치학이 왜 필요한지 그 메카니즘을 밝히기 위해 빌헬름 라이히Wilhelm Reich의 『파시즘의 심리구조』*The Mass Psychology of Fascism*에 나타난 이론을 원용하고자 한다. 그것은 비극에 드러난 민주정과 전쟁, 그리고 성-정치학의 관계를 밝히는 작업이 될 것이다.

2. 유사 파시즘과 아테네 민주정의 성-정치학

기원전 5세기 아테네, 특히 페리클레스 시대를 '위대한 민주주의의 시대' 라고 말하는 것은 급진민주정이 약속할 수 있는 한도를 가장 잘 성취했기 때문이다. 20세기의 대부분의 민주주의 국가들도 몇몇 국가들을 제외하고는 그보다 더 많이 성취하지는 못했다. 고대 그리스사회에서 스파르타나 다른 사회와 달리 아테네가 민주사회로 나아간 데는 "독특한 정신성"이 존재했기 때문이고 이 정신성은 "무력한 자에 대한 공감의 정신", "강하고 힘센 자에 대해 겁먹기를 거부하는 것"이었다고 엘리 세이건Eli Sagon은 말한다(61). 하층계급은 시민적 폭력을 통하여 상층계급의 희생자로 남길 거부했으며 지배엘리트들의 단순한 통치대상이길 거부하였다. 솔론의 개혁을 비롯하여 계속 이루어진 민주적 개혁은 상층이 폭력적 지배를 철회하고 하층이 시민적 폭력의 행사를 자제한 타협의 산물이었다.[5)]

5) 이런 타협의 배경에 무엇보다 중요한 것은 어느 특정 계급만을 편드는 상비군, 즉 국가의 폭력이 부재했기 때문으로 볼 수 있다 이런 유동적이고 아나키적인 민주사회의 동력은

하층계급을 비롯한 민중의 이러한 투쟁력은 페르시아와의 전쟁에서 결정적 공헌을 했다. 마라톤 전투에서는 호플리테스hoplites 중갑병이 귀족들의 기마병을 능가했고 살라미스Salamis 전투에서는 해군에 의존했기 때문에 일반 민중들이 귀족들이나 부자들만 준비할 수 있는 값비싼 전차나 갑옷이 없이도 전쟁에 나가 공을 세울 수 있었다. 아테네가 제해권을 통해 에게 해를 장악하여 델로스 동맹의 맹주가 된 것도 이 해군력이었다. 이리하여 아테네의 민중들은 자신들의 가치를 확신하게 되었고 이것이 462년 급진민주정의 개혁을 통해 고대 역사에서 민주주의를 가장 꽃피우게 된다. 이처럼 아테네 민주정과 전쟁은 불가분의 관계에 있다.

전쟁과 팽창에의 욕구가 직접 민중에게서 나온다고 해서 반드시 민주적인 의미에서 그러는 것이 아니라고 하면서 요셉 슘페터Joseph A. Schumpeter는 민중적 제국주의people's imperialism라는 용어를 사용한다(25). 급진 민주정으로 추첨제와 윤번제로 인민의 전간부화가 실현되었고 피선거권에서 재산제한제도 없어졌지만 아테네가 바로 토지의 분배와 부채탕감을 이루어 경제적 민주주의가 실현된 것은 아니었다. 라이히는 하층계급들이 민주적 요구 이전에 제국주의 이데올로기에 훨씬 더 포섭되기 쉽다고 말한다. 하층중산계급의 가족은 식량과 다른 물질적 걱정거리 때문에 지속적으로 괴로워하고 있기 때문에 "'국가는 공간과 식량을 필요로 한다' 는 제국주의적 이데올로기를 재생산한다"는 것이다(『파시즘』 90).

아테네의 급진적 민주화는 그 시대에 절정에 이르렀으나 정치에 있어서 주도권은 여전히 귀족이 차지하고 있었다. 세이건은 "귀족사회에서 민주적 통치로 전환을 겪는 사회는 군사적인 문제들은 귀족의 구성원들에게 위탁하는 경향"이라고 말한다(103). 그에 의하면, 이들 귀족들은 전통적으로 사냥, 승마 그리고 전투와 관련이 있다. 귀족적 카리스마는 전시에 지배적이다. 하층계급의 민중이 전쟁 동원의 동력이지만 아이러니하게도 "끊임없는 전쟁은 귀족들이 정치생활에서 지속적인 장악을

라우레이온 은광수입을 공유화하여 삼단노선을 대대적으로 건조하고 해군력을 막강하게 증강시키고 상비군체제로 만든 데미스토클레스의 개혁으로 그 방향을 외부로 돌렸다.

가능"하게 한다(『파시즘』 103). 민중이 귀족을 지도자로 삼는 한 공동체 국가로서의 폴리스를 근본적으로 파괴하는 사상과 행동을 취할 만큼 귀족이 민주주의 체제에 대하여 반발할 까닭이 없다. 오히려 급진민주정의 개혁으로 귀족을 시민으로 만들었던 개혁의 핵심적 내용인 평등의 구호는 후퇴하고 정치가의 목표는 오직 민중의 지도자가 되는 것Demos kratei이었다(양병우 103). 지도적 정치가는 여전히 주로 상류 귀족층에서 나왔기 때문에 설득 내지 회유가 중요한 정치적 수단으로 등장하게 마련이었다. 이런 맥락에서 민회의 연설만으로는 부족했고 비극은 민중을 설득하고 회유하는 가장 중요한 정치적 문화적 수단이 되었다.

여기서 페리클레스 시대 아테네 민주정을 파시즘적 체제로 볼 수 있는가는 많은 논란의 여지가 있다. 페리클레스 시대가 팽창적 애국주의와 제국주의 시대라는 데 많은 논자들이 동의를 하지만 아테네 민주정이 지배하는 아테네 내부는 자유와 평등의 민주주의가 최고로 실현되었다고 생각한다. 심지어 아테네 민주정이 무시로 다른 나라를 침략하여 성인 남자를 다 죽이고 여자는 강간하고 여자와 아이는 노예로 파는 제노사이드(대량학살)를 한 체제였다(235)고 고발한 세이건 조차 페리클레스의 열정적인 관심사는 "국내엔 자유, 해외엔 지배""에 있었다고 한다[6](9).

하지만 파시즘을 20세기에 대두한 독일이나 이탈리아에만 한정하지 않고 파시즘적 특징에 따라 규정한다면 2,500여 년 전 페리클레스의 아테네 민주정 역시 파시즘체제와 그리 다르지 않다. 위에서 기술하였다시피 아테네의 정치는 귀족출신의 엘리트에 의해 주도되었으며 하층계급은 제국주의 이데올로기에 포섭되어 침략적 전쟁에 동원되고 그 전쟁의 산물인 동맹국의 공물로 자신의 정치적 군사적 일당을 받는다. 마크 네오클레우스Mark Neocleous의 파시즘에 대한 정의는 페리클레스 시대 아테네 민주정의 성격을 규정지어준다. 한마디로 파시즘은 "민족주의적 반혁명적 목적을 위한 대중동원의 군사적 행동주의와 엘리트주의적이고 권위주의적인 억압

6) 필자의 견해와 달리 세이건은 크리티아스를 최초의 파시스트 정신성을 가진 지도자라고 한다(10). 세이건은 아테네 사회를 매우 역설적인 사회로 보는데 세이건 역시 '제노사이드적인 현실과 페리클레스의 이상'이라는 역설 속에 갇혀있다.

적 국가장치의 운동을 수반"하는 체제라는 것이다(20).

네오클레우스는 이런 파시즘 체제는 "부정적 잠재력-인간파괴의 잠재력-으로 인간해방의 긍정적인 잠재력과 정면으로 충돌"한다고 본다(20). 그는 파시즘 체제를 근대산업주의가 만들어낸 이데올로기로 단서조항을 달고 모더니티와 자본주의 본질에 내재하는 것으로 보긴 하지만 긍정적 잠재력인 민주적인 것과 부정적인 잠재력인 반민주적인 것이 극단적으로 공존하는 역설적인 사회로 보고 있다. 또한 이 "상반된 잠재성들이 실현되기 위해 이전투구를 벌이게 되는데 지렛대 구실을 하는 것이 바로 대중사회의 정치학"이라는 것이다(20).

네오클레우스가 파시즘체제를 인간파괴의 잠재력으로 보는 것은 빌헬름 라이히가 『파시즘의 대중심리』에서 주장하는 바와 일치한다. 라이히는 왜곡된 민주주의인 파시즘과 성-경제학의 관계를 논하고 있다. 라이히의 성-경제학sex-economics은 생물학적 에너지의 규제방식으로 개인의 성적 에너지의 규제를 지칭한다. 성-경제는 한 개인이 자신의 생물학적 에너지를 다루는 방식, 즉 얼마나 많은 에너지를 가두고 있는가 그리고 얼마나 많은 에너지를 오르가즘적으로 방출하는가를 의미한다. 특히 성적 억압에 의한 '오르가즘 불능'은 유기체 속의 생물학적 에너지를 막음으로써 모든 종류의 생물 병리적 증후와 사회적 비합리주의에게 에너지를 제공한다는 것이다(『파시즘』 35). 라이히는 생물 병리적 증후와 사회적 비합리주의의 가장 극단을 전쟁으로 보고 있다.

그에 따르면, 경제적 불평등과 착취는 대중들의 평등한 욕구를 자극시켜 민주주의를 재촉하지만 성적 욕구에 대한 억압과 가부장제는 인간의 성격구조를 권위주의에 순종하는 것으로 만들어 오히려 사회경제적 억압에 대해 저항하는 것을 막는 반민주적인 행동을 하게 한다는 것이다(『파시즘』 63). 라이히는 인간의 심리구조를 만드는 것은 '존재가 의식을 규정한다'는 마르크스의 명제가 아니라 지배계급의 지배이념인 이데올로기라고 본다. 이데올로기는 저항적 민주주의의 동력을 저지시키는 기제라는 것이다. 마르크스는 경제적 존재와 사회적 존재를 엄격히 분리하여 경제적 발전이 사회적 이데올로기의 발전에 의존하고 있음을 보지 못했고 이데올로기를 역사적 힘으로 이해하지 못했다고 라이히는 비판한다(『파시즘』 48).

역사상 부권제의 성립과 발전 이래로 경제적 불평등만큼이나 성적 억압과 가부장제 이데올로기가 편재한 것은 사실이다. 하지만 고대 아테네에서는 저항적 민주주의의 동력이 강한 만큼 시민대중의 힘과 공격성의 방향을 바꾸려는 이데올로기적 작업이 강했다고 볼 수 있다. 파시즘체제든 '일하는 자의 민주주의'[7] 체제이든 대중사회의 정치학이 작동하는 지점에서는 이데올로기 작업은 문화적인 선전선동의 형태를 띤다. 이 가운데서도 가장 중요한 것이 성-정치학적 작업이다. 빌헬름 라이히는 "실천정치의 핵심을 이루는 심리학 분야의 핵심은 성문제를 다루는 정치학이다. 왜냐하면 인간의 영혼의 기능은 바로 성의 기능과 연관되어 있기 때문"이다. 현대의 문학작품과 영화에서 증명하고 있듯이 소설이나 시, 노래나 모든 영화나 연극작품의 90% 이상이 성적 욕구의 산물이나 다름없다.

이런 맥락에서 그리스의 비극이 남녀관계나 가족관계에 몰두하는 것은 결코 이상한 것이 아니다. 하지만 공식적인 국가의 공휴일로 지정된 3일 동안 국가가 관람료까지 지불하면서 "살인과 광기, 근친상간"(Bennet Simon 90)의 막장 드라마를 전 도시민 앞에서 공연한다는 것은 '빵과 서커스'의 서커스를 넘어서는 문제다. 이것은, 빌헬름 라이히에 따르면, 성 에너지의 억압을 사회적으로 표현하는 방식으로, "비합리적인 행동, 광기, 신비주의 그리고 전쟁에의 자발적인 참여"(『문화적』 103)로 나타난다.

성 에너지의 억압을 본질적으로 제도화한 것은 강요된 일부일처제와 권위주의적 가부장제적 가정이다. 일부일처제는 기본적으로 여성과 청년(어린이포함)의 성 에너지 억압 위에 그 토대를 구축하고 있다. 일부일처제는 남성인 1인의 가부장에게는 일부다처제이다. 여성이 결혼 전에 순결을 잃었을 경우에 엄격한 처벌이 따랐다. 아테네의 건국자로 칭송받는 솔론의 개혁은 이 글의 주제와 잘 맞아떨어진다. 6세기 초에 그는 신분에 따른 특권을 없애므로써 민주주의의 토대를 쌓았지만 성

7) 라이히가 파시즘체제에 대한 긍정적인 대안으로 내놓은 사회.

그림 1.
한 남성이 창녀에게 와서 돈을 주며 관계를 요구하는 도자기 그림. 매춘과 관계되는 도자기그림 역시 매우 많은데 이 그림에서 보듯이 돈주머니가 걸려있거나 쥐어주는 모습으로 매춘 여부를 확인할 수 있다. 속이 깊은 포도주 잔. 독일 린데나우 박물관.

그림 2.
사티로스 복장을 한 남자가 창녀와 액수를 흥정하는 모습. 포도주 항아리. 런던 박물관

그림 3.
수염이 달린 남자어른과 소년과의 사랑을 암시하는 포도주 술잔. 보스톤 파인아츠 박물관

적 가족적 삶에 많은 제약을 제도화했다. 그는 국가가 설치하여 가격을 통제하는 매음굴의 원리를 만들어냈으며 시민여성의 순결을 보호하기 위한 '드라콘' 법을 통과시키거나 영속화시키기 위해 추렸다. 이 법에는 아버지가 결혼 전에 순결잃은 딸을 노예로 팔 수 있다는 악명 높은 조항이 포함되어 있다. 그리스에서 여성의 평균 결혼연령은 15세이지만 남성의 평균연령은 30세이다. 결혼연령의 이러한 엄청난 틈은 많은 것을 말해준다. 15세의 여성은 성적으로는 성숙된 가임연령이라는 것을 제외하고는 모든 점에서 어린아이이다.[8] 아직 가족의 보살핌을 받아야 할 나이이지만 낯선 신랑의 가족 틈에서 보호받지 못하고 살아야 한다(Simon 246). 이런 연령의 차이와 여성에 대한 성적 억압은 남녀관계에서 자연 억압적이며 권위주의적인 가부장제를 제도화시킨다.

여성은 결혼 전에 순결을 잃어서는 안 되므로 청년은 자기계급내의 여성과는 사랑을 할 수 없다. 사춘기 이후 결혼 전까지 거의 15년에 이르는 기간 동안 남자들은 결혼 전까지 금욕하거나 노예 및 하층계급의 여성에게서 성욕을 만족시켜야 한다. 정서적으로는 자신의 계급의 여성에게 사랑을 느끼고 욕망은 노예나 하층계급에게서 풀 수밖에 없는 성적 방황과 분열, 신경증이 시작된다. 시몬은 이런 상황을 합법적 아내로서의 여성과 성적 대상으로서의 여성을 구별하는 "문화적 분열의 내면화"(250)로 보고 있다(그림 1, 2) 이것을 보완하는 제도가 동성애와 축제, 전쟁이다. 라이히 역시 "축첩제도는 남성의 동성애에 의해 보완된다"(『파시즘』 123)고 한다. 그는 플라톤 시대의 성적 생활을 파시스트적 성적 구조로 본다. 이 성적 구조의 특징은 "이데올로기에 있어서는 순수성이, 실제 실천에 있어는 붕괴와 병리가 존재"한다는 것이다(『파시즘』 123).

그리스 동성애는 "남성의 아레테가 그의 정액 속에 있다"(Simon 250)고 보고 남자어른 시민의 미덕과 강함이 자신의 정액을 어린 소년의 항문에 넣음으로써 전달된다는 믿음과 환상에 근거하고 있다. 어른 남성의 정액받이로 쓰는 소년의 나이는

8) 남자는 18세에 정식 성인으로 인정받는다.

어른이 되기 전인 14-17세로 한정되는데 이들 소년은 아직 완전한 남성이 되지 않은 여성 같은 존재이므로 성적 상황에서 수동성을 띤다. 이들 소년들은 자기 또래의 여성들에게서 정서적, 성적 욕망을 자연스럽게 분출하지 못하고 아버지뻘의 남자어른에게 성적으로나 정서적으로 뒤틀린 방식으로 종속된다[9](그림 3).

이 소년들이 18세가 되어 정식으로 시민전사로서 인정을 받게 되면 전쟁의 주역으로 된다. 억압된 청년의 성 에너지가 전쟁에 자발적으로 참여하도록 한다는 것은 라이히가 항상 강조하는 것이다. 라이히는 "대중심리학의 관점에서 보면 군국주의의 효과는 근본적으로 리비도적인 메카니즘에 의존한다"고 본다(『파시즘』 65). 그리스의 전쟁은 기원전 6세기 초까지만 하더라도 명예를 중시하고 해가 지면 싸우지 않고 어느 정도 승부가 나면 물러섰으나 아테네가 에게 해상동맹의 맹주로 되고 제국화되면서 전쟁은 전면전 양상과 제노사이드적인 성격을 띠었다. 남자는 죽이고 여자는 강간하는 이런 살육과 강간의 파노라마는 억압된 성욕의 분출이라는 점에서 카타르시스적인 성격까지 띠게 된다. 마이클 네이글러Michael N. Nagler는 호메로스가 『일리어드』에서 트로이 전쟁을 여성의 베일을 찢는 것으로 비유한 것에 대해 이것을 강간으로 연결시킨다(45-54). 비극에서 강간당한 여자를 주인공으로 등장시키지는 않지만[10] 카산드라를 비롯하여 수많은 여성들이 강간당하고 전리품이 되어 첩으로, 노예로 팔려간다.

폴 카트리지Paul Cartledge에 따르면, 고대 그리스인들은 기원전 5-4세기에 대개 스스로 선택해서 전쟁을 했는데 해상전투와 육상전투를 포함해서 4년에 3년씩은 전

9) 물론 남성의 동성애는 부자관계에서 결여된 남성적 친밀감이나 억압적인 아버지로부터의 공격성을 비껴가는, 그 시대적 모순을 완화시키는 순기능을 하기도 한다(Simon 249).

10) 에바 케울스Eva Keuls는 강간당한 여자들이 비극에서 주인공으로 등장했을 충분한 개연성은 있다고 보지만 기독교의 영향으로 삭제되거나 완화되어 현존하는 작품은 그 흔적만 간직하고 있다고 본다. 비극과 달리 그리스 신화는 제우스의 여성편력기에 해당하는데 헤시오도스의 『신통기』 초입부에 여러 여신들과 결혼하는 풍경을 제외하고는 제우스가 여신이나 여자들과 벌이는 사랑은 대부분 강간을 통해 이루어진다. 전설수준의 야사가 아니라 공인된 신화가 강간의 모티프를 전면에 깔고 있다는 것은 그리스문화의 왜곡된 성-정치학을 보여준다.

그림 4.
작은 방패를 지닌 호플리테스.

그림 5.
큰 방패를 지닌 호플리테스.

그림 6.
밀집대형을 재구성한 모습.
http://www.ancientgreekbattles.net/Pages/90087_PhalanxHistory.htm.

쟁을 했고 자신들의 남성성을 시험할 충분한 기회를 가졌다. 아테네 열 부족들 가운데 하나가 약 460년경에 작성한 공식적인 사상자 명단은 그들의 가차없는 용맹성에 대한 증명인데 그리스 본토에서 사이프러스에 이르기까지 한 해에 두 명의 장군을 포함하여 177명의 전사자가 났다. 그 숫자를 열 부족으로 확대해서 통계를 내본다면 전체 시민의 약 3%에 육박하는 숫자가 한 해에 전장에서 죽었다고 할 수 있다(13).[11]

박홍규는 아테네인들은 동물로 치자면 육식동물로 그리스인들의 전투적 속성을 드러내고자 했다. 투구와 갑옷을 입은 자는 호플리테스 층이고(그림 4, 5) 대부분

11) 전사자의 통계는 아테네 시민인 경우에만 한한다. 전쟁에 참여한 노예나 동맹국의 시민들은 제외된다.

은 경무장 보병이다. 박홍규는 그리스인들의 팔랑크스 전술Phalanx Formation[12]에 대해서 자세히 묘사한다[13](그림 6). 창과 활로 싸움을 시작하나 결국은 30cm 단도로 육박전으로 끝내야 된다. 한번 찔러 죽지 않으니 계속 찌르고 죽이다보면 그건 살육이다. 박홍규는 그리스인들이 전장에서 그렇게 죽이고 난 뒤에 그 사람들의 정신상태가 어떻게 되겠는지를 한번 생각을 해보라고 한다. 아테네인들은 일찍 문자를 상용화하였고 문화예술에서도 일찍 개화한 문명인으로 야만인이 아니었다.

이런 개화된 인간이 어찌 미치지 않고 살 수 있겠는가? 일상적으로 전쟁을 하면서도 미치지 않고 그러면서도 계속적으로 전쟁을 독려하려면 고도의 작업이 필요하다. 박홍규는 "전쟁에서 나오는 역기능을 해소해야만 살 수 있는 역사이기 때문에 그것의 역기능을 해소하는 데로 문화가 간다"[14](206)고 하여 그리스철학의 발생, 즉 플라톤의 초월적 이데아론과 국가론을 예로 들고 있지만, 페리클레스 시대인 비극의 시대는 아직 전쟁의 역기능보다 아테네인들에게는 순기능이 우세했던 것처럼 보이던 시기였다. 페르시아로부터의 자유와 해방의 기억이 생생하고 참주로부터 민주정을 수립해 가는 투쟁의 과정이 생생한 가운데, 에게 해의 강자로 군

12) 밀집 장창보병대密集 長槍步兵隊라 할 수 있는 이 전술은 고대 그리스 시민군의 전형적인 부대형태 및 그 부대를 운용하는 전술을 말한다. 그리스식 투구, 흉갑, 정강이받이를 장비하고 왼팔에 묶은 대형의 원형 방패로 내 몸 일부와 왼쪽 병사의 몸 일부를 가려주는 형태로 바짝 다가서 붙은 밀집진을 형성하며 드러난 양쪽 날개부분은 소수의 귀족 기병들이 보호해준다. 진과 진이 서로 부딪혀서 대열이 깨지는 쪽이 전쟁에서 패배하게 된다. 이 밀집진의 위력은 비슷한 훈련도를 가지지 못하고 제대로 된 대열을 갖추지 못한 보병대와 싸울 때 발휘되었다(위키백과 참조).

13) "그리스 사람들이 페르시아 사람들하고 도대체 어떻게 싸웠나? 그들은 말 타고 활 들고 갑옷을 입고 말 앞에도 갑옷 같은 것을 입혔는데… 그리스 사람들은 투구 쓰고 창 들고 방패 들고 에워싸서 육박전으로 싸운다. … 그리스 사람들이 어떻게 죽였나 하면 육박전에서 상대방을 창으로 찌르고 상대방은 안 죽으려고 활로 쏘고 칼로 치고 그러거든. 그것이 한 번에 되냐 말이야. 갑옷도 입고 있는데 어디 목을 찌르거나 정강이를 찌르거나 몇 번 찔러도 잘 안돼. 그러니까 그건 그냥 죽이는 것이 아니라 살육이야. 그런 식으로 사람을 죽이는 거야"(184).

14) 박홍규는 플라톤의 이데아론은 죽음을, 즉 존재를 넘어설 수 있는 초월적인 것에 대한 요구에서 출발했다면 플라톤의 국가론은 아테네가 민주적 사회로 전쟁의 충격을 개인 각자가 해소하기를 요구하는 사회인데 전쟁은 집단이 하는 것으로 개인의 책임이 아니므로 인을 보호해주는 보호막이 있어야 된다고 보는데서 발생했다고 본다(201).

림하면서 각국으로부터 공납금을 받고 정복전쟁을 통하여 얻게 되는 수많은 노예와 전리품, 그리고 산업과 무역의 발달로 아테네는 세계화의 중심이고 풍요가 넘쳐나고 있었다. 제국의 하강기에 그것을 위무하고 반성하는 종교와 철학이 더 많이 필요하다면 제국의 상승기에는 자국을 찬미하여 애국심을 고취시키고 다시 전투로 돌아갈 수 있도록 전쟁독려의 이데올로기적 문화선전 작업이 요구된다. 전쟁의 역기능을 줄이기 위해 전투에 지친 자들에게 오락과 기분전환이 필요하다. 축제의 정치성과 거기서 공연된 비극의 성-정치학은 아테네 제국의 상승기에 가장 중요한 기제였다.

3. 축제의 정치성과 청년전사의 입문식

1) 대(도시)디오니시아 축제의 정치적 군사적 성격

비극은 대(도시)디오니시아 축제에서 공연되었다. 이 축제는 2월말, 3월 초에 4일간 매일 동틀 녘에 시작하였다. 겨울폭풍이 그치고 여행을 시작할 만한 철에 개최되었기 때문에 축제의 화려함은 관광객, 손님들 그리고 다른 비시민들을 끌어들였다. 많은 나라에서 많은 사람들이 초대를 받건 받지 않건 이 축제에 참여하기 위해 몰려왔다. 아테네는 제국의 맹주로서 군사적, 정치적으로 뿐만 아니라 사회문화적으로 선진적 역할을 수행하였다.

아테네에서 민주정과 전쟁이 분리될 수 없었던 것처럼 극장과 전쟁의 연관성은 훨씬 더 구체적이다.[15] 대(도시)디오니시아에서 축제를 조직하는 것은 "국가의 전쟁

---

15) 카트리지는 극장과 전쟁의 밀접한 관계에 대한 구체적인 예로써, 403년에 친스파르트타인 과두파들과 트라시불루스Thrasybulus가 조직한 과두파 혁명이 일어났던 유혈의 내전사태에서 민주파들이 피레우스 항구지역의 극장에 병사를 소집했던 것을 들고 있고, 나중에 똑같은 해에 민주정의 복원을 축하하며 축하의식이 열린 것도 정치적 위기로 의식적

기획을 조직하는 것과 같았다"(Carteledge 18)고 할 수 있다. 전체적으로 대(도시)디오니시아를 지배했던 것은 "시민-군사적 아우라"(Winkler 23)였다. 이것은 현대의 많은 평자들이 공적인 것과 사적인 것이 분리되지 않은 총체성의 이상적 실현으로 보기도 하지만 그 이면은 군사적 전체주의적 속성 또한 강하게 내포하고 있는 것이다. 따라서 비극을 아테네의 민주정과 함께 전쟁과의 관련성 속에서 고찰하기 위해서는 비극이 공연된 대(도시)디오니시아가 지닌 정치적 군사적 성격에 대해 고찰해야 한다.

대(도시)디오니시아는 정치적 행사였다. 축제에 모인 관중들은 지금의 영화관에 가는 것처럼 각자의 취향대로 영화를 골라보거나 보기 싫으면 보지 않거나 중간에 나와 버리는 그런 관객이 아니라 "준 공무수준의 시민모임으로 민회로써의 청중의 성격"(Winkler 25)을 지닌다. 관중들은 압도적으로 많은 남자시민으로 구성되며 민회와 법정의 확대판이다. 민회에 모이는 최대의 숫자는 6천명 정도이지만 극장에는 1만 4천명에서 1만 6천명 모인다(그림 7). 관중석의 자리배치는 디오니소스 축제가 민주정과 얼마나 관련이 깊은지를 보여준다. 도시 디오니시아는 "민주적 아테네의 위대함 뿐만 아니라 그 구조를 뚜렷이 부각시키는 행사"(Winkler 38)였다. 말하자만 클레이스테네스의 정치체 개혁(509/8)으로 이루어진 민주정이 지닌 권력구조를 그대로 재현했다. 클레이스테네스 개혁의 탁월한 요소는 10개의 부족으로 나누고 각 부족에서 50명씩을 뽑아 통치협의체인 500명의 불레boule를 만든 것이다. 10개의 부족은 내적으로 경쟁관계이고 불레는 대외적으로 아테네 폴리스를 전체로서 이끌고 가야한다.

이 틀에 따라 입장권은 지역의 불레에서 분배하고 10개의 부족별로 지정된 쐐기모양의 지정석에 앉아야한다.[16] 분리된 부족의 자리 배치는 부족 간의 경쟁을 부추

인ritual 비극을 만들어내는 고전적 사례로 제시하고 있다(14).

16) 4세기에 the Great Panathenaia 축제에 참여하라고 시민들에게 지불한 돈은 데모스에 의해 나누어지며 데모스 인구명부에 등록된 자들과 연계되어 있다(데모스테네스 44. 37). 아마 디오니시아 축제에도 해당될 거다.

그림 7.
관중으로 가득찬 디오니시아 극장.

기고 디튀람보스 경연 때 응원하는 분위기를 만들어내었을 것이다. 그리고 10부족에 덧붙여 3개의 좌석줄이 더해지는데 가운데 중심부는 불레의 위원들과 에페베스의 자리이다.[17] 이들 젊은이들은 문자 그대로 청춘의 전성기hebe에 있는 사람들ep', 즉 어른의 문턱에 있는 생명의 절정기에 있는 젊은 청년인 "ephebes"이다. 턱수염이 있는 남자어른시민에 비해 이들은 아직 턱수염이 나지 않고 뺨 아래로 흘러내리는 굽슬거리는 귀밑털을 가진 청년들이다. 윈클러에 따르면, 어른의 활기가 최초로 꽃피는 시절의 이상적인 청춘을 나타내는 것에 덧붙여 에페베스 역시 4세기에 중무장한 전사(호플리테스)가 되기 위한 팔랑크스 훈련에 참가한 18-20세의 시민들을 구체적으로 지칭하게 되었다고 한다(24 참조). 불레의 위원들은 도시의 통치자들이고 에페베스는 가장 용감한 전사들이 되어 수호자집단을 형성할 새로운 세대의 시민이다. 통치자들과 수호자집단은 개별 부족의 경쟁에 얽매이지 않고 전체로서 도시의 권위와 수호를 책임져야하므로 부족별 좌석 배치에서 분리된 것이다. 이 좌석 배치에서 볼 수 있듯이 에페베스 집단은 대(도시)디오니시아에서 매우 중요한

17) 다른 두 개의 좌석구간은 비시민, 아마도 시민의 아내에게 할당되었을 것이라고 윈클러는 추측한다(38).

집단이며 중심점임을 알 수 있다.

이 축제는 크게 3부분으로 나뉜다. 첫 부분은 종교적인 행진의식과 희생제의, 두 번째 부분은 극이 공연되기 이전에 이루어지는 보다 좁은 의미의 정치행사, 마지막 부분은 극 공연으로서 비극, 사티로스 극, 희극으로 이루어진다. 비극, 희극, 사티로스 극 들 극공연이 이 축제에서 중심이라면 첫 번째 두 번째 의식은 일종의 개막식 행사에 해당된다. 여기서는 이 개막식 행사에서 이루어진 의식 자체에 대한 것보다 기원전 5세기 중엽이후 강화된 군국주의적 애국주의적 색채에 초점을 맞추어 고찰하기로 한다.

종교적인 행진의식과 희생제의에 이어 연극이 공연되기 전 개막식 행사에서 극장은 정치적이고 군사적인 색이 완연한 풍경으로 바뀐다. 축제의 전체적인 형식은 6세기 초에 생긴 이래 크게 변함이 없으나 적어도 기원전 5세기 중엽 시대부터 군국주의적 애국주의적 경향이 축제에 깊이 반영되었다고 골드힐은 말한다("The Audience" 56). 이러한 경향은 "민주정 국가가 온갖 극적인 방식으로 자신을 과시하기 위한 것"(Goldhill, 『러브』 257)에 있다. 우선 10명의 장군들이 의식을 거행한다. 이들은 그리스의 대부분의 축제들에서처럼 제물과 제주를 올리면서 새끼돼지를 잡아서 연극이 공연되는 곳곳에 피를 뿌린다. 골드힐은 다른 축제에서는 비정기적으로 장군들이 참여했지만 비극공연에 앞서 이루어지는 의식은 반드시 이들 선출된 장군들the strat goi이 매년 참석해서 의식을 거행했고 그것은 축제가 "도시국가의 권위 아래" 지배됨을(『러브』 257), 가장 강력한 정치군사지도자가 "전도시민 앞에서 실질적으로 축제에 관여함"을 의미했다("The Great" 101). 초기에는 노예의 해방이나 다른 도시국가에서 부여한 명예의 상 같은 것이 공표되었으나 펠로폰네소스 전쟁기에는 아테네 폴리스 자체에 공헌을 많이 한 시민들에게 명예의 관을 부여하는 걸로 한정되었다. 아마 이들은 삼단노선기금을 내는 것을 비롯하여 도시에 많은 돈을 기부했거나 아테네를 특히 이롭게 한 재외 거류인으로 아테네의 특별시민의 자격을 부여받은 자들이었다.

여기에다 "군사적 정치적 강국으로서 아테네를 찬양하는 의식"으로서 동맹국으로부터 온 공물들이 전시되었다(Goldhill, "The Audience" 56). 이 의식은 이소크라테스Isocrates의 『평화에 대하여』On the Peace(8. 82)에 자세히 기술되어 있다. 아테네는 관중석이 가득 찬 디오니소스 축제 때 동맹국들로부터 끌어모은 기금을 탈렌트로 바꾸어 무대 위로 가져오게 했다. 헬라스 세계의 많은 사람들이 지켜보는 가운데 오케스트라 석으로 수많은 탈렌트를 펼쳐놓았다.[18] 이소크라테스는 이런 공물의 전시를 펼친 조상들의 aselgeia(난폭함, 혹은 오만함)를 개탄하였다고 한다(Pearson 228). 이 공물의 전시와 동시에 도시가 부양해온 전쟁 고아들이[19] 에페베스의 자리를 얻을 나이가 되면 도시가 그들에게 지급한 호플리테스의 무장복을 입고 행진하면서 아테네를 위해 죽을 것을 맹세하게 했다. 전쟁고아들의 행진은 아테네가 과거에도 현재에도 전쟁에 전념해왔을 뿐 아니라 미래에도 전쟁에 전념할 것이라는 걸 말해준다.

그런데 비극 공연 전에 오케스트라 석에서 거행된 의식 속에 이루어진 이러한 경향보다 더 놀라운 것은 비극경연의 심판관을 추첨으로 뽑지 않고 때로는 아르콘이 즉석에서 장군들을 심판관으로 임명하였다는 것이다(Goldhill, "The Great" 100). 대개 모든 행사 때마다 열 명의 심판관으로 이루어진 패널이 각 부족으로부터 선발된 사람으로 구성되었으며 심판관들은 정실에 얽매이지 않겠다고 맹세했다. 10개의 투표에서 5개는 버리고 무작위로 5개의 투표로 결정되었다. 이것은 뇌물이나 매수를 방지하기 위한 장치로 알려져 있으나 실제로는 무단적인 결정에 의해 원칙대로 되지 않았다. 플루타르크Plutarch는 키몬전傳에서 기원전 468년에 아르콘인 압세피온Apsephion이 관중들 사이에서 경쟁열기가 뜨거운 것을 알고는 추첨에 의해 부족별로 심판관을 뽑지 않고 제주를 올린 키몬을 포함한 10명의 장군들을 비극의 심판관으로 임명하여 경연대회의 열기를 고조시켰다고 한다(*Kim.* 8.7-9).

이처럼 5세기 중엽부터 축제에 강화된 군국주의적 애국주의적 의식들은, 오돈 론

18) 이 공물 전시는 기원전 404년 펠로폰네소스 전쟁에서 아테네가 패배함으로써 중단되었다.
19) 여성에게는 친권이 주어지지 않았으므로 어머니가 있어도 아버지가 죽은 자는 고아로 간주되었다.

고Oddone Longo에 따르면, 폴리스와 그 이데올로기에 대한 찬양을 목적으로 한다. 관중은 시민공동체와 분리되지 않았고 이 의식들은 전투에서나 전사자의 추도식에서 거행된 행사와 거의 똑같았다(16). 극의 장면들도 아테네 시민들의 사회적 정체성을 유지하고 집단의 단결력을 강화하기 위해 의도적으로 조직된 의식이었다. 골드힐은 아테네는 "국가를 찬양하기 위해 국가축제를 이용했다"고 한다("The Great" 102).

2) 청년전사들의 입문식으로서의 대(도시)디오니시아

대(도시)디오니시아는 폴리스 전체의 축제로 폴리스의 전 시민들이 참여한 가운데 도시국가의 군사적 문화적 기상을 높이는 궁극적 시민교육의 목표를 가짐과 동시에 18-20세의 청년들을 시민전사로 국가에서 공식적으로 받아들이는 하나의 통과의례로 볼 수 있다. 앞서 관중석의 자리배치에서 보았듯이 에페베스의 자리는 불레의 위원들처럼 중앙에 위치하고 축제의, 극의 구심점에 놓여있다. 일종의 전야제인 프로아곤proagon에서 디오니소스 신상을 아테네로 모셔오는 예식[20]에서도 에페베스들이 중심역할을 한다. 이런 예보다 더 중요한 것은 비극의 기원으로 거론되는 코러스의 존재다.

윈클러는 축제에서 이루어지는 "재현물의 중심적인 준거점은 … 도시의 청년들이고 그들은 적어도 비극에서는 아마도 역시 희극에서도 합창대의 가수들"이었다고 한다(20-21). 이에 대한 근거로서 세 가지를 제시한다(22 참조). 첫째, 비극의 코러스 구성원들은 완전히 자란 몸을 가졌으나 턱수염이 아니라, 뺨 아래로 흘러내리는 곱슬거리는 귀밑털을 가진 청년이다. 둘째는 코러스가 추는 춤에서 뚜렷하게 보여지는 정식적인 형태는 종렬과 횡렬로 된 사각형이다. 이것은 똑같은 축제에서

20) 최혜영은 이 영접의식, 즉 에보카티오evocatio 의례를 대(도시)디오니시아의 핵심으로 본다. 에보카티오 의례는 전염병이나 흉년, 특히 전쟁 같은 국가적 위기를 당했을 때 도움을 줄 수 있는 신을 회유하는 것이다 (2010. 15-20).

추는 원형의 디튀람보스 춤과 체계적으로 대조를 이룬다. 셋째는 18세에서 20세난 남자시민들은 4세기 이후부터 알려진 제도인 the ephebate에서 군사적 시민적 훈련을 받는데 두 번째 해가 시작될 때 민회에 모인 시민들 앞에서 호플리테스 군사전략과 밀집대형의 훈련을 선보인다. 그들은 도시 바깥에 있는 훈련장에서 하지 않고 디오니소스 극장의 오케스트라에서 한다는 것이다(Aristotele 42.4).

위와 같은 윈클러의 주장은 비극이나 희극의 코러스가 단순히 댄스가수들이라는 존재를 넘어 이들의 춤이 사실상 군사훈련이었다는 것이다. 도시국가 차원에서 돈을 대고 강제적으로 이루어지는 군사훈련에 대한 확실한 증거[21]는 334/3년도에 씌어진 비문에 나타난다. 이것은 카이로네이아Khaironeia에서 아테네가 패배한 것과 관련하여 볼 때 아테네의 군사적 힘과 자신감을 보강하고자 했던 시도로서 에피크라테스Epikrates가 국가적 차원의 군사훈련을 제안하여 통과한 것일 가능성이 많다(F. W. Mitchel 참조). 기원전 335/4년 이전에는 공식적인 군사훈련이 없었다면 많은 합동훈련이 필요한 팔랑크스 밀집대형 훈련은 어떻게 이루어졌을까?

앞서 말했듯이 아테네 시민들 대다수는 기본적인 읽기, 쓰기, 셈, 음악 이상으로는 아동기에 공식적인 학교 교육을 받지 못했다. 페리클레스가 추도연설에서 아테네의 민주적 삶의 방식이 "모든 헬라인의 학교"라고 했는데 사실상 아테네인에게도 민주적 삶의 방식 자체가 시민교육이었다(Thucydides 2.41.1). 공적인 시민적 연설을 듣기 위해 참석하는 것을 포함하여 민주적 정치과정에 참여하는 것 자체가 아테네 시민들을 위한 교육으로 인식되었다(Cartledge 19). 남자아이들이 16세가 되면 자신의 씨족에서 아버지를 이을 수 있는 자로 명부에 오르고 축하된다. 이들은 자신의 아이를 낳음으로써 오이코스의 계보를 유지할 수 있는 나이로 인정된다. 반면에 18세의 어린 청년은 폐쇄적인 집단이자 폴리스 내에서 가장 최고의 집단인 남자어른 시민이 될 수 있는 자로서 폴리스에 명부가 오르고 폴리스에 의해 인정된다. 남자어른 시민들은 집단적으로 폴리스의 부를 관리하고 무력으로 영토와 가정을

21) 아리스토텔레스의 *Ath. Pol.* 42장에 에페베스의 공식적인 군사훈련에 대한 언급이 나온다.

방어하는 임무를 띤다. 이들을 폴리스 민주시민으로, 전사로 키워내는 것이 가장 중요한 교육이다.

윈클러는 다른 교육과 마찬가지로 공적 지원을 받지 못했다면 사적으로 훈련이 이루어졌을 거라고 본다. 따라서 그것은 "폴리스의 구성원이 되기 위한 보편적인 필요조건이 아니라 경제적으로 그럴 여유가 있는 가문들의 야망"이었다(32). 사실상 아테네 시민들 모두가 군사훈련이 필요한 것은 아니다. 중무장 보병인 호플리테스는 약 5천명의 시민으로 토지를 어느 정도 보유한 부유한 계층이다. 노잡이는 호플리테스 훈련이 필요하지 않다. 무장하지 않는 전사들은 가난한 자들이다(Thucydides 4.94.1; Plutarch Phokion 12.3). 호플리테스는 때때로 귀족적이고gennaioi 부유하며plousioi 훌륭한khrestoi 시민들과 실제로 동의어로 쓰였다(Winkler 32). 윈클러는 "군대조직의 계급문제는 역시 아테네 드라마의 계급구조에 관한 중요한 쟁점을 시사한다"고 본다(32). 비극이나 희극은 도시가 지원하는 공적인 축제에 부유한 개인이 사적으로 후원을 받은 공연이다. 따라서 "디오니소스 춤은 부유한 소수가 자족적인 다수에게 주는 선물, 즉 보다 고귀한 가문들(민주사회 내에서 비극의 옛 영웅들의 후손들로 추정되는)의 특권화된 지위를 표현하고 중재하는 선물로 사회적 경제적으로 조직화"된 것이다(Winkler 33).

이처럼 부유한 호플리테스 계층의 에페베스들이 자비로, 혹은 후원 하에 비극이나 희극의 코러스를 맡았다. 플라톤의 『향연』은 비극 코러스 경연대회에서 우승한 날 승리제의를 지낸 후 아가톤(173a)이 코러스의 구성원들과 자신의 집에서 벌린 잔치에 모인 사람들의 대화록이다. 3명의 비극 배우들은 수염이 있는 남자 어른이고 코러스는 수염이 없는 육체적으로 다자란 에페베스들이다. 『향연』에서와 마찬가지로 다른 기록에서도 배우의 이름은 언급되지 않는데 개인적인 이름이 거론되는 경우는 음악가와 비극시인, 그리고 9명의 코러스의 구성원들이다. 이들 이름은 모두 아테네 시민들의 것이고 그들 가운데 다수는 데이비스, J. K.J. K. Davies의 『아테네의 부유한 가문들』*Athenian Propertied Families*에 기록된 가장 부유한 가문 출신들이다. 이것으로 배우보다 부유한 가문 출신의 에페베스인 코러스가 얼마나 중요한지 알 수 있다.

현재 우리는 비극을 "tragedy"와 같은 공연으로 생각하지만 기원전 5세기에 비극에 대한 용어는 tragôidia가 아니라 tragôidoi 즉 "tragic choristers"로 문자 그대로 "billy goat singers"였다고 윈클러는 말한다(42). 윈클러에 따르면, 군사주의를 그대로 재현하는 것mimeto-militarism은 디튀람보스에 보여지지 않고 대(도시)디오니시아의 가장 오래된 요소, 즉 tragôidoi의 춤에 있다. 전야제 다음에 3-4일간 이루어지는 극 공연에서 가장 먼저 디튀람보스 합창대kyklios khoros의 공연이 시작되었다. 열 개 부족에서 50명으로 구성된 소년 합창대와 성인 합창대가 각각 있었다. 이 합창대의 춤은 원형의 춤으로 50명이 무리지어 출 때 흐트러지지는 않더라도 어느 정도 느슨함을 허용하였다. 하지만 비극 코러스 트라고이도이는 순수하게 에페베스들만으로 이루어졌고 사각형을 그리며 움직였다는 것이다. 피카드-케임브리지는 이 사각형의 춤에 대해 증거를 제시한다[22](239-54). 코러스의 구성원들은 3열 4-5종대(구성원이 12명이었다가 475년 무렵부터 15명으로 늘어남)로 춤을 추면서 3명이 나란히 오케스트라에 들어갔고 왼손 쪽 세로줄은 관객에게 가장 가깝기 때문에 가장 우수한 공연자는 가장 왼쪽 열에 배치된다. 후대에 오케스트라는 원형의 공간이었으나 비극의 코러스가 원형을 취했다는 증거는 없다.

코러스가 입장하면서 부르는 노래가 단단장격의 운율anapestic meter을 가질 때 그 의미를 실제로 생각해보지 않고서 "행진"이라는 용어를 종종 사용하지만 행진보다는 기동훈련 시범에 더 가깝다고 볼 수 있다. 따라서 무엇보다 사각형 춤은 관객이 무대에서 보는 두 개의 시선에 따라 체계가 이루어지기 때문에 정확도를 가지고 움직일 것을 요구한다. 비극 코러스의 움직임을 재구축해보면 때때로 춤꾼들이 오케스타라의 중앙을 점유하고 때때로 두 그룹으로 나뉘어지고 때때로는 배우들을 다른 때에는 청중을 마주보기도 한다고 상상할 수 있다. 그런 기동훈련의 공연에서 호플

22) H. D. F. 키토H. D. F. Kitto는 「그리스 비극과 춤」("The Dance in Greek Tragedy.")에서 사각형 편대의 춤을 무시했지만 L. B. 롤러L. B. Lawler는 『고대그리스 극장에서의 춤』*The Dance of the Ancient Greek Theatre*에서 그 존재를 인정한다.

그림 8.
비극의 코러스는 이 그림보다 좀 적은 수의 9-15명의 호플리테스들이 중무장을 하고 기동훈련하듯 춤을 추었으리라고 여겨진다.

리테스 행진에서 요구되는 것과 똑같은 정확한 기술이 행사되었을 것이다(Winkler 50 참조)(그림 8).

대(도시)디오니시아에서 에페베스들은 물리적으로나 심리적으로나 관심의 초점이었고 이들을 계급서열을 파괴하지 않으면서 미래의 시민 전사이자 지도자로 키워야 하는 것 역시 이 공적 축제가 담당했다. 숫염소들의 노래 tragôidoi와 호플리테스의 팔랑크스 밀집대형 전술이 지닌 상동관계는 에페베스를 새로운 시민전사로 키워내는 공동체의 노력을 보여줌과 동시에 이 축제가 지닌 군국주의적 성격을 뚜렷하게 보여준다 할 수 있다.

4. 에페베스와 비극의 성-정치학

최근 고고학적 발굴의 결과 많은 논자들이 극 공연의 기원을 종교적 제사의례에 기원하는 것으로 본다. 그런데 극공연의 전야제에 해당되는 디오니소스 신의 영접의례나 희생제의, 행진 들은 직접적으로 종교적 기원을 추론할 수 있지만 극 공연은 일단 종교적 의례나 신화적 과거에서 어긋나는 어느 지점에서 출발한다. 종교적 의례에서는 제사와 주술과 신의 강림이 불분명했지만 무대부분과 관중석, 그리고 배우들과 대중 사이의 구별과 분리가 일어나기 시작하는 그 지점에서 극공연의 기원을 보아야 한다. 대중은, 즉 공동체는 극을 연행하는 집단이었으나 극공연이 초기의 제한된 텍스트에서 나와 차츰 더 크고 다양화된 공동체를 포함하게 됨에 따라 그들은 더 다양화된 구조를 요구하게 되었고 집단적인 참여는 코러스의 대표단에 의해 대체되었다고 할 수 있다(Longo 16 참조). 이 지점은 장 삐에르 베르낭Jean Pierre Vernant이 그리스 비극은 "신화가 시민의 관점에서 고려되기 시작할 때 태어난다"고 한 바로 그 지점이다(37).

카트리지 역시 아테네 비극은 단지 정치적 배경, 즉 폴리스나 도시 내의 수동적인 배경만을 반영하는 것은 아니고 오히려 "아테네 시민들의 일상의 의식과 심지어 야밤의 꿈속에까지 주연의 역할을 하는 그 자체 정치적 전경foreground의 적극적인 인자이고 주요한 인자"로 본다(3). 비극에 대한 이러한 생각은 비극의 코러스를 맡은 에페베스들이 대(도시)디오니시아에서 신체적-군사훈련 시범을 보였다는 윈클러의 주장과 관련해서 대(도시)디오니시아를 이데올로기 광장으로 보게 한다.

턱수염이 없는 아직 소년기를 덜 벗어난 에페베스들이 비극에서 가장 중요한 코러스를 맡아 "집단적인 시민체의 대표단"으로 기능했다는 것은 매우 의미심장하다(Longo 17). 코러스가 시민체의 대표단 역할을 했다는 것은 거꾸로 이들 에페베스의 관점에서 시민에게 비극을 보여준다는 것만이 아니라 에페베스들이 보아야 할 것을 보여준다는 것을 의미한다. 윈클러는 축제 자체가 "적절하고 부적절한 시민적 행동을 주제로 한 정교한 상징극"으로 보는데 이때 적절한 남성시민의 근본은 "군사적인 것"이라 한다(20). 앞서 말했듯이 극공연 들 축제의 모든 재현물의 준거점은 비극과 합창대의 가수로서 에페베스와 관중석에 있는 에페베스들인데 이들은 "남성andreia의 시련에 대한 교훈paideia을 개념적으로 배우는 자들"이다(Winkler 21).

당시 아테네 남성의 가장 큰 시련은 전쟁이다. 아테네는 독특한 정신성으로 경제적 굴욕을 거부하고, 페르시아에의 예속을 거부하여 민주정이라는 찬란한 역사를 만들었으나 그 민주정은 제국화되어 전쟁의 시련 속에서 바람 잘 날 없었다. 빌헬름 라이히는 "모든 사회적 질서는 자신의 주요 목적 성취에 필요한 구조를 구성원

대중들 속에 만들어낸다는 것이 요점이다. 어떠한 전쟁도 대중들의 이와 같은 심리적 구조가 없이는 불가능하다"(1986, 57)고 본다. 인간은 자신의 존재조건에 종속되는데 직접적으로는 경제적 사회적 지위의 영향력에 의해, 간접적으로는 사회 이데올로기 구조를 통하여 종속된다. 라이히는 이때 작동하는 사회 이데올로기 구조가 성-정치학이라 본다. 성-정치학은 개인의 성적 에너지의 규제를 지칭하는 성-경제학을 대중적 규모로 사회현상에 응용하는 것을 말한다(『파시즘』 35). '성의 억제와 억압을 문화발달의 전제조건'으로 보는 프로이트와 달리 라이히에게 "성의 억제와 억압을 요구하는 것은 문화적 활동 자체가 아니라 문화적 활동의 현재형태일 뿐"으로 문제는 "이제 더 이상 문화와 연관되어 있는 것이 아니라 사회적 질서와 연관"되어 있다(『파시즘』 62). 이러한 사회적 질서는 가부장제적 결혼과 가족인데 이것은 결국 소수의 물질적 이익에 봉사한다. 가족 내에서 여성과 청소년의 성을 제한하고 억압함으로써 가부장의 물질적 이익에 봉사한다. 이렇게 하여 인간의 권위주의적 성격구조가 형성되고 "성적 충동의 살아있는 본질 속에 성의 금지와 두려움이 깊숙이 새겨짐"으로써 생산된다(『파시즘』 64).

성에 대한 금지와 두려움은 한편으로는 여성을 두려움과 공포의 대상으로 만들면서(그림 9) 다른 한편으로는 여성을 혐오하고 경멸하는 존재로 만든다. 유럽 최초의 서사라 할 그리스 신화는 제우스가 가부장인 일부일처제적 결혼과 가족의 서사이다. 유일하게 제우스는 마음에 드는 모든 여성을 회유, 유혹하거나 강간하여 성적 대상으로 삼는다. 헤라는 일부일처제의 정처正妻로서 제우스가 아니라 제우스와 사랑을 했거나 강간당하는 여성만을 징죄한다. 신화에 나오는 여성의 존재방식은 두 가지다. 강간이든 아니든 제우스의 사랑을 받거나, 아니면 사랑을 받지 않는 존재다. 사랑받지 아니거나 강간당하지 않는 여성들은 괴물들로 그려진다. 머리카락이 온통 뱀인 메두사Medusa와 '교살자'라는 의미의 스핑크스, 그리고 바다의 위험을 의인화한 스킬라Scylla와 카리브디스Charibdis, 사이렌Siren 들은 모두 남성을 파괴하는 여자괴물들이다.

비극은 이런 성-정치학적 신화에다 적극적이고 공격적인 폭력을 휘두르는 여성

그림 9.
디오니소스 신을 추종하는 여자들이 튀르수스 Thyrsns 지팡이로 사티로스의 성기를 공격하는 모습. 마크론Makron이 그린 도기 술잔. 뮌헨 박물관

을 첨가시킨다. 남편을 죽이거나 자신의 아이를 죽이는 여성들이다. 케울즈는 "아테네인들이 자신의 남편을 살해하는 아내들에 대한 전설적 이야기들에 강박적으로 몰두한다"(338)고 말한다. 아이스퀼로스의 「아가멤논」에서 클리템네스트라는 전쟁터에서 10년 만에 돌아온 남편을 살해하는 악녀의 전형이다(그림 10). 남편인 아가멤논이 카산드라를 첩으로 데리고 왔다거나 자신의 딸이자 남편의 딸이기도 한 이피게니아를 살해한 것은 크게 문제되지 않는다. 역시 아이스퀼로스의 「탄원하는 여인들」Hiketides에서 50명의 다나이오스 왕의 딸들은 자신의 의지에 반하여 사촌과 강제로 결혼을 하게 되자 신혼의 침대에서 1명을 제외하고는 모두 남편을 살해한다. 여성들은 자신의 남편을 왜 죽여야 하는 지 결코 설명하지 않는다. 다만 강요된 결혼이라는 것만 끝없이 되풀이된다. 살해하는 다나이오스 왕의 딸이라는 주제는 가장 널리 극화되는 모티프이다. 렘노스의 여인들은 자신들의 남편이 트라키아 여인들을 첩으로 삼은 것에 대한 보복으로 그들을 살해하고는 남편이 없는 여자들만의 사회를 건설한다.

그림 10.
도끼를 들고 남편 아가멤논을 죽이러 들어가는 클뤼타임네스트라. 브뤼고스 화가the Brygos Painter가 그린 포도주 술잔. 동베를린 박물관

케울스는 비극작가들과 그들의 청중들은 "여성들의 공격성이라는 모티프에 대단한 취향을 드러낸 반면에 그들은 대부분 여성에 대한 남성폭력의 이야기는 무시"했다고 한다(338). 그리스 신화나 호메로스의 『일리어드』, 『오디세이』를 여성의 관점에서 읽으면 여성수난사이다. 전쟁과 정복이 살육과 강간을 무한 반복한다면 이것은 남성들에 의한 여성과 아이에 대한 공격과 폭력이다. 전쟁과 정복에 관한 것이 아니라하더라도 클리템네스트라에게 아가멤논이 행한 폭력은 말해지지 않는다. 아가멤논은 미모가 헬레네 못지않게 출중한 클리타임네스트라를 데려오기 위해 그녀의 남편이자 삼촌뻘인 탄탈로스Tantalos를 죽이고 그 둘 사이에 낳은 아이마저 죽이고 그녀와 결혼한다. 이것은 소포클레스의 「트라키니아의 여인들」Trakhinia에서 헤라클레스가 이올레Iole를 데려오는 것과 똑같다. 헤라클레스는 아테네와 이타카의 북동쪽에 위치한 에우보이아Euboia 섬의 오이칼리아Oichalia 왕 에우뤼토스Eurytos가 자신을 환대하는데 소홀히 하자 그의 아들 이피토스Iphitos를 살해한다. 하지만 그 살해의 죄값을 치르기 위해 제우스가 명한 바를 따라 뤼디아Lydia의 옴팔레Omphale 여왕

그림 11.
헤라클레스는 지금의 아내 데이아네이라를 데려올 때도 아케레올스와 싸워 이겼다. 이렇게 데려온 여성은 비록 아내일지라도 전리품과 마찬가지로 모든 권리는 그에게 있다. 기원전 6세기경. 채색 목각

밑에 노예 생활을 한다. 노예생활이 끝난 후 노예생활의 원인을 제공한 에우뤼토스에게 복수하여 그를 살해하고는 그의 딸 이올레를 아내 데이아네이라가 있는 집으로 데려온다(그림 11). 하지만 사자使者는 에우뤼토스에 대한 분노 때문이 아니라 아름다운 이올레에 대한 욕망 때문에 그를 죽였다고 한다(352-354행, 431-433행). 결국 이올레는 아버지와 오빠를 죽인 살인범인 영웅의 집에 성노예로 끌려온다.

이처럼 남성이 여성에게 가한 폭력은 비극에서 다만 배경으로만 깔리고 전경으로 드러나고 강조점이 주어지는 것은 여성이 남성에게 입힌 해악이다. 프로마 I. 제이틀린Froma I. Zeitlin은 "남자가 극장의 공간에서 고통당하거나 죽게 될 때 전형적으로 주어지는 원인은 여성"이라고 말한다(74). 극장에서의 남성의 시련은 전쟁에 의해서가 아니라 성적 욕망이거나 어머니와 아내와 같은 여성에 의해서다. 그래서 성적 욕망과 여성은 남성시민 공동체, 즉 국가의 적이 된다. 때때로 이들 여성들은 아프로디테나 헤라, 에뤼니에스Erynies와 같은 여신들이다. 이들 여신들에 의해 직간접

적으로 남성들이 고난을 당하게 될 때, 뛰어난 영웅이지만 인간의 유한성, 허약함으로 인해 죽을 수밖에 없는 운명을 슬퍼하는 반면, 클뤼템네스트라, 데이아네이라 Deianeira[23], 아가베Agave[24]와 같은 인간여성을 통해서는 여성의 사악함에 희생되는 남성의 운명을 슬퍼한다.

현대사회에서도 살인범으로 복무중인 여성들이 죽인 자들은 남편, 시어머니를 비롯하여 가까운 친인척관계가 거의 대부분을 차지하듯이 가부장사회에서 여성의 분노가 가까운 친인척에게 폭발하는 것은 아테네에서도 다르지 않다. 그것은 여성에 대한 억압이 주로 가족관계에서 일어나고 여성을 한계상황으로 몰고 가는 것은 주로 아버지이거나 남편들이기 때문이다. 이런 억압적이고 권위주의적인 가정에서 자란 청소년들이 자신의 가족들에게 양가감정을 갖게 되는데 한편으로는 억압적인 아버지에 대한 분노와 반항감, 좌절감 그러면서도 동일시를, 그리고 다른 한편으로는 어린 시절부터 자신을 양육해온 어머니나 누이에 대한 애정과 연민, 그러면서도 굴욕적인 상황의 여성들에 대해 희미하지만 갖게 되는 모멸감과 경멸감이다. 이 과정에서 청소년들은 아버지처럼 억압적이고 권위주의적으로 되고 싶지 않은 만큼이나 자신이 어머니나 누이처럼 대우받고 싶지 않다는 감정을 갖게 된다. 또한 청소년들의 자연스런 성을 도덕적으로 금지하는 것은 청소년을 무서워하게 만들고 수줍음을 타며 권위를 두려워하게 만든다(라이히 『파시즘』 63).

아테네와 같은 전쟁국가가 가장 중요시해야 하는 것은 청소년을 전사로 만들어야 하는 것이다. 주디스 버틀러Judith Butler는 "가족 구성원이 서로에 대해 사랑을 느끼는 것을 방해하는 것은 근친상간의 금기가 아니다. 오히려 그것은 전쟁에 개입한 국가의 행위이다"라고 말한다(68). 버틀러는 가족을 곧 어머니, 여성으로 대체하지

23) 소포클레스의 「탄원하는 여인들」에 나오는 헤라클레스의 아내로 헤라클레스가 이올레를 데려오자 남편의 마음을 되돌리기 위해 예전에 네소스Nessos가 죽을 때 사랑의 묘약이라고 준 피를 몰래 바른 옷을 헤라클레스에게 전해주어 의도하지 않게 그 옷을 입은 헤라클레스의 피부에 독이 번져 죽게 한다.

24) 에우리피데스의 「바코이의 여인들」*Bakchai*에서 디오니소스적 광기 상태에서 자신의 아들인 펜테우스 왕을 뜯어먹는 어머니다.

만 이것은 잘못된 견해다. 빌헬름 라이히가 강조하는 것은 "가족은 소규모의 권위주의적 국가이며 어린이는 나중에 자신에게 요구될 전반적인 사회적 적응을 위한 준비로서 가족에 적응하는 것을 배워야 한다"는 것이다(64). 성에 대한 억압과 불평등에 익숙해진 순종적인 청소년들은 전쟁을 일으키는 국가에 순종적으로 된다. 사랑과 성에 굶주린 사람들이 강간을 하고 사랑과 성이 분리된 분열증적 남자들만이 강간을 한다. 아테네가 민주정으로 개인의 에너지를 상대적으로 자유로이 분출할 수 있으나 이들의 억압된 성 에너지는 왜곡된 침략의 형태로 분출된다.

에페베스들은 여성들의 품에서 벗어나 남자시민들의 관할 하로 들어와야 하며 가족 속에서 가부장인 아버지에 절대 복종했듯이 국가의 명령에 절대 복종하는 존재로 키워져야 한다. 그래서 대(도시)디오니시아는 성-정치학 즉, 성-이데올로기에 몰두한다. 어머니는 폴리스를 지키는 전사인 아버지를 살해할 뿐 아니라 아버지에 대한 분노로 아이들까지도 살해하는 참혹한 존재이다. 에우리피데스의 「메데이아」는 아이를 살해하는 어머니의 전형이다.

축제에서 매일 3일간 하루에 비극 세편과 사티로스 극 한편이 상연된다. 여기 참여한 시민들이 이 네 편의 극을 3일간 매일 보아야하는 비극관람은 육체적, 정신적으로 매우 부담스런 일이다. 아이스퀼로스의 「오레스테스」 3부작의 주인공 오레스테스는 힙폴리토스나 네오프톨레모스처럼 에페베스이다. 1부인 「아가멤논」은 트로이 정복을 위해 떠난 아버지를 대신하여 도시를 잘 통치한 당당한 여장부인 어머니가 10년만에 돌아온 아버지를 살해하는, 남성중심사회를 전복하는 내용이다. 2부인 「제주를 바치는 여인들」Choephoroi에서 뱀이나 사냥개, 사자로 비유되는 어머니는 아들을 노예로 팔고 딸에게는 중노동을 시키고 아버지의 장례식마저 하지 않는다. 3부인 「자비로운 여신들」Eumenides에서 오레스테스는 이제 18세 전후의 건장한 에페베스로 등장한다. 어머니와 아이기스토스가 찬탈한 가정(오이코스)이자 나라를 되찾아야 하는 임무가 주어진다. 어머니를 죽여야 하고 그래서 어머니를 죽인다. 서사시에서는 어머니를 죽이는 행위에 대해 아예 언급이 없지만 비극은 아주 구체적으로 살해 장면까지도 설정한다. 어머니를 죽이고 미쳐버린 오레스테스는 아폴론과 아테나 여신에 의해 죄를 면하고 왕국을 이어받는다.

남성시민들로 가득 메운 극장에서 하루에 이 세 편을 내리달아 보게 되면 에페베스들의 심리상태나 성격구조는 어떻게 될까? 그것도 줄거리가 매우 흥미로우면서도 풍부하고 지적인 대사로 예술적 요소까지 겸비했을 때 비극은 앞서 말했듯이 일상의 의식 뿐 아니라 '야밤의 꿈속에까지 주연역할'을 한다. 시몬의 말대로 어린 남자애들은 분노하고 원한 맺힌 여성들에 의해 길러질 것이고 이때 아이들이 엄마에게 느끼게 되는 어떤 두려움은 아이들의 꿈속까지 지배하는 무의식에 잠재해 있다. 메두사나 사이렌, 스킬라 같은 여성괴물들은 어린이의 꿈속에 나타남직한 것들이고 이 괴물들의 형상은 어린이들이 갖는 '성숙한 성에 대한 공포'에서 비롯되는 어린애다운 상상력이다.

이렇게 하여 대(도시)디오니시아 축제에서 코러스를 맡은 에페베스들의 씩씩한 사각형의 군무와 그에 고조되는 비극의 성-정치학은 남성들의 거대한 판타지의 공장이 된다. 비극에서는 공포스런 여성들에 의해 파멸될 수도 있는 도시의 이야기가, 사티로스 극에서는 발기한 야인들의 성적 판타지가 펼쳐진다. '디즈니의 꿈의 공장'이 미국적인 전능과 환상을 드러낸다면, 대(도시)디오니소스의 이데올로기 공장은 전사로 시민으로 갓 입문하는 에페베스들의 환상과 공포를 깊이 건드린다. 에페베스들은 극장을 가득 메운 어른 남자시민들과의 공감과 동일시를 통해 이제 어머니와 누이와는 정서적으로나 물리적으로 완전히 분리된 남성시민들로 재탄생한다.

5. 아테네의 주요 긴장과 비극

대(도시)디오니시아에서 공연된 비극을 예술적 관점에서보다 그 이데올로기성에 초점을 맞추고 분석하였다. 아테네의 이데올로기성은 민주주의보다는 전쟁과 성-정치학에 무게중심을 두었다. 이러한 분석은 세계 최초이자 최고의 대중 민주주의로 추앙받는 아테네 민주정이 페리클레스 시대에서부터 패전하기까지 침략적 전쟁으로 왜곡된 체제 즉 파시즘 체제라 보기 때문이다. 이것은 파시즘 체제를 대중동원에서 민주정이나 귀족적 엘리트의 지배체제를 유지하면서 그 동력을 침략적 민족주의로 전환시킨 체제를 일컬는 한에서 가능한 분석이다. 따라서 호플리테스 층의 지도력과 테테스 층의 동원력을 가장 잘 조직해내는 것이 당시 아테네의 국가적인 임무였고 이 임무수행의 아우라를 전국가적으로 가장 잘 조직해낸 것이 대(도시)디오니시아라 할 수 있다.

당시 아테네 폴리스의 주요 목적은 민주정의 유지와 침략전쟁의 수행에 있었으므로 당연 국가주도로 열린 대(도시)디오니시아의 목적 역시 이 목적에 충실할 수밖에 없다. 현대처럼 보통 혹은 국민교육이 전면적으로 이루어지는 시대에는 교육과정 자체가 국가의 목적을 전달한다. 하지만 공교육 자체가 결여된 아테네에서 이루어지는 시민교육은 민회나 재판, 축제에 참여함으로써 이루어지는 민주적 훈련이 절대적으로 필요하다. 특히 개별가정에 교육을 방치했던 남자청소년을 남자시민이자 전사로 길러내는 과정 즉 입문식이 국가차원에서 필요한데 대(도시)디오니시아가 그 중심역할을 했다고 볼 수 있다.

이런 사회사적 분석을 토대로 하여 비극의 내용적 연구는 빌헬름 라이히의 『파시즘의 대중심리』에 나타난 성-정치학의 틀이 유효하다고 보았다. 비극은 소포클레스의 「필록테테스」Philoctetes를 제외하고 대부분 남녀관계 및 가족관계 등 부모와 자식관계나 부부관계에 몰두한다. 그것은 아테네 사회의 주요긴장들이다. 그런데 이런 긴장들을 해결하는데 비극은 지극히 남성중심적 경향을 보인다. 남성성을 찬미하기 위해 혹은 남성성을 유지하기 위해 부정적 여성상을 전면에 내세우는데 그들은 남편을 살해하는 클뤼템네스트라나 남편에 대한 복수로 자식을 살해하는 메데이아, 그리고 의붓아들을 사랑의 제물로 바치는 파이드라와 같은 극악한 여성부터 인신공양으로 희생되는 이피게니아, 정복된 도시의 여성으로 강간당하는 카산드라 들 일방적인 폭력에 스러지는 여성들이다.

거의 전 남자시민들이 모인 가운데 이런 비극들을 공연하는 성-정치학의 목적은 남자시민에 대한 일상적인 교육의 일환일 뿐 아니라 청소년인 에페베스를 어머니나 누이, 연인인 여자로부터 분리시켜 폴리스의 아들이자 전사로 바꾸는데 있다. 가부장적 일부일처제는 여성과 청소년의 성억압에 그 토대를 두고 있는데 가부장인 아버지에 억눌린 청소년들의 리비도는 권위에 순종적이면서 약자에 대한 공격성을 내포하고 있다는 것이 라이히의 주장이다.

물론 대(도시)디오니시아에서 공연된 비극이 국가의 이데올로기를 전파하여 전쟁과 민주정을 위한 동원이라는 정치적 목적에만 기여했다고 보는 것은 아니다. 광기의 극장인 비극에서 주인공들은 주변세계가 붕괴하는 것을 목도하면서 갈등에 찢긴 현실에 미치도록 내몰린다. 이런 광기가 외화되는 것이 침략적 전쟁이지만 이런 광기를 극화하는 것이 민주정 혹은 아테네 사회에서 어떤 역할을 하는가의 문제도 중요하다. 비극은 시몬의 주장처럼 청중들이 부모자식간의 문제, 남녀문제들로부터 자유롭지 못함으로써 생기는 자신들의 내면적 부담을 해결하는 치료제로 볼 수도 있다.

인용 문헌

가라타니 고진.『마르크스 그 가능성의 중심』. 김경원 옮김. 서울: 이산, 2003.

__________.『일본 정신의 기원』. 송태욱 옮김. 서울: 이매진, 2006.

__________.「프롤레타리아 독재에 대하여」.『흔적』, 1호, 문화과학편집부 엮음. 서울: 문화과학사, 2001.

골드힐, 사이먼.『러브 섹스 그리고 비극』. 김영선 옮김. 서울: 예경, 2006.

김상봉.『그리스 비극에 보내는 편지』. 서울: 한길사, 2003.

김상환.「라깡과 데카르트」.『라깡의 재탄생』. 서울: 창작과비평사, 2003.

김정수.「6세기말 5세기초의 아테나이 국제상의 제개혁에 대한 논고」. 연세대『인문과학』vol. 33-34. 1975.

_____.「에피알테스의 개혁에 대한 연구」. 연세대『인문과학』. vol. 40-41. 1979.

_____.「페리클레스 민주정하의 정무관직에 대하여」. 연세대『인문과학』. vol.49. 1983.

김종철.「박정희 시대를 어떻게 볼 것인가」.『녹색평론』. 제78호. 2004년 9-10월호.

김진경.『그리스 비극과 민주정치』. 서울: 일조각, 1991.

_____.「에우리피데스, 테세우스, 알키아비데스」.『서양고전학 연구』. 제4집. 한국서양고전학회, 1990.

김 한.「그리스 비극과 폴리스」.『그리스 로마극의 세계』. 고전 르네쌍스 드라마 한국학회. 서울: 동인, 2000. 35-59.

깁스, W. 레이먼드.『마음의 시학』. 나익주 옮김. 서울: 한국문화사, 2003.

네오클레우스, 마크.『파시즘』. 장준영 옮김. 서울: 이후, 2002.

니체, 프리드리히.『비극의 탄생』 김대경 옮김. 서울: 청하, 1997.

나가자와 신이치.『인류 최고의 철학, 신화』. 김옥희 옮김. 서울: 동아시아, 2003.

다카하시 데쓰야.『국가와 희생』. 이목 역. 2008. 서울: 책과함께.

____________.『결코 피할 수 없는 야스쿠니 문제』. 현대송 옮김. 2005. 서울: 역사비평사.

데이비스, 콜린.『엠마누엘 레비나스 타자를 향한 욕망』. 김성호 역. 서울: 다산글방, 2001.

도즈, 에릭 R.『그리스인들과 비이성적인 것』. 주은영, 양호영 옮김. 서울: 까치, 2002.

들뢰즈, 질.『앙띠 외디푸스』. 최명관 옮김. 서울: 민음사, 2002.

________.『프루스트와 기호들』. 서동욱, 이충민 옮김. 서울: 민음사, 2004. (a)

________.『차이와 반복』. 김상환 옮김. 서울: 민음사, 2004. (b)

디킨슨, G. L.『그리스인의 이상과 현실』. 박만준 외 옮김. 서울: 서광사, 1989.

라깡, 자끄.『욕망이론』. 권택영 엮음. 민승기 외 옮김. 서울: 문예출판사, 1997.

라이히, 빌헬름.『파시즘의 대중심리』. 오세철, 문형구 옮김. 서울: 현실과 인식. 1986.

___________.『문화적 투쟁으로서의 성』. 서울: 솔, 1996.

루카치, 게오르규.『소설의 이론』. 반성완 옮김. 서울: 심설당, 1995.

리들리, 매트.『이타적 유전자』. 신좌섭 옮김. 서울: 사이언스북스, 2003.

마넹, 버나드.『선거는 민주적인가-현대 대의 민주주의의 원칙에 대한 비판적 고찰』. 곽준혁 옮김. 서울: 후마니타스, 2004.

마르크스, 칼. 『자본론』. 김수행 옮김. 서울: 비봉출판사, 1989.
마리옹, 기벨. 『삽포』. 장영태 옮김. 서울: 행림출판, 1984.
말리노프스키, B. K. 『미개사회의 성과 억압』. 한완상 옮김. 서울: 삼성, 1981.
민승기. 「라깡과 레비나스」. 『라깡의 재탄생』. 서울: 창작과비평사, 2003.
바디유, 알랭. 『철학을 위한 선언』. 이종영 옮김. 서울: 백의, 1995.
바흐친. 『장편소설과 민중언어』. 전승희 외 옮김. 서울: 창작과비평사, 2001.
박찬부. 「상징질서, 이데올로기, 그리고 주체의 문제」. 『영어영문학』. 제47권 1호, 2001.
박홍규. 『형이상학강의 2』. 서울: 민음사, 2004.
버틀러, 주디스. 『안티고네의 주장』. 조현순 옮김. 서울: 동문선, 2005.
베벨, 아우구스트. 『여성론』. 이순예 옮김. 서울: 까치, 1987.
벤야민, 발터. 『역사의 개념에 대하여/ 폭력비판을 위하여/ 초현실주의 외』. 최성만 옮김. 서울: 길, 2008.
삐아제, 쟝. 외. 『아동심리학』. 김재은 옮김. 서울: 교육과학사, 1980.
삐아제, 쟝. 『생물학과 철학』. 박전규 옮김. 서울: 아카데미서적, 1990.
서동욱. 『차이와 타자』. 서울: 문학과지성사, 2001.
소포클레스. 『소포클레스 비극』. 천병희 옮김. 서울: 단국대 출판부, 2004.
손현. 「라깡의 숭엄과 페미니즘 비평」 『영어영문학』. Vol. 47 No. 1, 2001. 19-36
쉴레인, 레너드. 『알파벳과 여신』. 조윤정 옮김. 서울: 파스칼북스, 2004.
스넬, 부르노. 『정신의 발견』. 김재홍 옮김. 서울: 까치, 1994.
스피비, 나이즐. 『그리스 미술』. 양정무 옮김. 서울: 한길아트, 2001.
아이스퀼로스. 「아가멤논」. 『아이스퀼로스 비극』. 천병희 옮김. 서울: 단국대 출판부, 2004.
___________. 「자비로운 여신들」. 『아이스퀼로스 비극』. 천병희 역. 서울: 단국대 출판부, 2004.
___________. 「코에로포로이」 『아이스퀼로스 비극』. 천병희 역. 서울: 단국대 출판부, 2004.
앤더슨, 베네딕트. 『상상의 공동체』. 윤형숙 옮김. 2004. 서울: 나남출판.
에우리피데스. 「타우리케의 이피게니아」. 『에우리피데스 비극』. 천병희 역. 서울: 단국대 출판부, 2004.
___________. 「트로이의 여인들」. 『그리스 비극선』. 조우현 역. 서울: 학원출판공사, 1987.
___________. 『에우리피데스 비극』. 천병희 옮김. 서울: 단국대 출판부, 2004.
엘리아데, 미르치아 『이미지와 상징』. 이재실 옮김. 서울: 까치, 1998.
엥겔스, 프리드리히. 『가족, 국가 및 사유재산의 기원』. 김대웅 옮김. 서울: 아침, 1991.
양병우. 『아테네 민주정치사』. 서울: 서울대 출판부, 1983.
양적. 『동서인간론의 충돌』. 노승현 옮김. 서울: 백의, 1999.
어도선. 「라깡의 "거울단계" 이론」. 『비평과이론』. vol. 2 No.1, 1997. 67-91.
옐롬, 매릴린. 『아내』. 이호영 옮김. 서울: 시공사, 2003.
오비디우스. 『변신이야기』. 천병희 옮김. 서울: 숲 2005.
옹, 월터, J. 『구술문화와 문자문화』. 이기우, 임명진 옮김. 서울: 문예출판사, 1995.
와카쿠와 미도리. 『사람은 왜 전쟁을 하는가』. 김원식 옮김. 서울: 알마, 2007.

이순연. 「아테네 트리에라르키아의 기원과 성격-테미스토클레스의 해군법안과 포고령을 중심으로」. 『서양사학연구』. vol. 4,5. 1-36.
이장원. 「415년의 헤르메스 신상 훼손사건」. 『서양고대사연구』. Vol.15. (2004): 33-56.
이종영. 『성적 지배와 그 양식들』. 서울: 새물결, 2001.
임철규. 『그리스비극』. 서울: 한길사, 2007.
장영란. 「고대그리스 철학 이전의 영혼개념」. 『철학연구』. 제64집. 55-72.
정유경. 「그리스 고전기 도기화에 나타나는 메두사 도상의 재현양식과 동일화의 기술」. 『서양고전학연구』. Vol.29. (2007): 123-53.
제인스, 줄리안. 『의식의 기원』. 김득룡, 박주용 옮김. 한국학술진흥재단 학술명저번역총서 서양편 28. 서울: 한길사, 2005.
지라르, 르네. 『폭력과 성스러움』. 김진식, 박무호 옮김. 서울: 민음사, 2000.
채진원. 「선거+추첨제가 권력투쟁을 무용지물로 만든다」. 『민중언론 참세상』. 2007. 10.29)
최자영. 『정치의 원형을 찾아서』. 서울: 살림, 2005.
최혜영. 「대 디오니시아에서 비극이 상연된 배경과 의미 - 새로운 접근」. 『서양고전학연구』. Vol. 39. 2010, 5-33.
카야노 도시히토. 『국가란 무엇인가』. 김은주 역. 서울: 산눈, 2010.
콘포드, F. M. 『종교에서 철학으로』. 남경희 옮김. 서울: 이화여대, 1995.
케이건, 도널드. 『펠로폰네소스 전쟁사』. 하승일, 박재욱 옮김. 서울: 까치, 2007.
크리스테바, 줄리아. 『시적 언어의 혁명』. 김인환 옮김. 서울: 동문선, 2000.
클레이트맨, 헨리. 『심리학개론』. 임능빈 외 옮김. 서울: 교육과학사, 1985.
키토, H. D. F. 『고대 그리스, 그리스인들』. 서울: 갈라파고스, 2008.
투키디데스. 『펠로폰네소스 전쟁사』 상, 하. 박광순 옮김. 서울: 범우사, 1991.
펠스키, 리타. 『근대성과 페미니즘』. 김영찬, 심진경 옮김. 서울: 거름, 1999.
포레스트, 윌리엄. 『그리스 민주정의 탄생과 발전』. 김봉철 옮김. 서울: 한울, 2009.
폰 브라운, 크리스티나. 『젠더연구』. 탁선미 옮김. 서울: 나남, 2002.
__________________. 『히스테리』. 엄양선 옮김. 서울: 여이연, 2003.
퓌스텔 드 쿨랑주. 『고대도시』. 김응종 옮김. 2000. 서울: 아카넷, 2000.
플라실리에르, 로베르. 『고대 그리스의 일상생활』. 심현정 옮김. 서울: 우물이 있는 집, 2004
프로이트, 지그문트. 『토템과 터부』 『종교의 기원』. 이윤기 옮김 서울: 열린책들, 2004.
프리샤우어, 파울. 『세계풍속사』 상권. 이윤기 옮김. 서울: 까치글방, 1992.
플라톤. 『국가』. 박종현 옮김. 서울: 서광사, 1997.
______. 『메넥세노스』. 이정호 옮김. 서울: 이제이북스, 2008.
______. 『향연』. 김영범 옮김. 서울: 서해문집, 2008.
플루타르크. 페리클레스편. 『플루타르크 영웅전 전집』. Ⅰ권. 이성규 옮김. 서울: 현대지성사, 2003.
핀리, 모제스. I. 『고대 정치의 세계』. 최생열 옮김. 서울: 동문선, 2003.
하우저, 아르놀트. 『문학과 예술의 사회사』 1권, 염무웅, 반성완 옮김. 서울: 창작과비평사, 2002.
헤겔, 게오르크 W. 프리드리히. 『헤겔 미학』. 2권, 3권, 두행숙 옮김. 서울: 나남출판사, 1997.

헤로도토스.『역사』. 박광순 옮김. 서울: 범우사, 1993.
_________.『역사』. 천병희 옮김. 서울: 도서출판 숲, 2009.
헤시오도스.『신통기』. 김원익 옮김. 서울: 민음사, 2003.
호메로스.『오딧세이아』. 김병철 옮김. 서울: 혜원출판사, 1994.
_______.『일리아스』. 천병희 옮김. 서울: 종로서적, 1982.
_______.『오뒷세이아』. 천병희 옮김. 서울: 단국대출판부, 2002.
호크하이머, M., 아도르노, Th. W.『계몽의 변증법』. 김유동 외 옮김. 서울: 문예출판사, 1996.
홉스, 토마스.「리바이어던」.『군주론/리바이어던』. 임명방 옮김. 서울: 삼성출판사, 1982.
홍준기.「자끄 라깡, 프로이트로의 복귀」.『라깡의 재탄생』. 서울: 창작과비평사, 2003.

Althusser, Louis. *Lenin and Philosophy and Other Essays*. Tr. Ben Brewster. London: Monthly Review P, 1971.
Aristotele, Rhodes, P. J. *The Athenian Constitution*. Harmonthworth: Penguin, 1984. (*Ath. Pol.*로 인용함)
Aristotle, Newman, W. L. *The Politics of Aristotle*. Oxford: Clarendon Press, 2000.
Beazley, J. D. *Attic Black-Figure Vase-Painters*. New York : Hacker Art Books, 1978.
__________. *Attic Red-Figure Vase-Painters*. New York: Hacker Art Books, 1984.
Bernal, Martin. *Black Athena: The AfroAsiatic Roots of Classical Civilization* vol.1. New Brunswick: Rutgers, 1987.
Bernet, Rudolf. "The Traumatized Subject." *Research in Phenomenolgy*. Vol. 30. no.1
Block, Ned. "Review of Julian Jaynes' *The Origin of Consciousness in the Breakdown of the Bicameral Mind*." *Cognition and Brain Theory*. 4. (1981): 81-83.
_________. "Consciousness." In S. Guttenplan (Ed.), *A Companion to the philosophy of mind*. Oxford, England: Basil Blackwell. 1994. 210-219.
_________. "On a confusion about a function of consciousness." *Behavioral and Brain Sciences*. 18. (1995): 227-247.
Boardman, John. *Athenian Black Figure Vases (World of Art)*. London: Thames & Hudson, 1985.
_____________. *Athenian Red Figure Vases: The Classical Period : A Handbook(World of Art)*. London: Thames & Hudson, 1989.
Bond, Edward. *The Great Peace*. *The War Plays: A Triology*. London: Methuen, 1985.
Bonner, Robert Johnson and Smith, Gertrude. *The Administration of Justice from Homer to Aristotle*. Ⅰ. Chicago: Chicago UP, 1930.
Brousse, Marie-Hélène. "The Imaginary." *Reading Seminars Ⅰ and Ⅱ: Lacan's return to Freud*. Ed. Bruce Fink et al. Albany: SUNY, 1996.
Cantarella, Eva. *Pandora's Daughters* trans. by Maureen B. Fant. Baltimore and London: The Johns Hopkins, 1989.
Cartledge, Paul. 'Deep Plays: Theatre as Process in Greek Civic Life.' *The Cambridge Companion to Greek Tragedy*. Ed. P. E. Easterling. Cambrdige: Cambridge UP, 1997. 3-35.

Cartwright, David. *A Historical Commentary on Thucydides*. Michigan: Michigan UP, 1997.

Cavanna, A. E. Trimble, M. Federico, C., and Monaco, F. "The "Bicameral Mind" 30 Years On: A Critical Reappraisal of Julian Jaynes' Hypothesis." *Functional Neurology*. 22.1 (2007): 11-15.

Davenport, Guy. *Archilochos Sappho Alkman*. Los Angeles: California, 1980.

Davidson, D. "The Emergence of Thought." *Erkenntnis*. 51. (1999): 7-17.

Davidson, James. 1990. "Isocrates against Imperialism: An Analysis of the De Pace". *Historia: Zeitschrift fü Alte Geschichte*, vol.39, No.1. pp. 20-36.

Davies, J. K. *Athenian Propertied Families, 600-300 B. C. Oxford: Oxford UP*, 1971.

Day, J. and Chamber. M. *Aristotele's History of Athenian Democracy*. California: Calnifornia UP, 1962.

Doody, Margaret Anne. *The True Story of the Novel*. New Jersey: Rutgers, 1996.

Dover, K. J. Greek Homosexuality. Cambridge: Cambridge UP, 1978.

Doyle, Paul J. "The Brain-Mind Relation, Religious Evolution, and Forms of Consciousness: An Exploratory Statemen." *Sociological Analysis*. 49.1 (1988): 52-65.

Durant, Will. *The Story of Civilization*. vol. 2. *The Life of Greece*. New York: Simon and Schuster, 1935.

Eisler, Riane. *The Chalice and the Blade: Our History, Our Future*. San Francisco: Harper & Row, 1976

Edmond, J. M. ed. *Lyra Graeca: Being Remains of all the Greek Lyric Poets*. V. Ⅰ. *Terpander Alcman Sappho and Alcaeus*. Massachusetts: Harvard UP, 1952.

Felsky, Rita. *Beyond Feminist Aesthetics: feminist Literature and Social Change*. Baltimore: Harvard, 1989.

Fichte, Johann Gottlieb. 1808. *Addresses to the German nation*. Trans. by R.F. Jones and G.H. Turnbull. http://www.archive.org/stream/addressestothege00fichuoft/addressestothege00fichuoft_djvu.txt.(검색일자: 2010년 9월 26일).

Fredel, James. "Herm Choppers, the Adonia, and Rhetorical Action in Ancient Greece." *College English*. Vol.64. No.5 (2002): 590-612.

Freud, Sigmund. "Feminity." *New Introductory Lectures on Psychoanalysis*. New York: W. W. Norton, 1965.

Forde, Steven. "Power and Morality in Thucydides." *Thuchidides's theory of international relations*. edited by Lowell S. Gustafson. Baton Rouge: Louisiana State UP. pp. 151-173.

Gallop, Jane. *Reading Lacan*. Ithaca: Cornell, 1985.

Gimbutas, Marija Alseikaite. *The goddesses and gods of Old Europe 6500-3500 BC, myths and cult images*. Berkeley: California UP, 1982.

Grotjahn, M. "Masculine and Feminine." Psychoanalytic Quarterly 15. (1946): 547-48.

Hamerton-Kelly, Robert G. ed. *Violent Origins: On Ritual Killing and Cultural Formation*. Stanford: Stanford UP, 1987.

Hegel, G. W. F. *The Phenomenology of Spirit*. trans. A. V. Miller. London: Oxford UP, 1970.
Heiserman, Arthur. *The Novel before the Novel*. Chicago: Chicago, 1977.
Homer. *The Iliad*. trans. by Samuel Butler. http://classics.mit.edu/Homer/iliad.html
______. The Odyssey. trans. by Samuel Butler. http://classics.mit.edu/Homer/odyssey.html
Homeros. *Ilias. Homer: The Iliad*. trans. by A. T. Murray. Harvard UP, 1924.
________. *Odysseia. Homer: The Odyssey*. trans. by A. T. Murray. Harvard UP, 1919.
Irigaray, Luce. "The Bodily Encounter with the Mother" (1981), In Margaret Whitford(ed.), *The Irigaray Reader*. Oxford: Blackwell, 1991. 34-46.
___________. *Marine Lover of Friedrich Nietzsche*. trans. Gillian Gill. New York: Columbia UP, 1991.
Isocrates. *Isocrates II: On the Peace. Areopagiticus. Against the Sophists. Antidosis.* Panathenaicus (Loeb Classical Library, No. 229). trans. George Norlin. Cambridge: Harvard UP, 1929.
Jaynes, Julian. *The Origin of Consciousness in the Breakdown of the Bicameral Mind.* Boston. New York: Houghton Mifflin Company, 1990.
Kaempf-Dimitriadou, S. *Die Liebe der Götter in der attischen Kunst des 5. Jahrhunderts V. Chritus.* Basel, 1979.
Kantorowicz, Ernst H. *The King's Two Bodies*. Princeton: Princeton UP, 1997.
Keller, Douglas. *Critical Theory, Marxism, and Modernity*. Baltimore: The Johns Hopkins, 1989.
Kerényi, Karl. *Goddesses of Sun and Moon*. trans. Murray Stein Irving. Texas: Dallas, 1979.
Keuls, Eva C. *The Reign of Phallus*. New York: Harper & Row, 1985.
Kitto, H. D. F. "The Dance in Greek Tragedy." JHS. 75(1955): 36-41.
Lacan, Jacques. *Ecrits*: A Selection. Trans. Alan Sheridan, New York: Norton, 1977.
___________. *The Seminar of Jacques Lacan: Book* Ⅰ. Ed. Jacques-Alain Miller. Trans. John Forester. New York: Norton, 1988.
Lawler, L. B. *The Dance of the Ancient Greek Theatre*. Iowa City, 1964.
Lerner, Gerda. *The Creation of Patriarchy*. New York, Oxford: Oxford UP, 1986.
Levinas, Immanuel. *Totalité et Infini*. La haye, Martinus Nijhoff, 1974.
Levinas, Emmanuel. *Totality and Infinity*. Pittsburgh, Pennsylvania: Duquesne UP, 1969.
Longo, Oddone. "The Theater of Polis." *Nothing to Do with Dionysos?*. ed. by John Winkler and Froma I. Zeitlin. Princeton: Princeton UP, 1990. 12-19.
McKeon, Michael. *The Origins of the English Novel 1600-1740*. Baltimore: The Johns Hopkins, 1987.
Mellaart, James. *Excavation and Hacilar*. Edinburgh: Edinburgh UP, 1970.
Mills, Patricia Jagentowicz. *Woman, Nature, and Psyche*. New Haven: Yale, 1987.
Mosse, George. L. *Fallen Soldiers: Reshaping the Memory of the World Wars*. New York: Oxford UP, 1990.
Mitchel, F. W. "The so-called Earliest Ephebic Inscription." *ZPE*. 19(1975): 233-43.

Nagler, Michael N. *Spontaneity and Tradition: A Study in the Oral Art in Homer*. Berkley: California UP, 1974.

Osborne, Robin. "The Erection and Mutilation of the Hermai." Proceedings of the Cambridge Philological Society 211 (1985): 47-73.

Otto, Walter. *Dionysus: Myth and Cult*. Translated by Robert Palmer. Dallas: Spring Publications, 1981.

Pappas, Nick. "Athens and America." *Thuchidides's theory of international relations*. edited by Lowell S. Gustafson. Baton Rouge: Louisiana State UP, 2000. 221-246.

Pearson, L. "Historical Allusions in the Attic Orators." CP. 36(1941).

Perkins, David. *Is Literary History Possible?* Baltimore: Johns Hopkins UP, 1992.

Pickard-Cambridge, Arthur W. The Dramatic *Festivals of Athens*. Rev. John Gould and D. M. Lewis, 2d ed. Oxford: Oxford UP, 1968.

Plutarch. Plutarch: *Lives of the Noble Grecians and Romans*. New York: Modern Library, 1992.

_______. *Greek Lives*. Trans. Robin Waterfield. New York: Oxford UP, 1998.

Raaflaub, Kurt. *The Discovery of Freedom in Ancient Greece*. Chicago: Chicago UP, 2004.

Rhode. E. Psyche: *The Cult of Souls and Belief in Immortality among the Greeks* trans. W. B. Hillis 8th ed. New York: Harper Torchbooks, 1966.

Riley, Jack. "Freedom and Empire: the Politics of Athenian Imperialism." *Thuchidides's theory of international relations*. edited by Lowell S. Gustafson. Baton Rouge: Louisiana State UP, 2000. 117-150.

Ricoeur, Paul. "Althusser's Theory of Ideology." *Althusser: A Critical Reader*. Ed. Gregory Elliot. Oxford: Blackwell, 1994.

Sagan, Eli. *The Honey and the Hemlock - Democracy and Paranoia in Ancient Athens and Modern America*. Princeton: Princeton UP, 1991.

Samons, L. J. *What's Wrong with Democracy?*. California: California UP, 2004.

Samuels, Robert. *Between Philosophy and Psychoanalysis: Lacan's Reconstrucion of Freud*. New York: Verso, 1989.

Schumpeter Joseph Alois. *Imperialism; and, Social Classes*. Philadephia, PA: Orion Editions, 1991.

Simon, Bennet. *Mind and Madness in Ancient Greece: The Classical Roots of Modern Psychiatry*. Ithaca and London: Cornell UP, 1980.

Silberman, Kaja. *Male Subjectivity at the Margins*. New York: Routledge, 1983.

Sleutels, Jan. "Greek Zombies." *Philosophical Psychology* 19.2. (2006): 177-197.

Sophocles. *Ajax*. edited with Introduction, revised Text by W. B. Stanford. London, 1963.

Stevenson, James A. "Pericles's influence on the Gettysburg Address". *The Midwest Quarterly* March 22, http://www.accessmylibrary.com/archive/739-the-midwest-quarterly/march-1994.html. (검색일자: 2010년 9월 26일).

Plato. *The Republic of Plato*. New York: Basic Books, 1991.

____. *The Phaedrus of Plato.* New York : Arno Press, 1973.

Thucydides. *Thucydides.* trans. Charles Foster Smith. Cambridge, Mass: Harvard UP, 2003.

Tomson, George. *Aeschylus and Athens: A Study in the Social Origins of Drama.* New York:Vernant, Jean-Pierre, and Pierre Vidal-Naquet. "Tensions and Ambiguities in Greek Tragedy." *Myth and Tragedy in Ancient Greece.* trans. Jean Lloyd. New York: Zone Books, 1990.

Vernant, J. P. "Hestia-Hermes: The Religious Expression of Space and Movement in Ancient Greece." *Myth and Thought among Greeks.* New York : Zone Books, 2006.

Vidal-Naquet, Pierre. *The Black Hunter: Forms of Thought and Forms of Society in the Greek World.* Boltimore: The Johns Hopkins UP, 1998. Grosset & Dunlap, 1968.

Waggaman, Craig. "The Probpem of Pericles." *Thuchidides's theory of international relations.* edited by Lowell S. Gustafson. Baton Rouge: Louisiana State UP, 2000. 197-220.

Wilkinson, Heward. "Schizophrenic Process, the Emergence of Consciousness in Recent History and Phenomenological Causality: The Significance for Psychotherapy of Julian Jaynes." *International Journal of Psychotherapy* 4.1.(1997): 49-66.

Winkler, John J. "The Ephebes' Song: Tragoidia and Polis." *Nothing to Do with Dionysos?.* ed. by John Wunkler and Froma I. Zeitlin. Princeton: Princeton UP, 1990. 20-62.

Xenophon. *Cyropedia: the Education of Cyrus.* Ⅳ. Amazon.com: CreateSpace, 2010.

Ziarek, Ewa. *An Ethics of Dissensus.* Stanford: Stanford UP, 2001.

Zilboorg, Gregory. "Masculine and Feminine: Some Biological and Cultural Aspects". *Psychiatry.* No. 7. (1944): N.pag.

Ziolkowski, John. *Thucydides and the Tradition of Funeral Speeches at Athens.* Arno Press, 1981.

Zizek, Slavoje. *The Sublime Object of Ideology.* London: Verso, 1989.

위키백과. 밀집 장창보병대 http://enc.daum.net/dic100/contents.do?query1=10XXX12835. (검색일자: 2011년 2월 15일)

찾아보기

(ㄱ)

가라타니 고진 106, 249, 250
가모장제 208, 209
가부장제 63, 73, 74, 75, 76, 77, 97, 102, 103, 107, 138, 139, 150, 159, 162, 165, 168, 169, 172, 173, 176, 189, 206, 207, 208, 209, 211, 216, 234, 244, 298, 299, 301
가부장제 국가, 기원, 발생 204, 207, 217, 234
가이아 75, 76, 176
가장 78
가족 76, 77
가족 기원 204
가족유폐적 양식 160
가족의 해체 189, 192
감각 운동단계 91, 94
강간 207, 238, 239
강박신경증 67
개성 114
개인의 영혼 72
개인주의 72, 104, 141
개인환상 80
개체발생, 개체발생과정 62, 63, 71, 77, 82, 91
갤럽, 제인 81
거세 68, 155
거울 단계 81, 82
게슈탈트 이론 92
게오고리 질부륵 215
계급 78, 104
계급투쟁 106
계몽 142
계몽의 변증법 26, 96, 153
계통발생 63, 64, 67, 69, 71, 72, 73, 77, 79, 80, 81, 82, 91, 92, 95
고귀한 자동기계 46, 52
고르곤 세 자매들 239
골드힐, 사이먼 292, 308, 310
곰브리치, 에른스트 226
관념의 만능 66, 67
관절 88, 89
광기 103
구술문화 112
구술성 87
국가 35
국가론 127
국가의 기원 172, 189, 194, 197, 204
국가의 발생 171, 173, 194
국가주의 209, 225, 270, 282, 283

군국주의, 군사주의 189, 206, 207, 241, 267, 313
군체동물 80
그리스 신화 139
그리스 좀비 31, 46
그리핀 186
근대 민주주의의 기원 270
근대성 담론 100
근육 89
근친상간 76, 197, 198, 199, 200, 201
글쓰기 36
급진민주정 295, 296, 297
기표 68, 80, 211
기호계 103
김부타스, 마리아 212
김상봉 98, 118, 293
김상환 97
김정수 254, 257, 258, 259, 264
김종철 250
김진경 150, 202, 265, 266
김한 199
깁스, 레이먼드 126

(ㄴ)

나가자와 신이치 65
나르시시즘 82, 227
나우시카 공주 156
남근 69, 77, 78, 207, 208, 210, 211, 217, 226, 227, 229, 242
남근 연출 225, 228, 232
남근매듭 228
남근상 231
남근선망, 남근숭배 216, 214
남근주의 207, 209, 220, 235, 237, 238, 245
남근지배 14, 15, 206, 207, 208, 214, 216, 217, 218, 223, 225, 227, 233, 234, 237, 240, 241, 243, 244
남근정치, 남근통치 207, 208, 209, 217
남남동맹 107
남성 주체 세움 155
남성공동체 160, 163, 165
남성의 형식, 남성적 형식 99, 133, 137, 138, 150, 168
남성적 사유 101, 181
남성적 원리 100, 102, 120, 181, 182
남성중심주의 139, 150, 169
남성클럽 9, 293
남자 히스테리 236
내면성 97, 102, 103, 110, 113, 125
내성 28, 32
네오불레 123, 124
네오클레우스 298
네오클레우스, 마크 297
네오프톨레모스 239, 321
네이글러, 마이클 302
노스롭 프라이 170
노이만, 에릭 214
누스 49, 50, 85, 86
니체 140, 148, 171, 180, 187, 188
니키아스 241

(ㄷ)
다리우스 왕 222
다윈 74
다이몬 72, 122, 126
다카하시 데쓰야 287, 288
다프네 175
대(도시)디오니시아 293, 294, 305, 306, 310, 313, 314, 315, 321, 322
대중사회의 정치학 298, 299
대타자 63, 64, 70, 77, 92, 96, 98, 125
대항문화 109, 243
대해군의 창설 260
데메테르 171, 174, 177, 179, 180, 211
데모스 256, 274, 278, 280
데모스테네스 232
데이븐포트 120, 121
데이비스, J. K. 312
데이아네이라 320
델로스 동맹 241, 259, 260, 263, 264, 267, 272, 285, 296
델로스 동맹국 266, 286
델포이 174, 185
도자기 그림, 도기화 207, 208, 210, 217, 225, 226, 227, 228, 229, 231, 235
도즈, 에릭 26, 66, 83, 85, 104, 122, 198
동성애 97, 109, 121, 130, 131, 160, 226, 238, 301
동일성 105, 107
동화 93, 94
두디, 마가렛 앤 148, 149
드라콘 법 301
들뢰즈, 질 80, 100, 101, 107, 120, 126, 127, 128, 132, 188
디오니소스, 디오니소스 신 56, 72, 171, 174, 178, 180, 182, 183, 184, 186, 187, 188, 215, 231, 255, 314
디오니소스 제의 178, 180
디오니소스 축제 180, 218, 231
디오니소스 춤 312
디오니소스적 광기 320
디오니소스적 사유 187
디오메데스 86, 151
디오티마 240
디킨슨, G.L. 201
디튀람보스 307, 313
디튀람보스 춤 311
디튀람보스 합창대 313

(ㄹ)
라깡 62, 63, 64, 67, 69, 70, 78, 80, 92, 95, 128, 210
라에테르 163
라이오스 77
라이히, 빌헬름 238, 295, 296, 298, 301, 315, 316, 321, 323, 324
라케시스 177
러너, 거다 173
레비-스트로스 79, 186

레비나스, 임마뉴엘 107, 119, 120, 129, 130
레싱 86
로고스 231
로고스화 211
로셀의 비너스 209
론고, 오돈 309
롱기노스 128
루소, 장 자크 231, 234
루카치, 게오르그 114, 145, 146
르낭, 에르네스트 283
리들리, 매트 80
리쾨르, 폴 78, 79
릴리, 잭 276
링컨, 에이브라함 286

(ㅁ)

마넹, 버나드 249, 264, 265
마라톤, 마라톤 전투 256, 274, 284, 296
마르둑 37, 39
마르크스, 칼 105, 106, 298
마리옹, 기벨 116
마이나드 183
막스 호크하이머 141
만장일치의 폭력 216
말리노프스키 74, 75
매춘부 226, 238
매키온, 마이클 138
메난드로스 205
메넥세노스 269, 284
메넬라오스 85, 110, 111, 203
메데이아 55, 146, 185, 186, 205, 323
메두사 216, 239, 316, 322
메이야수, 끌로드 186
메토프 222
메티스 171, 173, 176
멘데르 183
멜라트, 제임스 172, 212
멜로스 섬 149, 290
멜로스 섬의 대학살 241
모계 모권제 139, 171, 204
모계제 214
모나드 69, 80, 92, 93
모성적 힘의 죽음 157
모세, G. L. 287
모이라 74, 76, 151, 177
모자상간 189, 197, 198
모친살해 156, 189, 194, 196, 197, 217
모태발생학 71
몸 자아 82
몸의 환유 63, 82
무-의식, 무-의식적 26, 29, 30
무사이 177, 184
무의식 77, 156, 157, 158
문명 205
문명의 역설 277
문명화과정 43, 54, 62
문자 38, 87, 171, 217
문자문화 43, 87, 106, 131, 173
문자쓰기 44
문자의 발명 172
뮈케네 154
므네모쉬네 177, 184
미노스 276

미노아 42, 182
미노아문명 212
민승기 124, 130
민족주의 284
민주정체 273
민중적 제국주의 260, 261, 296
민회 265, 267, 278, 280, 281, 297, 306
밀즈 157, 158, 161, 162
밀즈, 퍼트리셔 152
밀집 장창보병대 304

(ㅂ)
바디유, 알랭 101, 130
바벨탑 43
바빌로니아 212
바이블 43
바코이의 여인들 179, 184, 185, 188, 320
바호펜 195
바흐친 114, 138, 140
박찬부 81
박홍규 303, 304
반사적 운동감각 단계 71, 72
반성적reflexive 의식 55
반전행위 244
배제의 원리 251
버날, 마틴 148
버틀러, 주디스 200, 201, 320
벌떼 265
베르낭, 장 삐에르 315
베벨, 아우구스트 159, 195
벤야민, 발터 216
복지 민주주의 268
본드, 에드워드 237
부권제 299
부친살해 74, 76, 156, 172, 196, 197, 200, 215
불레 257, 258, 267, 306, 307
브리세이스 47, 83
비극 55, 76, 98, 132, 133
비극의 기원 255, 310
비극의 탄생 187
비자발적 기억 121
비표상적 사유 107, 128, 130, 189
빈민 테테스 237, 261
빌렌도르프의 비너스 209
빙켈만, 요한 148, 206
빛의 종교 157
말리노프스키 96
삐아제, 장 63, 64, 66, 71, 81, 82, 91, 92, 93, 94, 95

(ㅅ)
사랑 121, 122, 123, 126, 129, 169, 175
사랑의 고통 102, 103, 117, 123, 125, 128
사랑의 기호 101
사랑의 상처 101, 117
사랑의 열병 108
사유 28
사유발생 100, 101, 103, 107, 108, 109, 117, 121, 131, 132
사유의 바깥 100, 130, 131
사유의 발생학 102, 128, 130

사유재산 78, 104
사유재산의 발생 172, 234
사이렌 142, 152, 153, 155, 158, 186, 316, 322
사티로스 174, 188, 226, 227, 228, 231
목양신 174
사티로스 극 180, 238, 308, 321, 322
사포 55, 95, 97, 98, 99, 101, 102, 107, 108, 115, 116, 119, 125, 127, 128, 130, 148, 167, 169
사후성 82
살라미스 해전 201, 260, 274, 296
살해되는 신 76
삼단노선 201, 296, 308
상고 시대 104
상상계 63, 64, 67, 73, 77, 78, 79, 80, 81, 82, 91, 92
상상의 공동체 283
상상적 동일시 81, 82
상상질서 82
상징 구조 79, 82
상징계 64, 67, 68, 73, 74, 77, 78, 79, 80, 81, 96, 103, 128
상징질서 82
상처 50, 71, 98, 102, 124, 128
상처받을 가능성 129, 130
서동욱 71, 127
서사시적 공동체 113
서사시적 신화 171, 172, 189, 204
서사시적 직유 111
서사시적 총체성 114
서정시적 은유 125
서정시적 인간 114
서정시적 주체 92, 95, 96, 98
선의식적 원질 49
설형문자 44
성-경제학 298
성-정치학 292, 295, 299, 302, 305, 316, 321, 322, 323
성감대 68, 69
성욕 67
성인 입문식 294
성적 욕망 245
성적 정치학 171, 172, 180, 185, 187, 189, 190, 191, 195, 202, 203, 204, 205, 227
세멜레 171, 174
세이건, 엘리 282, 295, 296, 297
세이몬스 Ⅱ, 로렌 220, 271, 278
섹슈얼리티 239
셰익스피어 189
소년애 116
소마 51, 84
소설 132, 133, 143, 168
소설화 140
소외 65, 91, 93, 95, 96
소크라테스 107
소포클레스 122, 191, 196, 198, 200, 201, 203, 205, 318, 320, 323
소피스트 77
손현 128
솔론 77, 105, 193, 253, 255, 267, 295, 299
수리 논리적 정합 71

수치문화 88
순회재판관 254
숭엄, 숭엄미 128
쉴레인, 레나드 173, 174, 182, 184, 185
슈레버 판사 56
슘페터, 요셉 260, 296
스넬, 부르노 26, 51, 55, 62, 83, 86, 88, 89, 97, 98, 107, 109, 110, 113, 132, 138
스킬라 186, 316, 322
스트라테고스, 스트라테고이 202, 257, 258, 259, 267, 274
스티븐슨, J. A. 286
스파르타 97, 108, 110, 117, 147, 167, 168, 241, 242, 266, 271, 275, 281, 282, 285, 286, 290, 294
스피비, 나이즐 220, 222, 223
스핑크스 186, 197, 316
시니피앙 79
시모니데스 99
시몬 322
시실리 원정 209, 241, 242
식민화 148
신석기 농업혁명 212
신석기 시대 212
신의 기원 34
신의 목소리 26, 34, 41, 42, 45, 48, 49, 52, 53, 54, 55, 56, 57, 59
신의 집 34
신적 소외 103, 122
신적 표상 72, 91
신전의 부조 207, 217
신전의 프리즈 207, 208, 221
신정정치 36, 41
신통기 73, 77, 122, 171, 172, 177, 184, 204, 207, 225, 302
신화 140, 142, 170, 171
신화적 층위 141, 142
신화적 폭력 216, 217
실버맨, 카자 81
실재계 63, 64, 67, 68, 130
실정법 205
심상 82
심상과 사고의 관계 81
씨족제, 씨족공동체 104, 105, 253
씨족의 해체 193, 194

(ㅇ)

아가멤논 46, 47, 48, 50, 76, 83, 88, 107, 141, 161, 171, 190, 193, 198, 199, 203, 277, 317, 318, 321
아가베 320
아가우에 185
아나크레온 102, 126
아도니스 239, 243
아도니아 축제 243
아도르노 96, 140, 152, 154, 155, 157, 158, 164
아레스 177
아레오파고스 275
아르고스 191
아르콘 195, 257, 258, 263, 264, 274, 309
정무관직 257, 258

아르킬로코스 95, 97, 98, 99, 102, 107, 108, 111, 112, 113, 114, 115, 116, 117, 119, 123, 125, 130, 169
아르테미스 152, 171, 182, 199
아리스토텔레스 253
아리스토파네스 242, 244, 265
아마조네스, 아마존 족 152, 208, 218, 221, 223
아마존의 신화 220
아뮈모네 239
아버지의 법 73, 77
아스티아낙스 156
아스파시아 240
아이기스토스 171, 191, 198, 321
아이네이아스 85
아이스퀼로스 190, 199, 205, 216, 239, 265, 295, 317, 321
아이스키토스 190
아이슬러, 리안 212, 214
아이아스 203, 239
아크로폴리스 222, 231
아킬레스 46, 48, 50, 52, 55, 59, 83, 85, 88, 107, 109, 110, 141, 144, 145, 149, 152, 160, 166, 167, 203, 218, 223, 238, 239
아테 88
아테나 47, 50, 54, 83, 110, 112, 113, 132, 145, 151, 156, 169, 171, 173, 177, 190, 195, 197, 215, 217, 218, 221, 225, 239
아테네 108, 149, 167, 168, 171, 179, 193, 199
아테네 민주정 178, 192, 201, 203, 204, 206, 217, 218, 223, 233, 234, 244, 251, 252, 254, 260, 267, 270, 271, 274, 275, 292, 293, 295, 296, 297, 306, 323
아테네 보고지기 257
아테네 제국 149, 223, 242, 270, 271, 272, 278, 279, 282, 305
아테네의 제국주의, 아테네의 제국화 264, 284
아트레우스 198
아트로포스 177
아틀란티스 42
아티카 148, 149, 154, 166, 167, 193, 206, 217, 218, 290
아폴론 47, 56, 83, 112, 171, 174, 175, 178, 181, 185, 191, 195, 197, 217, 255
아폴론적 사유 187
아프로디테 56, 120, 132, 146, 151, 169, 173, 215, 231, 239, 320
안드로마케 52, 156, 166, 167
안티고네 196, 200, 201, 202
안티오페 218
알케스티스 205
알크마이온 256, 258
알크만 99, 102
알크메네 175
알키비아데스 121, 149, 240, 241, 242, 243, 258, 282, 290

알튀세르 78, 81
알파벳 43, 87, 106, 172
암피트뤼온 175
앗시리아 42
애국주의 9, 14, 266, 270, 275, 283, 286, 297, 308, 309
애니미니즘 66
앤더슨, 베네딕트 283, 290
야스쿠니 신사 271
양병우 259, 261, 264, 297
양원적 문명, 문화, 시대 34, 35, 37, 41, 86, 187
양원적 인간 26, 27, 30, 31, 42, 44, 46, 61
양원적 정신 28, 32, 33, 34, 36, 38, 39, 43, 45, 49, 51, 54, 55, 56, 57, 58, 59, 60
양적 105
어도선 67, 68
어머니 여신 213
어머니의 대지 157
언어 진화 33, 45, 46
언어의 발생 33, 34
언어적 환각 33
에로스 55, 56, 122, 125, 128, 129
에로티카 파테마타 143
에뤼니에스 88, 194, 195, 320
에리고네 186
에릭크토니스 215
에보카티오 310
에비페 143
에우노미아 177
에우로페 146
에우뤼토스 318, 319
에우리피데스 122, 149, 150, 188, 205, 320
에이레네 177
에페베스 294, 307, 309, 310, 311, 312, 314, 315, 321, 322, 324
엑스타시스 72
엘레게이아 112
엘렉트라 196
엘리아데, 미르치아 67
엥겔스, 프리드리히 139, 193
여성공동체 97, 169
여성적 사유 101, 102, 109, 181
여성적 원리 100, 102, 120, 130, 131, 181, 182
여성적 형식 99, 133
여신의 몰락 175
여신의 패배 150, 172
역사적 층위 142
역설 98, 126, 127
엮기와 짜기 162
영혼 64, 65, 71, 72, 97, 105, 107, 122, 127
옐름, 매릴린 165
오디세우스 53, 54, 55, 59, 87, 95, 96, 97, 107, 112, 113, 122, 141, 142, 143, 149, 152, 154, 155, 156, 159, 160, 161, 163, 165, 167, 169, 203
오디세이 25, 45, 48, 49, 52, 53, 55, 76, 87, 141, 142, 150, 153, 154, 158, 159, 166, 167, 169, 170, 190, 191, 318

오레스테스 73, 172, 189, 190, 191, 194, 195, 196, 204, 321
오레스테이아 216
오르페우스 교 105
오리엔탈리즘 223
오비디우스 239
오이디푸스 74, 76, 77, 172, 189, 191, 196, 197, 200
오이코스 311, 321
오인 93, 94
오토, 월터 178
옹, 월터 87, 112, 142
옴팔레 여왕 318
와카구와 미도리 237
외면성 102, 109, 113
외상 128
외상적 징후 71
욕망 69, 72, 96, 97, 118, 119, 121, 122
우라노스 74, 75, 76, 173, 197, 215
우정 102, 107, 121, 122, 130
운동감각 71
원시 주술적 단계 65, 69
원시적 민주주의 145
원시주술체계 68, 72, 78
원초적 강간 215
원초적 범죄 216
원초적 폭력 215
위대성 158, 206, 271, 291
위대한 어머니 214
윈클러, 존 294, 307, 310, 311, 312, 313, 315
유사 29
유사 자아 44
유사 '나' 29, 30, 33, 36, 54, 56, 58
유태적 사유 107, 132
예루살렘의 사유 131
유태적 죄악 188
육각운 112, 116
육체의 발견 117
육체입음 129
윤리성 98
윤리적 주체 129
윤리학 64, 96, 98, 128
윤번제 258
은유 29, 110
은폐된 성적 계약 234
음성적 환각 33
의식 27, 28, 29, 30, 31, 32, 41, 42, 44, 59, 61, 64
의식의 기원 25, 26, 31, 32, 44, 45, 55
의인화 122
이넬데, 베르넬 66
이데올로기 78, 80, 81, 138, 171, 175, 180, 182, 185, 200, 216, 225, 242, 295, 296, 298, 305, 322, 324
이데올로기 공장 322
이데올로기 광장 315
이데올로기 구조 316
이리가레 197
이사고라스 259
이성 28
이소고라스 256
이소크라테스 271, 309
이순연 278

이스메네 196
이아손 205
이암보스 99, 112
이야기 엮기 29, 30, 43, 44, 58
이오카스테 185, 197
이올레 245, 318, 319
이장원 242
이종영 186
이집트 148
이피게니아 161, 193, 199, 317, 323
이피토스 318
인간발달단계 64, 92
인지발달과정 95
일리어드 25, 26, 31, 43, 45, 46, 47, 48, 50, 51, 52, 53, 55, 83, 87, 110, 141, 142, 145, 149, 150, 151, 166, 167, 169, 170, 178, 191, 207, 218, 302, 318
일부다처제 299
일부일처제 299, 316, 324
일상생활 111, 220, 225, 228, 235, 242, 274, 277
잃어버린 시간을 찾아서 188
임철규 293
잉카 39, 41

(ㅈ)

자기관찰적 환각 30
자기성애 67, 69
자동인간 26
자본론 106
자비로운 여신들 192, 194, 197, 321
자아인식 82
자연권 73, 77
자연법 192, 205, 276, 277
자유 277
자유의 역설 278
자유의 이데올로기 277
장르 62, 114, 133, 137, 138, 140, 185, 190, 292
장르 역사적 과정 100
장르 이행, 장르변천 62, 95, 99, 102, 103, 110
장르발생 96, 138, 170
장르비평 139
장르역사성 99
장르적 변용 204
장영란 86
재인식 94
전사공동체 201
전사적 세계관 63, 88, 102, 103, 108, 139, 146, 165, 167, 169
전사적 팽창주의 167
전쟁 기계 146
전쟁경련증 236
정보접근적 의식 31
정신-공간 29, 30, 36, 56, 58
정신분석학 75
정신분열 27, 46, 48, 49, 55, 56, 57, 59
정신의 발견 26, 32, 63, 117, 132
정신의 은유 63, 82
정신의 이원구조 182
정신의 자발성 109

정유경 226
정의 105
제국주의 149, 169, 207, 209, 221, 233, 235, 242, 244, 245, 252, 260, 262, 264, 267, 283, 293, 296, 297
제노사이드 297, 302
제우기타이 층 251, 254, 256, 259, 264, 266
제우스 47, 50, 73, 76, 77, 88, 114, 151, 166, 171, 173, 174, 175, 176, 177, 181, 184, 197, 204, 207, 215, 225, 228, 231
제이틀린, 프로마 I. 319
제인스, 줄리안 25, 26, 27, 28, 29, 30, 31, 32, 33, 34, 35, 36, 37, 38, 39, 41, 43, 46, 48, 50, 51, 53, 55, 56, 57, 60, 61, 142
제주를 바치는 여인들 186, 321
조각난 몸 88, 91
조각난 정신 91
종교의 기원 216
종적 연관성 92, 93
주관적 의식 39, 41, 43, 45, 54, 55, 59
주술 70
주체 78, 81, 82, 91, 92, 94, 100
주체 발생 80, 102, 104, 128
주체의 변증법 65, 98
주체의 형성 62, 79, 82, 91, 95, 97, 102
줄리아 크리스테바 79
중갑병 260, 259, 263, 266
중무장 보병 274, 312
쥬이쌍스 98, 128
지라르, 르네 214, 215, 216
지젝 67, 68
직접민주주의 249, 250, 252, 267, 268
집단영혼 64, 65, 70, 72
집단의식 64, 65
집단환각 66
집단환상 80

(ㅊ)

참주 105, 107, 108, 202, 252, 256, 255, 304
창녀 – 여신의 패배 159
창세기 45
채진원 252
청각적 환각 30, 34, 35, 36, 38, 39, 56, 58
체슬러, 필리스 220
초석적 폭력 208, 209, 215, 216
최면적 확신 38
최자영 278
최혜영 293, 294, 310
추도연설 220, 223, 225, 235, 269, 270, 271, 272, 273, 275, 279, 283, 284, 285, 286, 287, 288, 289, 311
추첨제 249, 250, 251, 252, 257, 258, 259, 264, 267, 268
축제 75, 102, 108, 116, 120, 130, 305
축첩제도 301
출애굽기 45
충동 68, 124

(ㅋ)
카리브디스 316
카산드라 161, 239, 302, 317, 323
카야노 도시히토 273, 274
카이레아스와 칼리로에 132
카이로네이아 311
카타르시스 302
카트리지, 폴 236, 237, 302, 305, 315
칸타렐라, 에바 153, 167
칸토르비치, E. H. 284
칸트의 숭고 127
칼립소 142, 154, 156, 160, 164
케르 53
케이건, 도널드 279
케울즈, 에바 207, 218, 227, 229, 238, 243, 244, 302, 317
켄타우로스 221, 222
켐브리지, 피카드 202
코러스 310, 313, 322
코르키라 내전 276
코린토스 276, 286, 294
콘포드 65, 69, 71, 72
콜로누스의 오이디푸스 196, 200
쾌락 67
쿨랑주, 퓌스텔 드 282
크라디 50, 53
크레온 196, 200, 202
크레타 42, 154, 167, 208, 212, 213, 214
크로노스 74, 75, 76, 77, 173, 197, 215
크리세이스 83
크리스테바, 줄리아 101, 103
크산드라 190
크세르크세스 222, 259
클레온 282, 290
클레이스테네스 218, 256, 257, 259, 260, 262, 306
클레이트맨, 헨리 92
클로토 177
클뤼템네스트라 73, 161, 171, 186, 190, 191, 193, 198, 204, 317, 318, 320, 323
키르케 122, 142, 143, 153, 154, 155, 156, 158, 159, 162, 164, 169
키마이라 186
키몬 258, 309
키클롭스 53, 54
키토 238, 265, 313

(ㅌ)
타우리케의 이피게니아 196
타자 73, 91, 98, 100, 128, 129
탄원하는 여인들 317, 320
탄탈로스 318
탈섹슈얼리티화 239
탈식민주의 139, 169
테미스 171, 177
테미스토클레스 258, 260, 278
테베 172, 266, 290, 294
테세우스 196, 200, 218, 243
테이레시아스 155, 157, 158, 159, 179
테테스 층 260, 266, 278, 280, 323
테티스 47
텔레마코스 143, 158, 160, 163, 164, 190

토템 65, 66, 70, 171, 184
토템 향연 75
토템씨족 66, 67, 69
톰슨, 조지 105, 295
통과의례 294
투키디데스 240, 241, 266, 269, 272, 276, 290
트라우마 71, 107, 127, 162, 172, 185, 186
트라키니아의 여인들 318
트로이 46, 51, 52, 73, 108, 109, 148, 149, 152, 156, 166, 167, 199, 218, 239, 321
트로이 전쟁 220, 302
트로이의 여인들 149, 156
티메 88
티모스 49, 50, 84, 85, 86
티아소스 180
티에스테스 198

(ㅍ)

파르마콘 129
파르테논 220, 222, 225, 290
파리스 86, 147
파시즘 265, 297, 298, 323, 301
파이돈 101
파이드라 323
파이드로스 55
파트로클로스 50, 52, 85, 160
파파스, 닉 288
파편화 63, 73, 86, 91, 93
파편화된 몸, 파편화된 신체 91, 97
판도라 225
팔랑크스 밀집대형 304, 307, 311, 314
밀집대형 311
팰러스 211
팽창주의 139, 146, 148, 149, 150, 168, 169, 270, 286
페넬로페 142, 143, 155, 158, 161, 162, 163, 164, 165
페니키아 148
페르세포네 174, 211
페르세폴리스 222
페르시아 222, 223, 236, 260, 284, 294, 304
페르시아 전쟁 272, 276, 285, 296
페리클레스 201, 202, 207, 218, 220, 222, 223, 225, 235, 236, 237, 240, 256, 258, 262, 263, 264, 265, 266, 267, 269, 270, 271, 272, 273, 274, 275, 277, 280, 281, 282, 283, 284, 285, 286, 287, 288, 289, 290, 292, 295, 297, 304, 311, 323
페미니즘 137
페이시스트라토스 178, 218, 252, 253, 254, 255, 256, 261, 262, 267
페이트만, 캐럴 234
펜타코시오메딤노이 257
펜테실레이아 152, 218, 223
펜테우스 185, 320
펠레우스 238
펠로폰네소스 동맹 266, 286

펠로폰네소스 전쟁 236, 242, 263, 265, 266, 269, 271, 286, 290, 292, 293, 308, 309
펠롭스 198
펠스키, 리타 99, 137, 152
평등 106
평등의 관념 105
포르디, 스티븐 276, 277
포세이돈 51, 52, 73, 151, 173, 239
폭력의 기원 214
폭력의 민주화 274
폭력화 275
폰 브라운, 크리스티나 235, 236
폴뤼네케이스 200, 202
폴뤼세크나 239
표면적인 평등주의 273
표상 70, 71, 72, 107
표상화 71
퓌스텔 드 쿨랑주 282
퓌톤 174
프레네스 49, 50
프레델, 제임스 241, 242, 243
프레이저 76
프로메테우스 188, 225
프로이트, 지그문트 34, 59, 63, 66, 67, 71, 74, 75, 95, 174, 210, 215, 216
프로타고라스 265
프루스트, 마르셀 101, 107, 188
프리샤우어, 파울 147
프리아모스 147, 166
프리아포스 211
프쉬케 49, 50, 51, 84, 85, 86
플라실리에르, 로베르 200
플라타에아 전투 285
플라톤 35, 55, 56, 101, 122, 127, 198, 269, 284, 304, 312
플루타르크 186, 237, 240, 242, 261, 309
피디아스 222
피레우스 305
피사로 39, 41
피타고라스 51, 107
피히테, 요한 고트리프 283
핀다로스 99, 170
핀리, 모제스 234, 244
필록테테스 323

(ㅎ)

하데스 73, 151, 155, 157, 159, 161, 211
하우저, 아르놀트 166, 167, 201, 203
함무라비 37, 38, 39
해군국가 278
해군 115, 237, 259, 260, 261, 274, 276, 290, 296
향연 101, 102, 107, 115, 116, 130, 312
향유 108, 118, 119, 120, 156
헤겔 103, 104, 111, 123, 140, 174, 176, 194
헤라 83, 173, 174, 176, 239, 320
헤라클레스 117, 175, 218, 243, 245, 318, 320
헤로도토스 146
헤르메스 신상 209, 231, 242

헤르메스 신상 훼손 232, 241, 242
헤머튼-켈리, 로버트 G. 216
헤브라이즘 181
헤시오도스 35, 73, 74, 111, 122, 172, 176, 177, 178, 225, 302
헤카베 149, 166
헤파이토스 76, 215
헥토르 50, 52, 85, 112, 149, 152, 156, 166, 167, 178
헬레네 146, 147, 148
헬레니즘 132, 139, 168, 169, 181
현상적 의식 30
형태지각 92
호메로스 43, 45, 48, 49, 50, 63, 73, 74, 82, 83, 84, 85, 86, 88, 89, 91, 95, 99, 107, 108, 110, 111, 112, 116, 117, 122, 123, 125, 139, 140, 149, 164, 166, 167, 170, 171, 172, 178, 189, 192, 288, 302, 318
호크하이머 53, 96, 140, 152, 154, 155, 157, 158, 164
호플리테스 274, 280, 296, 303, 307, 309, 311, 312, 313, 314, 323
홀로서기 114, 115
홉스, 토마스 214
홍준기 97
화폐 105, 106, 123, 193, 253
환각 57, 58
환각적 목소리 34, 42, 49
환유 110
환청 27, 46, 48, 56, 57, 59
후성설 64, 71, 81
희생 15, 143, 194, 199, 201, 263, 266, 269, 270, 271, 276, 283, 284, 286, 287, 288, 289, 290, 320, 323
희생제의 245, 308, 314
히파레테 240
히포다미아 198
힙폴리토스 205, 218, 321

경성대문화총서 33

어두운 그리스: 사유와 젠더, 민주정의 기원

지 은 이 | 김봉률
펴 낸 이 | 송수건

초판1쇄 인쇄 | 2011년 11월 20일
초판1쇄 발행 | 2011년 11월 30일

출판등록 | 1985년 1월 28일 제331-1985-000001호
펴 낸 곳 | 경성대학교 출판부
주　　소 | 부산광역시 남구 대연동 110-1
전　　화 | (051) 663-4195
팩　　스 | (051) 663-4199
홈페이지 | www.ks.ac.kr/~press

· 잘못된 책은 구입하신 서점에서 바꾸어 드립니다.
· 이 도서는 2009년 경성대학교 9차 기획도서 공모전
　당선작으로 경성대학교 지원금으로 출판되었습니다.

ISBN 978-89-7314-234-7 94800
　　　978-89-7314-135-7 (세트)